Il portoghese
Collana Senza Sforzo

di
José Luis de Luna e
Irene Freire Nunes

Adattamento italiano di
Lorenzo Salinari

Revisione e aggiornamento a cura di
Francesca Melle

Illustrazioni di Nico

Casella Postale 80, 10034 Chivasso - TO
+390119131965 - info@assimil.it
www.assimil.it

© Assimil Italia 2018
ISBN 978-88-96715-90-1

I nostri metodi

sono disponibili con l'audio su CD o in Mp3.

Scoprili anche in versione E-Metodo su **assimil.it**

Senza Sforzo

Arabo, Cinese, Ebraico, Francese, Giapponese, Greco moderno, Greco antico, Inglese, Inglese americano, Latino, Neerlandese, Persiano, Polacco, Portoghese, Portoghese brasiliano, Russo, Spagnolo, Svedese, Tedesco, Turco, Ungherese

Perfezionamenti

Francese - Inglese - Russo - Spagnolo - Tedesco

Affari

Inglese

E-Metodi

Francese
Inglese
Inglese americano
Perfezionamento dell'inglese
Spagnolo
Perfezionamento dello spagnolo
Tedesco
Perfezionamento del tedesco

Titolo dell'edizione originale francese:

Le portugais – Collection Sans Peine © Assimil France 2012

Sommario

Introduzione VII

Lezioni da 1 a 100

1	Na livraria	1
2	Em Lisboa	5
3	À procura do médico	9
4	O trânsito	11
5	A consulta	15
6	A consulta (continuação)	19
7	*Revisão*	23
8	No café	27
9	Um encontro	31
10	A partida	35
11	Na rua	39
12	Na estação	41
13	Boa viagem!	45
14	*Revisão*	49
15	Uma carta difícil	55
16	O correio	59
17	Os dias da semana	63
18	Na praia	69
19	No campo	73
20	Bom dia	77
21	*Revisão*	81
22	Um perigo público	85
23	Um encontro	89
24	Um telefonema	93
25	Um dia muito ocupado	97
26	Nos grandes armazéns	101
27	Fazer compras	107
28	*Revisão*	111
29	Era uma vez…	115
30	O gato Alberto	119
31	A sorte grande	123
32	Que sorte!	127

33	A festa	129
34	O dia seguinte	133
35	*Revisão*	137
36	No cinema	143
37	Na sala do cinema	145
38	Na tropa	149
39	À mesa de um restaurante	153
40	Distrações	157
41	Na esplanada do café	159
42	*Revisão*	163
43	Uma tarde de chuva	169
44	No táxi	171
45	O jardim zoológico	177
46	Na escola	179
47	O ditado	183
48	Ditados portugueses	187
49	*Revisão*	191
50	Na cozinha do restaurante	195
51	Na sala do restaurante	201
52	Um passeio	205
53	Se cá nevasse fazia-se cá ski	209
54	A travessia do Tejo	211
55	A Feira da ladra	217
56	*Revisão*	221
57	Anúncios	225
58	Pequenas notícias	229
59	Pequenas notícias (continuação)	233
60	O fim de semana	237
61	Uma noite de susto	241
62	Quem diria...	245
63	*Revisão*	247
64	Um elétrico chamado Prazeres	253
65	Um elétrico chamado Prazeres (continuação)	257
66	Os descobrimentos	263
67	Diz-me com quem andas, dir-te-ei quem és	267
68	O telefonema	271
69	Uma receita de cozinha: carne de porco à alentejana	275
70	*Revisão*	279
71	A ida à praça	285

72	Uma viagem de avião	289
73	A cidade de Ulisses	293
74	Lisboa (continuação)	297
75	As festas populares	301
76	O que é que queres ser quando fores grande?	305
77	*Revisão*	309
78	Um jantar de família	313
79	Um jantar de família (continuação)	317
80	Quem me dera…	321
81	A oferta de emprego	325
82	Viagem na minha terra	329
83	Provérbios	335
84	*Revisão*	339
85	A anedota	343
86	Um dia no hipódromo	347
87	Uma noite sem nada para fazer	351
88	O jardim do Campo Grande	357
89	Estrelas	361
90	A estrela cadente	365
91	*Revisão*	371
92	O que é feito do nosso amigo?	375
93	Uma vaga ideia	379
94	Aqui há gato	385
95	Agora é que vão ser elas!	389
96	Nas estradas do Alentejo	393
97	Um fado: Alfama	399
98	*Revisão*	403
99	Uma fábula	405
100	Um adeus português	409

Appendice grammaticale	416
Indice grammaticale e lessicale	440
Bibliografia	444
Locuzioni ed espressioni portoghesi	447
Lessico portoghese-italiano	450
Lessico italiano-portoghese	498

Aggiornamento dell'impaginazione a cura di:
I Nani Grafici - Firenze

Ringraziamenti dell'editore

L'editore desidera ringraziare sentitamente tutte le persone che con la propria preziosa collaborazione hanno contribuito alla pubblicazione di quest'opera:
They de Almeida Vianna Bertorello,
Ana Filipa Martins dos Santos Monteiro de Lacerda,
Laura Rossi Brunori.

Introduzione

L'obiettivo di questo corso è farvi acquisire in modo progressivo e divertente le nozioni di base della lingua portoghese, evitando complicate spiegazioni teoriche. Attraverso i testi (che speriamo possano anche divertirvi) imparerete la lingua parlata in tutte le diverse situazioni della vita quotidiana in Portogallo.

Gli elementi grammaticali sono introdotti seguendo una naturale progressione che non richiede particolari conoscenze, facilitando così l'apprendimento. Mantenete un ritmo costante e riuscirete a seguire questa progressione senza difficoltà. Il livello raggiunto vi permetterà di partecipare attivamente a una normale conversazione, sentendovi a vostro agio.

Imparare il portoghese con Assimil: come usare questo corso

La prima ondata

Inizialmente, lasciatevi trasportare dallo spirito della lingua portoghese. Se decidete di ascoltare le registrazioni, fatelo una o due volte prima di leggere i testi e concentrate la vostra attenzione sul ritmo e sull'intonazione della lingua.

Successivamente, leggete il testo aiutandovi con la pronuncia figurata e poi confrontatelo con la traduzione italiana. L'importante è riuscire a capire il senso del dialogo in portoghese. Rileggete ogni frase dopo averla ascoltata, fino a quando non sarete in grado di ripeterla al suo ritmo naturale e ad alta voce. Le note vi forniranno alcune informazioni sulle peculiarità della lingua e sul Portogallo in generale.

Non dimenticate gli esercizi: vi permetteranno di mettere in pratica e verificare ciò che avete imparato. Per ogni gruppo di sette lezioni, l'ultima è sempre dedicata al ripasso delle nozioni affrontate nelle sei precedenti.

La seconda ondata

A partire dalla cinquantesima lezione comincerà la fase attiva del vostro studio: vi indicheremo a tempo debito ciò che dovrete fare. Questa seconda fase è un elemento chiave del metodo Assimil: vi permetterà di verificare i vostri progressi e allo stesso tempo vi donerà maggiore sicurezza nell'uso della lingua.

Alcuni consigli importanti

Non forzate le vostre capacità di apprendimento! Seguite i nostri consigli: provate a capire da soli il significato delle parole prima di consultare il lessico a fine libro.
Il segreto per avere successo è essere costanti senza avere fretta, dedicando al vostro corso di portoghese circa mezz'ora ogni giorno. Naturalmente resteremo sempre al vostro fianco, lezione dopo lezione, per aiutarvi a compiere i vostri primi passi nel mondo della cultura lusofona.

Os lusos, *i portoghesi*: il termine deriva da **Luso**, il loro mitico progenitore. I Lusitani erano la popolazione che occupò anticamente gran parte del territorio oggi chiamato Portogallo.

Alfabeto e pronuncia

Ecco le lettere dell'alfabeto portoghese, con la rispettiva pronuncia:

A, a	[a]	**N, n**	[En^e]
B, b	[be]	**O, o**	[o]
C, c	[sse]	**P, p**	[pe]
D, d	[de]	**Q, q**	[ke]
E, e	[E]	**R, r**	[Er^e]
F, f	[Ef^e]	**S, s**	[Esse]
G, g	[je]	**T, t**	[te]
H, h	[^{a}ga]	**U, u**	[u]
I, i	[i]	**V, v**	[ve]
J, j	[jOt^a]	**X, x**	[shish]
L, l	[El^e]	**Z, z**	[Se]
M, m	[Em^e]		

La pronuncia rappresenta uno dei principali ostacoli da superare perché, come avrete modo di osservare, il portoghese è caratterizzato da un grande numero di suoni smorzati o accennati. Ciò è dovuto all'accento tonico, che mette in risalto una sillaba all'interno di ogni parola. Le altre vocali scompaiono quasi del tutto e quindi non sono percepibili così chiaramente come la vocale tonica.

Alcuni esempi:
- **falar**, *parlare [f*ᵃ*lar]*
- **professor**, *professore [pruf*ᵉ*ssor]*
- **amigo**, *amico [*ᵃ*migu]*
- **pássaro**, *uccello [pass*ᵃ*ru]*
- **arroz**, *riso [*ᵃ*rrosh]*
- **jornal**, *giornale [jurnaL]*
- **aqui**, *qui [*ᵃ*ki]*

Come in italiano, l'accento cade in genere sulla penultima sillaba. Nei vocaboli che terminano in *i*, *l*, *n*, *r*, *x*, *u* e *z* l'accento cade sull'ultima sillaba (come si nota anche da alcuni esempi qui sopra). Negli altri casi, la sillaba tonica è contrassegnata da un accento grafico, acuto o circonflesso. Per esempio, in **médico**, *medico [mEdiku]* e **cântico**, *cantico [ka*ⁿ*tiku]* l'accento cade sulla terzultima sillaba. In **café**, *caffè [k*ᵃ*fE]* e **francês**, *francese [fra*ⁿ*ssesh]* cade sull'ultima, mentre in **fácil**, *facile [fassiL]* e **amável**, *cortese [*ᵃ*mavEL]* cade sulla penultima, nonostante la *l* finale: in questo caso l'accento grafico aiuta a identificare la sillaba tonica.

1 Le vocali

Quando le vocali *a* ed *e* hanno un suono smorzato (non trovandosi nella sillaba tonica) nella nostra trascrizione fonetica saranno indicate in apice: *[ᵃ] / [ᵉ]*. Ogni volta che la *e* si lega al suono successivo, sarà indicata con un semplice apostrofo *[']*. Esempi: **amar** *[*ᵃ*mar]*, *amare*; **senhor** *[ss*ᵉ*gnor]*, *signore*; **carne e verdura** *[karn' i v*ᵉ*rdur*ᵃ*]*, *carne e verdura*. Abbiamo adottato l'apostrofo anche per segnalare la *e* a inizio parola prima di una *s* impura, perché di fatto non viene pronunciata: **estrela** *['shtrela]*, *stella*.

La *e* (in sillaba tonica) può essere aperta o chiusa, come in italiano: **belo** *[bElu]*, *bello*; **pelo** *[pelu]*, *pelo*.

• IX

Si pronuncia invece come *[i]* quando si trova da sola (come congiunzione) o all'inizio di parole come **exercício** *[iSᵉrssissiu]*, esercizio.

La **e** davanti a **nh** o **lh** si pronuncia smorzata e molto aperta, quasi come una **a**. È una particolarità soprattutto della zona di Lisbona e del sud del Portogallo e la trascriveremo con una *a* in apice *[ᵃ]*. Esempi: **venho** *[vᵃgnu]*, vengo; **joelho** *[juᵃlhu]*, ginocchio.

La **o** si pronuncia spesso *[u]*, tranne in sillaba tonica dove, come avviene con la **e**, può essere aperta o chiusa (come in italiano). Esempi: aperta come in **bola** *[bOlᵃ]*, palla e **avó** *[ᵃvO]*, nonna oppure chiusa come **avô** *[ᵃvo]*, nonno.

La **i** e la **u** si pronunciano esattamente come in italiano.

1.1 Gli accenti

Gli accenti grafici del portoghese presentano alcune differenze rispetto all'italiano: l'accento acuto ´ rende aperta la vocale finale, ad esempio nelle parole che terminano in **-é**: **café** *[kᵃfE]*, caffè; **pé** *[pE]*, piede; **chaminé** *[shᵃminE]*, camino; l'accento circonflesso ˆ (non più esistente nella nostra lingua) rende invece chiusa la vocale: **francês** *[franssesh]*, francese; **três** *[tresh]*, tre.

Grazie alla pronuncia figurata presentata in questo corso sarete in grado di assimilare meglio anche queste particolarità. Non dovete dimenticare infine che, sebbene diverse parole portoghesi si scrivano in maniera simile all'italiano, la loro pronuncia è diversa!

1.2 I dittonghi e i suoni nasali

Il portoghese è caratterizzato dalla presenza di numerosi dittonghi (due vocali all'interno di una stessa sillaba). Molti di questi sono discendenti, quindi la prima vocale viene pronunciata in maniera più distinta rispetto alla seconda:

– *ai [ay]*: **mais** *[maysh]*, più
– *au [aw]*: **mau** *[maw]*, cattivo
– *eu [ew]*: **meu** *[mew]*, mio; **eu** *[ew]*, io
– *iu [iw]*: **viu** *[viu]*, ha visto / vide
– *oi [oy]*: **boi** *[boy]*, bue
– *ou [ow]*: **pouco** *[powku]*, poco
– *ui [uy]*: **fui** *[fuy]*, sono andato/a / andai; sono stato/a / fui

Per concludere non possiamo non citare i dittonghi nasali, molto frequenti in portoghese e che per noi italiani risultano abbastanza difficili da pronunciare. Provate a pronunciarli come se aveste il naso tappato, "chiudendoli" con una *n* appena accennata: *ãe* [$^a y^n$], come in **mãe**, *madre*; *ãi* [$^a y^n$], come in **cãibra**, *crampo*; *ão* [aw^n], come in **cão**, *cane*; *õe* [oy^n], come in **aviões**, *aerei*.

Altri suoni vocalici nasali sono: *ã* [a^n], come in **irmã**, *sorella*; *am/an/ân* [a^n], come in **canto**, *canto*; *am* (a fine parola) [aw^n], come in **viajam**, *viaggiano*; *em/en/ên* [e^n], come in **pensamento**, *pensiero*; *im/in* [i^n], come in **imparcial**, *imparziale*; *om/on/ôn* [o^n], come in **côncavo**, *concavo*; *um/un* [u^n], come in **junto**, *insieme*.

2 Le consonanti

La *r* semplice tra vocali o prima di consonante ha un suono simile all'italiano. Lo stesso vale per la *r* a fine parola. Esempi: **caro** *[karu]*, *caro*; **mar** *[mar]*, *mare*. La *r* iniziale e quella doppia sono solitamente pronunciate con un suono simile alla *r* francese: in questi casi verrà trascritta con *[rr]*.

La *s* si pronuncia come il suono sordo *sc* [sh] di *scena* a fine parola e a fine sillaba quando è seguita da una consonante sorda: **triste** *[trisht^e]*, *triste*. Prima di una consonante sonora, la *s* viene invece pronunciata come la versione sonora dello stesso fonema, *[j]*, equivalente alla seconda *g* di *garage*.

Tra vocali la *s* finale è sonora, come la *s* italiana nella parola *sbaglio* e la trascriveremo con *[S]*, mentre per la *s* sorda useremo *[ss]*. Osservate la differenza di pronuncia nei due esempi che seguono: **português moderno** *[purtughesh mudErnu]*, *portoghese moderno*; **português antigo** *[purtugheS a^{n}tigu]*, *portoghese antico*.

Il gruppo consonantico *nh* è simile al suono *[gn]* nella parola *pugno*. Esempio: **vinha** *[vign^a]*, *vigna*. Il gruppo *lh*, invece, corrisponde all'incirca al suono *[gl]* della parola *aglio*. Esempi: **palha** *[pagl^{ia}]*, *paglia*; **melhor** *[m^{e}gl^{i}or]*, *migliore*; **brilhar** *[brigl^{i}ar]*, *brillare*. Entrambi i suoni sono leggermente più smorzati rispetto all'italiano. Il gruppo *gn*, infine, compare raramente e si pronuncia, al contrario dell'italiano, separando sempre la *g* dura (di *gatto*) dalla *n*. Esempio: **ignorante** *[ighnurant^e]*, *ignorante*.

La consonante *x* corrisponde, a seconda della parola, a vari suoni:
- [sh]: **taxa** *[tashª], tassa*; **texto** *[tªyshtu], testo*
- [kss]: **táxi** *[takssi], taxi*; **axioma** *[ªkssiomª], assioma*
- [S]: **exercício** *[iSᵉrssissiu], esercizio*
- [ss]: **próximo** *[prOssimu], prossimo*

La lettera *z* suona come la *s* sonora di *sbaglio*, mentre la *c* seguita da *e* o da *i* ha il suono della *s* sorda di *sole*. Anche la *ç* ha un suono che corrisponde a *[ss]*.

I gruppi *que*, *qui*, *gue*, *gui*, si leggono rispettivamente *[ke]*, *[ki]*, *[ghe]*, *[ghi]*, tranne alcune eccezioni come ad esempio **cinquenta** *[ssiⁿkueⁿtª]*.

Quando precede un'altra consonante o si trova a fine parola, la *l* ha un suono molto arretrato: la trascriveremo con *[L]*.

In ultimo, *j*, *ge* e *gi* si pronunciano come la seconda *g* di *garage*. Trascriveremo questo suono con *[j]*.

3 Accento tonico e ritmo della frase

Come abbiamo visto, ogni parola ha una sillaba accentata all'interno di essa (tranne ovviamente i monosillabi).

Abbiamo perciò deciso di presentarvi due tipi di accentazione:

– nel testo della lezione le lettere in grassetto vi permetteranno di assimilare la naturale cadenza della frase portoghese;

– nella pronuncia figurata segnaleremo in grassetto la sillaba tonica di ciascuna parola (a parte quelle formate da un'unica sillaba), aiutandovi così a capirne la pronuncia corretta.

Le prime sei lezioni del corso sono state registrate due volte: la prima volta il dialogo verrà letto molto lentamente, per consentirvi di distinguere la pronuncia di ogni sillaba, mentre nella seconda registrazione i locutori seguiranno un ritmo più naturale.

Nelle pagine che seguono troverete delle tabelle riepilogative sulla pronuncia: vi raccomandiamo di non sforzarvi di memorizzarle prima di iniziare le lezioni, ma di utilizzarle come riferimento ogni qualvolta lo riterrete necessario durante lo svolgimento del corso.

Tabelle riepilogative sulla pronuncia

Consonanti e gruppi di consonanti

Le consonanti **d**, **b**, **f**, **m**, **n**, **p**, **q**, **t**, **v** e **g** dura sono pronunciate come in italiano. Lo stesso vale per la lettera **h** a inizio parola, che è sempre muta. La lettera **r** corrisponde a una vibrante velare a inizio parola o quando è doppia (più o meno come in francese, con in più una leggera aspirazione), altrimenti si pronuncia come in italiano.

Nota: le lettere **m** e **n**, a seconda di dove si trovano all'interno della parola, possono rappresentare un suono nasale.

Lettera/e	Trascrizione	Pronuncia	Spiegazione	Esempi
c	k	c dura	davanti alle vocali *a, o, u* o a consonante	**c**air *kair* cadere **c**laro *klaru* chiaro
c	ss	s sorda	davanti alle vocali *e, i*	**c**em *ss^{e}y^n* cento
ç	ss	s sorda	davanti alle vocali *a, o, u*	ca**ç**a *kass^a* caccia
ch	sh	**sc** fricativa sorda (come in "uscire")		**ch**á *sha* té
g	g	g dura (come in "gatto")	davanti alle vocali *a, o, u* o a consonante (anche nel gruppo consonantico **gn**)	fo**g**o *fogu* fuoco **g**rande *gra^{n}d^e* grande
gn	ghn	g dura + n		i**gn**orar *ighnurar* ignorare
gue / guê / guei	ghE / ghe	g dura + e aperta / chiusa	tranne in pochi casi, come a**gu**entar, anti**gu**idade, in cui si pronuncia come in italiano	**gue**rra *ghEr^a* guerra portu**guê**s *purtughesh* portoghese
	gh^{a}y	g dura + a chiusa + i		man**guei**ra *ma^{n}gh^{a}y^a* tubo
gui	ghi	g dura + i		**gui**a *ghi^a* guida

Lettera/e	Trascrizione	Pronuncia	Spiegazione	Esempi
g	j	fricativa sonora (come in "garage")	davanti alle vocali *e, i*	gelado jᵉladu gelato
j	j		sempre	jogo jogu gioco
l	l	come in "luna"	a inizio parola e a inizio sillaba	lã laⁿ lana
l	L	suono arretrato	a fine parola e prima di un'altra consonante	Portugal purtugaL Portogallo Algarve aLgarvᵉ Algarve
lh	gʲ	come in "aglio"		alho agʲu aglio
nh	gn	come in "gnocco"		amanhã ᵃmagnaⁿ domani
que / quê / quei	kE / ke	*k + e* aperta / chiusa	tranne in pochi casi, come **cinquenta, tranquilo**, in cui si pronuncia come in italiano	queda kEdᵃ caduta esquema shkemᵃ schema
	kᵉ / kᵉy	*k + e* semimuta / *k + e* molto aperta + *i*		querer kᵉrer volere queijo kᵉyju formaggio
qui	ki	*k + i*		quilo kilu chilo
r	r	*r* italiana	tra due vocali, a fine parola e prima di un'altra consonante	caro karu caro amor ᵃmor amore arte artᵉ arte
r / rr	rr	*r* francese	a inizio parola e quando è doppia tra vocali	rato rratu topo garrafa gᵃrrafᵃ bottiglia

Lettera/e	Trascrizione	Pronuncia	Spiegazione	Esempi
s	S	s sonora	quando si trova tra vocali	a̱sa aS^a ala
	ss	s sorda	a inizio parola e quando è doppia (ss)	so̱l ssoL sole assar ^{a}ssar arrostire
	j	fricativa sonora (come in "garage")	davanti a b, d, g, m, n, r, v	desde dejd^e da desvio d^{e}jviu deviazione
	sh	sc fricativa sorda (come in "uscire")	a fine parola e davanti a c, f, p, q, t	inglês i^{i}glesh inglese espaço 'shpassu spazio fascículo ^{p}shsikulu fascicolo
x			a inizio parola, tra consonante e vocale o tra vocali (in alcuni casi)	xarope sh^{e}rOp^e sciroppo texto t^{e}yshtu testo lixo lishu immondizia
	kss	come in "taxi"	in alcuni termini eruditi e a fine parola	axioma ^{a}kssiom^a assioma fax fakss fax
	s	s sorda	in alcune parole	próximo prOssimu prossimo
	S	s sonora	tra e iniziale e un'altra vocale	exercício iS^{e}rssissiu esercizio
	S	s sonora	a inizio parola o tra vocali	azeite ^{a}S^{a}yt^e olio
	sh	sc fricativa sorda	a fine parola	arroz ^{a}rrosh riso
z	j	fricativa sonora (come in "garage")	quando precede una sillaba o una parola che comincia per b, d, g, j, l, m, n, r, v	arro̱z-doce ^{a}rroj-doss^e riso al latte

Vocali, vocali nasali e semivocali

La stessa vocale ha spesso un suono diverso a seconda che si trovi o meno all'interno della sillaba tonica. Inoltre, a seconda dei casi, le lettere *e* e *o* possono essere aperte o chiuse, come in italiano. L'accento acuto (´) rende aperta la vocale finale; l'accento circonflesso (^), invece, la rende chiusa. Non dimentichiamo infine le vocali e i dittonghi nasali, molto frequenti in portoghese. Provate a pronunciarli come se aveste il naso tappato, "chiudendoli" con una *n* appena accennata.

Lettera/e	Trascrizione	Pronuncia	Spiegazione	Esempi
a / á	a	*a* italiana		<u>a</u>rte art^e arte
a	ᵃ	*a* smorzata		am<u>or</u> ᵃ*mor* amore irm<u>ã</u> ir*ma*ⁿ sorella
ã	aⁿ	*a* nasale		<u>am</u>plo aⁿ*plu* ampio <u>an</u>tigo aⁿ*tigu* antico
am / an / ân + consonante		(quasi sempre atona)		
am	awⁿ		a fine parola	viaj<u>am</u> *viajaw*ⁿ viaggiano
ão	awⁿ			m<u>ão</u> *maw*ⁿ mano
ãe	ayⁿ			m<u>ãe</u> *may*ⁿ madre
ãi	ayⁿ		raro	c<u>ãi</u>bra *kay*ⁿ*br*ᵉ crampo
e	E	*e* aperta (come in "erba")		z<u>e</u>ro *SEru* zero
é				t<u>é</u>nis *tEnish* tennis

Lettera/e	Trascrizione	Pronuncia	Spiegazione	Esempi
ê	e	*e* chiusa (come in "mela")		**pêssego** *pess^egu* pesca **dedo** *dedu* dito **fazer** *f^aSer* fare **talvez** *taL**vesh*** forse
e	^e	*e* semimuta		**deserto** *d^eSErtu* deserto
	i	come in "isola"	nella congiunzione **e**, all'inizio di alcune parole e prima di un'altra vocale con cui fa iato	**exemplo** *iSe^nplu* esempio **compreender** *ku^nprie^nder* capire
	'	muta	a inizio parola prima di **s** impura	**esquina** *'shkin^a* angolo
			seguita da **x** + consonante	**experiência** *^ayshp^erie^nss^a* esperienza
ei	^ay	*e* molto aperta + *i* semiconsonantica		**ideia** *id^ay^a* idea
em / ém	^ay^n	*a* nasale + *i* semiconsonantica	a fine parola	**alguém** *aLg^ay^n* qualcuno
em / en / ên + consonante	e^n	*e* nasale		**diferente** *dif^ere^nte* diverso **incêndio** *inss^e^ndiu* incendio
i / í	i	come in "isola"		**idade** *idad^e* età **partir** *p^artir* partire

Lettera/e	Trascrizione	Pronuncia	Spiegazione	Esempi
i	y	*i* semiconsonantica (suono smorzato)	nei dittonghi *ai, ei, éi, oi, ói, ui*	her**ói** *irOy* eroe
im / in	i^n	*i* nasale		s**im** *ssiⁿ* sì **in**teiro *iⁿeyru* intero
o / ó	O	*o* aperta (come in "però")		c**o**po *kOpu* bicchiere p**ó** *pO* polvere
o / ô	o	*o* chiusa (come in "noce")		**o**lho *ogʎu* occhio av**ô** *avo* nonno
o	u	come in "uva"	a fine parola o quando è atona (in molte parole)	barc**o** *barku* barca cortar *kurtar* tagliare
õe	oy^n	suono nasale		lim**õe**s *limoyⁿsh* limoni
om / on / ôn + consonante	$õ^n$	*o* nasale		c**om**pleto *koⁿplEtu* completo **on**tem *oⁿtayⁿ* ieri
u / ú	u	come in "uva"		s**u**mo *ssumu* succo
u	w	*u* semiconsonantica (suono smorzato)	nei dittonghi *au, éu, eu, iu, ou*	lo**u**co *lowku* pazzo
um / un + consonante o a fine parola	u^n	suoni nasali		at**um** *atuⁿ* tonno
ui	uy^n		nella parola **muito**	m**ui**to *muyⁿtu* molto

Nota sull'accordo ortografico del 1990

L'ultimo accordo ortografico del portoghese, di cui si è tenuto conto per la stesura di questo corso, è stato siglato il 16 dicembre 1990 ed è stato sottoscritto con l'intento di uniformare le regole ortografiche nei Paesi e Territori lusofoni (Portogallo, Brasile, Macao, Timor Est e il gruppo di Paesi africani di lingua portoghese), oltre che nella comunità autonoma della Galizia, in Spagna, dove se ne utilizza la variante gallega.

Il principio ispiratore alla base dell'accordo è la volontà di creare un'ortografia ufficiale comune e aumentare così il prestigio internazionale della lingua portoghese.

Si tratta di una riforma che riguarda esclusivamente l'ortografia e non la lingua parlata, che continua quindi a conservare delle differenze più o meno evidenti sia a livello lessicale che di pronuncia

1 / Primeira lição

Prima di iniziare questa lezione vi invitiamo a leggere con attenzione le pagine precedenti, dove troverete tutte le spiegazioni preliminari indispensabili per un apprendimento efficace.

Primeira lição [prim^ayr^a lissawⁿ]

Na livraria

1 – Bom dia!
2 – Bom dia! O senhor é [1] português?
3 – Sou, sim… [2] Que deseja [3]?
4 – Procuro um livro para estudar português.
5 – Como é o livro? Grande ou pequeno?
6 – Pequeno.
7 – Mas o senhor já fala português!
8 – Não [4] falo bem, sou estrangeiro!

Pronuncia

n^a livr^ari^a 1 boⁿ di^a 2 boⁿ di^a u ss^egnor E purtughesh 3 ssow ssiⁿ… k' d^eSE^yj^a 4 prOkuru uⁿ livru par^a 'shtudar purtughesh 5 komu E u livru graⁿd^e u p^ekenu 6 p^ekenu 7 m^aS u ss^egnor ja fal^a purtughesh 8 nawⁿ falu b^ayⁿ ssow 'shtraⁿj^ayru

Note

1 Per rivolgersi a qualcuno in maniera formale si usa la terza persona singolare, sostituendo **ele / ela** [*el'* / *El*^a], *egli / ella* con **o senhor / a senhora** (lett. il signore / la signora). Anche **você** corrisponde al nostro *Lei*, benché sia usato in contesti meno formali rispetto a **o senhor / a senhora**, i quali per un non nativo sono spesso difficili da identificare: il nostro consiglio, perciò, è di evitarlo perché alcune persone potrebbero considerarlo offensivo; **você** nasce infatti come appellativo dato da superiore a inferiore (gerarchicamente, per età o altro). Preferite sempre **o senhor / a senhora** (**os senhores / as senhoras** al plurale) oppure, in alternativa, usate solo il verbo alla 3ª persona senza altre connotazioni.

1 • **um** [uⁿ]

Prima lezione / 1

Nella traduzione italiana, le parole in corsivo poste tra parentesi tonde sono quelle tradotte letteralmente dal portoghese, mentre tra parentesi quadre troverete quelle che, pur non comparendo nel testo originale, sono necessarie per la corretta resa del testo italiano.

Prima lezione

In libreria

1 – Buongiorno!
2 – Buongiorno! Lei è *(Il signore è)* portoghese?
3 – *(Sono)* Sì... Che [cosa] desidera?
4 – Cerco un libro per studiare [il] portoghese.
5 – Che libro vuole *(Com'è il libro)*? Grande o piccolo?
6 – Piccolo.
7 – Ma Lei parla già *(il signore già parla)* portoghese!
8 – Non [lo] parlo bene, sono straniero!

Osservazioni sulla pronuncia

Il dittongo **ão** è fortemente nasale. Come vedremo anche più avanti, esistono altri dittonghi che presentano lo stesso segno grafico, chiamato *tilde* (~). Cercate di pronunciarli come se vi steste tappando il naso. Abbiamo indicato questo suono con il simbolo *[ⁿ]*.

2   In portoghese si usa spesso ripetere il verbo della domanda per rispondere affermativamente, dando ulteriore enfasi. **É português? – Sou**. La particella affermativa **sim**, *sì*, può indifferentemente trovarsi prima o dopo la forma verbale: **Sim, sou / Sou, sim**.

3   Come avrete notato, l'uso del pronome personale soggetto è praticamente uguale a quello italiano: la maggior parte delle volte è sottinteso.

4   Il dittongo **ão** *[awⁿ]* – **lição, não** – è molto frequente in portoghese. La pronuncia è chiusa e nasale e molto veloce: **o pão é bom** *[u pawⁿ E bonⁿ]*, *il pane è buono*; **a lição não é longa** *[a lissawⁿ nawⁿ E lonⁿgᵃ]*, *la lezione non è lunga*.

[doysh] **dois** • 2

1 / Primeira lição

9 – É **inglês**?
10 – **Não**, sou fran**cês**. Mas **moro em** Portugal. □

🗣 9 E i^n**glesh** 10 naw^n sow fra^n**ssesh** maJ **mOru** ^ay^n purtu**gaL**

***

▶ Exercício 1 – Traduzir
Esercizio 1 – Tradurre

❶ Como é o livro? ❷ O livro é pequeno. ❸ O senhor é português? ❹ Não, sou inglês. ❺ O senhor já fala português? ❻ A senhora já fala português? ❼ Não falo bem. ❽ A livraria é grande? ❾ Não, é pequena.

Exercício 2 – Completar
Esercizio 2 – Completare (ogni punto corrisponde a un carattere)

❶ Buongiorno!
... dia!

❷ Lei è portoghese?
O senhor . português?

❸ No, sono francese.
Não, ... francês.

❹ Parla portoghese? – Non [lo] parlo bene.
.... fala português? – ... falo bem.

❺ Vivo *(Abito)* in Portogallo.
.... em Portugal.

❻ Com'è il libro? – Il libro è piccolo.
.... é o livro? – O livro ....

9 – È inglese?
10 – No, sono francese. Ma vivo *(abito)* in Portogallo.

Soluzioni dell'esercizio 1
❶ Com'è il libro? ❷ Il libro è piccolo. ❸ Lei *(Il signore)* è portoghese? ❹ No, sono inglese. ❺ Lei *(Il signore)* sa già parlare *(già parla)* portoghese? ❻ Lei *(La signora)* sa già parlare *(già parla)* portoghese? ❼ Non [lo] parlo bene. ❽ La libreria è grande? ❾ No, è piccola.

Soluzioni dell'esercizio 2
❶ Bom – ❷ – é – ❸ – sou – ❹ O senhor – Não – ❺ Moro – ❻ Como – é pequeno

Eccoci arrivati alla fine della vostra prima lição ([lissawⁿ] – non dimenticatevi di pronunciare questa parola come se aveste il naso tappato) e, come avete potuto notare, tutto procede per il meglio. È sufficiente che rileggiate il testo, sempre a voce alta, sforzandovi di afferrare il significato dell'intera frase, invece di cercare di tradurla letteralmente. Seguite le nostre istruzioni e ricordatevi che la ripetizione è una delle chiavi del successo.

Segunda lição [sseguⁿdª lissawⁿ]

Em ¹ Lisboa

1 – Desculpe, onde mora o professor?
2 – O professor mora na rua do Ouro.
3 – Onde é a rua do Ouro?
4 – A rua do Ouro é na Baixa.
5 – O que é ² a Baixa?
6 – É uma parte de Lisboa, perto do rio.
7 – Qual é o rio de Lisboa?
8 – É o Tejo.
9 – As ruas da Baixa são modernas ³?

Pronuncia

ᵃyⁿ lijboª 1 dᵉshkuLp' oⁿd' mOrª u prufᵉssor 2 u prufᵉssor mOrª nª rruª du owru 3 oⁿdi E a rruª du owru 4 ª rruª du owru E nª bayshª 5 u ki E a bayshª 6 E umª partᵉ d' lijboª pErtu du rriu 7 kuaL E u rriu dᵉ lijboª 8 E u tEju 9 ash rruash dª bayshª ssawⁿ mudErnªsh

Note

1 em [ᵃyⁿ], *a / in*. Questa preposizione si unisce talvolta all'articolo determinativo o, il, a, la, os, i, as, le. Na (frase 2) è la contrazione di em + a (em + a rua = na rua, *nella via*); em + o = no (no Bairro Alto, *nel Bairro Alto*, frase 14).

2 o que é? (lett. *il che è?*) equivale al nostro *che cos'è?*. In portoghese, per formulare una domanda basta semplicemente dare un'intonazione interrogativa alla forma affermativa, come in italiano.

3 Per formare il plurale, si aggiunge generalmente una *s* al singolare. Memorizzate inoltre la forma verbale são, terza persona plurale del verbo ser. A rua é moderna. → As ruas são modernas. O rio é antigo. → Os rios são antigos.

Seconda lezione

A Lisbona

1 – [Mi] scusi, dove abita il professore?
2 – Il professore abita in rua do Ouro *(nella via dell'Oro)*.
3 – Dov'è *(la)* rua do Ouro?
4 – *(Rua do Ouro)* È nella Baixa.
5 – Che cos'è *(Il che è)* la Baixa?
6 – È una zona *(parte)* di Lisbona, vicino al fiume.
7 – Qual è il fiume di Lisbona?
8 – È il Tago.
9 – Le vie della Baixa sono moderne?

Osservazioni sulla pronuncia

I dittonghi portoghesi meritano un'attenzione speciale. Eccone alcuni:
ai – Baixa *[bayshª]*: all'incirca come in "mai", "faina" ecc.
ei – primeira *[primªyrª]*, prima: molto più aperto del nostro dittongo "ei".
oi – noite *[noyte]*, notte: come in "noi" ma un po' più chiuso.

Notate la pronuncia chiusa della **a** negli articoli femminili, **a** e **as**, che ritroviamo spesso nelle parole portoghesi e che abbiamo reso con il simbolo *[ª]*.

10 – **Não**, são an**ti**gas.
11 – **Co**mo é a **ca**sa do [4] pro**fe**ssor?
12 – É an**ti**ga, mas é bo**ni**ta.
13 – E o se**nhor**, **on**de **mo**ra?
14 – Eu **mo**ro [5] no Bairro **Al**to.

10 naw^n ssaw^n antigash 11 komu E a kaS^a du pruf^{e}ssor 12 E a^{n}tig^a maS E bunit^a 13 i u ss^{e}gnor o^{n}d^e mOra 14 ew mOru nu bayrru aLtu

Note

4 La preposizione **de**, contraendosi con gli articoli **o**, **a**, **os**, **as**, dà luogo a: **do** *[du]*, **da** *[d^a]*, **dos** *[dush]*, **das** *[d^{a}sh]* – **as ruas da Baixa**, *le vie della Baixa*; **a casa do professor**, *la casa del professore*; **perto do rio**, *vicino al fiume*. Bisogna tuttavia ricordare che le preposizioni **em** e **de**,

***

Exercício 1 – Traduzir
Esercizio 1 – Tradurre

❶ Desculpe, onde é a Baixa? ❷ É em Lisboa. ❸ O senhor mora na rua do Ouro? ❹ Não, moro no Bairro Alto. ❺ As casas do Bairro Alto são modernas? ❻ Não, são antigas. ❼ Qual é o rio de Lisboa?

***

Exercício 2 – Completar
Esercizio 2 – Completare (ogni punto corrisponde a un carattere)

❶ Scusi, dov'è il Bairro Alto?
........, onde é o Bairro Alto?

❷ È a Lisbona
É .. Lisboa?

❸ Qual è il fiume di Lisbona?
.... é o rio .. Lisboa?

❹ Dov'è la casa del professore?
.... é a casa .. professor?

❺ Dove abita *(il signore)*?
Onde .... o senhor?

10 – No, sono antiche.
11 – Com'è la casa del professor?
12 – È antica, ma è bella.
13 – E Lei *(il signore)*, dove abita?
14 – *(Io)* abito nel Bairro Alto.

quando precedono nomi di città o nazioni, non si uniscono all'articolo determinativo, tranne in pochi casi (per es. **no Brasil**): **em Lisboa, em Portugal, de Lisboa, de Portugal** ecc. La sintassi portoghese somiglia a quella delle altre principali lingue neolatine, come l'italiano; riuscirete a padroneggiare senza difficoltà le varie sfumature grazie alla pratica.

5 eu moro, *io abito*. Come in italiano, per dare maggiore enfasi il pronome personale a volte può non essere sottinteso.

***

Soluzioni dell'esercizio 1
❶ Scusi, dov'è la Baixa? ❷ È a Lisbona. ❸ Lei *(Il signore)* abita in *(nella)* rua do Ouro? ❹ No, abito nel Bairro Alto. ❺ Le case del Bairro Alto sono moderne? ❻ No, sono antiche. ❼ Qual è il fiume di Lisbona?

***

❻ Abito in *(nella)* rua do Ouro.
 . . . . . . rua do Ouro.

Soluzioni dell'esercizio 2
❶ Desculpe – ❷ – em – ❸ Qual – de – ❹ Onde – do – ❺ – mora – ❻ Moro na –

Vi consigliamo di ripetere le frasi del dialogo portoghese due o tre volte e ad alta voce, prestando attenzione alla pronuncia figurata e accentuando le sillabe toniche. In un primo momento, lasciatevi trasportare dalla melodia della lingua e cercate di capire il significato delle frasi senza guardare la traduzione italiana.

3

Terceira lição *[terSEyrª lissawⁿ]*

À ¹ procura do médico

1 – **On**de es**tá** o **mé**dico?
2 – Es**tá** no hospi**tal**.
3 – **Sa**be a que **ho**ras é a con**sul**ta?
4 – **Às qua**tro **ho**ras.
5 – Que **ho**ras são ² a**go**ra, por fa**vor** ³?
6 – **É u**ma **ho**ra.
7 – E o hospi**tal fi**ca ⁴ **per**to?
8 – **Não, fi**ca **mui**to **lon**ge.
9 – **Ah**, en**tão** não **te**nho ⁵ **mui**to **tem**po.

Pronuncia

a prOkurª du mEdiku 1 oⁿd' ishta u mEdiku 2 'shta nu OshpitaL 3 ssabᵉ ª ki Orªsh E ª koⁿssuLtª 4 ash kuatru Orªsh 5 ki Orªsh ssawⁿ ªgOrª, pur fªvor 6 E umª Orª 7 i u OshpitaL fikª pErtu 8 nawⁿ, fikª muyⁿtu loⁿj' 9 a, eⁿtawⁿ nawⁿ tªgnu muyⁿtu teⁿpu.

Osservazioni sulla pronuncia

(2) hospital: la **h** iniziale è muta.
(3) consulta: la **s** prevocalica si pronuncia come in italiano.
(9) tenho: la **e** prima di **nh** o **lh** si pronuncia come una **a** più smorzata e aperta. È una particolarità che si nota soprattutto a Lisbona e nel sud del Paese: **venho** *[vªgnu]*, vengo; **joelho** *[juªgliu]*, ginocchio.

Note

1 Quando la preposizione semplice **a**, *a*, incontra gli articoli femminili, singolare e plurale, come in italiano si fonde con essi: ne risultano le preposizioni articolate **à**, *alla*, e **às**, *alle* (v. frase 4), caratterizzate dall'accento grave e dalla pronuncia aperta e ben articolata.

Terza lezione

Alla ricerca del medico

1 – Dov'è il medico?
2 – È in *(Sta nell')* ospedale.
3 – Sa a che ora visita *(a che ore è la visita)*?
4 – Alle quattro *(ore)*.
5 – Che ore sono adesso, per favore?
6 – È l'una *(una ora)*.
7 – E l'ospedale è *(rimane)* vicino?
8 – No, è *(rimane)* molto lontano.
9 – Ah, allora non ho *(tengo)* molto tempo.

2 Mentre in italiano si può chiedere indifferentemente "Che ora è?" o "Che ore sono?", in portoghese l'ora si chiede sempre al plurale. La risposta può essere al singolare o al plurale a seconda dei casi. **É uma hora** *[E um^a Or^a]*, *È l'una*. **São quatro horas** *[ssaw^n kuatru Or^ash]* (plurale), *Sono le quattro*. **É meio-dia** *[m^ayu-di^a]*, *È mezzogiorno*. **É meia-noite** *[m^ay^a-noyt']*, *È mezzanotte*. **É uma e cinco** *[E um^a i ssi^nku]*, *È l'una e cinque*. **São duas e dez** *[ssaw^n duaS i dEsh]*, *Sono le due e dieci*. **São quatro menos três minutos** *[ssaw^n kuatru menush tresh minutush]*, *Sono le quattro meno tre (minuti)*; **faltam três minutos para as quatro** *[faLtawn tresh minutush par' ^ash kuatru]*, *mancano tre minuti alle quattro*.

3 **por favor** *[pur f^avor]* o **se faz favor** *[ss^e f^ash f^avor]*, *per favore* (nel secondo caso, lett. *se fa favore*).

4 **ficar**, *stare*, *restare*, *rimanere*, sostituisce il verbo **estar** quando si vuole indicare uno stato permanente in un luogo. Per esempio, un ospedale non si può certo spostare molto facilmente… ed è ancora più difficile spostare un Paese o una città: **A Itália fica na Europa**, *L'Italia è in Europa*; **Paris fica em França**, *Parigi è in Francia*. **Onde fica Portugal?**, *Dove si trova il Portogallo?*

5 **tenho**, 1ª persona singolare del presente di **ter**, *avere*. Ci ritorneremo.

[dEsh] dez • 10

Exercício 1 – Traduzir
❶ Que horas são agora, por favor? – São três e meia. ❷ Onde está o médico? – O médico está no hospital. ❸ A que horas é a consulta? – Às cinco horas. ❹ O hospital fica longe? – Fica. ❺ Paris fica perto de Lisboa? – Não, fica muito longe.

Exercício 2 – Completar
❶ Dov'è il medico?
 .... está o médico?

❷ È in ospedale.
 Está .. hospital.

❸ A che ora *(ore)* è la visita?
 .... horas é . consulta?

❹ Alle quattro *(ore)*.
 .. quatro horas.

❺ Che ore sono?
 ... horas ...?

❻ Sono [le] due *(ore)*.
 ... duas ....

4

Quarta lição *[kuarta lissawn]*

O trânsito

1 – Porque é que o senhor [1] não toma um táxi?

Pronuncia
u tran Situ 1 purki E ki u ssegnor nawn tOma un takssi

Note
1 senhor *[ssegnor]*, femminile: senhora *[ssegnora]*.

Soluzioni dell'esercizio 1

❶ Che ore sono adesso, per favore? – Sono le tre e mezza. ❷ Dov'è il medico? – Il medico è in ospedale. ❸ A che ora visita? – Alle cinque *(ore)*. ❹ L'ospedale è *(rimane)* lontano? – Sì *(rimane)*. ❺ Parigi è vicino a *(rimane vicino di)* Lisbona? – No, è molto lontano.

Soluzioni dell'esercizio 2

❶ Onde – ❷ – no – ❸ A que – a – ❹ Às – ❺ Que – são ❻ São – horas

Man mano che andate avanti, non dimenticatevi di dare un'occhiata al numero delle pagine. È un modo sicuro per imparare a contare velocemente.

Quarta lezione

Il traffico

1 – Perché *(è che il signore)* non prende un taxi?

Osservazioni sulla pronuncia

(1) senhor: il suono del gruppo **nh** portoghese corrisponde all'italiano *gn*, come per esempio in *gnomo*.

4 / Quarta lição

2 – É difícil arranjar [2] um táxi agora. Há [3] muita gente à espera.
3 – É verdade, há muito movimento. É a hora de ponta.
4 – O trânsito está [4] terrível. Não sei [5] que fazer.
5 – Porque não vai [6] de metro?
6 – Não gosto de andar de metro. Não há eléctricos?
7 – Não, não há.
8 – E autocarros?
9 – Também não.
10 – Então, vou a pé [7].

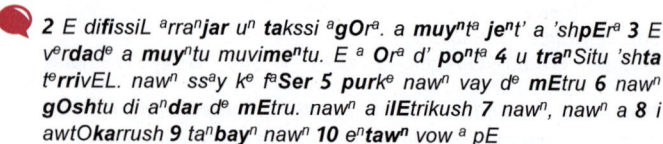

2 E difissiL ᵃrraⁿjar uⁿ takssi ᵃgOrᵃ. a muyⁿtᵃ jeⁿt' a 'shpErᵃ 3 E vᵉrdadᵉ a muyⁿtu muvimeⁿtu. E ᵃ Orᵃ d' poⁿtᵃ 4 u traⁿSitu 'shta tᵉrrivEL. nawⁿ ssᵃy kᵉ fᵃSer 5 purkᵉ nawⁿ vay dᵉ mEtru 6 nawⁿ gOshtu di aⁿdar dᵉ mEtru. nawⁿ a ilEtrikush 7 nawⁿ, nawⁿ a 8 i awtOkarrush 9 taⁿbayⁿ nawⁿ 10 eⁿtawⁿ vow ᵃ pE

Note

2 arranjar, *trovare*, si usa in molte espressioni che implicano una ricerca: **arranjar um lugar** *[ᵃrranjar uⁿ lugar]*, *trovare un posto*; **arranjar trabalho** *[trabagliu]*, *trovare un lavoro* (dopo averlo cercato); **arranjar dinheiro** *[dignᵃyru]*, *trovare dei soldi*, *mettere via dei soldi*.

3 há, da haver *[ᵃver]*, *esserci*, è usato alla 3ᵃ persona singolare, ma sempre senza soggetto. Corrisponde quindi all'italiano *c'è / ci sono*.

4 Notate l'uso di estar per indicare una condizione transitoria: **O trânsito está terrível**, *Il traffico è terribile* (in questo momento).

5 não sei, *non so*, 1ᵃ persona di saber, *sapere*, alla forma negativa (v. lezione 3, nota 1). Ritorneremo su questo verbo più avanti.

Quarta lezione / 4

2 – È difficile trovare un taxi ora. C'è molta gente che aspetta *(all'attesa)*.
3 – È vero *(verità)*, c'è molto movimento. È l'ora di punta.
4 – Il traffico è *(sta)* terribile. Non so che [cosa] fare.
5 – Perché non prende la *(non va di)* metro?
6 – Non mi piace *(Non gusto di)* andare in *(di)* metro. Non ci sono tram?
7 – No, non ce ne sono *(non c'è)*.
8 – E pullman?
9 – **Neanche** *(Anche no)*.
10 – Allora vado a piedi.

6 vai e vou (frase 10) dal verbo ir, *andare*. Ir è un verbo irregolare, come altri due verbi già incontrati, entrambi con il significato di *essere*: ser (identificazione, condizione permanente) e estar (localizzazione, condizione temporanea).

7 a pé, *a piedi*. Per gli altri mezzi di trasporto si usa la preposizione de. Esempi: de taxi, *in taxi*; de metro, *in metro*; de elétrico, *in tram*; de autocarro, *in pullman*; de avião *[di ᵃviawⁿ]*, *in aereo*; de carro *[dᵉ karru]*, *in auto*.

[kᵃtorSᵉ] catorze • 14

Exercício 1 – Traduzir

❶ Eu sou português. ❷ Você é inglês. ❸ Onde está a senhora? ❹ Como está o trânsito? ❺ O trânsito está terrível. ❻ Você vai a Portugal? ❼ Não há autocarros? ❽ Não, não há.

***

Exercício 2 – Completar

❶ Perché *(è che la signora)* non prende un taxi?
Por que é que . senhora não .... um táxi?

❷ C'è molta gente che aspetta *(all'attesa)*.
Há ..... gente à espera.

❸ Il traffico è terribile.
O trânsito .... terrível.

❹ Perché non va in *(di)* metro?
Porque não ..... metro?

❺ Non mi piace andare in *(gusto di andare di)* metro.
Não gosto de ..... de metro.

5

Quinta lição [ki^{n}t^a lissaw^n]

A consulta

1 – **Bo**a **tar**de [1], se**nhor** dou**tor**.
2 – **Bo**a **tar**de. **Faz fa**vor de se sen**tar** [2].

Pronuncia

^{a} ko^n**ssuL**t^a **1** bo^a **tar**d^e ss^e**gnor** dow**tor 2** bo^a **tar**d^e. fash f^a**vor** d^e ss^e sse^n**tar**

Note

1 **bom dia!**, *buongiorno!*, si usa solo al mattino; **boa tarde!**, *buon pomeriggio*; **boa noite!**, *buonasera! / buonanotte!*, alla fine della giornata e a seconda del contesto.

Quinta lezione / 5

Soluzioni dell'esercizio 1

❶ Io sono portoghese. ❷ Lei è inglese. ❸ Dov'è, signora *(Dov'è la signora)*? ❹ Com'è il traffico? ❺ Il traffico è terribile. ❻ Lei va in *(a)* Portogallo? ❼ Non ci sono pullman? ❽ No, non ce ne sono *(non c'è)*.

***

❻ **Non ci sono tram?**
Não .. elétricos?

❼ **Non, non ce ne sono** *(non c'è).*
Não, ...

Soluzioni dell'esercizio 2

❶ – a – toma – ❷ – muita – ❸ – está – ❹ – vai de – ❺ – andar – ❻ – há – ❼ – não há

Tenete bene a mente questa lezione. I due verbi **ser** *e* **estar** *– l'essenza e l'esistenza, potremmo dire – sono molto importanti per la conoscenza della lingua portoghese. E poi, come ci insegnano anche le Sacre Scritture, non dimenticatevi che all'inizio era il verbo!*

5

Quinta lezione

La visita medica

1 – Buongiorno *(Buon pomeriggio)*, *(signor)* dottore.
2 – Buongiorno *(Buon pomeriggio)*. Si sieda, prego *(Faccia favore di sedersi)*.

2 Il medico avrebbe potuto dire **Sente-se, por favor / se faz favor**, *si sieda, per favore*, ma l'espressione **faz favor de** seguita dal verbo all'infinito è più formale.

[d^eSass^aysh] **dezasseis** • 16

5 / Quinta lição

3 – **Obri**gado [3].
4 – É a pri**mei**ra **vez** que vem [4] à con**sul**ta?
5 – É, sim [5].
6 – Qual é o seu **no**me [6], por fa**vor**?
7 – **Cha**mo-me [7] José Coelho [8].
8 – **E** de que é que se **quei**xa?
9 – Bem, **sin**to-me do**en**te. **Sem**pre que **po**nho o meu cha**péu** **te**nho **do**res de ca**be**ça [9].
10 – Tal**vez** ti**ran**do [10] o cha**péu**... *(continua)*

 3 *Obrigadu* 4 *E ª primᵃyrª vesh kᵉ vᵃyⁿ a koⁿssuLtª* 5 *E ssiⁿ* 6 *kuaL E u ssew nomᵉ pur fᵃvor* 7 *shᵃmu-m' juSE kuᵃglʲu* 8 *i d' ki E k' ss' kᵃyshª* 9 *bᵃyⁿ ssiⁿtu-m' duentˈ. sseⁿpr' k' pognu u mew shᵃpEw tᵃgnu dorᵉj d' kabessª* 10 *tᵃLvesh tiraⁿdu u shapEw*

Osservazioni sulla pronuncia

(7) Ricordatevi: la **e** davanti a **nh** *[gn]* e **lh** *[glʲ]* si pronuncia come una **a** smorzata.

(8) La pronuncia corretta del primo **que** è *[ki]* e non *[kᵉ]* perché la **e** non tonica *[ᵉ]* precede una **e** aperta *[E]*.

Note

3 **obrigado** (lett. obbligato) corrisponde al nostro *grazie* e concorda in genere e numero con il soggetto che lo utilizza. Una donna, per ringraziare, dirà perciò **obrigada**, "obbligata".

4 **vem**, 3ª persona singolare del verbo **vir**, *venire*. Come in italiano, quando si dà del Lei a qualcuno (o del Loro, al plurale) si usa la terza persona.

5 Di solito, per rispondere affermativamente, in portoghese si ripete il verbo usato nella domanda (es.: **Está doente? – Estou**), spesso seguito dalla particella affermativa **sim**, *sì* (v. lezione 1, nota 2).

6 **nome**, *nome* o *nome e cognome*; **apelido** *[ᵃpᵉlidu]* oppure **sobrenome** *[ssobrᵉnomᵉ]*, *cognome*. Come potete notare, l'articolo **o**, *il*, precede il possessivo **seu**, *suo*, e il sostantivo **nome**, esattamente come avviene in italiano.

17 • **dezassete** *[dᵉSassEtᵉ]*

Quinta lezione / 5

3 – Grazie.
4 – È la prima volta che viene a farsi visitare *(alla visita-medica)*?
5 – *(È,)* Sì.
6 – Come si chiama *(Qual è il suo nome)*, per cortesia?
7 – Mi chiamo José Coelho.
8 – E qual è il suo problema *(di che è che si lamenta)*?
9 – Be', mi sento male *(malato)*. Ogni volta *(Sempre)* che [mi] metto il *(mio)* cappello ho mal *(dolori)* di testa.
10 – Forse togliendo il cappello… *(segue)*

7 **chamo-me**, *mi chiamo*, è, come in italiano, un verbo riflessivo. Di norma, nelle frasi affermative, il pronome segue il verbo. Esempi: **chamo-me João** *[juaw^n]*; **chama-se Isabel** *[sham^a-ss' iS^{a}bEL]*, *si chiama Isabel*. In compenso, nelle frasi negative, nelle interrogative e nelle subordinate il pronome precede il verbo, come in italiano: **Como te chamas?** *[komu t^e sh^{a}mash?]*, *Come ti chiami?*; **não me chamo João**, *non mi chiamo João*; **de que é que se queixa?**, *di cosa si lamenta?*

8 La traduzione letterale di **coelho** è *coniglio*.

9 **sinto-me**, *mi sento*, 1ª persona singolare di **sentir**, *sentire*: ritorneremo su questo verbo e sulle sue particolarità. **Ponho**, *metto*, 1ª persona singolare di **pôr**, *mettere*: incontreremo ancora questo verbo molto irregolare.

10 Si tratta del verbo **tirar**, *togliere*, al gerundio. In portoghese, il gerundio finisce sempre in **-ndo**, come in italiano.

[d^{e}Soytu] dezoito

Exercício 1 – Traduzir

❶ Bom dia, como se chama? ❷ Chamo-me José. ❸ E você, também se chama José? ❹ Não, eu não me chamo José. ❺ Então, como se chama? ❻ Chamo-me Isabel. ❼ A que horas é a consulta, por favor? ❽ É às quatro horas.

***

Exercício 2 – Completar

❶ Si sieda, per favore.
   Faz favor de .. sentar.

❷ Come si chiama *(Qual è il suo nome)*?
   .... é o ... nome?

❸ Mi chiamo José.
   ..... -me José.

❹ Qual è il suo problema *(Di cos'è che si lamenta)*?
   De que é que se ......?

❺ Mi sento male *(malato)*.
   Sinto-me ....

Sexta lição [ss^{a}ysht^a lissaw^n]

A consulta (continuação)

1 – **Não**, não **é na**da **dis**so [1].
2 – **É** que o se**nhor te**m orel**has mui**to com**pri**das.

Pronuncia

^{a} ko^n**ssuL**t^a (ko^{n}tinua**ssaw**^{n}) **1** naw^n naw^n E **nad**^{a} **dis**su **2** E k' u ss^e**gnor** tay^n ur^{a}gli^{a}sh **muy**^{n}tu ko^n**prid**^{a}sh

Note

[1] **disso**, *di ciò, di questo* (lett. *di codesto*), è la contrazione di **de** e **isso**. **Isto**, *questo*; **disto** *[dishtu]*, *di questo*.

Soluzioni dell'esercizio 1

❶ Buongiorno, come si chiama? ❷ Mi chiamo José. ❸ (E) anche Lei si chiama José? ❹ No, io non mi chiamo José. ❺ Come si chiama, allora? ❻ Mi chiamo Isabel. ❼ A che ora ci sono le visite, per favore? ❽ (È) alle quattro (ore).

***

❻ Ho mal *(dolori)* di testa.
Tenho ..... de cabeça.

Soluzioni dell'esercizio 2

❶ – se – ❷ Qual – seu – ❸ Chamo – ❹ – queixa ❺ – doente ❻ – dores –

Diversi cognomi portoghesi corrispondono a nomi di animali, alberi e piante. A quanto sembra, questa particolarità è dovuta al fatto che la maggior parte degli Ebrei convertiti rimasti in Portogallo dopo l'XI secolo scelse di adottare come proprio cognome sostantivi di questo tipo.

Sesta lezione

La visita medica (seguito)

1 – No, non si tratta *(non è niente)* di questo.
2 – È che Lei ha [le] orecchie molto lunghe.

Osservazioni sulla pronuncia

(2) Il suono portoghese **lh** assomiglia (anche se leggermente più smorzato) al suono italiano *gl* di *moglie*.

[viⁿt^e] **vinte**

6 / Sexta lição

   3 – Ah, **sim**...?
   4 – E **co**me **bem**?
   5 – **Sim**, como [2]. Principal**men**te ce**nou**ras. **Gos**to **mui**to de [3] ce**nou**ras.
   6 – E não **co**me **car**ne?
   7 – **Não**, não **gos**to de **car**ne.
   8 – E **gos**ta de **pei**xe?
   9 – **Não**, tam**bém** não **gos**to de **pei**xe.
   10 – O se**nhor** com o **seu no**me **e os** seus **gos**tos não pre**ci**sa de [4] um **mé**dico.
   11 – Ah, **não**...?
   12 – **Não**. O que o se**nhor** pre**ci**sa é de **um** veteri**ná**rio.

*3 a ssi^n 4 i kOm' bay^n 5 ssi^n komu. pri^{n}ssipaLme^{n}te sse**now**r^{e}sh. g**Osh**tu muy^{n}tu d^e sse**now**r^{e}sh 6 i naw^n kOm' karn^e 7 naw^n naw^n g**Osh**tu d^e karn^e 8 i g**Osh**t^a d' p**ay**sh' ? 9 naw^n, ta^{n}b^{a}y^n naw^n g**Osh**tu d^e p**ay**sh^e 10 u sse**gnor** ko^n u ssew nom^e i ush ssewsh g**Osh**tush naw^n pr^e**ssi**Sa di u^n mEdiku 11 a naw^n 12 naw^n u ki u sse**gnor** pr^e**ssi**Sa E di u^n v^{e}t^{e}rinariu*

Note

2 comer *[kumer]*, mangiare; beber *[b^{e}ber]*, bere. Tutti i verbi regolari portoghesi all'indicativo presente e alla 1^a persona singolare (con **eu**) finiscono in **o** *[u]*: eu falo *[ew falu]*, parlo, eu como, eu bebo.

3 Il verbo regolare **gostar de**, che significa *piacere*, è sempre accompagnato dalla preposizione **de**: *ele gosta de comer*, a lui piace mangiare. *Adorare, amare* si dice **amar** *[^{a}mar]*, un altro verbo regolare.

4 **precisar de**, *avere bisogno di* (qualcosa o qualcuno).

Exercício 1 – Traduzir

❶ As orelhas dos coelhos são compridas? ❷ Sim, são compridas. ❸ Você gosta de cenouras? ❹ Gosto. ❺ Você gosta de comer? ❻ Gosto muito. ❼ E de beber? ❽ Também gosto. ❾ Gosta de carne ou de peixe? ❿ Gosto de carne.

21 • vinte e um *[vi^{n}t' i u^n]*

Sesta lezione / 6

3 – Ah, sì...?
4 – E mangia bene?
5 – Sì *(mangio)*. **Soprattutto [le] carote. Mi piacciono molto [le] carote.**
6 – E non mangia carne?
7 – No, non mi piace la carne.
8 – E le piace il pesce?
9 – No, non mi piace neanche [il] *(anche non gusto di)* pesce.
10 – Con il nome e con i gusti che ha, Lei *(Il signore con il suo nome e i suoi gusti)* non ha bisogno di un medico.
11 – Ah, no...?
12 – No. Lei ha bisogno *(Il che il signore ha bisogno è)* di un veterinario.

Soluzioni dell'esercizio 1
❶ Le orecchie dei conigli sono lunghe? ❷ Sì, sono lunghe. ❸ [Le] piacciono le carote? ❹ Sì *(Mi-piacciono)*. ❺ Le piace mangiare? ❻ Sì, *(Mi-piace)* molto. ❼ E bere? ❽ Anche *(mi-piace)*. ❾ [Le] piace la carne o il pesce? ❿ [Mi] piace la carne.

Exercício 2 – Completar

❶ *(Egli)* ha [le] orecchie molto lunghe.
   Ele tem ……. muito compridas.

❷ Non mi piacciono molto [le] *(di)* carote.
   Não ..... muito .. cenouras.

❸ Ho bisogno di un medico.
   ……. de um médico.

Sétima lição [ssEtim^a lissaw^n]

Revisão – Ripasso

Come già anticipato nell'introduzione, le lezioni di ripasso (una ogni sette) hanno come finalità la revisione degli aspetti grammaticali affrontati nelle sei lezioni precedenti. In questo modo vi aiuteremo a ricapitolare e assimilare meglio ciò che avete già imparato con gli esempi pratici.

1 La pronuncia

È un aspetto molto importante su cui vale la pena soffermarsi in modo particolare nel corso delle prime lezioni. Come avete già avuto modo di osservare, l'accento tonico mette in risalto una sillaba rispetto alle altre, che dovranno perciò essere pronunciate in maniera più "smorzata". In portoghese questo accento cade sulla penultima sillaba, tranne quando la parola ha un accento grafico su un'altra sillaba o finisce per *-i, -u, -l, -r, -z*. Esempi: **aqui** [^{a}**ki**], *qui*; **cacau** [k^a**kaw**], *cacao*; **jornal** [jur**naL**], *giornale*; **falar** [f^a**lar**], *parlare*; **capaz** [k^a**pash**], *capace*.

La **r** prima di una consonante o a fine parola si pronuncia all'incirca come in italiano, mentre all'inizio o quando è doppia ha un suono simile a quello della **r** francese.

La **o**, da sola o a fine parola ha una pronuncia meno distinta rispetto all'italiano ed è praticamente [u]; tra due consonanti può essere pronunciata in modi diversi. **Corpo** [**ko**rpu], *corpo*: chiusa; **copo** [**kO**pu], *bicchiere*: aperta.

❹ Gli piace il pesce?
Ele gosta de ......?

❺ Non è un veterinario!
.... um veterinário!

Soluzioni dell'esercizio 2
❶ – orelhas – ❷ – gosto – de – ❸ Preciso – ❹ – peixe ❺ Não é –

Settima lezione

2 Gli articoli

• L'articolo determinativo maschile singolare è **o** *[u]*, mentre quello femminile è **a** *[ᵃ]* (dal suono un po' attenuato). Esempi: **o livro**, **a casa**. Ricordiamo che in portoghese il suono della **a** è generalmente smorzato, tranne quando si trova all'interno di una sillaba tonica.

• Gli articoli indeterminativi sono **um** [u^n] (maschile) e **uma** [um^a] (femminile). Esempi: **um livro**, **uma casa**.

• I plurali **uns** *[unsh]* e **umas** [$um^a sh$] sono di solito omessi. Esempi: **há táxis**, *ci sono dei / alcuni taxi*; **tem orelhas compridas**, *ha delle lunghe orecchie*.

3 Il genere

Come avrete già notato, la maggior parte delle parole portoghesi che finiscono in **-o** sono maschili, mentre quelle che finiscono in **-a** di solito sono femminili, come avviene del resto anche in italiano. La desinenza degli aggettivi di norma concorda con quella dei sostantivi. Esempi: **o livro é pequeno**, **a livraria é pequena**.
Come in italiano, esistono anche aggettivi che hanno una forma unica per entrambi i generi: **o rio é grande**, **a rua é grande**.

7 / Sétima lição

4 Il plurale

Di norma si forma aggiungendo una **-s** al singolare. Esempi: **o rio é pequeno, os rios são pequenos; a rua é larga, as ruas são largas**. Alle parole che finiscono per **-r, -s, -z**, si aggiunge **-es**. Esempio: **o senhor é francês, os senhores são franceses; o professor é eficaz** *[ifikash]*, *efficace*, **os professores são eficazes**.
Vedremo altre particolarità in seguito.

5 I pronomi personali soggetto (*eu, tu, ele / ela* ecc.)

In portoghese si tende a ometterli con una certa frequenza, pressappoco come in italiano. Esempi: **sou italiano**, *sono italiano*; **moro em Portugal**, *abito in Portogallo*. Da notare che nel portoghese moderno la 2ª persona plurale dei verbi è caduta in disuso: il nostro *voi* è quindi sostituito dalla 3ª plurale, sia come forma di cortesia che per rivolgersi a più persone. Ricordiamo anche di evitare l'uso di **você**, che in Portogallo potrebbe essere sentito come offensivo, e di utilizzare **o senhor / a senhora**, oppure unicamente il verbo in 3ª persona singolare, per rivolgersi a qualcuno con cui non si è in confidenza (in quest'ultimo caso, si ricorrerà invece al pronome **tu** e alla 2ª persona singolare, come in italiano).

6 Il verbo *essere*

Ci sono due equivalenti in portoghese: **ser** (identificazione, stato permanente) e **estar** (localizzazione, condizione temporanea). Esempi:
ele é português, *lui è portoghese* →
    condizione permanente, identificazione
ela está em Lisboa, *lei è / si trova a Lisbona* →
    condizione temporanea, localizzazione
eu estou doente, *io sono malato/a* (in questo momento) →
    condizione temporanea.

7 Gli altri verbi

Ripassiamo velocemente alcuni dei <u>verbi regolari</u> che abbiamo incontrato finora:
– **(eu) procuro**, *cerco*; **falo**, *parlo*; **moro**, *abito*; **chamo-me**, *mi chiamo* sono verbi regolari alla 1ª persona singolare.

25 • vinte e cinco *[viⁿt' i ssiⁿku]*

Settima lezione / 7

– **procura**, *cerca*; **fala**, *parla*; **mora**, *abita*; **chama-se**, *si chiama* sono verbi alla 3ª persona singolare.

Quindi abbiamo la desinenza **o** *[u]* per la 1ª persona e **a** *[a]* per la 3ª persona singolare.

Abbiamo incontrato anche alcuni verbi irregolari, indispensabili perché molto frequenti: **sou** *[ssow]*, *sono* (permanente); **estou** *['shtow]*, *sono / sto* (temporaneo); **vou** *[vow]*, *vado / vengo* (a seconda del contesto); **tenho** *[tᵃgnu]*, *ho*; **ponho** *[pognu]*, *metto* – alla 1ª persona – e **é** *[E]*, **está** *['shta]*, **vai** *[vay]*, **tem** *[tᵃyⁿ]* – alla 3ª persona singolare. Ed ecco la coniugazione completa del presente di **ser**, **estar** e **ir**.

ser	estar	ir
sou *[ssow]*	**estou** *['shtow]*	**vou** *[vow]*
és *[Esh]*	**estás** *['shtash]*	**vais** *[vaysh]*
é *[E]*	**está** *['shta]*	**vai** *[vay]*
somos *[ssomush]*	**estamos** *['shtamush]*	**vamos** *[vᵃmush]*
são *[ssawⁿ]*	**estão** *['shtawⁿ]*	**vão** *[vawⁿ]*

Diálogo de revisão – Dialogo di ripasso (Tradurre)

Per consentirvi di verificare le vostre conoscenze, vi proponiamo un dialogo in cui alcuni termini e accezioni incontrati nelle sei lezioni precedenti compaiono in un contesto diverso.
Ripetete ogni frase e traducetela.

1 – São franceses?
2 – Eu sou, mas ela não.
3 – Estão em Lisboa?
4 – Estamos.
5 – Onde?
6 – Moramos na rua do Ouro.
7 – Vão a pé?
8 – Não, vamos de metro.

Traduzione

1 Siete *(Sono)* francesi? **2** Io sì *(sono)*, ma lei no. **3** Siete *(Stanno)* a Lisbona? **4** Sì *(Stiamo)*. **5** Dove? **6** Abitiamo in *(nella)* rua do Ouro. **7** Andate a piedi? **8** No, andiamo in *(di)* metro.

Oitava lição [oytavᵃ lissawⁿ]

No café

1 – Faz fa**vor**...
2 – Fazem fa**vor** [1] de di**zer**.
3 – Eu tomo [2] um café.
4 – Para mim [3] **u**ma cer**ve**ja, por fa**vor**. **Te**nho **mui**ta **se**de.
5 – E os meninos [4], não **be**bem [5] **na**da?
6 – Talvez um **su**mo. Tem **su**mo de **fru**ta [6]?
7 – Temos [7] **sim**: la**ran**ja, ana**nás**, maçã, **pê**ssego...

Pronuncia
nu kᵃfE 1 fᵃsh fᵃvor 2 faSᵃyⁿ fᵃvor dᵉ diSer 3 ew tOmu uⁿ kᵃfE 4 parᵃ miⁿ umᵃ ssᵉrvᵃyjᵃ pur fᵃvor. tᵃgnu muyⁿtᵃ ssedᵉ 5 i uj mᵉninush nawⁿ bEbᵃyⁿ nadᵃ 6 tᵃLveS uⁿ ssumu. tᵃyⁿ ssumu dᵉ frutᵃ 7 temush ssiⁿ lᵃraⁿjᵃ ᵃnanash mᵃssaⁿ pessᵉgu

Osservazioni sulla pronuncia
(4) Attenzione, la seconda *e* di **cerveja** si pronuncia come una *a* smorzata (suono che abbiamo indicato come [ᵃy]).

Note

1. **fazem favor** *[faSᵃyⁿ fᵃvor]*, *per favore*: è una forma di cortesia, plurale di **faz favor** *[fash fᵃvor]*. Verbo **fazer**, *fare*; **faz**, *fa* (3ᵃ persona singolare); **fazem**, *fanno* (3ᵃ persona plurale). Presto vi mostreremo come si coniuga.

2. **tomar**, *prendere*, usato anche nel senso di "prendere una bevanda", come in questo caso.

3. **para mim**, *per me*. Le forme toniche dei pronomi personali sono sempre precedute da una preposizione: **para ti**, *per te*; **para si**, *per Lei*, **para ele / ela**, *per lui / lei*; **para nós**, *per noi*; **para vocês**, *per voi / Loro*; **para eles / elas**, *per loro*.

Ottava lezione

Al caffè

1 – Scusi *(Faccia favore)*...
2 – Cosa desiderate *(Fate favore di dire)*?
3 – Io prendo un caffè.
4 – Per me una birra, per favore. Ho molta sete.
5 – E i bambini non bevono niente?
6 – Magari un succo. Avete dei succhi *(Ha succo)* di frutta?
7 – Sì, ne abbiamo *(Abbiamo sì)*: arancia, ananas, mela, pesca...

4 os meninos e as crianças *[ᵃsh kriaⁿssᵃsh]* si riferiscono a un gruppo misto di bambini di entrambi i sessi oppure di sesso maschile; as meninas *[ᵃsh mᵉninᵃsh]*, le bambine.

5 beber *[bᵉber]*, bere è un verbo regolare. Indicativo presente: eu bebo, tu bebes, ele / ela / você bebe, nós bebemos, eles / elas / vocês bebem. Torneremo su questo argomento nella prossima lezione di ripasso.

6 fruta indica la *frutta* in generale: vou comprar fruta, *vado a comprare della frutta*. Fruto *[frutu]*, *frutto*; frutos *[frutush]*, *frutti*.

7 Notate l'assenza del pronome equivalente al *ne* italiano. Ad esempio: Tem chá? – Tenho sim, *Ha del tè? – Sì, ne ho* (lett. *ho sì*).

8 / Oitava lição

   8 – **Eu que**ro um **su**mo de la**ran**ja.
   9 – **Fres**co ou natu**ral**?
  10 – Natu**ral**, é me**lhor** [8].
  11 – **Eu que**ro um ge**l**ado.
  12 – **G**elados **não te**mos.
  13 – En**tão** um **bo**lo... **mui**to **gran**de!
  14 – Tens **fo**me?
  15 – **Não**, **não te**nho **fo**me, mas sou gu**lo**so [9]!

8 ew k**E**ru u^n ssumu d' l^{a}ra^{n}j^a *9* fr**Esh**ku ow n^{a}tura**L** *10* n^{a}tura**L** E m^{e}gl^{i}Or *11* ew k**E**ru u^n j^{e}ladu *12* j^{e}ladush naw^n temush *13* e^{n}taw^n u^n bolu... muy^{n}tu gra^{n}d^e *14* t^{a}y^{n}sh fOm^e *15* naw^n, naw^n t^{a}gnu fOm^e m^{a}sh ssow gu**lo**Su

***

Exercício 1 – Traduzir

❶ Eu tomo um chá. ❷ Para mim um café, por favor. ❸ E o senhor, não bebe nada? ❹ Bebo uma cerveja. ❺ Tem sumo de maçã? ❻ Eu quero um bolo. ❼ Você tem fome? ❽ Não, mas sou guloso.

***

Exercício 2 – Completar

❶ Io ho sete!
   Eu ..... sede!

❷ Lei ha fame?
   A senhora ... fome?

❸ Noi beviamo birra.
   Nós .... cerveja.

Ottava lezione / 8

8 – Io voglio un succo d'arancia.
9 – Succo *(Fresco)* o spremuta *(naturale)*?
10 – Spremuta, è meglio.
11 – Io voglio un gelato.
12 – **Non abbiamo gelati** *(Gelati non abbiamo)*.
13 – Allora un dolce… molto grande!
14 – Hai fame?
15 – No, non ho fame, ma sono goloso!

Note

8 **melhor**, *migliore*, *meglio*, è il comparativo di **bom**, *buono* (aggettivo). O café é bom, o vinho *[vignu]* é melhor, *Il caffè è buono, il vino è migliore*; come avverbio, è il comparativo di **bem**, *bene*. **Estou bem**, *sto bene*; **estou melhor**, *sto meglio*.

9 **guloso**, *goloso*, al femminile è **gulosa** *[gulOSa]* con la o aperta. Gli aggettivi che finiscono per **-oso** sono accomunati da questa particolarità: **vaidoso** *[vaydoSu]*, *vanitoso* / **vaidosa** *[vaydOSa]*, *vanitosa*; **curioso** *[kurioSu]*, *curioso* / **curiosa** *[kuriOSa]*, *curiosa*.

***

Soluzioni dell'esercizio 1

❶ Io prendo un té. ❷ Per me un caffè, per favore. ❸ E Lei non beve niente? ❹ Bevo una birra. ❺ Ha [del] succo di mela? ❻ Io voglio una torta. ❼ *(Lei)* ha fame? ❽ No, ma sono goloso.

***

❹ Io parlo portoghese.
  Eu …. português.

❺ Lei è italiano?
  O senhor . italiano?

Soluzioni dell'esercizio 2

❶ – tenho – ❷ – tem – ❸ – bebemos – ❹ – falo – ❺ – é –

9

Nona lição [nonª lissawⁿ]

Um encontro

1 – Olá **¹**! Então como é que vais?
2 – Bem, obrigada **²**. E vocês, que fazem?
3 – Eu estou a **³** trabalhar numa escola e o António vai fazer um filme.
4 – Um filme? Que bom! Sobre quê?
5 – Sobre Portugal. Vai partir para Lisboa na próxima semana.
6 – E quanto tempo demoram **⁴** as filmagens?
7 – Cerca de três meses **⁵**.

Pronuncia

uⁿ eⁿkoⁿtru 1 Ola! eⁿtawn komu E k' vaysh 2 bᵃyⁿ Obrigadᵃ. i vOssesh kᵉ faSᵃyⁿ 3 ew 'shtow a trᵃbᵃgliar numᵃ 'shkOlᵃ i u aⁿtOniu vay fᵃSer uⁿ fiLmᵉ 4 uⁿ fiLmᵉ? kᵉ bon! ssobrᵉ ke 5 ssobrᵉ purtugaL. vay pᵃrtir parᵃ lijboᵃ nᵃ prOssimᵃ ssᵉmanᵃ 6 i kuaⁿtu teⁿpu dᵉmOrᵃwⁿ ᵃsh fiLmajᵃyⁿsh 7 sserkᵃ de trej meSᵉsh

Note

1 olá è un saluto che solitamente si rivolge a qualcuno con cui si ha confidenza, infatti corrisponde al nostro *ciao*.

2 *Grazie* si dice **obrigado** o **obrigada**, a seconda che a parlare sia un uomo o una donna.

3 estar a + infinitivo (*infinito*) equivale alla perifrasi verbale italiana *stare* + gerundio. Esempio: **estou a falar**, *sto parlando*.

4 **as filmagens demoram três meses**, *le riprese durano tre mesi*. **Demorar** [dᵉ*murar*] implica un'idea di durata temporale, talvolta di lentezza. **Ele demora muito**, *Lui ci mette / impiega molto tempo. / È in ritardo*. **A demora** [a dᵉ*mOrᵃ*], *il ritardo / l'indugio / l'attesa*.

9
Nona lezione

Un incontro

1 – Ciao! Allora, come va *(come è che vai)*?
2 – Bene, grazie. E voi, cosa fate [di bello]?
3 – Io sto lavorando *(a lavorare)* in una scuola e *(l')*António sta per fare *(va fare)* un film.
4 – Un film? Che bello *(buono)*! Su cosa?
5 – Sul *(Su)* Portogallo. Partirà *(Va partire)* per Lisbona la *(nella)* settimana prossima.
6 – E quanto tempo durano le riprese?
7 – Circa *(di)* tre mesi.

5 cerca de, *circa*. Mais ou menos *[m^{a}yS u **me**nush]*, *più o meno*. Notate che il plurale delle parole che finiscono in **-s** si forma aggiungendo **-es**: um mês / dois meses *[doysh **me**S^{e}sh]*; um francês *[u^n fra^n**ssesh**]* / dois franceses *[doysh fra^n**sse**Sesh]*. Um ano tem doze meses *[u^n ^{a}nu t^{a}y^n **do**S^e **me**S^{e}sh]*, *Un anno ha dodici mesi*.

9 / Nona lição

8 – E **tu** não **par**tes [6] tam**bém**?
9 – A**go**ra é impos**sí**vel [7], por **cau**sa das **au**las. Mas **par**to no **pró**ximo **mês**. **Te**nho **fé**rias. □

*8 i tu naw^n **part**^{e}sh ta^n**b**^{a}y^n 9 ^{a}**gO**ra E i^{n}pu**ss**ivEL pur **kaw**S^a d^{a}S **awl**^{a}sh. m^{a}sh **par**tu nu pr**O**ssimu mesh. **t**^{a}gnu f**E**ri^{a}sh*

Note

6 Ecco l'indicativo presente del verbo **partir**, *partire* o *rompere*: **eu parto** *[partu]*, **tu partes** *[part^{e}sh]*, **ele / ela / você parte** *[part^e]*, **nós partimos** *[partimush]*, **eles / elas / vocês partem** *[part^{a}y^n]*. Si tratta di un verbo regolare.

***

Exercício 1 – Traduzir

❶ Olá, como é que vai? ❷ Vou bem, obrigada, e você? ❸ O que é que está a fazer? ❹ Você quer um café? ❺ Não, não quero, obrigada. ❻ Quando parte para Lisboa? ❼ Parto na próxima semana.

Exercício 2 – Completar

❶ **Come** *(è che)* **sta?**
Como .... vai?

❷ **Sto bene, grazie.**
Vou ..., obrigado.

❸ *(Lei)* **Sta partendo** *(sta-per-partire)*?
O senhor ... partir?

❹ *(Io)* **Parto il prossimo mese.**
Eu parto no .... mês.

❺ **Che bello** *(buono)*!
... bom!

8 – E tu non parti *(anche)*?
9 – Per ora è impossibile a causa delle lezioni.
Comunque parto il mese prossimo, sarò in vacanza
(Ma parto nel prossimo mese. Ho ferie).

7 **impossível**: notate l'accento grafico che rende tonica la penultima sillaba. In portoghese abbiamo un nutrito gruppo di aggettivi simili: **incrível** *[iⁿkrivEL]*, *incredibile*; **acessível** *[ᵃssessivEL]*, *accessibile*; **imóvel** *[imOvEL]*, *immobile*; **amável** *[ᵃmavEL]*, *amabile*. Le parole **papel** *[pᵃpEL]*, *carta*, **subtil** *[ssubtiL]*, *sottile*, e **azul** *[ᵃSuL]*, *blu*, come altre parole che finiscono in **-l**, hanno l'accento tonico sull'ultima sillaba.

***

Soluzioni dell'esercizio 1
❶ Salve, come sta? ❷ Sto bene, grazie, e Lei? ❸ Che cosa sta facendo? ❹ Vuole un caffè? ❺ No, non [lo] voglio, grazie. ❻ Quando parte per Lisbona? ❼ Parto la *(nella)* prossima settimana.

Soluzioni dell'esercizio 2
❶ – é que – ❷ – bem – ❸ – vai – ❹ – próximo – ❺ Que –

10

Décima lição [dEsimᵃ lissawⁿ]

A partida

1 – **Po**sso en**tr**ar?
2 – **Po**des, **cla**ro ¹.
3 – O que é que es**tás** a fa**zer** ²?
4 – Es**tou** a fa**zer** a **ma**la. Mas **não** é **fá**cil.
5 – Por**quê**? Tens **mui**ta **coi**sa ³?
6 – **Te**nho, e a **mi**nha **ma**la é pe**que**na.
7 – **Pois é**. **On**de **le**vas o teu cha**péu**?
8 – O meu cha**péu**? Na ca**be**ça.
9 – E a tua gabar**di**na?
10 – No **bra**ço...
11 – E **co**mo **é** que **le**vas a **pas**ta com os **teus** docu**men**tos?

Pronuncia

ᵃ partidᵃ **1** pOssu eⁿtrar **2** pOdᵉsh klaru **3** u ki E k' 'shtaS ᵃ fᵃSer **4** 'shtow ᵃ fᵃSer ᵃ malᵃ. mᵃj nawⁿ E fassiL **5** purke? tᵃyⁿj muyⁿtᵃ koySᵃ **6** tᵃgnu, i ᵃ mignᵃ malᵃ E pᵉkenᵃ **7** poyS E. oⁿdᵉ lEvᵃS u tew shᵃpEw **8** u mew shᵃpEw? nᵃ kᵃbessᵃ **9** i ᵃ tuᵃ gᵃbᵃrdinᵃ **10** nu brassu **11** i komu E ke lEvᵃS a pashtᵃ koⁿ ush tewsh dukumeⁿtush

Note

1 **claro** è un'affermazione enfatica, ma può anche significare *chiaro*: O quarto é claro *[u kuartu E klaru], la stanza è chiara.*

2 **estar a fazer**, *stare facendo.* O que é que está a fazer? – Estou a ler a lição, *Che cosa sta facendo? – Sto leggendo la lezione.*

Decima lezione

La partenza

1 – Posso entrare?
2 – *(Puoi,)* **Certo.**
3 – **Cosa** *(Il che è che)* **stai facendo?**
4 – Sto facendo la valigia. Ma non è facile.
5 – Perché? Devi metterci molte cose *(Hai molta cosa)*?
6 – Sì *(Ho)*, e la mia valigia è piccola.
7 – In effetti *(Certo è)*. Dove lo metti il cappello *(Dove metti il tuo cappello)*?
8 – Il mio cappello? In *(Nella)* testa.
9 – E il tuo impermeabile?
10 – Sul *(Nel)* braccio...
11 – E come *(è che)* porti la cartella con i tuoi documenti?

---

3 **muita coisa** o **muitas coisas** equivale *a molte cose* (o *tante cose*). Spesso, in portoghese, il singolare può essere usato per indicare un gruppo di cose o di persone dando maggiore enfasi: **há muito louco na rua**, *ci sono molti pazzi per strada*, è più enfatico di **há muitos loucos na rua**. Ricordate inoltre che **muito**, *molto*, quando è usato come aggettivo, concorda con il sostantivo che accompagna. Quando è avverbio, invece, è invariabile: **a comida é muito boa** *[a kumid^a E muy^{n}tu boa]*, il cibo è molto buono; **os meninos são muito bonitos**, *i bambini sono molto belli*.

10 / Décima lição

12 – Na **mão**.
13 – **Po**sso [4] aju**dar**-te?
14 – Já que in**sis**tes levas a **ma**la.

12 nª mªwⁿ 13 pOssu ªjudar-te 14 ja k' iⁿssishtᵉsh lEvªS ª malª

Note

4 *posso*, *posso*, dal verbo **poder**. All'indicativo presente, il verbo **poder** è irregolare solo alla prima persona singolare; le altre persone sono quindi regolari e si coniugano come qualunque altro verbo della seconda coniugazione, come per esempio **beber**: tu podes *[pOdᵉsh]*, ele / ela / você pode *[pOdᵉ]*, nós podemos *[pudemush]*, eles / elas / vocês podem *[pOdªyⁿ]*.

***

Exercício 1 – Traduzir

❶ Está a fazer a sua mala? ❷ Estou. Pode ajudar-me? ❸ Posso. Mas não é fácil. ❹ Pois não. ❺ Tenho muita coisa. ❻ Onde leva o seu chapéu? ❼ Levo o meu chapéu na mão. ❽ Tem os seus documentos? ❾ Tenho. Obrigada.

***

Exercício 2 – Completar

❶ Sta facendo *(a fare)* le valigie?
   Está . . . . . . as malas?

❷ No, sto prendendo un *(sto a prendere)* caffè.
   Não, ... a tomar café.

❸ Dove mette *(porta)* il suo cappello?
   Onde . . . . o . . . chapéu?

❹ In testa.
   Na . . . .

37 • **trinta e sete** *[triⁿtª i ssEtᵉ]*

Decima lezione / 10

12 – A *(Nella)* mano.
13 – Posso aiutarti?
14 – Visto che insisti, porta la valigia.

***

Soluzioni dell'esercizio 1

❶ Sta facendo la *(sua)* valigia? ❷ Sì *(Sto)*. Può aiutarmi? ❸ Sì *(Posso)*. Ma non è facile. ❹ Infatti *(Certo no)*. ❺ Ho molte cose [da metterci]. ❻ Dove mette *(porta)* il *(suo)* cappello? ❼ Porto il *(mio)* cappello in mano. ❽ Hai i suoi documenti? ❾ Sì *(Ho)*. Grazie.

***

❺ Stai già facendo la valigia?
Já ..... a fazer a mala?

❻ Sì *(Già)*.
...

Soluzioni dell'esercizio 2

❶ – a fazer – ❷ – estou – ❸ – leva – seu – ❹ – cabeça ❺ – estás – ❻ Já

11

Décima primeira lição [dEssimª primªyrª lissawⁿ]

Na rua

1 – **Po**des an**d**ar mais depre**ss**a [1]?
2 – **Não**, es**tou mui**to [2] carre**g**ado.
3 – **Pod**emos to**mar** um **tá**xi. Não **que**res?
4 – **Não**. Os **tá**xis não **po**dem parar a**qui** [3].
5 – En**tão te**mos de ir a **pé** [4] até à esta**ção**?
6 – **Não**. **Pod**emos ir de auto**car**ro [5]. A pa**ra**gem é a**li**.
7 – A que **ho**ras **te**mos de lá es**tar**?
8 – O com**bo**io **par**te às **no**ve.
9 – E que **ho**ras são a**go**ra?
10 – São **oi**to e **mei**a.
11 – En**tão** estamos atra**sa**dos [6]! **Te**mos de correr!
12 – Es**tás** a **brin**car! A **ma**la é **tão** pe**sa**da que **mal po**sso an**dar**...

Pronuncia

nª rruª **1** pO**d**eS aⁿ**dar** mªysh d**e**prEssª **2** nawⁿ 'sh**tow muy**ⁿtu karr**e**gadu **3** pu**d**emush tu**mar** uⁿ **ta**xi. nawⁿ **kEr**esh **4** nawⁿ. ush **takss**is nawⁿ pO**d**eyⁿ pªrar ª**ki** **5** eⁿ**tawⁿ te**mush dª ir ª pE ª**tE** a 'shtª**ssawⁿ** **6** nawⁿ. pu**d**emuS ir di awto**ka**rru. ª pª**raj**ªyⁿ E ª**li** **7** ª ki Orash **te**mush dª la 'sh**tar 8** u koⁿ**bOy**u **par**tª ªsh **nov' 9** i ki Orªsh sswawⁿ ª**gOr**ª **10** sswawⁿ **oy**tu i i**mEy**ª **11** eⁿ**tawⁿ** 'sh**ta**muS' ªtrª**Sa**dush! **te**mush dª ku**rrer 12** 'sh**taS** ª **brin**kar! ª **mal**ª E tawⁿ pª**Sa**dª kª maL **pO**ssu aⁿ**dar**

Note

1 *andar depressa*, camminare veloce; *andar devagar*, camminare piano. *Tu andas depressa* [tu aⁿdash d**e**prEssª], tu cammini veloce; *o comboio anda devagar*, il treno va piano.

Undicesima lezione

Per la strada

1 – Puoi camminare più veloce?
2 – No, sono molto carico.
3 – Possiamo prendere un taxi. Non ti va?
4 – No, i taxi non possono fermarsi qui.
5 – Allora dobbiamo (abbiamo di) andare a piedi fino alla stazione?
6 – No. Possiamo andare in (di) autobus. La fermata è lì.
7 – A che ora (ore) dobbiamo essere lì (abbiamo di là stare)?
8 – Il treno parte alle nove.
9 – E che ore sono adesso?
10 – Sono [le] otto e mezza.
11 – Allora siamo in ritardo! Dobbiamo correre!
12 – Stai scherzando! La valigia è così pesante che a malapena (male) riesco a camminare…

---

2 **muito** ha molto spesso il significato di *troppo*: **é muito tarde / é demasiado tarde / é tarde demais**, *è troppo tardi*. **Demais** segue sempre l'aggettivo o avverbio che accompagna.

3 **aqui** [ᵃ**ki**], *qui*; **ali** [ᵃ**li**], *là*; **além** [ᵃ**lEy**ⁿ], *oltre*, **lá**, *lì*, *là*.

4 **temos de ir a pé**, *dobbiamo andare a piedi*; **tenho de parar** [t**ᵃgnu** dᵉ p**ᵃrar**], *devo (per forza) fermarmi*; **tens de partir**, *devi partire, sei costretto a partire*; **ele tem de trabalhar**, *deve lavorare, è obbligato a lavorare*; **temos de correr**, *dobbiamo correre*.

5 **de autocarro**, *in autobus / pullman*; **de táxi**, *in taxi*; **de comboio**, *in treno*; **de avião** [d' ᵃ**viaw**ⁿ], *in aereo*; **a cavalo**, *a cavallo*.

6 **estamos atrasados**, *siamo in ritardo*; **ele está atrasado**, *lui è in ritardo*. **Um atraso**, *un ritardo*: **o comboio tem um atraso de meia hora**, *il treno ha un ritardo di mezz'ora*.

Exercício 1 – Traduzir
① Podemos andar mais depressa? ② Queres ir de táxi? ③ Não, quero tomar o autocarro. ④ Mas a paragem não é aqui. ⑤ A que horas parte o comboio? ⑥ Parte às oito e meia. ⑦ Que horas são?

***

Exercício 2 – Completar
① Può andare in autobus.
   ...... de autocarro.

② Possiamo prendere un taxi.
   Podemos .... táxi.

③ Devi andare a piedi.
   .... de ir a ...

④ Voi siete in ritardo.
   Vocês ..... atrasados.

⑤ Il treno parte alle nove *(ore)*.
   O comboio parte .. nove horas.

⑥ Che ore sono?
   ... horas ...?

12

Décima segunda lição
[dEssimª ssªguⁿdª lissawⁿ]

Na estação

1 – Faz fa**vor**. Este com**bo**io ¹ vai **pa**ra Lis**bo**a?

Pronuncia
nª 'shtªssawⁿ **1** fªsh fªvor. eshtᵉ koⁿbOyu vay parª lijboª?

41 • quarenta e um *[kuareⁿtª i uⁿ]*

Soluzioni dell'esercizio 1

❶ Possiamo camminare più veloce? ❷ Vuoi andare in taxi? ❸ No, voglio prendere l'autobus. ❹ Ma la fermata non è qui. ❺ A che ora parte il treno? ❻ Parte alle otto e mezza. ❼ Che ore sono?

Soluzioni dell'esercizio 2

❶ – Pode ir – ❷ – tomar um – ❸ Tens – pé ❹ – estão – ❺ – às – ❻ Que – são

Non memorizzate subito tutte le novità di ogni lezione: le ritroverete man mano e potrete così familiarizzare un po' alla volta con le strutture di base del portoghese. Anche gli esercizi e le lezioni di ripasso hanno come obiettivo quello di fissare nella vostra memoria il vocabolario e la grammatica. Fidatevi di noi!

Dodicesima lezione

Alla stazione

1 – Mi scusi, questo treno va a Lisbona?

Note

1 L'aggettivo dimostrativo **este** equivale a *questo*. Quando compare da solo diventa pronome. **Este comboio**, *questo treno*; **esta linha**, *questa linea*; **estes bilhetes**, *questi biglietti*; **estas malas**, *queste valigie*.

12 / Décima segunda lição

   2 – **Não**, **este** [2] **a**qui vai para Ma**drid**. **Pa**ra Lis**boa** é a**que**le.
   3 – Qual [3], por fa**vor**?
   4 – A**que**le a**li** [4]. Na **vi**a **cin**co.
   5 – **Mui**to obri**ga**do.
   6 *No com**boi**o:*
   7 – Des**cul**pe, que **nú**mero **tem** o **seu** lu**gar**?
   8 – O **meu** lu**gar** é o **nú**mero **tre**ze.
   9 – Ah! En**tão não** é **es**se [5]. O **nú**mero **tre**ze é **es**te.
   10 – Eu **sei**, mas **co**mo **sou** supersticioso **não que**ro sen**tar**-me a**í**.

   2 naw^n **esht**' ^{a}**ki** vay **pa**r^a m^a**dri**. **pa**r^a li**jbo**^{a} E ^{a}**kel**^{e} 3 kuaL pur f^a**vor** 4 ^{a}**kel**^{e} ^{a}**li**. n^a **vi**^{a} **ssi**^{n}ku 5 **muy**^{n}tu Obri**ga**du 6 nu ko^n**bOy**u 7 d^{e}sh**kulp**^{e} k^e **num**^{e}ru t^{a}y^n u ssew lu**gar** 8 u mew lu**gar** E u **num**^{e}ru **tre**S^e 9 ah! e^n**taw**^{n} naw^n E **es**s^e. u **num**^{e}ru **tre**S^e E **esht**^{e} 10 ew ss^{a}y m^{a}sh **ko**mu ssow ssup^{e}rsh**tis**sio**Su** naw^n **kE**ru sse^n**tar**-m' ai

Note

2 I dimostrativi si possono contrarre con le preposizioni **em** e **de**, formando **neste, nesse, naquele, deste, desse, daquele** ecc. O e a, quando sono seguiti da **que**, possono diventare pronomi dimostrativi: **o que eu tenho**, *quello che ho*; **este comboio é o que vai para Lisboa**, *questo è il treno che va a Lisbona*; **aquela linha é a que tu procuras**, *quella linea è quella che cerchi*.

***

Exercício 1 – Traduzir

❶ Por favor. Qual é o comboio para o Porto? ❷ Não é este. É aquele, ali na linha três. ❸ Este comboio vai para Coimbra? ❹ Não, esse vai para Lisboa. Para Coimbra é aquele. ❺ Qual? Aquele ali, na linha um? – Não, aquele além, na linha oito. ❻ Essa mala é sua? ❼ Qual é a sua? – É essa que o senhor tem na mão. ❽ Ah, desculpe, a minha é aquela.

Dodicesima lezione / 12

2 – **No,** *(questo qui)* va a Madrid. È quello che va a Lisbona *(per Lisbona è quello)*.
3 – Quale, scusi *(per favore)*?
4 – Quello là. Al *(Nel)* binario cinque.
5 – Molte grazie *(Molto obbligato)*.
6 *Sul treno:*
7 – Scusi, che numero ha il suo posto?
8 – Il mio posto è il numero tredici.
9 – Ah! Allora non è quello *(codesto)*. Il numero 13 è questo.
10 – *(Io)* [Lo] so, ma siccome sono superstizioso non voglio sedermi lì.

---

3 **qual** può essere aggettivo o pronome interrogativo a seconda che sia accompagnato da un sostantivo o meno. **Qual comboio?**, *Quale / Che treno?* Questa forma cambia al plurale: **quais** *[ku**ay**sh]*.

4 Notate che **aqui** e **ali**, pur pronunciati tronchi, non recano accento grafico, a differenza di **aí**.

5 **esse**: aggettivo e pronome dimostrativo, letteralmente significa *codesto*, ma in italiano si renderà più spesso con *quello* o a volte con *questo*. Indica un oggetto vicino all'interlocutore e, come gli altri dimostrativi, concorda nel genere e nel numero col nome cui si riferisce: **esse livro é teu?**, *quel libro è tuo?*; **essa mala é tua?**, *quella valigia è tua?*; **esse lugar**, *quel posto*. **O teu lugar não é esse**, *Il tuo posto non è quello*. **As vossas malas não são essas**, *Le vostre valigie non sono quelle*.

***

Soluzioni dell'esercizio 1

❶ Mi scusi, qual è il treno per Porto? ❷ Non è questo. È quello là, al binario 3. ❸ Questo treno va a Coimbra? ❹ No, va a Lisbona. [Il treno] per Coimbra è quello. ❺ Quale? Quello lì, al binario uno? – No, quell'altro *(quello oltre)*, al binario 8. ❻ Questa valigia è sua? ❼ Qual è la sua? – È quella che Lei *(il signore)* ha in mano. ❽ Ah, scusi, la mia è quella.

Exercício 2 – Completar

❶ Questo treno va a Madrid?
.... comboio vai para Madrid?

❷ Qual è il treno che va a Madrid?
.... é o comboio que ... para Madrid?

❸ È quello là, al binario quattro.
E ......, ali na linha quatro.

❹ Queste valigie sono mie. Quelle sono del signor Mendes.
..... malas são minhas. .... são do senhor Mendes.

❺ Quel *(Codesto)* libro è tuo?
.... livro é teu?

❻ Che numero ha il suo posto?
... número ... o seu lugar?

13

Décima terceira lição
[dEssim^a t^erss^ayr^a lissawⁿ]

Boa viagem!

1 – Que lindo dia para viajar, não acha?
2 – Sim, de facto. Mas, para lhe dizer a verdade, prefiro [1] tomar o comboio nos dias de chuva.
3 – Ah, sim! E como é que viaja quando está sol [2]?

Pronuncia
bo^a viaj^ayⁿ 1 k^e liⁿdu di^a par^a vi^ajar nawⁿ ash^a 2 ssiⁿ, d^e **fak**tu. m^ash par^a glⁱ di**Ser** ^a v^erdad^e pr^efir^u tumar u koⁿ**bO**yu nuj di^ash d^e shuv^a 3 a ssiⁿ! i **ko**mu E k^e viaj^a **kua**ⁿdu 'shta ssoL

Note

1 **prefiro**: prima persona del presente indicativo del verbo **preferir**, *preferire*. Notate l'alternanza della **e** con la **i**, che si verifica solo alla prima persona singolare. Le altre persone sono **tu preferes**, **ele / ela / você**

❼ Il mio posto è il numero trenta.
O … lugar é o número trinta.

Soluzioni dell'esercizio 2
❶ Este – ❷ Qual – vai – ❸ – aquele – ❹ Estas – Aquelas – ❺ Esse –
❻ Que – tem – ❼ – meu –

Tredicesima lezione

Buon viaggio!

1 – Che bel giorno per viaggiare, non trova?
2 – Sì, in effetti *(di fatto)*. Be', a dire *(per le dire)* la verità, preferisco prendere il treno nei giorni di pioggia.
3 – Ah, sì! E come *(come è che)* viaggia quando c'è il *(è)* sole?

---

prefere, nós preferimos, eles / elas / vocês preferem. Lo stesso avviene con molti altri verbi che terminano in **-ir**. Per esempio: **ferir**, *ferire* – **eu firo**, *io ferisco*; **sentir**, *sentire* – **eu sinto**, *io sento*; **mentir**, *mentire* – **eu minto**, *io mento*; **seguir**, *seguire* – **eu sigo**, *io seguo*; **servir**, *servire* – **eu sirvo**, *io servo*…

2 **quando está sol**, *quando c'è il sole*. Le altre espressioni che riguardano il tempo si formano allo stesso modo: **quando está bom tempo**, *quando c'è bel tempo / fa bello*; **quando está mau tempo**, *quando c'è brutto tempo / fa brutto*; **quando está a chover**, *quando piove / sta piovendo*; **quando está frio**, *quando fa freddo*; **quando está calor**, *quando fa caldo* ("calore").

[kuareⁿtᵃ i ssEysh] quarenta e seis • 46

13 / Décima terceira lição

4 – De **car**ro ³ ou a **pé**. **Po**sso pa**rar** quan**do que**ro e apreci**ar** a pai**sa**gem à von**ta**de.

5 – E no **ca**so de ter pre**ss**a ⁴. Um ne**gó**cio ur**gen**te, por e**xem**plo?...

6 – **Nun**ca tenho **pre**ssa. A **vi**da merece ser vi**vi**da calma**men**te e, como possuo ⁵ di**nhei**ro suficiente, posso **dar**-me a esse **lu**xo ⁶.

7 – Que rica **vi**da! Mas se o se**nhor** é assim tão **ri**co ⁷ porque **é** que não **to**ma o avi**ão** em vez do ⁷ com**boi**o?

8 – Porque tenho **me**do. ☐

4 dᵉ **kar**ru ow a **pE pO**ssᵘ **p**ᵃrar kuaⁿdu **kE**ru i ᵃprᵉssiarᵃ pᵃy**Sa**jᵃyⁿ a voⁿ**tad**ᵉ 5 i nu **ka**Sᵘ dᵉ ter **prEss**ᵃ. uⁿ nᵉ**gO**ssiu ur**jeⁿt**ᵉ pur i**Se**ⁿplu 6 **nu**ⁿkᵃ **t**ᵃgnu **prEss**ᵃ. ᵃ **vi**dᵃ mᵉr**Ess**ᵉ sser vi**vi**dᵃ kaLmᵃ**meⁿt**ᵉ, i **ko**mu pu**ss**ᵘᵘ di**gnᵃy**ru ssufis**sie**ⁿtᵉ, **pO**ssu dar-m' ᵃ **ess**ᵉ **lu**shu 7 kᵉ **rrik**ᵃ **vi**dᵃ! mash ssi u ssᵉ**gnor** E ᵃ**ssi**ⁿ tawⁿ **rri**ku **pur**ki E kᵉ nawⁿ **tO**mᵃ u ᵃviawⁿ ᵃyⁿ vej du koⁿ**bOyu** 8 **pur**kᵉ **t**ᵃgnu **me**du

Note

3 Ricordiamo: **de carro**, *in macchina*; **de comboio**, *in treno*; **de avião**, *in aereo* (v. lezione 11, nota 5).

4 **ter pressa**, *avere fretta, essere di fretta*. **Tenho pressa**, *Ho fretta*.

5 Non confondete **posso**, *posso*, con **possuo**, *possiedo*, la 1ª persona singolare del presente del verbo **possuir** *[pussuir]*, *possedere*. È un verbo irregolare di cui troverete la coniugazione nella prossima lezione.

***

Exercício 1 – Traduzir

❶ Prefere viajar de carro nos dias de chuva? ❷ Não, prefiro tomar o comboio. ❸ Viaja de comboio quando está sol? ❹ Não, viajo de carro ou a pé. ❺ Porquê? ❻ Porque posso parar à vontade. ❼ Nunca tem pressa? Pode dar-se ao luxo de viver calmamente? ❽ Posso, tenho dinheiro suficiente. ❾ Tem medo de tomar o avião? ❿ Tenho.

47 • **quarenta e sete** *[kuareⁿtᵃ i ssEt']*

Tredicesima lezione / 13

4 – In macchina o a piedi. Posso fermarmi quando voglio e ammirare comodamente *(alla volontà)* il paesaggio.
5 – E quando va di fretta *(nel caso di avere fretta)*. Un impegno *(affare)* urgente, per esempio?...
6 – Non vado mai di fretta *(Mai ho fretta)*. La vita merita di essere vissuta con calma e, dato che ho abbastanza soldi, posso permettermi *(darmi a)* questo lusso.
7 – Che bella *(ricca)* vita! Ma se Lei è così *(così tanto)* ricco, perché non prende l'aereo invece del treno?
8 – Perché ho paura.

Osservazioni sulla pronuncia
Quando la velocità del discorso aumenta, alcune finali si sentono appena. Nella nostra fonetica semplificata abbiamo indicato questo fenomeno con le lettere in apice.

6 **posso dar-me a esse luxo**, *posso permettermi questo lusso* (lett. darmi a questo lusso). **Dar-se ao luxo de** *[dar-s^e aw lushu d^e]*, *permettersi il lusso di*.

7 Notate: **assim tão rico**, *così ricco*; **em vez de**, *invece di*.

***

Soluzioni dell'esercizio 1
❶ Preferisce viaggiare in macchina nei giorni di pioggia? ❷ No, preferisco prendere il treno. ❸ Viaggia in treno quando c'è il sole? ❹ No, viaggio in macchina o a piedi. ❺ Perché? ❻ Perché posso fermarmi quando voglio *(alla volontà)*. ❼ Non va mai di fretta? Può permettersi il lusso di vivere tranquillamente? ❽ Sì *(Posso)*, ho abbastanza soldi *(denaro sufficiente)*. ❾ Ha paura di prendere l'aereo? ❿ Sì *(Ho)*.

Exercício 2 – Completar

❶ Che bella giornata per viaggiare, non trova?
Que ..... dia para viajar, não .... ?

❷ Sì, in effetti.
Sim, ...

❸ Perché non prende l'aereo nei giorni di pioggia? – Perché ho paura.
Porque é que não .... o avião nos dias ....?
– Porque ...... medo.

❹ Come *(è che)* viaggia quando c'è [il] sole?
Como é que ..... quando .... sol?

❺ In macchina o a piedi.
.. carro ou . pé.

14

Décima quarta lição [dEssimª kuartª lissawⁿ]

Revisão – Ripasso

È giunto il momento di fare un bilancio di quello che avete imparato nelle ultime sei lezioni. Non dimenticate l'importanza della pronuncia e ripetete sempre le lezioni ad alta voce, prestando attenzione alla trascrizione fonetica abbinata a ogni parola nuova.

1 Le formule di cortesia più comuni

• **faz favor**, *per piacere* (lett. faccia il favore), *mi scusi*, si usa quando si vuole chiedere a qualcuno un'informazione o un favore; può avere anche il significato di *prego*.

Al plurale: **fazem favor** (v. lezione 8, nota 1).

• **obrigado/a**, *grazie*.
Letteralmente si traduce con *obbligato/a*. È l'espressione usata per ringraziare (v. lezione 9, nota 2).

❻ Posso fermarmi quando voglio. Non ho mai fretta.
Posso parar quando .... Nunca ..... pressa.

❼ La vita merita di essere vissuta con calma. Posso permettermi *(darmi a)* questo lusso.
A vida merece ser ...... calmamente. Posso ...-... a esse luxo.

Soluzioni dell'esercizio 2

❶ – lindo – acha ❷ – de facto ❸ – toma – de chuva – tenho – ❹ – viaja – está – ❺ De – a – ❻ – quero – tenho – ❼ – vivida – dar-me –

Come potete notare, stiamo usando sempre meno parentesi tonde e quadre negli esercizi. Riporteremo infatti la traduzione letterale solo in alcuni casi particolari.

Quattordicesima lezione

Molte grazie (o *grazie mille*) si dirà **muito obrigado/a**. Ricordate che **muito** in questo caso non cambia genere, a differenza di **obrigado/a**.

• **Desculpe**, *Scusi, Permesso*. Serve per scusarsi ma anche per chiedere permesso o per chiedere un'informazione.

2 I pronomi personali

Conosciamo già bene i pronomi soggetto. Vediamo ora nel dettaglio i pronomi riflessivi e i pronomi tonici accompagnati da preposizione (v. lezione 8, nota 3):

Pronomi soggetto	Riflessivi	Tonici
eu *io*	**me** *mi*	**mim** *me*
tu *tu*	**te** *ti*	**ti** *te*
ele *egli, lui*	**se** *si*	**si** *lui*

ela *ella, lei*	**se** *si*	**si** *lei*
você [1] *Lei (familiare)*	**se** *si*	**si** *Lei / sé*
nós *noi*	**nos** *ci*	**nós** *noi*
vocês (vós) [2] *voi*	**vos** *vi*	**vocês** *voi / Loro*
eles *essi, loro*	**se** *si*	**eles** *loro*
elas *esse, loro*	**se** *si*	**elas** *loro*

[1] ricordiamo che **você** può essere sentito come offensivo ed è meglio evitarlo
[2] **vocês**, plurale di **você**, è ormai usato più frequentemente di **vós** quasi ovunque ed è seguito dalla 3ª persona plurale dei verbi.

3 Gli aggettivi

• Questo è il modo più comune per formare i comparativi degli aggettivi:
largo, *largo* →   **mais largo que**, *più largo di*
   menos largo que, *meno largo di*
   tão largo como, *(tanto) largo quanto*

I comparativi di alcune parole si formano in modo diverso. È il caso di **bom**, per esempio:
bom, *buono* →   **melhor que**, *migliore di*
   menos bom que, *peggiore di*
   tão bom como, *(tanto) buono quanto*

Melhor è anche il comparativo di superiorità di **bem**, *bene*, e si traduce quindi con *meglio*.

4 Il plurale

Ricordatevi che il plurale delle parole che finiscono in **-ês** e **-z** si forma aggiungendo **-es**:
um mês, *un mese* → **dois meses**, *due mesi*
um Português, *un portoghese* → **dois Portugueses**, *due portoghesi*
uma vez, *una volta* → **duas vezes**, *due volte*

5 I possessivi

In portoghese, come in italiano, esiste un'unica forma sia per l'aggettivo possessivo (che accompagna il nome) che per il pronome (che lo sostituisce). Entrambi sono preceduti dall'articolo determinativo.

Maschile singolare	Femminile singolare
o meu *il mio* [u mew]	**a minha** *la mia* [a **mign**ª]
o teu *il tuo* [u tew]	**a tua** *la tua* [a tuª]
o seu *il suo* [u ssew]	**a sua** *la sua* [a ssuª]
o nosso *il nostro* [u **nO**ssu]	**a nossa** *la nostra* [a **nO**ssª]
o vosso *il vostro* [u **vO**ssu]	**a vossa** *la vostra* [a **vO**ssª]
o seu *il loro* [u ssew]	**a sua** *la loro* [a ssuª]

I plurali si formano aggiungendo una **-s**.

6 I dimostrativi

Come avviene per i possessivi, esiste una forma unica per gli aggettivi e per i pronomi dimostrativi. Bisogna tuttavia distinguere tre forme in relazione alle tre persone - soggetto (**eu**), interlocutore (**tu**) e terza persona (**ele**, **ela**) - e alla posizione nello spazio che occupano (**aqui**, **aí**, **ali**). Esempi: **eu tenho este livro (aqui)**, *ho questo libro (qui)*; **tu tens esse livro (aí)**, *tu hai questo libro (lì dove sei)*; **ele tem aquele livro (ali / além)**, *lui ha quel libro (là dove si trova)*.

- Maschile: **este**, *questo*; **esse**, *codesto, questo* (dove ti trovi tu / di cui tu parli); **aquele**, *quel, quello* (dove si trova lui / di cui lui parla);
- Femminile: **esta**, *questa*; **essa**, *codesta, questa* (dove ti trovi tu / di cui tu parli); **aquela**, *quella* (dove si trova lui / di cui lui parla).
- I plurali si formano aggiungendo una **-s** (v. lezione 12, note 1, 2 e 5).

7 Il pronome interrogativo *qual*

Ricordatevi che il pronome interrogativo **qual** diventa **quais** al plurale, come tutte le parole che finiscono in **-l**:

Qual é o teu nome?, *Qual è il tuo nome?*
Quais são os teus gostos?, *Quali sono i tuoi gusti?*
O fuzil é azul, *Il fucile è blu.*
Os fuzis são azuis, *I fucili sono blu.*
(v. lezione 12, nota 3)

8 Il tempo atmosferico

Ricordiamo alcune espressioni riferite al clima che abbiamo visto finora:
Está sol, *C'è il sole / Fa bello.*
Está a chover, *Piove / Sta piovendo.*
Está um lindo dia, *È una bella giornata.*
Está frio, *Fa freddo.*
Está calor, *Fa caldo.*
Está a nevar, *Nevica / Sta nevicando.*
Está escuro, *È scuro.*

9 I verbi e le coniugazioni al presente

9.1 Utilizzi particolari di *estar* e *ter*

Estar a + infinito esprime un'azione che si sta svolgendo nel momento in cui si parla ed equivale al nostro *stare* + gerundio: **estou a estudar**, *sto studiando*; **estamos a falar**, *stiamo parlando* (v. lezione 9, nota 3).
Ter de (*dovere, essere costretto / obbligato a*): **tenho de trabalhar**, *devo lavorare*; **ele tem de partir**, *lui deve partire* (v. lezione 11, nota 4).

9.2 I verbi regolari

Ecco le tre coniugazioni dell'indicativo presente:

Verbi in -ar: falar	*Verbi in -er*: beber	*Verbi in -ir*: partir
fal**o**, *parlo*	beb**o**, *bevo*	part**o**, *parto*
fal**as**, *parli*	beb**es**, *bevi*	part**es**, *parti*
fal**a**, *parla*	beb**e**, *beve*	part**e**, *parte*

falamos, *parliamo*	**beb**emos, *beviamo*	**part**imos, *partiamo*
falam, *parlate / parlano*	**beb**em, *bevete / bevono*	**part**em, *partite / partono*

Ricordatevi che il verbo **preferir** cambia la **e** in **i** alla prima persona singolare del presente: **pref**iro, *preferisco* ma **pref**eres, *preferisci*; **pref**ere, *preferisce*; **pref**erimos, *preferiamo*; **pref**erem *preferite* e *preferiscono*. Molti altri verbi che finiscono in **-ir** subiscono la stessa modifica ortografica. Esempi: **ferir**, *ferire* – **(eu) firo**, *(io) ferisco*; **sentir**, *sentire, dispiacersi* – **(eu) sinto**, *mi spiace*; **mentir**, *mentire* – **(eu) minto**, *(io) mento*; **seguir**, *seguire* – **(eu) sigo**, *(io) seguo*; **servir**, *servire* – **(eu) sirvo**, *(io) servo*.

9.3 I verbi irregolari

Ter	Fazer	Poder
tenho, *ho*	**faço**, *faccio*	**posso**, *posso*
tens, *hai*	**fazes**, *fai*	**podes**, *puoi*
tem, *ha* [t^{a}y^n]	**faz**, *fa*	**pode**, *può*
temos, *abbiamo*	**fazemos**, *facciamo*	**podemos**, *possiamo*
têm, *avete / hanno* [t^{a}y^{a}y^n]	**fazem**, *fate / fanno*	**podem**, *potete / possono*

Concludiamo con il verbo **possuir**, *possedere* (che termina in **-uir**): **possuo**, *possiedo*; **possuis**, *possiedi*; **possui**, *possiede*; **possuimos**, *possediamo*; **possuem**, *possedete, possiedono*.

15 / Décima quinta lição

▶ Diálogo de revisão

1 – Olá José! Como é que vais?
2 – Bem, obrigado.
3 – Vou partir para Madrid na próxima semana.
4 – Madrid? Que bom! Tens férias?
5 – Não, um negócio urgente.
6 – E como é que viajas?
7 – Quando tenho pressa prefiro tomar o avião.

Décima quinta lição [dEssimª kiⁿta lissawⁿ]

Uma carta difícil

1 – O que **é** que est**á**s a fa**z**er [1], João?
2 – Est**ou** a escre**v**er **u**ma **car**ta à Ma**ria. Há** [2] j**á mui**to **tem**po que **não t**enho no**tí**cias **d**ela.
3 – **On**de **é** que **e**la vi**v**e [3]?
4 – No Bra**siL**, em **ca**sa de um **ti**o.
5 – Mas porque **é** que est**á**s a fa**z**er **e**ssas ca**re**tas?
6 – **Pa**ra me concen**trar** e ten**tar** fa**z**er **u**ma **le**tra bo**ni**ta. Se**não e**la **não** compree**n**de [4] **na**da.

🗨 Pronuncia

umª **kar**tª difissiL 1 u ki E k' 'shtaS a fªSer juªwⁿ 2 'shtow a 'shkrever umª **kar**tª a mªriª. ha ja muyⁿtu teⁿpu kᵉ nªwⁿ tªgnu nutissiash dEIª 3 oⁿd' E ki Elª vivᵉ 4 nu brªSiL ªyⁿ kaSª di uⁿ tiu 5 mash **purk'** E k' 'shtaS ª fªSer Essªsh kªretªsh 6 parª mᵉ kunsseⁿtrar i teⁿtar fªSer umª letrª bunitª. ssᵉnawⁿ Elª nawⁿ koⁿprieⁿdᵉ nadª

Note

1 **estás a fazer**, *stai facendo*. Come sapete, questa struttura corrisponde a *stare* + gerundio e serve per descrivere un'azione che si prolunga nel tempo. Le altre persone si formano nel seguente modo: **estou a fazer**, *sto facendo*; **estás a fazer**, *stai facendo*; **está a fazer**, *sta facendo*; **estamos a fazer**, *stiamo facendo*; **estão a fazer**, *state / stanno facendo*.

Traduzione

1 Ciao, José! Come stai *(vai)*? **2** Bene, grazie. **3** Parto per Madrid la settimana prossima. **4** Madrid? Che bello! Sei in vacanza? **5** No, una questione *(affare)* urgente. **6** E come viaggi? **7** Quando ho fretta, preferisco prendere l'aereo.

Quindicesima lezione

Una lettera difficile

1 – Che cosa stai facendo, João?
2 – Sto scrivendo una lettera a Maria. Ormai è *(C'è già)* molto tempo che non ho sue notizie *(di-lei)*.
3 – Dove *(è che lei)* vive?
4 – In *(Nel)* Brasile, a *(in)* casa di uno zio.
5 – Ma perché stai facendo quelle smorfie?
6 – Per concentrarmi e provare a scrivere con una bella calligrafia. Sennò *(lei)* non capisce niente.

---

2 **há**, *c'è / ci sono* (da **haver**, *esserci*; *avere* nella lingua formale o antica), ma quando è seguito da un'espressione di tempo si traduce diversamente: **há uma semana, um mês, um ano**, *una settimana, un mese, un anno fa*, oppure *è da una settimana, è da un mese, è da un anno*, a seconda che il verbo della frase sia coniugato al passato o al presente. In questi casi, **haver** è sempre impersonale e si coniuga soltanto alla terza persona singolare. Più avanti vedremo che può essere usato anche come ausiliare per indicare un'azione futura.

3 **vive** è la 3ª persona presente dell'indicativo di **viver**, *vivere* (verbo regolare): **vivo**, *vivo*; **vives**, *vivi*; **vive**, *vive*; **vivemos**, *viviamo*; **vivem**, *vivete / vivono*.

4 **compreende**, *capisce, comprende*, 3ª persona singolare del presente di **compreender**, *capire, comprendere* (verbo regolare)

15 / Décima quinta lição

7 – Então o me**lhor** [5] é escre**ver u**ma **c**arta no compu**ta**dor. Ou en**tão** manda-lhe [6] um e-**mail**. A **tu**a **l**etra é, de **f**acto, **mui**to **f**eia.

8 – Não **f**az **mal** [7]. **A**ssim **e**la vai perce**ber lo**go que sou **eu** [8]... A pro**pó**sito, **t**ens um **s**elo?

9 – **Não**, mas **t**enho **u**ma **b**oa i**dei**a: porque **é** que **não** a **v**ais visi**tar**?

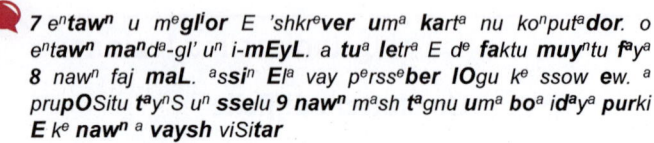

7 eⁿ**taw**ⁿ u mᵉ**gl**ⁱ**or** E 'sh**kre**ᵉ**ver** umᵃ **kar**tᵃ nu koⁿputᵃ**dor**. o eⁿ**taw**ⁿ **ma**ⁿdᵃ-glⁱ uⁿ i-**mEyL**. a **tu**ᵃ **le**trᵃ E dᵉ **fak**tu **muy**ⁿtu **f**ᵃyᵃ 8 nawⁿ faj **maL**. ᵃ**ssi**ⁿ **El**ᵃ vay pᵉrssᵉ**ber lO**gu kᵉ ssow ew. ᵃ prup**O**Situ tᵃyⁿS uⁿ **sse**lu 9 nawⁿ mᵃsh tᵃgnu umᵃ **bo**ᵃ idᵃyᵃ **pur**ki E kᵉ nawⁿ ᵃ **vaysh** vi**Si**tar

Note

5 Notate la costruzione **o melhor é** (lett. il meglio è), usata per dare una maggiore enfasi.

6 **lhe** è un pronome personale indiretto. Questi sono gli altri: **me**, *mi*; **te**, *ti*; **lhe**, *gli* / *le*; **nos**, *ci*; **vos**, *vi*; **lhes**, *loro*. Nelle frasi affermative seguono il verbo: **eu escrevo-lhe** *[ew 'shkrevuglᵉ]*, *io gli / le scrivo*; **ele fala-me** *[elᵉ falᵃ-mᵉ]*, *lui mi parla*. Nelle frasi negative, interrogative (formate con i pronomi interrogativi) e subordinate, invece, lo precedono. In seguito vedremo questa particolarità più nel dettaglio.

7 **não faz mal** (lett. non fa male), *non fa niente / non importa*.

***

Exercício 1 – Traduzir

❶ Tens notícias da Maria? ❷ Não. Ela já não vive em Portugal. ❸ Porque não lhe escreves uma carta? ❹ Porque não tenho computador. ❺ Mas podes escrever-lhe à mão! ❻ Não, não. A minha letra não é nada bonita. ❼ Então tens de a ir visitar.

Quindicesima lezione / 15

7 – Allora la cosa migliore è scriverle al computer. In effetti,
la tua scrittura è molto brutta.
8 – Non fa niente *(fa male)*. Così capirà subito che sono io... A proposito, hai un francobollo?
9 – No, ma ho una buona idea: perché non la vai a trovare *(la vai visitare)*?

⑧ **sou eu**, *sono io*. Ecco le altre persone: **és tu**, *sei tu*; **é ele**, *è lui*; **é ela**, *è lei*; **somos nós**, *siamo noi*; **são vocês**, *siete voi*; **são eles / elas**, *sono loro*.

***

Soluzioni dell'esercizio 1

❶ Hai notizie di Maria? ❷ No. *(Lei)* non vive più in Portogallo. ❸ Perché non le scrivi una lettera? ❹ Perché non ho un computer. ❺ Ma puoi scriverle/gli a mano! ❻ No, no. La mia scrittura non è per niente bella. ❼ Allora devi andarla/o a trovare.

[ssiⁿ**kue**^{nta} i **oy**tu] **cinquanta e oito** • 58

Exercício 2 – Completar

❶ Stai scrivendo un libro?
Estás .... um livro?

❷ Non ho notizie di Maria.
Não ..... notícias da Maria.

❸ Da molto tempo?
.. muito tempo?

❹ Sì. Vive negli Stati Uniti.
Sim. Ela .... nos Estados Unidos.

❺ Perché non vai a trovarla *(visitarla)*?
Porque é que ... a .... visitar?

❻ Perché non ho soldi.
Porque não ..... dinheiro.

Décima sexta liçao [dEssim^a ss^{a}ysht^a lissaw^n]

O correio

1 – Maria! O carteiro tem uma carta para si [1].
2 – Ah! obrigada. É uma carta de Portugal.
3 – Quem é que lhe escreve [2]?

Pronuncia

u kurr^{a}yu 1 m^{a}ri^a! u k^{a}rt^{a}yru t^{a}y^n um^a kart^a par^a si 2 ah! Obrigad^a. E um^a kart^a d^e purtugaL 3 k^{a}y^n E k^e gl^e 'shkrEv^e

Note

[1] In questo dialogo, ambientato in Brasile, zio e nipote si danno del **você**: in portoghese brasiliano, a differenza di quello europeo, questa forma di cortesia si usa in un contesto più informale e corrisponde perciò al nostro *tu*. Per questo motivo **para si**, *per Lei*, in questo contesto viene tradotto *per te*. Come ricorderete, il pronome di cortesia *Lei* è seguito dal verbo alla terza persona singolare (come in italiano) e **si** è

7 È molto lontano.
　　É ..... longe.

8 Le scriverò una bellissima lettera.
　　Vou escrever- ... uma ..... muito bonita.

9 Le piacerà.
　　Ela ... gostar.

Soluzioni dell'esercizio 2
1 – a escrever – **2** – tenho – **3** Há – **4** – vive – **5** – não – vais – **6** – tenho – **7** – muito – **8** – lhe – carta – **9** – vai –

*Come nel resto del mondo, la posta elettronica, **o correio eletrónico** (**electrónico** secondo la vecchia ortografia), si è imposta rapidamente nella vita quotidiana dei portoghesi, sostituendo spesso la posta tradizionale, anche se nelle occasioni importanti un messaggio scritto a mano resta particolarmente gradito.*

Sedicesima lezione

La posta

1 – Maria! Il postino ha una lettera per te *(sé)*.
2 – Ah! Grazie. È una lettera dal *(di)* Portogallo.
3 – Chi ti *(le)* scrive?

　un pronome di terza persona. Questo pronome viene spesso utilizzato dopo la preposizione al posto del pronome di cortesia **você**. Ecco le altre forme: **para mim**, *per me*; **para ti**, *per te*; **para ele**, *per lui*; **para ela**, *per lei*; **para si**, *per Lei* (formale); **para nós**, *per noi*; **para vós / para vocês**, *per voi / Loro*; **para eles**, *per loro (essi)*; **para elas**, *per loro (esse)*.

2 **escreve** è la 3ª persona singolare di **escrever**, *scrivere* (verbo regolare). Osservate, nella trascrizione fonetica tra parentesi, come cambia il grado di apertura della vocale *e* nelle varie persone del presente: **escrevo** *['shkrevu]*, *scrivo*; **escreves** *['shkrEvᵉsh]*, *scrivi*; **escreve** *['shkrEvᵉ]*, *scrive*; **escrevemos** *['shkrᵉvemush]*, *scriviamo*; **escrevem** *['shkrEvᵃyⁿ]*, *scrivete / scrivono*.

16 / Décima sexta lição

4 – Não **sei** [3], **ti**o. Não con**si**go [4] perce**ber** a **le**tra. Nem se**quer** a assina**tu**ra.

5 – Que **rai**o de ma**ni**a [5]: escre**ver car**tas que nin**gué**m enten**de**! Já **são** três **car**tas as**sim** que vo**cê** [6] re**ce**be esta se**ma**na.

6 – Pois **são**. Mas **pen**so que **de**ve **ser** o An**tó**nio [7]. Ou o **meu pri**mo Manu**el**. Ou o Jo**ão**. Ou, en**tão**, o...

7 – **Co**mo **não** tem a cer**te**za, a solu**ção** é escre**ver** a **to**da **e**ssa **gen**te **pa**ra agrade**cer** um **tal** dispa**ra**te.

8 – Que **ó**tima i**dei**a! **U**ma só **car**ta **pa**ra **to**dos **e**les. De**pois**, **bas**ta fa**zer** foto**có**pias. Que a**lí**vio!

9 – **On**de é que vo**cê vai** com **tan**ta **pre**ssa?

10 – Vou **a**os Cor**rei**os com**prar** um **qui**lo de **se**los. □

4 nªwⁿ ssªy tiu. nawⁿ koⁿssigu pᵉrssᵉber ª letrª. nªyⁿ ssᵉkEr ª ªssinªturª 5 kᵉ rrayu dᵉ mªniª: 'shkrᵉver kartªsh kᵉ niⁿgªyⁿ eⁿteⁿdᵉ! ja ssawⁿ tresh kartªsh ªssiⁿ kᵉ voce rᵉcEb' eshtª ssᵉmanª 6 poysh ssawⁿ. mash penssu kᵉ dEvᵉ sser u aⁿtOniu. ow u mew primu mªnuEL. ow u juawⁿ. ow eⁿtawⁿ u. 7 komu nawⁿ tªyⁿ a ssᵉrteSª a ssulussawⁿ E 'shkrᵉver ª todª essª jeⁿtᵉ parª ªgrªdᵉsser uⁿ taL dishpªratᵉ 8 ki Otimª idªyª. umª ssO kartª parª toduS elᵉsh. dᵉpoysh bashtª fªSer fOtokOpiªsh. ki ªliviu 9 oⁿdᵉ E k' vosse vay koⁿ taⁿtª prEssª 10 vow awsh kurrªyush koⁿprar uⁿ kilu d' sselush

Note

3 **não sei**, *non so*, prima persona singolare del presente di **saber** (verbo irregolare). Vediamo le altre persone: **sei** *[ssEy]*, *so*; **sabes** *[ssabᵉsh]*, *sai*; **sabe** *[ssabᵉ]*, *sa*; **sabemos** *[ssªbemush]*, *sappiamo*; **sabem** *[ssabªyⁿ]*, *sapete / sanno* (v. lezione 4, nota 3).

4 **não consigo**, *non riesco*, prima persona del presente di **conseguir**, *riuscire*: **consigo** *[koⁿssigu]*, *riesco*; **consegues** *[koⁿssEghᵉsh]*, *riesci*; **consegue** *[koⁿssEghᵉ]*, *riesce*; **conseguimos** *[koⁿssᵉghimush]*, *riusciamo*; **conseguem** *[koⁿssEgªyⁿ]*, *riuscite / riescono*.

Sedicesima lezione / 16

4 – Non lo so, zio. Non riesco a capire la calligrafia [e] neppure la firma.
5 – Che razza di abitudine *(Che raggio di mania)*! Scrivere lettere incomprensibili *(che nessuno capisce)*! È già la terza lettera di questo tipo *(Già sono tre lettere così)* che ricevi questa settimana.
6 – È vero *(Poiché sono)*. Ma credo che sia *(deve essere)* António. O mio cugino Manuel. O *(il)* João. O forse *(allora)*, *(il)*...
7 – Visto che non ne sei sicura *(ha la certezza)*, ti conviene *(la soluzione è)* scrivere a tutti quanti *(a tutta questa gente)* per ringraziar[li di] questa fesseria.
8 – *(Che)* Ottima idea! Un'unica lettera per tutti *(loro)*. Dopo, basta fare [delle] fotocopie. Che sollievo!
9 – Dove vai così di fretta *(Dov'è che Lei va con tanta fretta)*?
10 – Vado alla Posta *(alle Poste)* [a] comprare un chilo di francobolli.

---

5 **que raio de mania!**, *che razza di abitudine!*, modo di dire colloquiale che esprime irritazione o scontento.

6 **você** in gran parte del Brasile ha preso il posto del pronome **tu**.

7 **o António**, *Antonio*. I nomi propri portoghesi sono solitamente preceduti dall'articolo determinativo, che viene però omesso quando si fa riferimento a personaggi illustri o all'interno di un testo letterario: **Luis de Camões escreveu "Os Lusíadas"**, *Luis de Camões scrisse "I Lusiadi"*. Ma: **A Maria é minha amiga**: *Maria è amica mia*. **O Fernando é meu colega**, *Fernando è un mio collega*.

Exercício 1 – Traduzir

① O carteiro tem uma carta para mim, de Portugal! ② Quem é que lhe escreve? ③ Não sei. Já são três cartas assim que eu recebo. Não consigo perceber nada. Deve ser o António ou o Manuel ou o João. ④ A solução é agradecer a toda a gente. Basta escrever uma só carta e depois fazer fotocópias. ⑤ Boa ideia! Vou já aos correios comprar um quilo de selos.

Exercício 2 – Completar

① Ho una lettera per te.
Tenho uma carta .... ti.

② Lei non riesce [a] capire la calligrafia.
Ela não .... perceber a letra.

③ Secondo noi è João *(Noi pensiamo che deve essere il João)*.
Nós pensamos que .... ser o João.

④ Ne sei sicuro/a?
Tens .... ?

⑤ No. È meglio scrivere a tutti *(tutta la gente)*.
Não. É melhor .... a .... a gente.

⑥ Basta fare [delle] fotocopie.
Basta ..... fotocópias.

⑦ Dove *(è che voi)* andate?
Onde é que vocês ... ?

Décima sétima lição [dEssimª ssEtimª lissawⁿ]

Os dias da semana

1 – Se**gun**da-**fei**ra, **ter**ça-**fei**ra, **quar**ta-**fei**ra, **quin**ta-**fei**ra, **sex**ta-**fei**ra, **sá**bado e do**min**go.

Pronuncia
*uj dⁱªj da ssᵉmanª 1 ssᵉgu*ⁿ*dª-fªyrª terssª-fªyrª kuartª-fªyrª ki*ⁿ*tª-fªyrª ssªayshtª-fªyrª ssabªdu i dumi*ⁿ*gu*

Soluzioni dell'esercizio 1

❶ Il postino ha una lettera per me dal Portogallo! ❷ Chi ti ha scritto *(scrive)*? ❸ Non lo so. È già la terza lettera *(Già sono tre lettere)* così che ricevo. Non ci capisco *(riesco capire)* niente. Deve essere António, Manuel o João. ❹ La soluzione è ringraziare tutti quanti *(a tutta la gente)*. Basta scrivere un'unica lettera e poi fare [delle] fotocopie. ❺ Ottima idea! Vado subito alla posta a comprare un chilo di francobolli.

❽ Andiamo a comprare i francobolli per tutte le lettere.
..... comprar ..... para ..... as cartas.

❾ Basta un francobollo.
..... um selo.

Soluzioni dell'esercizio 2

❶ – para – ❷ – consegue – ❸ – deve – ❹ – a certeza ❺ – escrever – toda – ❻ – fazer – ❼ – vão ❽ Vamos – selos – todas – ❾ Basta –

Diciassettesima lezione

I giorni della settimana

1 – Lunedì *(Secondo-giorno feriale)*, martedì, mercoledì, giovedì, venerdì, sabato e domenica.

17 / Décima sétima lição

2 – **U**ma semana tem **s**ete **d**ias. Trabal**h**amos **to**dos os **d**ias **m**enos **a**os **s**ábados e domingos.
3 – O que **é** que se **f**az habitual**men**te durante o **f**im de se**m**ana?
4 – **Descan**sa-se.
5 – E que **d**ia é **ho**je [1]?
6 – Infeliz**m**en**t**e **h**oje é segun**d**a-**f**ei**r**a.
7 – Os **m**eses do ano. Um ano tem **d**o**z**e **m**eses:
8 – **j**aneiro, fevereiro, **m**arço, **a**bril, **m**aio, **j**un**h**o, **j**ul**h**o, agosto, setem**b**ro, outu**b**ro, novem**b**ro e de**z**em**b**ro.
9 – Em que **d**ia é o Natal [2]?
10 – No **d**ia **v**inte e **c**inco de de**z**em**b**ro.
11 – E **qua**ntas esta**ções** tem o ano?

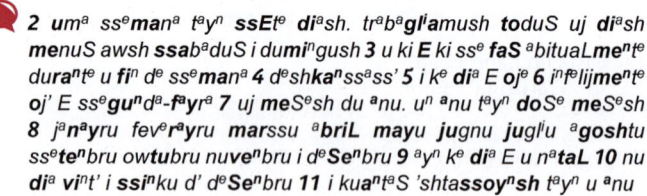

2 um^a ss^{e}man^a t^{a}y^n ssEt^e di^{a}sh. tr^{a}b^{a}gl^{i}amush toduS uj di^{a}sh menuS awsh ssab^{a}duS i dumi^{n}gush 3 u ki E ki ss^e faS ^{a}bituaLme^{n}t^e dura^{n}te u fi^n d^e ss^{e}man^a 4 d^{e}shka^{n}ss^{a}ss' 5 i k^e di^a E oj^e 6 i^{n}f^{e}lijme^{n}t^e oj' E ss^{e}gu^{n}d^a-f^{a}yr^a 7 uj meS^{e}sh du ^{a}nu. u^n ^{a}nu t^{a}y^n doS^e meS^{e}sh 8 j^{a}n^{a}yru fev^{e}r^{a}yru marssu ^{a}briL mayu jugnu jugl^{i}u ^{a}goshtu ss^{e}te^{n}bru owtubru nuve^{n}bru i d^{e}Se^{n}bru 9 ^{a}y^n k^e di^a E u n^{a}taL 10 nu di^a vi^{n}t' i ssi^{n}ku d' d^{e}Se^{n}bru 11 i kua^{n}t^{a}S 'shtassoy^{n}sh t^{a}y^n u ^{a}nu

Note

1 **que dia é hoje?**, *che giorno è oggi?* Si può anche chiedere **em que dia estamos?** Per l'uso delle preposizioni **em** e **de** vedere la nota seguente.

2 **em que dia é o Natal?**, *quando* ("In che giorno") *è Natale?* Notate la presenza della preposizione **em**. **No dia 25 de dezembro**, *il 25 dicembre*; la stessa proposizione appare qui in forma contratta, unita all'articolo **o** (em + o = no). La data è spesso legata al mese dalla preposizione **de**: **o 25 de abril**, *il 25 aprile*; **o 14 de julho**, *il 14 luglio*; **o 1° (primeiro) de janeiro**, *il 1° gennaio*.

Diciassettesima lezione / 17

2 – Una settimana ha sette giorni. Lavoriamo tutti i giorni meno il sabato e la domenica *(ai sabati e domeniche).*

3 – Che cosa si fa di solito durante il fine *(di)* settimana?

4 – Ci si riposa *(Riposa-si).*

5 – E che giorno è oggi?

6 – Purtroppo oggi è lunedì.

7 – I mesi dell'anno. Un anno ha dodici mesi:

8 – gennaio, febbraio, marzo, aprile, maggio, giugno, luglio, agosto, settembre, ottobre, novembre e dicembre.

9 – Quando *(In che giorno)* è Natale?

10 – Il *(Nel giorno)* venticinque *(di)* dicembre.

11 – E quante stagioni ha un anno?

17 / Décima sétima lição

12 – O ano tem quatro estações: primavera, verão, outono e inverno.
13 – Em que estação é que você costuma ter férias?
14 – No verão [3].
15 – E para onde costuma ir no verão? Para [4] a praia ou para o campo?

12 uᵃnu tᵃyⁿ kuatru 'shtassoyⁿsh primavErᵃ vᵉrawⁿ owtonu i iⁿvErnu
13 ᵃyⁿ kᵉ 'shtᵃssawⁿ E kᵉ vosse kushtumᵃ ter fEriᵃsh 14 nu vᵉrawⁿ
15 i parᵃ oⁿdᵉ kushtumᵃ ir nu vᵉrawⁿ? parᵃ ᵃ prayᵃ ow parᵃ u kaⁿpu

Note

3 I nomi delle stagioni sono sempre preceduti dall'articolo, e perciò dalla preposizione articolata: **na primavera**, *in* (nella) *primavera*; **no outono**, *in* (nell')*autunno*; **no inverno**, *in* (nell')*inverno*. Notate che **verão** è maschile.

***

Exercício 1 – Traduzir

❶ Quantos dias tem uma semana? ❷ Tem sete dias. ❸ Que dia é hoje? ❹ Hoje é segunda-feira. ❺ Hoje trabalha-se? ❻ Sim, trabalha-se todos os dias menos ao fim de semana. ❼ Quantos meses tem um ano? ❽ Um ano tem doze meses. ❾ Em que mês é o Natal? ❿ O Natal é em dezembro. ⓫ Em que estação costumas ter férias? ⓬ Costumo ter férias no verão e costumo ir para a praia.

***

Exercício 2 – Completar

❶ Oggi è lunedì.
Hoje é .... - ......

❷ Il sabato e la domenica non si lavora.
Aos sábados e .... não .. trabalha.

❸ Che cosa si fa nel fine *(di)* settimana?
.... é que se ... no fim de semana?

❹ Il Natale è il *(nel giorno)* 25 *(di)* dicembre.
O Natal é .. dia 25 .. dezembro.

Diciassettesima lezione / 17

12 – L'anno ha quattro stagioni: primavera, estate, autunno e inverno.
13 – In che stagione ha le ferie, di solito?
14 – In *(Nell')*estate.
15 – E di solito dove va in estate *(dove è-solito andare nell'estate)*? **Al mare** *(Per la spiaggia)* **o in** *(per la)* **campagna?**

4 **para** si riferisce a un'azione che dura per un certo periodo di tempo, mentre si usa **a** per indicare un rapido passaggio. Esempi: **vou ao** (a + o) **cinema**, *vado al cinema*, esprime un periodo di tempo breve. **Vou para a praia**, *vado al mare*, sottintende un soggiorno di una certa durata.

***

Soluzioni dell'esercizio 1

❶ Quanti giorni ha una settimana? ❷ Ha sette giorni. ❸ Che giorno è oggi? ❹ Oggi è lunedì. ❺ Oggi si lavora? ❻ Sì, si lavora tutti i giorni meno il fine settimana. ❼ Quanti mesi ha un anno? ❽ Un anno ha dodici mesi. ❾ In che mese è il Natale? ❿ *(Il)* Natale è a dicembre. ⓫ In che stagione hai le ferie, di solito *(sei-solito avere ferie)*? ⓬ Di solito ho le ferie in estate e vado *(sono-solito andare)* al mare.

***

❺ L'anno ha quattro stagioni: primavera, estate, autunno, inverno.
O ano tem quatro .... : primavera, ..., outono, ...

❻ Dove va di solito in estate?
Para onde .... ir no verão?

Soluzioni dell'esercizio 2

❶ – segunda-feira ❷ – domingos – se – ❸ O que – faz – ❹ – no – de – ❺ – estações – verão – inverno ❻ – costuma –

[ss^{e}sse$^{nt^a}$ i oytu] sessenta e oito • 68

Décima oitava lição [dEssimᵃ oytava lissawⁿ]

Na praia

1 – Está mais calor hoje do que ontem! Não queres um gelado [1]?
2 – Não, prefiro ir dar um mergulho [2] e nadar um pouco.
3 – Toma cuidado! O mar está bravo.
4 – Não faz mal. Gosto de ondas grandes. Quando o mar está assim sinto-me [3] como um peixe dentro de água. Dá-me [4] uma coragem que eu próprio fico espantado.
5 – Isso é conversa [5]! Até uma sardinha te assusta.
6 – Nada disso. Vais assistir a uma proeza digna de Tarzan.

Pronuncia

nᵃ prayᵃ 1 'shta maysh kᵃlor ojᵉ du ki oⁿtᵃyⁿ! nawⁿ kEreS uⁿ jᵉladu 2 nᵃwⁿ prᵉfiru ir dar uⁿ mᵉrgugliu i nᵃdar uⁿ poku 3 tOmᵃ kuidadu! u mar 'shta bravu 4 nawⁿ faj maL. gOshtu d' ondᵃsh graⁿdᵉsh. kuaⁿdu mar 'shta ᵃssiⁿ siⁿtu-mᵉ komᵉ uⁿ pᵃyshᵉ deⁿtru dᵉ aguᵃ. da-mᵉ umᵃ kurajᵃyⁿ ki E u prOpriu fiku 'shpaⁿtadu 5 issu E koⁿvErsᵃ! ᵃtE umᵃ ssardignᵃ tᵉ assushtᵃ 6 nadᵃ dissu. vayS assishtir ᵃ umᵃ prueSᵃ dighnᵃ dᵉ tarSaⁿ

Note

1 o gelado, *il gelato*; o gelo, *il ghiaccio, il gelo*; gelado/a, *ghiacciato/a, gelato/a*.

2 dar um mergulho, *fare* (lett. *dare*) *un tuffo*. Il verbo dar è presente in molte espressioni, come per esempio: dar um salto, *fare un salto*; dar um passeio, *fare una passeggiata*; dar uma queda, *cadere*. Ma: dar fome / sede, *far venire fame / sete*; dar a impressão, *dare l'impressione*.

Diciottesima lezione

In spiaggia

1 – Fa *(Sta)* più caldo oggi di *(del che)* ieri! Non ti va un gelato?
2 – No, preferisco andare [a] fare *(dare)* un tuffo e [a] nuotare un po'.
3 – Fai attenzione *(Prendi cautela)*! Il mare è agitato.
4 – Non fa niente. Mi piacciono i cavalloni *(le onde grandi)*. Quando il mare è così mi sento come un pesce nell'acqua. Mi sento così coraggioso *(Mi-dà un coraggio)* che me ne stupisco io stesso *(io stesso rimango stupito)*.
5 – Tutte chiacchiere *(Questo è conversazione)*! Ma se ti fa paura pure una sardina *(Persino una sardina ti fa-paura)*!
6 – Macché *(Niente di-ciò)*. [Ora] assisterai a una prodezza degna di Tarzan.

Osservazioni sulla pronuncia
(6) Ricordate che le consonanti del gruppo **gn** si pronunciano separatamente (la nostra resa in trascrizione include un'acca: *[ghn]*). Il nostro suono *gn* di *gnomo* è reso in portoghese dal nesso **nh**.

3 sinto-me, *mi sento*, è voce del verbo riflessivo **sentir-se**, ed è la prima persona singolare del presente (v. lezione 14, § 9.2). Alla forma affermativa, il pronome riflessivo segue il verbo.

4 dá-me, *mi dà*, 3ª persona singolare, qui seguita da un pronome complemento, del presente del verbo **dar**. Le altre persone sono **dou** *[dow]*, **dás** *[dash]*, **dá**, **damos** *[damush]*, **dão** *[daw^n]*. **Dá-me** è anche la 2ª persona singolare, sempre con pronome, dell'imperativo del verbo **dar**.

5 isso é conversa!, *tutte chiacchiere!*, espressione colloquiale.

18 / Décima oitava lição

7 – Mas a**go**ra me **lem**bro. **Tu** nem se**quer** [6] **sa**bes na**dar**!

8 – O **quê**! **Isso** é **u**ma **gran**de men**ti**ra. **An**do a apren**der** [7] a na**dar** por correspon**dên**cia.

9 – En**tão** porque **é** que **an**das de **bó**ia [8] à **vol**ta da cin**tu**ra?

10 – **Pa**ra não me [9] a**fo**gar...

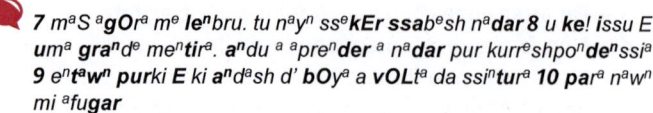

7 mªS ªgOrª mᵉ leⁿbru. tu nªyⁿ ssᵉkEr ssabᵉsh nªdar 8 u ke! issu E umª graⁿdᵉ meⁿtirª. aⁿdu a ªpreⁿder ª nªdar pur kurrᵉshpoⁿdᵉⁿssiª 9 eⁿtªwⁿ purki E ki aⁿdªsh d' bOyª a vOLtª da ssiⁿturª 10 parª nªwⁿ mi ªfugar

Note

6 Notate che **nem sequer**, *neppure*, precede il verbo: **nem sequer tenho selos**, *non ho neppure [dei] francobolli*.

7 **ando a aprender**, *sto imparando*. **Andar a** implica sempre un'idea di continuità dell'azione, mentre la forma **estar a** (di cui abbiamo già parlato nelle lezioni 9 e 10) indica un'azione momentanea, che si sta svolgendo in un momento specifico. Quindi, **andas a aprender português** significa che si sta imparando da un po' di tempo e si sta continuando a imparare, mentre la frase **estás a aprender português** si riferisce a un momento particolare in cui si sta studiando il portoghese.

8 **andas de bóia**, *usi un salvagente*. **Andar** di solito significa *camminare*. **Andar de** può indicare qualcosa che si indossa: **andas de chapéu**, *indossi un cappello*; **andas de gravata**, *indossi una cravatta*. **Andar de**

***

Exercício 1 – Traduzir

❶ Está muito calor. Queres ir dar um mergulho? **❷** Não, o mar está muito bravo. **❸** Eu gosto assim. Sinto-me como um peixe dentro de água. **❹** Mas tu sabes nadar? **❺** Não, mas ando a aprender. **❻** E porque é que andas de bóia? **❼** Porque assim tenho mais coragem!

Diciottesima lezione / 18

7 – *(Ma)* adesso mi ricordo! Tu non sai neppure nuotare!
8 – Cosa? Non è assolutamente vero *(Questo è una grande bugia)*. Sto imparando a nuotare per corrispondenza.
9 – Allora perché entri in acqua *(vai)* con un salvagente intorno alla vita?
10 – Per non *(mi)* affogare...

NA PRAIA

può anche indicare un mezzo di trasporto: **eu ando de bicicleta**, *io vado in bicicletta*; **eu ando de carro**, *io vado in macchina*.

9 Notate la posizione del pronome **me**. Nella forma negativa precede il verbo: **posso afogar-me**, *posso affogare*; **não me posso afogar**, *non posso affogare*.

***

Soluzioni dell'esercizio 1

❶ Fa molto caldo. Vuoi venire a fare un tuffo? ❷ No, il mare è molto agitato. ❸ A me piace così. Mi sento come un pesce nell'acqua. ❹ Ma tu sai nuotare? ❺ No, ma sto imparando. ❻ E perché entri in acqua con il salvagente? ❼ Perché così mi sento più coraggioso/a!

Exercício 2 – Completar

1. Oggi fa molto caldo.
   Hoje .... muito calor.
2. Voglio una birra ghiacciata.
   ..... uma cerveja ....
3. Preferisco andare a nuotare un po'.
   ...... ir nadar um pouco.
4. Mi piace molto il mare con [i] cavalloni.
   Gosto .... mar com ..... grandes.
5. Non ti meraviglia il mio coraggio?
   Não ..... espantado com a ..... coragem?
6. Non so neanche nuotare.
   Nem .... nadar.

Décima nona lição [dEssimª nonª lissawⁿ]

No campo

1 – Es**tou** a tremer de **fri**o e, a**in**da por **ci**ma [1], as **nu**vens não **dei**xam pa**ssar** nenhum [2] **rai**o de **sol**.
2 – Eu é o con**trá**rio: estou a su**ar** [3]. O que eu pre**ci**so [4] é de **som**bra.

Pronuncia

nu **ka**ⁿpu **1** ... a**i**ⁿdª pur **ssi**mª ... **nu**vªyⁿsh nªwⁿ **dª**yshªwⁿ ... nªgnuⁿ **rra**yu ... **2** ... 'shtow a ssu**ar** ...

Note

1 **ainda por cima** (lett. ancora per sopra) è un'espressione idiomatica che equivale a *per giunta, per di più*.

❼ Perché non impari?
   Porque não .... ?

❽ Perché non posso imparare per corrispondenza!
   Porque não ..... aprender por .... !

Soluzioni dell'esercizio 2
❶ – está – ❷ Quero – gelada ❸ – Prefiro – ❹ – muito do – ondas – ❺ – ficas – minha – ❻ – sequer sei – ❼ – aprendes ❽ – posso – correspondência

Man mano che andremo avanti la pronuncia del portoghese avrà sempre meno segreti per voi e quindi la trascrizione fonetica semplificata diminuirà progressivamente!

Diciannovesima lezione

In campagna

1 – Sto tremando dal freddo e, per giunta, le nuvole non lasciano passare neanche *(nessun)* un raggio di sole.
2 – Per me *(io)* è il contrario: sto sudando. Ciò di cui ho bisogno è di [un po' d']ombra.

2 nenhum, *nessun(o)*, aggettivo indefinito; al femminile è **nenhuma** [n^{e}gnum^a], *nessuna*; **nenhum raio**, *nessun raggio*; **nenhuma sombra**, *nessun'ombra*. Plurali: **nenhuns** [n^{e}gnu^{n}ss], **nenhumas** [n^{e}gnum^{a}ss].

3 estou a suar, *sudo / sto sudando*; estou a tremer, *tremo / sto tremando*.

4 o que eu preciso, *quello di cui ho bisogno*. **Preciso de emagrecer**, *ho bisogno di dimagrire*: prima persona del presente di **precisar**, *avere bisogno*. **É preciso**, *è necessario*.

19 / Décima nona lição

3 – Mas **tu nun**ca es**tás** quieto. Sempre a me**xer** e, ainda por **ci**ma, vestido como um **ur**so.

4 – Es**que**ces que não estou a**qui** para passar **fé**rias, mas para perder **pe**so. Estou demasi**a**do **gor**do e pre**ci**so de emagre**cer**.

5 – En**tão** porque é que não **pa**ras de co**mer**? Fazes tal ba**ru**lho a masti**gar** que **me**tes **me**do aos **pás**saros [5].

6 – O que tu **tens** é inve**ja** [6]. Inveja da minha elegân**cia** fu**tu**ra. Não per**ce**bes que comer **fo**lhas de **ár**vore e respi**rar** este ar **pu**ro faz **par**te da minha di**e**ta. Não podes compreen**der** [7] os meus sacri**fí**cios porque és **ma**gra.

7 – E a co**mi**da que comes às escon**di**das [8]? Os **bi**fes com ba**ta**tas **fri**tas que devoras quando a**cor**das [9]?

8 – Isso é para me **dar** ener**gia**.

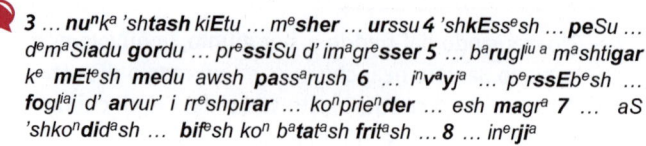

3 ... nuⁿkª 'shtash kiEtu ... mᵉsher ... urssu 4 'shkEssᵉsh ... peSu ... dᵉmªSiadu gordu ... prᵉssiSu d' imªgrᵉsser 5 ... bªrugliᵘ ª mªshtigar kᵉ mEtᵉsh medu awsh passªrush 6 ... iⁿvªyjª ... pᵉrssEbᵉsh ... fogliªj d' arvur' i rrᵉshpirar ... koⁿprieⁿder ... esh magrª 7 ... aS 'shkoⁿdidªsh ... bifᵉsh koⁿ bªtatªsh fritªsh ...8 ... inᵉrjiª

Note

5 fazes, *fai*, da fazer, verbo irregolare: faço, *faccio*; fazes, *fai*; faz, *fa*; fazemos, *facciamo*; fazem, *fate / fanno*. Metes medo, *spaventi / fai paura*; seconda persona di meter, verbo regolare.

6 tens inveja, *sei invidioso/a*. O que tu tens é inveja, forma perifrastica (lett. quello che hai è invidia). Não podes, *non puoi*, seconda persona del presente di poder.

7 Osservate il gran numero di verbi regolari in -er presentati nel corso dell'intera lezione: tremer, mexer, esquecer, emagrecer, comer, meter, perceber, compreender si coniugano come beber, mentre perder è irre-

Diciannovesima lezione / 19

3 – Ma tu non stai mai tranquillo. Ti muovi sempre e, per di più, [sei] vestito come un orso.

4 – Dimentichi che non sono qui in vacanza *(per trascorrere vacanze)*, ma per perdere peso. Sono troppo grasso e ho bisogno di dimagrire.

5 – Allora perché *(è che)* non smetti di mangiare? Fai così tanto *(tale)* rumore quando mastichi *(a masticare)* che spaventi gli uccelli.

6 – La verità è che sei invidiosa *(Quello che hai è invidia)*. Invidiosa *(Invidia)* della mia futura eleganza. Non capisci *(percepisci)* che mangiare foglie d'albero e respirare quest'aria pura fa parte della mia dieta. Non puoi capire i miei sacrifici perché sei magra.

7 – E il cibo che mangi di nascosto? Le bistecche con [le] patatine fritte che divori quando [ti] svegli?

8 – *(Quello)* È per darmi energia.

golare alla prima persona singolare → **perco**, *perdo*; **perdes**, *perdi*; **perde**, *perde*; **perdemos**, *perdiamo*; **perdem**, *perdete / perdono*. Ritroviamo l'irregolarità della prima persona singolare anche in altri verbi, come **fazer** (→ **faço**) e **poder** (→ **posso**).

8 **às escondidas**, *di nascosto*; **às claras**, *alla luce del giorno*.

9 **acordas**, *ti svegli*, seconda persona del presente di **acordar**, *svegliarsi / svegliare*: notate che in portoghese questo verbo non è mai riflessivo, così come **adormecer**, *addormentarsi*. Esempi: **eu acordo**, *io mi sveglio*; **eu adormeço**, *io mi addormento*.

Exercício 1 – Traduzir

❶ Porque estás a tremer? ❷ Tenho frio. ❸ Precisas de sombra? ❹ Não. O que eu preciso é de sol. ❺ Estás aqui para passar férias? ❻ Não, estou aqui para perder peso. ❼ Como? ❽ Sempre a mexer e a comer folhas de árvore. ❾ Não compreendo os teus sacrifícios. ❿ Não podes compreender porque és magra.

Exercício 2 – Completar

❶ Sta tremando dal freddo.
   Está .... de frio.
❷ Stai sudando.
   ..... a suar.
❸ Non sta mai *(mai sta)* tranquilla.
   Nunca .... quieta.
❹ Loro non sono qui per perdere peso!
   Eles não ..... aqui para ...... peso!
❺ Non sono troppo grassi.
   Não estão .... gordos.
❻ Lui spaventa gli uccelli.
   Ele .... aos pássaros.

20

Vigésima lição [vijEsim^a lissaw^n]

Bom dia

1 – Bom **di**a, **pá** [1]!
2 – Bom dia **não**: **bo**a **tar**de! Já é **mei**o-**di**a. **Che**gas atra**sa**do [2] como de cos**tu**me.

Pronuncia
bo^n di^a 2 ... bo^a tard^e ... m^{a}yu-di^a sheg^{a}S ^{a}tr^{a}Sadu ...

Soluzioni dell'esercizio 1

❶ Perché stai tremando? ❷ Ho freddo. ❸ Hai bisogno di [stare all'] ombra? ❹ No, ciò di cui ho bisogno è [un po'] di sole. ❺ Sei qui in *(per trascorrere)* ferie? ❻ No, sono qui per perdere peso. ❼ Come? ❽ Muovendomi sempre e mangiando foglie d'albero. ❾ Non capisco i tuoi sacrifici. ❿ Non puoi capire perché sei magra.

❼ **Sei invidioso/a!**
 Tu .... inveja!

❽ **Non posso capire i tuoi sacrifici.**
 Não posso .... os .... sacrifícios.

❾ **Lui mangia di nascosto bistecche con patatine fritte.**
 Ele come .... bifes .... fritas.

❿ **Questo gli/le dà energia.**
 Isso ..-lhe energia.

Soluzioni dell'esercizio 2

❶ – a tremer – ❷ – estás – ❸ – está – ❹ – estão – perder – ❺ – demasiado – ❻ – mete medo – ❼ – tens – ❽ – compreender – teus – ❾ – às escondidas – com batatas – ❿ – dá –

20

Ventesima lezione

Buongiorno!

1 – Buongiorno, vecchio mio!
2 – Buongiorno, no: buon pomeriggio! È già mezzogiorno. Arrivi tardi, come sempre *(d'abitudine)*.

Note

1 **pá**, probabile contrazione di **rapaz**, *ragazzo*, è un modo colloquiale per rivolgersi a qualcuno ed è usata anche come semplice interiezione.

2 **atrasado/a**, *in ritardo*: **ela está atrasada**, *lei è in ritardo* (v. lezione 11, nota 6).

20 / Vigésima lição

3 – Desculpa o atraso, mas ultima**men**te não
durmo [3] **bem**. Tenho insónias e ador**me**ço
tarde. De**pois**, é **cla**ro, a**cor**do tam**bém tar**de. A
ti [4] não te acon**te**ce a **mes**ma **coi**sa?

4 – A mim não. **Dei**to-me [5] **ce**do, por **vol**ta das
dez, e le**van**to-me de madru**ga**da [6]. Às **seis** da
ma**nhã** já es**tou** de **pé** a fa**zer** a **bar**ba.

5 – Que sorte! Bem, vou tomar o pequeno almoço.
Es**tou cheio de fo**me [7].

6 – A esta **ho**ra! As**sim per**des o ape**ti**te [8] **pa**ra o
al**mo**ço [9].

7 – Quase nunca al**mo**ço. Só **jan**to.

8 – Tens um ho**rá**rio **mui**to esqui**si**to. Porque é que
não te em**pre**gas como guarda-no**tur**no?

9 – E tu? Porque é que não traba**lhas** como mu**lher**
a **di**as? □

3 d[e]shku**Lp**[a] ... i[n]sso**ni**[a]sh i [a]dur**me**ssu **tar**d[e] ... [a]**kor**du ta[n]**b**[a]y[n] ...
a **mej**m[a] **koy**S[a] **4** ... l[e]**van**tu-m[e] ... m[a]**gna**[n] ja 'sh**tow** d[e] **pE** ... **5** ...
'sh**tow sh**[a]yu d[e] **fO**m[e] **6** a **esh**t[a] **O**r[a]! ... u [a]p[e]**ti**t[e] ...**7** kua**S**[n] ... ss**O jan**tu
8 t[a]y[n]**S** u[n] O**ra**riu **mui**[n]tu 'sh**ki**Situ ... **9** ... mug**l**[i]**Er** a **di**[a]sh

Note

3 não durmo bem, *non dormo bene*, è la prima persona singolare del presente di **dormir**. Osservate la differenza della vocale tonica tra la prima persona e le altre: **durmo**, *dormo*; **dormes**, *dormi*; **dorme**, *dorme*; **dormimos**, *dormiamo*; **dormem**, *dormite / dormono*.

4 a ti, *a te*, pronome personale di 2ª persona singolare. **A mim**, *a me*; **a ele**, *a lui*; **a ela**, *a lei*; **a si**, *a sé / a Lei*; **a nós** *[nOsh]*, *a noi*; **a vós** *[vOsh]* / **a vocês**, *a voi*; **a eles / a elas**, *a loro*.

5 deito-me, *vado a letto / mi corico*, è la prima persona del presente del verbo **deitar** coniugato con il pronome riflessivo. Le altre forme sono le seguenti: **deitas-te** *[d[a]ytash-t[e]]*, *vai a letto*; **deita-se** *[d[a]yta-ss[e]]*, *va a letto*; **deitamo-nos** *[d[a]yta**mu**nush]*, *andiamo a letto* (da notare la scomparsa della **s** prima del pronome **nos**); **deitam-se** *[d[a]ytaw[n]-ss[e]]*, *andate / vanno a letto*. **Levanto-me**, *mi alzo*, si coniuga allo stesso modo.

Ventesima lezione / 20

3 – Scusa il ritardo, ma ultimamente non dormo bene. Ho l'insonnia e mi addormento tardi. [E] dopo, è chiaro, mi sveglio anche tardi. A te non *(ti)* succede lo stesso *(la stessa cosa)*?

4 – A me no. Mi corico presto, intorno alle *(per giro delle)* dieci, e mi alzo all'alba. Alle sei del mattino sono già in piedi *(di piede)* per farmi *(a fare)* la barba.

5 – Che fortuna! Be', vado [a] fare *(prendere la)* colazione. Ho una fame da morire *(sono pieno di fame)*.

6 – A quest'ora? Così a pranzo non hai più appetito *(perdi l'appetito per il pranzo)*.

7 – Non pranzo quasi mai. Ceno soltanto.

8 – Hai degli orari *(un orario)* molto strani. Perché non ti cerchi un lavoro *(ti impieghi)* come guardiano notturno?

9 – E tu perché non vai a fare la collaboratrice domestica *(donna a giorni)*?

---

6 de madrugada, *all'alba*; de manhã *[d^e m^{a}gna^n]*, *di / la mattina*; de tarde *[d^e tard^e]*, *di / il pomeriggio*; de noite *[d^e noyt^e]*, *di / la sera, di / la notte*.

7 estou cheio de fome, *sto morendo di fame*. Con la locuzione **estar cheio de** si possono formare diverse espressioni che esprimono concetti simili. Esempi: **estou cheio/a de sede**: *sto morendo di sete*; **estou cheio/a de sono**, *sto morendo di sonno*; **estou cheio/a de frio**, *sto morendo dal freddo*; **estou cheio/a de medo**, *ho una gran paura*; **estou cheio/a de pressa**, *sono molto di fretta*.

8 perdes, 2ª persona singolare del presente di **perder**. Confrontate la nota 7 della lezione 19. **Apetite**, *appetito*; **apetecer**, *avere voglia di*. Esempio: **apetece-me um café**, *ho voglia di un caffè*.

9 Ricordatevi che **almoço**, *pranzo*, si pronuncia in modo leggermente diverso da **almoço**, voce del verbo **almoçar** (frase 7), *pranzo*. Ad esempio: o almoço *[^{a}Lmossu]* é à uma hora, *il pranzo è all'una*; eu almoço *[^{a}LmOssu]* à uma hora, *io pranzo all'una*. Nella forma verbale la **o** è aperta, a differenza di quella del sostantivo. Prestate attenzione a questa differenza mentre ascoltate la registrazione del dialogo.

Exercício 1 – Traduzir

❶ Bom dia! Que horas são? ❷ Já é meio-dia. ❸ Porque é que chegas atrasado? ❹ Porque acordo tarde. ❺ Deitas-te tarde? ❻ Não, deito-me cedo mas tenho insónias e adormeço tarde. ❼ Tens fome? ❽ Tenho. Vou tomar o pequeno almoço. ❾ E depois não almoças? ❿ Não, só janto.

Exercício 2 – Completar

❶ Arriva tardi, come sempre.
   Chega .... como de ....

❷ Perché non dormi bene?
   Porque é que tu não ...... bem?

❸ Perché mi addormento tardi e mi sveglio pure tardi.
   Porque adormeço ..... e ...... também tarde.

❹ Io mi corico presto e mi alzo all'alba.
   Eu .....-.. cedo e ....-.. de madrugada.

❺ Dormo molto bene.
   ..... muito bem.

❻ A me non succede (questo).
   A ... não .. acontece isso.

❼ Alle quattro del mattino sono ancora (ancora sono) sveglio.
   Às ...... da manhã ainda ..... acordado.

Vigésima primeira lição
[vij**E**Sim^a prim^ayr^a liss^aw^n]

Revisão – Ripasso

Nel corso delle ultime sei lezioni abbiamo approfondito in maniera più sistematica lo studio dei verbi portoghesi, pur avendoli finora usati solo al presente.

1 I verbi regolari

Conosciamo già i verbi regolari delle tre coniugazioni:

Soluzioni dell'esercizio 1

❶ Buongiorno! Che ore sono? ❷ È già mezzogiorno. ❸ Perché arrivi in ritardo? ❹ Perché mi sveglio tardi. ❺ Vai a letto tardi? ❻ No, vado a letto presto ma ho l'insonnia e mi addormento tardi. ❼ Hai fame? ❽ Sì *(Ho)*. [Ora] faccio colazione. ❾ E dopo non pranzi? ❿ No, ceno soltanto.

Soluzioni dell'esercizio 2

❶ – atrasado – costume ❷ – dormes – ❸ – tarde – acordo – ❹ – deito-me – levanto-me – ❺ – durmo – ❻ – mim – me – ❼ – quatro – estou –

Forse in questo momento, in cui state assimilando le strutture di base del portoghese, vi sentirete sommersi da nuove informazioni. Non vi preoccupate: vi diremo qualcosa di più dettagliato domani, nella prossima lezione di ripasso.

Ventunesima lezione

21

- in **-ar**, come **falar**: falo, falas, fala, falamos, falam.
- in **-er**, come **beber**: bebo, bebes, bebe, bebemos, bebem.
- in **-ir**, come **partir**: parto, partes, parte, partimos, partem.

Come abbiamo visto, quasi tutti i verbi in **-ar** sono regolari e si coniugano secondo questo modello. Tuttavia, abbiamo studiato due verbi un po' particolari: **estar**, *essere*, *stare* (**estou, estás, está, estamos, estão**), e **dar**, *dare* (**dou, dás, dá, damos, dão**), che vengono usati in molte espressioni. Esempi: **está calor**, *fa caldo*;

está a chover, *sta piovendo*; **estou atrasado**, *sono in ritardo*; **estás com fome**, *hai fame*; **estamos a falar**, *stiamo parlando*; **estão a trabalhar**, *state / stanno lavorando*.

Ribadiamo la differenza tra **estar a**, che indica un'azione puntuale, e **andar a**, che si riferisce invece a un'azione ripetuta nel tempo. Esempi: **estou a falar português**, *sto parlando portoghese* (in questo preciso istante); **ando a aprender português**, *sto imparando il portoghese* (da un po' di tempo, sto continuando a studiarlo).

Anche **dar**, *dare*, si usa in diverse espressioni. Esempi: **dar um mergulho**, *fare un tuffo*; **dar um passeio**, *fare una passeggiata*; **dar uma festa**, *fare una festa*; **dar uma lição**, *dare una lezione* (ossia punire).

2 I verbi irregolari in *-er*

Nella lezione 14, abbiamo incontrato alcuni verbi irregolari in **-er**: **ter**, *avere*, **fazer**, *fare*, **poder**, *potere*. Abbiamo scoperto **perder**, *perdere*, alla lezione 19. Vediamo ora **viver**, *vivere* e **saber**, *sapere*:

vivo, *vivo*	**sei**, *so*
vives, *vivi*	**sabes**, *sai*
vive, *vive*	**sabe**, *sa*
vivemos, *viviamo*	**sabemos**, *sappiamo*
vivem, *vivete / vivono*	**sabem**, *sapete / sanno*

3 I verbi irregolari in *-ir*

Abbiamo visto alcune irregolarità dei verbi in **-ir**, in cui la vocale tonica della prima persona singolare diventa *i*. Esempi: **sentir**, *sentire* → **eu sinto**; **mentir**, *mentire* → **eu minto**.

Un fenomeno analogo si verifica con il verbo **dormir** *[durmir]*, *dormire*, in cui la **o** diventa **u** alla prima persona singolare: **eu durmo bem e tu dormes mal** *[ew durmu b^{a}y^n i tu dOrm^{e}sh maL]*, *io dormo bene e tu dormi male* (v. lezione 20, nota 2).

Ricordiamo inoltre il verbo **ir**, *andare*, che conosciamo già bene:

vou, *vado*
vais, *vai*
vai, *va*
vamos, *andiamo*
vão, *andate / vanno*

4 I verbi pronominali e i pronomi riflessivi

Deitar-se, *coricarsi*, *sdraiarsi*, si coniuga come **chamar-se**:

deito-me, *mi corico*
deitas-te, *ti corichi*
deita-se, *si corica*
deitamo-nos, *ci corichiamo*
deitais-vos, *vi coricate* (desueto)
deitam-se, *vi coricate / si coricano*
Come potete osservare, la *s* scompare prima del pronome **nos**.

Il pronome segue il verbo nelle frasi affermative e lo precede nelle frasi negative o interrogative. Vedremo poi che anche nelle proposizioni subordinate precede il verbo. Esempi: **ele deita-se cedo**, *va a letto / si corica presto*; **ele diz que se deita cedo**, *dice che va a letto presto*.

5 I pronomi personali indiretti

Aggiungiamo ai pronomi che già conoscete (v. lezione 14, § 2) quelli indiretti, che esprimono il complemento di termine. Esempi: **eu escrevo-lhe**, *gli / le scrivo*; **ele escreve-me**, *lui mi scrive*.

Ecco tutte le persone:
me, *mi*
te, *ti*
lhe, *gli / le*
nos, *ci*
vos, *vi*
lhes, *vi / loro*

6 I giorni e i mesi

Per finire, facciamo un riepilogo dei giorni e dei mesi:

segunda-feira, *lunedì*
terça-feira, *martedì*
quarta-feira, *mercoledì*
quinta-feira, *giovedì*

sexta-feira, *venerdì*
sábado, *sabato*
domingo, *domenica*

***

Diálogo de revisão

1 – Sabe onde fica a casa do Jorge?
2 – Sei, fica na primeira rua, ali.
3 – É em casa dele que você dorme?
4 – Não, prefiro ficar em casa do meu primo Manuel.
5 – Não vem tomar um copo?
6 – Não, obrigada. Não gosto de me deitar tarde.
7 – Então boa noite! Durma bem!

22

Vigésima segunda lição
[vi*j*ESim^a ss^{e}gu^{n}d^a liss^{a}w^n]

Um perigo público

1 – Olá! Como estás?
2 – Agora estou quase bem, mas ontem estive [1] doente. Passei o dia a espirrar.

Pronuncia
u^n p^{e}rigu publiku 1 ^{o}la! komu 'shtash 2 ... o^{n}t^{a}y^n 'shtiv^e due^{n}t^e... 'shpirrar

Note

[1] **estive doente**, *sono stato/a male*. Il verbo **estar** qui è al passato remoto (**estive**), o meglio al **pretérito perfeito simples**, che può corrispondere

janeiro, *gennaio*	julho, *luglio*
fevereiro, *febbraio*	agosto, *agosto*
março, *marzo*	setembro, *settembre*
abril, *aprile*	outubro, *ottobre*
maio, *maggio*	novembro, *novembre*
junho, *giugno*	dezembro, *dicembre*

***

Traduzione

1 Sa dove si trova la casa di Jorge? **2** Sì, si trova nella prima via, laggiù. **3** È a casa sua *(di-lui)* che *(Lei)* dorme? **4** No, preferisco restare a casa di mio cugino Manuel. **5** Non viene a bere qualcosa da me *(prendere un bicchiere)*? **6** No, grazie. Non mi piace andare a letto *(sdraiarmi)* tardi. **7** Allora buonanotte! Dorma bene!

Per il momento, accontentatevi di fare un bilancio delle vostre conoscenze e non temete di tornare indietro per verificarle bene e fissarle nella memoria. Sarete avvantaggiati nella vostra prossima tappa. Buon proseguimento!

Ventiduesima lezione 22

Un pericolo pubblico

1 – Ciao! Come stai?
2 – Adesso mi sono quasi rimessa *(sto quasi bene)*, ma ieri sono stata male. Ho passato la giornata a starnutire.

---

sia al passato remoto sia al passato prossimo italiani. Esempio: **hoje estou quase bem, ontem estive doente**, *oggi sto abbastanza bene, ieri sono stata/o male*. Le altre persone del passato remoto di **estar** sono: **estiveste** ['shtivEshte], *sei stato/a / fosti*; **esteve** ['shteve], *è stato/a / fu*; **estivemos** ['shtivEmuss], *siamo stati/e / fummo*; **estiveram** ['shtivErawⁿ], *siete, sono stati/e / foste, furono*.

22 / Vigésima segunda lição

3 – Isso foi [2] apenas uma simples constipação. Mas, pelos vistos, já estás boa.
4 – Não estou nada. Queres ouvir: Atchim!
5 – Santinha [3]!
6 – Obrigada.
7 – Ainda me vais pegar a constipação.
8 – Foi exatamente o que aconteceu [4] lá em casa. Toda a família ficou [5] doente. A minha mãe, o meu pai, os meus irmãos [6]... estão todos de cama [7].
9 – Mas se a doença é contagiosa porque é que não ficaste em casa?
10 – Porque tive de ir [8] visitar uma tia.
11 – E como é que ela ficou?
12 – Deixei-a [9] a espirrar.

3 ... ªpenªS umª ssiⁿplᵉsh koⁿshtipªssawⁿ ... 4 ... kErᵉS owvir ªciⁿ 5 ssaⁿtignª 8 ... iSatªmeⁿtᵉ u ki ªkoⁿtᵉssew la ªyⁿ kaSª ... ª mignª mªyⁿ ... pay ... irmawⁿsh ... 9 ... ª dueⁿssª E koⁿtªjiOSª ... 12 dªyshªyª a 'shpirrar

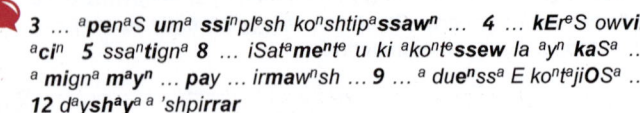
Note

2 **foi**, *fu / è stato/a*, passato remoto del verbo **ser** alla terza persona singolare. Presente: **é**. Esempio: **é uma constipação**, *è un raffreddore*; **foi uma constipação**, *è stato un raffreddore*. Le altre persone sono: **fui**, *fui / sono stato/a*; **foste**, *fosti / sei stato/a*; **foi**, *fu / è stato/a*; **fomos**, *fummo / siamo stati/e*; **foram**, *foste / siete stati/e, furono / sono stati/e*.

3 **santinho/a!** equivale al nostro *Salute!* In portoghese può essere maschile o femminile a seconda di chi starnutisce. Ricordatevi che invece **obrigado/a** cambia in base alla persona che lo dice.

4 **aconteceu**, *è successo*, passato remoto di **acontecer** alla 3ª persona singolare. Ritroveremo questo verbo più avanti.

5 **ficou doente**, *si ammalò, si è ammalato/a* (lett. rimase malato/a). Si tratta del passato remoto di **ficar**.

6 Notate che *sorella* si dice **irmã**.

87 • oitenta e sete *[oyteⁿtª i ssEtᵉ]*

Ventiduesima lezione / 22

3 – Si è trattato *(Ciò è-stato appena)* [di] un semplice raffreddore. Comunque, a quanto pare *(Ma, per-i visti)*, stai già bene *(buona)*.

4 – No, per niente *(sto niente)*. Senti qua *(vuoi sentire)*: ecciù!

5 – Salute *(Santina)*!

6 – Grazie.

7 – Basta che non mi attacchi *(Ancora mi vai attaccare)* il raffreddore!

8 – È *(Fu)* esattamente quello che è successo a casa mia *(là in casa)*. Tutta la famiglia si è ammalata. *(La)* Mia madre, *(il)* mio padre, i miei fratelli… sono tutti a *(di)* letto.

9 – Ma visto che è una malattia *(se la malattia è)* contagiosa, perché non sei rimasta a casa?

10 – Perché ho dovuto *(ebbi di)* far visita a una zia.

11 – E come stava *(è che lei rimase)*?

12 – [Quando] l'ho lasciata stava [ancora] starnutendo *(a starnutire)*.

7 **de cama**, *a letto* (quando si è ammalati). **Na cama**, *a letto* (in senso generico).

8 **tive de ir**, *dovetti / sono dovuto/a andare*. È la prima persona del passato remoto di **ter**, *avere*. **Ter de**, *dovere*. Le altre persone sono: **tiveste**, *avesti*; **teve**, *ebbe*; **tivemos**, *avemmo*; **tiveram**, *aveste / ebbero*. Come potete notare, si coniuga in maniera simile a **estar** (vedere nota 1).

9 **deixei-a**, *la lasciai / l'ho lasciata*, è passato remoto di **deixar** alla prima persona singolare. Si coniuga come **ficar** (vedere nota 4). Attenzione: il pronome personale complemento segue il verbo, ma ne riparleremo.

23 / Vigésima terceira lição

Exercício 1 – Traduzir
❶ Como estás? ❷ Estou quase bem. ❸ Porquê? Estiveste doente? ❹ Estive. Ontem passei o dia a espirrar. ❺ E que aconteceu lá em casa? ❻ Toda a família ficou doente. ❼ E tu, ficaste em casa? ❽ Não, tive de ir visitar uma tia. ❾ E ela ficou boa? ❿ Não, ficou a espirrar.

***

Exercício 2 – Completar
❶ *(Lei)* Ieri è stata male.
   Ela ..... esteve doente.

❷ Ha starnutito tutto il giorno *(Ha passato il giorno a starnutire)*.
   Passou o dia a ....

❸ Ma ora sta già bene.
   Mas agora já está ....

❹ Non mi attaccherà il raffreddore.
   Não me vai ..... a ....

❺ I suoi fratelli *(di-lei)* sono tutti a letto.
   Os irmãos dela estão todos ....

23

Vigésima terceira lição
[vijESimª tªrssªyrª lissªwⁿ]

Um encontro

1 Um **jo**vem [1] es**pe**ra pela [2] namo**ra**da num **bar**.

Pronuncia
uⁿ eⁿ**ko**ⁿtru **1** uⁿ j**O**vªyⁿ 'sh**pE**rª ...

Note
[1] Come in italiano, **jovem** può essere sia sostantivo che aggettivo e al femminile non cambia: **um homem jovem**, *un giovane uomo*; **um jovem**, *un giovane*; **uma jovem**, *una giovane*. Plurale: (**os / as**) **jovens**.

Soluzioni dell'esercizio 1

❶ Come stai? ❷ Sto quasi bene. ❸ Perché? Sei stato/a malato/a? ❹ Sì, *(Sono-stato/a)*. Ieri ho passato la giornata a starnutire. ❺ E che cosa è successo a casa tua *(là in casa)*? ❻ Tutta la famiglia si è ammalata. ❼ E tu sei rimasto/a a casa? ❽ No, ho dovuto far visita a una zia. ❾ E stava bene? ❿ No, starnutiva *(rimase a starnutire)*.

***

❻ La malattia è contagiosa.
   A ...... é contagiosa.

❼ Ma non è rimasta a casa perché ha dovuto far visita a una zia.
   Mas não ..... em casa ...... teve de ir visitar uma tia.

❽ [Quando] l'ho lasciata stava [ancora] starnutendo.
   ......-a . espirrar.

Soluzioni dell'esercizio 2

❶ – ontem – ❷ – espirrar ❸ – boa ❹ – pegar – constipação ❺ – de cama ❻ – doença – ❼ – ficou – porque – ❽ Deixei – a –

Ventitreesima lezione

Un appuntamento

1 Un giovane aspetta *(per-)*la [sua] ragazza in un bar.

2 **espera pela namorada**, *aspetta (per) la sua ragazza*. **Noiva**, *ragazza / fidanzata, sposina*. **Esperar por**, *aspettare qualcuno / qualcosa*. Attenti all'uso delle preposizioni dato che, come avrete potuto notare, spesso cambia rispetto all'italiano. **Pela** è la forma contratta di **por** + **a** (articolo).

[nuve$^{nt^a}$] **noventa** • 90

23 / Vigésima terceira lição

2 Está vestido de [3] **jeans**, camisa de **man**gas **cur**tas e calçado de sapatos de **té**nis.
3 Bebe uma cer**ve**ja e fuma nervosa**men**te um ci**gar**ro.
4 De re**pen**te [4], levanta-se de um **pu**lo e põe-se [5] a fa**zer** si**nais** a uma rapa**ri**ga que a**ca**ba de en**trar**.
5 A rapa**ri**ga, elegante**men**te ves**ti**da, a**van**ça na sua dire**ção**.
6 – Não estou muito atra**sa**da, pois **não**?
7 – **Não**, que i**dei**a! Há uma **ho**ra que te es**pe**ro [6]. Já vou na [7] **quar**ta cerveja e fu**mei** [8] quase um **ma**ço de ci**gar**ros.
8 – Deixa-te de [9] **fi**tas! Não **po**de ser assim tão **tar**de…
9 **Sen**ta-se e pede uma be**bi**da ao criado.

2 … maⁿgᵃsh … tenish 3 … ssᵉrvᵃyjᵃ … 4 dᵉ rᵉpenᵗᵉ… poyⁿ-Sᵉ a fᵃSer ssinayS ᵃ umᵃ … 5 … ilᵉgaⁿᵗᵉmeⁿᵗᵉ vᵉshtidᵃ ᵃvaⁿssᵃ … dirEssᵃwⁿ 6 … ᵃtrᵃSadᵃ … 7 … fumᵃy kuaS' uⁿ massu dᵉ ssigarrush …

: Note

3 **vestido de**, *vestito di*. Esempi: **ela está vestida de azul**, *lei è vestita di blu*; **ele está vestido de linho**, *lui è vestito di lino*. In certi casi si può tradurre anche con *indossa / ha un vestito*: **está vestido de jeans**, *indossa un paio di jeans*. Notate l'utilizzo del verbo **estar**, che qui significa *essere* e indica uno stato temporaneo.

4 **de repente**, *all'improvviso* (oppure, in altri contesti, *magari*). Altre espressioni di modo si costruiscono in modo simile (e quindi sono introdotte dalla preposizione **de**). Esempi: **devagar**, *lentamente*; **depressa**, *velocemente* (in entrambi i casi si tratta di una parola unica).

5 **põe-se**, *si mette*, è la 3ª persona singolare del presente di **pôr**, *mettere*, verbo molto irregolare e di frequente utilizzo, in questo caso accompagnato da un pronome riflessivo.

Ventitreesima lezione / 23

2 Indossa *(È vestito di)* [un paio] di jeans, [una] camicia a *(di)* maniche corte e un paio di scarpe da ginnastica *(è calzato di scarpe di tennis)*.
3 Beve una birra e fuma nervosamente una sigaretta.
4 All'improvviso si alza di scatto *(alza-si di un salto)* e fa *(mette-si a fare)* [alcuni] cenni a una ragazza che è appena entrata *(che finisce di entrare)*.
5 La ragazza, elegantemente vestita, si dirige *(avanza)* verso di lui *(nella sua direzione)*.
6 – Non sono molto in ritardo, vero *(Non sono molto ritardata, poi no)*?
7 – Ma no, che dici *(che idea)*! **È** *(C'è)* un'ora che ti aspetto. Ormai sono alla quarta birra *(Già vado nella quarta birra)* e ho fumato quasi un pacchetto di sigarette.
8 – Smettila di fare scenate *(Smettiti di film)*! Non può essere così *(tanto)* tardi...
9 Si siede e chiede una bibita al barista.

---

6 Qui il verbo **esperar** non è accompagnato da **por** e si coniuga con un pronome diretto. Vediamo i due utilizzi: **eu espero-te**, *ti aspetto*; **eu espero por ti**, *aspetto te*; **tu esperas-me**, *mi aspetti*; **tu esperas por mim**, *aspetti me*. Come già introdotto nella 21ª lezione, al par. 4, nelle frasi subordinate il pronome personale precede il verbo: **há uma hora que te espero**, *è un'ora che ti aspetto*.

7 já vou na quarta cerveja (lett. *vado ormai nella quarta birra*), *ormai sono alla quarta birra*; **já vou na 23ª lição**, *sono già alla 23ª lezione*.

8 fumei, 1ª persona del passato remoto di **fumar**, *fumare*. Presente: **eu fumo**, *io fumo*; passato remoto: **eu fumei**, *io ho fumato / fumai*.

9 deixar, *lasciare*; **deixar-se de**, espressione per dire *smettere di* (fare una determinata cosa). Esempi: **deixei-me dos cigarros**, *ho smesso di fumare*; **deixou-se dessas coisas**, *ha smesso di [fare] queste cose*; **deixa-te de graças**, *finiscila di scherzare*.

[nuve^{n}t^a i doysh] **noventa e dois** • 92

Exercício 1 – Traduzir

❶ Por quem espera o jovem? ❷ Espera pela namorada. ❸ Como está vestido? ❹ De jeans e de camisa de mangas curtas. ❺ Como está calçado? ❻ Está calçado de sapatos de ténis. ❼ O que é que ele faz? ❽ Bebe cerveja e fuma um cigarro. ❾ A quem se põe ele a fazer sinais? ❿ A uma rapariga que acaba de entrar. ⓫ Há quanto tempo é que ele espera? ⓬ Há uma hora. ⓭ O que faz a rapariga? ⓮ Senta-se e pede uma bebida.

Exercício 2 – Completar

❶ Una giovane aspetta il suo ragazzo.
Uma jovem espera .... namorado.

❷ Veste elegantemente (*È elegantemente vestita*).
Está elegantemente ....

❸ Beve un caffè e fuma una sigaretta.
.... um café e .... um cigarro.

❹ Il ragazzo è appena entrato, ma lei sta per andarsene (*va partire*).
O rapaz acaba .. entrar mas ela ... partir.

❺ Ormai sono al quarto caffè, è un'ora che ti aspetto!
Já ... no quarto café, .. uma .... que .. espero!

❻ Smettila di fare scenate! Non può essere così (*tanto*) tardi!
..... -te .. fitas! Não .... ser assim ... tarde!

24

Vigésima quarta lição

Um telefonema

1 – Está? É a Luísa?
2 – Sou sim, quem fala?

Pronuncia
uⁿ tᵉlᵉfunemᵃ **1** *'shta? E ᵃ luiSᵃ* **2** *ssow ssiⁿ kᵃyⁿ falᵃ*

Soluzioni dell'esercizio 1

❶ *(Per)* Chi aspetta il giovane? ❷ Aspetta *(per)* la sua ragazza. ❸ Cosa indossa *(Com'è vestito)*? ❹ [Un paio] di jeans e [una] camicia a maniche corte. ❺ Che tipo di scarpe porta *(Com'è calzato)*? ❻ Porta scarpe da ginnastica *(È calzato di scarpe di tennis)*. ❼ Che cosa fa? ❽ Beve birra e fuma una sigaretta. ❾ A chi sta *(si mette a)* facendo dei cenni? ❿ A una ragazza che è appena entrata *(finisce di entrare)*. ⓫ Da quanto tempo sta aspettando *(è che lui aspetta)*? ⓬ Da un'ora. ⓭ Che cosa fa la ragazza? ⓮ Si siede e chiede una bibita.

Soluzioni dell'esercizio 2

❶ – pelo – ❷ – vestida ❸ Bebe – fuma – ❹ – de – vai – ❺ – vou – há – hora – te – ❻ Deixa – de – pode – tão –

Ventiquattresima lezione

Una telefonata

1 – Pronto *(Stá)*? Parlo con *(È la)* Luísa?
2 – Sì, sono io *(Sono sì)*. Chi parla?

24 / Vigésima quarta lição

3 – Sou **eu**, o Fer**nan**do.
4 – Ah! O**lá**! Onde es**tás**?
5 – Estou no escri**tó**rio. Hoje é segunda-**fei**ra, não sei se **sa**bes.
6 – Que **fa**zes?
7 – **Fa**ço muitas **coi**sas, tenho imenso tra**ba**lho. Falo com o pa**trão** o dia **to**do. **On**tem não falei com nin**guém**. Por isso telefo**nei** para **fa**lar com al**guém** [1].
8 – Não vens to**mar** um ca**fé**?
9 – Não tenho **tem**po. **On**tem tive [2] o dia todo **li**vre e não fui [3] se**quer** ao ca**fé**. Só bebi [4] **á**gua.
10 – **On**de esti**ves**te?
11 – Ontem estive em **ca**sa. Estou tão can**sa**do que ao domingo não saio de **ca**sa.
12 – E o que **é** que **fa**zes **es**ta **noi**te [5]?
13 – Não **sei**. E tu, o que é que fi**zes**te [6] a noite passada [7]?
14 – Fui ao teatro. □

3 ... fᵉr**na**ⁿdu 7 ... **o**ⁿtᵃyⁿ ... niⁿ**gᵃ**yⁿ ... ᵃL**gᵃ**yⁿ 8 ... vᵃyⁿsh ... 9 ... bᵉ**bi** ... 10 oⁿdᵉ 'shtiv**Esh**tᵉ 11 ... kaⁿ**ssa**du ... 12 i u ki **E** kᵉ fa**Sᵉ**S **Esh**tᵃ **noy**tᵉ...

Note

1 In questa lezione alcuni verbi di cui abbiamo visto il presente sono coniugati al **pretérito perfeito simples**: **falei**, *parlai / ho parlato*, prima persona singolare del passato remoto di **falar**. **Telefonei**, *telefonai / ho telefonato*, prima persona singolare del passato remoto del verbo **telefonar**.

2 **ontem tive o dia livre**, *ieri ho avuto la giornata libera*. **Tive** è la prima persona singolare del passato remoto di **ter**, *avere*, un verbo molto irregolare. Facciamo ora un confronto tra il presente e il passato remoto di questo verbo avvalendoci di alcuni esempi: **hoje não tenho tempo**, *oggi non ho tempo*; **ontem tive tempo**, *ieri ho avuto tempo*; **hoje tenho muito trabalho**, *oggi ho molto lavoro*; **ontem não tive trabalho nenhum**, *ieri non ho avuto nessun lavoro*.

Ventiquattresima lezione / 24

3 – Sono io, *(il)* Fernando.
4 – Ah, ciao! Dove sei?
5 – Sono in *(nell')*ufficio. Oggi è lunedì, se non [lo] sai.
6 – Che cosa stai facendo *(Che fai)*?
7 – Sto facendo *(Faccio)* tante cose, ho un mare *(immenso)* di lavoro. Parlo con il principale *(padrone)* tutto il giorno. Ieri non ho parlato con nessuno. Per questo ho telefonato, per parlare con qualcuno.
8 – Non vieni [a] prendere un caffè?
9 – Non ho tempo. Ieri ho avuto un'intera giornata libera e non sono neppure andato al caffè. Ho bevuto solo acqua.
10 – Dove sei stato?
11 – Ieri sono stato a casa. Sono così stanco che la *(nella)* domenica non esco di casa.
12 – E cosa fai stasera?
13 – Non so. E tu cosa hai fatto ieri sera *(la notte passata)*?
14 – Sono andata a *(al)* teatro.

---

3 **fui** è la prima persona del passato remoto di **ir**, alla prima persona singolare; presente: **vou**, *vado*. Il passato remoto di **ir** è identico a quello di **ser**.

4 Notate anche il passato di **beber**, *bere*. **Só bebi água**, *Ho bevuto solo acqua*. **Eu bebo**, *io bevo*, presente; **eu bebi**, *ho bevuto*, passato remoto. Attenzione alla differenza tra il passato remoto dei verbi in **-ar** e quello dei verbi in **-er**: **falar** = **falei**; **beber** = **bebi**, pronunciato *[b^{e}bi]* con accento sull'ultima benché non sia grafico, come in tutti i **préteritos** della 2^a e della 3ª coniugazione regolari alla prima persona singolare.

5 **esta noite**, può significare sia *questa sera* che *questa notte*. Esiste anche il termine **noitinha** (lett. piccola notte, quindi corrispondente all'incirca alla nostra *sera*), uno dei numerosi diminutivi del portoghese.

6 Presente: **eu faço**, *io faccio*; **tu fazes**, *tu fai*; passato remoto: **eu fiz**, *io ho fatto* / *feci*; **tu fizeste**, *tu hai fatto* / *facesti*.

7 **a noite passada**, *la notte scorsa* o *ieri sera*. Espressioni analoghe sono: **a semana passada**, *la settimana scorsa*; **o mês passado**, *il mese scorso*; **o ano passado**, *l'anno scorso*.

Exercício 1 – Traduzir

❶ Hoje é segunda-feira, ontem foi domingo. ❷ Hoje estou no escritório, ontem estive em casa. ❸ Hoje faço muitas coisas, ontem não fiz nada. ❹ Falo com o patrão hoje, ontem não falei com ninguém. ❺ Hoje bebo café, ontem bebi água. ❻ Hoje não tenho tempo, ontem tive muito tempo. ❼ Hoje vou ao cinema, ontem não fui ao café.

Exercício 2 – Completar

❶ Dove sei? – Sono in ufficio.
Onde ......? – ...... no escritório.

❷ Oggi è lunedì.
Hoje é ....-......

❸ Cosa fai? – Faccio tante cose.
Que ......? – Faço ...... coisas.

❹ Ieri non ho parlato con nessuno; per questo [ti] ho telefonato, per parlare con qualcuno.
Ontem .... com ninguém, por isso .... para falar com ....

❺ Ieri ho avuto la giornata libera, sono stato/a a casa.
Ontem .... o dia livre, ... em casa.

❻ Che [cosa] hai fatto ieri sera *(la notte passata)*?
Que .... a noite passada?

❼ Sono andato/a al cinema.
... ao cinema.

25

Vigésima quinta lição

Um dia muito ocupado

1 – Onde **é** que estiveste **on**tem? Ten**tei** fa**lar** con**ti**go du**ran**te todo o **di**a...

Pronuncia

1 ... teⁿtªy fªlar ... duraⁿtᵉ ...

97 • **noventa e sete** [nuveⁿtª i ssEtᵉ]

Soluzioni dell'esercizio 1

❶ Oggi è lunedì, ieri era *(fu)* domenica. ❷ Oggi sono in ufficio, ieri sono stato/a a casa. ❸ Oggi sto facendo tante cose, ieri non ho fatto niente. ❹ Oggi parlo con il principale, ieri non ho parlato con nessuno. ❺ Oggi bevo [il] caffè, ieri ho bevuto acqua. ❻ Oggi non ho tempo, ieri ho avuto molto tempo. ❼ Oggi vado al cinema, ieri non sono andato/a al caffè.

Soluzioni dell'esercizio 2

❶ – estás – Estou – ❷ – segunda-feira ❸ – fazes – muitas – ❹ – não falei – telefonei – alguém ❺ – tive – estive – ❻ – fizeste – ❼ Fui –

Venticinquesima lezione

Una giornata molto piena *(occupata)*

1 – Dove sei stato ieri? Ho cercato *(tentato)* [di] parlare con te per *(durante)* tutto il giorno...

[nuve^{nt}ᵃ i oytu] noventa e oito

2 – Tive **mui**to que fa**zer** [1]. Não pa**rei** um só ins**tan**te.
3 – **Tives**te muito trabalho?
4 – Não traba**lhei**. Tive **fol**ga.
5 – Mas a**ca**bas de di**zer** [2] que tiveste [3] um **di**a muito ocu**pa**do...
6 – Levantei-me **tar**de e, como uns a**mi**gos me convi**da**ram para ir dar uma **vol**ta, **ti**ve de me despa**char**. Saí a co**rrer** [4].
7 – E onde **é** que **fo**ram [5]?
8 – **Fo**mos passe**ar** de **ca**rro. Almo**çá**mos no **Guin**cho e jan**tá**mos em Cas**cais**.
9 – E não **fo**ram à **prai**a?
10 – **Não**. Ontem não es**te**ve muito calor [6].
11 – E, de**pois**, o que é que fi**ze**ram à **noi**te?
12 – Fomos ao ci**ne**ma ver um filme ameri**ca**no.
13 – Que rica **vi**da! Tiveste de **fac**to um dia muito ocu**pa**do!

2 ... uⁿ ssO iⁿshtaⁿte 6 ... uⁿS ᵃmigush ... tivᵉ dᵉ mᵉ dᵉshpᵃshar. ssai a kurrer 8 fomush pᵃssiar ... ᵃLmussamush nu ghinshu i jaⁿtamush ᵃyⁿ kᵃshkaysh 12 ... ssinemᵃ ...

Note

1 **tive**, *ebbi / ho avuto*, prima persona singolare del passato remoto di **ter**, *avere*.

2 **acabas de dizer**, *hai appena detto* (lett. tu finisci di dire). Si tratta, come si può notare, di un passato molto prossimo.

3 **tiveste**, *avesti / hai avuto*, seconda persona dello stesso tempo. Notate la somiglianza con **estiveste**, 2ª persona del passato remoto di **estar**.

4 Ricordatevi l'espressione **a correr**, *correndo / di corsa*. Questo verbo,

99 • **noventa e nove** *[nuveⁿtᵃ i nOvᵉ]*

Venticinquesima lezione / 25

2 – Ho avuto molto da *(che)* fare. Non [mi] sono fermato un solo istante.
3 – Hai avuto molto lavoro?
4 – Non ho lavorato. Ho avuto una giornata libera *(Ho avuto riposo)*.
5 – Ma mi hai appena detto che hai avuto una giornata molto piena...
6 – Mi sono alzato tardi e, siccome alcuni amici mi hanno invitato a fare *(dare)* un giro, mi sono dovuto sbrigare. Sono uscito di corsa.
7 – E dove siete stati?
8 – Siamo andati a fare una gita in macchina. Abbiamo pranzato al *(nel)* Guincho e abbiamo cenato a Cascais.
9 – E non siete andati in *(alla)* spiaggia?
10 – No. Ieri non ha fatto *(fu)* molto caldo.
11 – E poi, che cosa avete fatto la sera?
12 – Siamo andati al cinema [a] vedere un film americano.
13 – Che bella *(ricca)* vita! Hai proprio *(infatti)* avuto una giornata pienissima.

---

come molti altri, quando è preceduto dalla preposizione *a* ed è all'infinito, esprime un'azione contemporanea a un'altra. Esempio: **entrou a cantar**, *entrò cantando*; **saiu a chorar** *[ssaiu a shurar]*, *uscì piangendo*.

5 foram, *foste / siete stati/e*, *furono / sono stati/e*, passato remoto di **ser**, *essere*, e di **ir**, *andare* (cfr. frase 9), alla terza persona plurale.

6 ontem não esteve muito calor, *ieri non ha fatto molto caldo*. **Esteve** è la terza persona singolare del passato remoto di **estar**. Così le espressioni **está calor**, *fa caldo* e **está frio**, *fa freddo* (v. lezione 14, nota 8) al passato diventano **esteve calor**, *ha fatto caldo* ed **esteve frio**, *ha fatto freddo*.

Exercício 1 – Traduzir

❶ Onde estiveste ontem? ❷ Estive em Cascais. ❸ Tiveste trabalho? ❹ Não, tive folga. ❺ Levantaste-te cedo? ❻ Não, levantei-me tarde. ❼ Que fizeste? ❽ Saí com uns amigos. ❾ Onde foram? ❿ Fomos passear de carro. ⓫ Onde almoçaram? ⓬ Almoçámos no Guincho. ⓭ Que fizeram à noite? ⓮ Fomos ao cinema.

Exercício 2 – Completar

❶ Oggi sei a casa. Ieri sei stato/a a Cascais.
Hoje estás .. casa. Ontem .... em Cascais.

❷ Oggi parlo con te. Ieri non ho parlato.
Hoje falo .... Ontem não ......

❸ Oggi abbiamo cenato a casa. Ieri abbiamo cenato a Cascais.
Hoje jantamos em casa. Ontem .... em Cascais.

❹ Oggi lavori. Ieri non hai lavorato.
Hoje .... Ontem ... trabalhaste.

❺ Oggi hai molto lavoro. Ieri hai avuto una giornata libera.
Hoje .... muito trabalho. Ontem .... folga.

❻ Ieri sono andati/e al cinema con degli amici.
Ontem ...... ao cinema com ... amigos.

26

Vigésima sexta lição

Nos grandes armazéns

1 – Bom **di**a! Por fa**vor**, **on**de **é** a sec**ção** de **rou**pas de se**nho**ra?

Pronuncia

nuj **gra**ⁿ**d**ᵉ**S** ᵃ*rm*ᵃ**S**ᵃ**y**ⁿ**sh 1** ... **o**ⁿ*d'* **E** ᵃ *ssEk***ssaw**ⁿ *d*ᵉ *rrop*ᵃ*sh d' s*ᵉ*gnor*ᵃ

Soluzioni dell'esercizio 1

❶ Dove sei stato/a ieri? ❷ Sono stato/a a Cascais. ❸ Hai lavorato *(hai avuto lavoro)*? ❹ No, ho avuto una giornata libera. ❺ Ti sei alzato/a presto? ❻ No, mi sono alzato/a tardi. ❼ Che cosa hai fatto? ❽ Sono uscito/a con alcuni amici. ❾ Dove siete andati/e? ❿ Siamo andati/e a fare una gita in macchina. ⓫ Dove avete mangiato? ⓬ Abbiamo mangiato al Guincho. ⓭ Che cosa avete fatto la sera? ⓮ Siamo andati/e al cinema.

Soluzioni dell'esercizio 2

❶ – em – estiveste – ❷ – contigo – falei ❸ – jantámos – ❹ – trabalhas – não – ❺ – tens – tiveste – ❻ – foram – uns –

Come avrete notato, vi stiamo facendo scoprire le coniugazioni del passato remoto un po' alla volta. Non preoccupatevi se non vi ricordate tutte le forme incontrate nel corso delle ultime lezioni. Ritorneranno e si fisseranno in modo naturale nella vostra memoria.

Ventiseiesima lezione

Ai grandi magazzini

1 – Buongiorno! Per favore, dov'è il reparto donna *(di vestiti di signora)*?

26 / Vigésima sexta lição

2 – No primeiro an**dar**, ao f**un**do.
3 – **Mui**to obrigada.
4 – Pode mos**trar**-me os **fa**tos de **ban**ho, se faz fa**vor**?
5 – Sim, sen**ho**ra. Aqui tem [1] os mo**de**los mais re**cen**tes.
6 – Ah! Este **pre**to é bo**ni**to! **Po**sso experimen**tá**-lo [2]?
7 – Faz fa**vor**, a ca**bi**ne é a**li** à es**quer**da.
8 – Não vejo bem o e**fei**to. Está es**cu**ro.
9 – Aqui à **luz** vê me**lhor**. Não **gos**ta? Fi**ca**-lhe **bem** [3].
10 – Este pa**re**ce-me [4] pe**que**no. Não tem o qua**ren**ta?
11 – **Não**, já só temos **e**sse. Vi**e**ram [5] **on**tem e já se ven**de**ram [6] **to**dos.
12 – E o ver**me**lho, tem o qua**ren**ta? Ou tam**bém** já se ven**deu**?

4 ... fa**t**ush d^e b^agnu ... **6** ... p**O**ssu 'shp^erimeⁿ**ta**-lu **7** ... ^a kabin^e E ^ali a 'shk**er**d^a **8** ... u if^aytu 'shta 'shkuru **9** ... a lush ... fik^a-gl' b^ayⁿ **11** ... viErawⁿ oⁿt^ayⁿ ... ss^e veⁿ**de**rawⁿ ... **12** ... ow taⁿb^ayⁿ ja ss^e veⁿ**dew**

Note

1 **aqui tem** (lett. qui c'è), equivale a *ecco* in italiano.

2 **experimentá-lo**, *provarlo*. Si tratta del verbo **experimentar** unito al pronome personale complemento **o**: **experimentar + o → experimentá-lo**. Quando i pronomi diretti di 3ª persona (**o**, **a**, **os**, **as**) sono in posizione enclitica (ovvero quando seguono la forma verbale, alla quale sono uniti da un trattino), subiscono delle modifiche ortografiche se non sono preceduti da vocale: la prima che incontriamo riguarda la *r* finale dell'infinito, sostituita da una *l* attaccata ai pronomi diretti, che diventano quindi **-lo / -la / -los / -las** (a seconda dei casi); inoltre, se la vocale della desinenza dell'infinito è *a* o *e*, questa subisce un'ulteriore modifica prendendo l'accento acuto nel primo caso (*á*) e il circonflesso nel secondo (*ê*); nessuna modifica, invece, per quanto riguarda la *i*. Esempi: **amar + o → amá-lo**, *amarlo*; **comer + os → comê-los**, *mangiarli*; **sentir + o → senti-lo**, *sentirlo*; **amá-la**, *amarla*; **comê-la**, *mangiarla*;

Ventiseiesima lezione / 26

2 – Al primo piano, in fondo.
3 – Molte grazie.
4 – Può gentilmente farmi vedere i costumi da bagno?
5 – Sì, signora. Ecco *(Qui ha)* i [nuovi] modelli *(più recenti)*.
6 – Oh! Bello questo nero *(Questo nero è bello)*! Posso provarlo?
7 – Certo *(Fa favore)*, la cabina è lì, sulla sinistra.
8 – Non riesco a vedere bene come mi sta *(Non vedo bene l'effetto)*. È buio.
9 – Qui con la luce [si] vede meglio. Non [le] piace? Le sta bene.
10 – *(Questo)* mi sembra piccolo. Non ha la quaranta?
11 – No, ormai abbiamo solo questo. Sono arrivati ieri e li abbiamo già venduti tutti.
12 – E [di] quello rosso… ce l'ha la quaranta? O avete finito anche quello *(o anche già si è-venduto)*?

senti-las, *sentirle*. Analogo fenomeno avviene quando la forma verbale finisce in *-s* o *-z*, come avremo modo di vedere più in là.

3 **fica-lhe bem**, *le sta bene*. Come potete osservare, il significato del verbo **ficar** acquisisce diverse sfumature a seconda del contesto: *stare / rimanere / trovarsi* ecc. Esempi: **o chapéu fica-te bem**, *il cappello ti sta bene*; **o fato de banho fica-lhe mal**, *il costume da bagno gli sta male* (o *il costume da bagno le sta male*, o anche *Le sta male*, con la forma di cortesia); **os chapéus ficam-vos bem**, *i cappelli vi stanno bene* (raro); **os fatos de banho ficam-lhes mal**, *i costumi da bagno vi stanno male / stanno loro male*.

4 **parece-me**, *mi sembra*. Con le altre persone del pronome indiretto avremo: **parece-te**, *ti sembra*; **parece-lhe**, *gli / le sembra*; **parece-nos**, *ci sembra*; **parece-vos**, *vi sembra* (raro); **parece-lhes**, *sembra loro* (o *vi sembra*).

5 **vieram**, *sono venuti*, passato remoto di **vir**, *venire*, alla terza persona plurale. Ritroveremo questo verbo più avanti.

6 **já se venderam**, *sono già stati venduti*, passato remoto di **vender**, *vendere*, alla terza persona plurale; **já se vendeu** (frase 12), *è già stato venduto*, passato remoto di **vender** alla terza persona singolare. **Vender** si coniuga come il verbo **beber** (v. lezione 24, nota 4): **vendi** *[ve^{n}di]*, *ho venduto*; **vendemos**, *abbiamo venduto*; **venderam**, *avete / hanno venduto*.

cento e quatro • 104

13 – **Não**, deixe **ver**... ainda aqui há **um**!
14 – Ah, este fica-me **mal**! Fico muito **gor**da [7]! E **bran**co, tem al**gum** [8]?
15 – **Não**, **bran**co não veio ne**nhum**. Mas há em a**zul**, **ver**de, ama**re**lo, **ro**xo...
16 – Não, **não**, obri**ga**da. Só quero **pre**to ou **bran**co. Senão pre**fi**ro fazer nu**dis**mo...
17 – Boa i**dei**a! Assim está o caso arru**ma**do!

14 ... i braⁿku ... 15 ... ^aSul vErd^e ^am^arelu rroshu ... 16 ... pretu ...

Note

7 **fico muito gorda**, *mi fa sembrare molto grassa* (lett. resto molto grassa).

8 **tem algum?**, *[Ne] ha qualcuno?* Memorizzate i seguenti aggettivi e pronomi indefiniti: **algum / alguma**, *qualche, alcuni/e, qualcuno/a*; **nenhum / nenhuma**, *nessuno/a*; **alguém**, *qualcuno*; **ninguém**, *nessuno* (gli ultimi due solo pronomi).

***

Exercício 1 – Traduzir

❶ A secção de roupas de senhora é no primeiro andar. ❷ Posso ver os fatos de banho? ❸ Pode sim, há modelos recentes muito bonitos. Vou mostrá-los. ❹ Quero experimentar alguns, onde é a cabine? ❺ É ali à esquerda. Mas aqui vê melhor. ❻ Este é pequeno. O vermelho fica-me mal. Com o verde fico muito gorda. Não tem branco? ❼ Não, branco não veio nenhum. ❽ Então tenho de fazer nudismo.

Ventiseiesima lezione / 26

13 – No, aspetti che guardo *(lasci vedere)*... qui ce n'è ancora uno!
14 – No *(Ah)*, questo mi sta male! Mi fa sembrare *(Resto)* molto grassa. Ne ha qualcuno bianco *(E bianco, ha qualcuno)*?
15 – No, di bianco non ce n'è arrivato neanche uno *(bianco non è-venuto nessuno)*. Ma abbiamo *(c'è in)* [il] blu, [il] verde, [il] giallo, [il] viola...
16 – No, no, grazie. [Lo] voglio solo nero o bianco. Altrimenti preferisco fare nudismo...
17 – Buona idea! Così il problema è risolto *(è il caso sistemato)*!

***

Soluzioni dell'esercizio 1

❶ Il reparto donna si trova al primo piano. ❷ Posso vedere i costumi da bagno? ❸ Certo *(Può sì)*, alcuni modelli nuovi sono molto belli. Glieli mostro *(Vado mostrarli)*. ❹ Voglio provar[ne] alcuni, dov'è la cabina? ❺ È lì, sulla sinistra. Ma qui c'è più luce *(vede meglio)*. ❻ Questo è piccolo. Il rosso mi sta male. Il verde mi fa [sembrare] molto grassa. Non [ce l']ha bianco? ❼ No, di bianchi non ne abbiamo ricevuti *(bianco non è-venuto nessuno)*. ❽ Allora dovrò *(devo)* fare nudismo.

Exercício 2 – Completar

❶ Lei vuole vedere i costumi da bagno.
Ela quer ... os fatos de banho.

❷ Va nel reparto donna.
... à secção de ...... de senhora.

❸ Può mostrarle i modelli più recenti?
Pode ....-lhe os modelos mais recentes?

❹ [Se] li può provare nella cabina, sulla sinistra.
Pode ....-los na cabine, à ....

❺ Ma non [riesce a] vedere bene come le sta perché è buio.
Mas não .. bem o efeito porque está ....

27

Vigésima sétima lição

Fazer compras

1 – Que fi**ze**ram **on**tem?
2 – Fomos à **Bai**xa fazer **com**pras. Corremos ¹ as lojas **to**das à procu**ra** de um fato de **ban**ho pa**ra** a Luísa.
3 – E encon**tra**ram ² alguma **coi**sa?
4 – **Não**, ela ves**tiu** ³ mais de **u**ma **dú**zia, mas nunca se sen**tiu bem** ⁴.

Pronuncia
1 kᵉ fiSErawⁿ oⁿtᵃyⁿ 2 ... parᵃ ᵃ ... 4 ... vᵉshtiu ... umᵃ duSiᵃ ... ssᵉntiu ...

Note

1 **corremos**, *abbiamo corso* (tradotto nel testo come "abbiamo girato"), passato remoto del verbo **correr**, *correre*, alla 1ª persona plurale. Singolare: **eu corri** *[kurri]*, *io ho corso*. Notate come, nella 2ª coniugazione regolare, la 1ª persona plurale del passato remoto sia uguale a quella del presente.

❻ Le sta bene.
   Fica- ... bem.

❼ Mi sembra piccolo. Ne ha ancora qualcuno rosso?
   Parece- .. pequeno. Ainda há ..... vermelho?

❽ No, non ce ne sono *(c'è nessuno)*!
   Não, não ....!

Soluzioni dell'esercizio 2
❶ – ver – ❷ – Vai – roupas – ❸ – mostrar – ❹ – experimentá – esquerda ❺ – vê – escuro ❻ – lhe – ❼ – me – algum – ❽ – há nenhum

Ventisettesima lezione

Fare acquisti

1 – Che cosa avete fatto ieri?
2 – Siamo state alla Baixa [a] fare acquisti. Abbiamo girato *(corso)* tutti i negozi in cerca *(alla ricerca)* di un costume da bagno per Luisa.
3 – E avete trovato qualcosa?
4 – No, ne ha provati *(lei ha-indossato)* più di una dozzina, ma non ha trovato nulla che le andasse bene *(mai si è-sentita bene)*.

2 **encontraram**, *avete / hanno incontrato*, terza persona plurale del passato remoto di **encontrar**. Singolare: **encontrou**, *ha trovato*.

3 **vestiu**, *ha indossato*, è la terza persona singolare del passato remoto di **vestir**, *indossare / vestire*.

4 **nunca se sentiu bem**, *non ha trovato nulla che le andasse bene*. **Sentiu** è la terza persona del passato di **sentir**, *sentire* (non nel senso di udire).

5 – E **tu**, se**gui**ste-a [5] **ne**ssa aven**tu**ra?
6 – Se**gui** [6], **cla**ro. **Si**go sempre as a**mi**gas nas aven**tu**ras di**fí**ceis [7], quando posso aju**dá**-las [8].
7 – E aju**das**te-a?
8 – Não pude [9] aju**dá**-la. Ela é muito di**fí**cil nos **gos**tos, **a**cha que **na**da lhe fica bem.
9 – Então não comprou **na**da?
10 – **Não**, diz que prefere fazer nu**dis**mo. Mas **eu** pre**fi**ro não **ver**...

5 ... ss^e**ghish**ti-a n**E**ss' ^{a}ve^n**tu**r^a **6** ss^e**ghi kla**ru ... naS ^{a}ve^n**tu**r^{a}sh di**fis**seysh ... ^{a}**ju**da-l^{a}sh **7** i ^{a}ju**dash**ti-a **10** ... nu**dij**mu maS ew pr^e**fi**ru ...

Note

5 **seguiste-a**, *l'hai accompagnata* (lett. l'hai seguita), 2ª pers. sing. del passato remoto di **seguir** coniugato con il pronome **a**, *la* (v. lezione 26, nota 2).

6 **segui**, *ho seguito*, prima persona singolare del passato remoto di **seguir**. **Sigo**, *seguo*, prima persona singolare del presente dello stesso verbo. Attenzione alla particolarità di alcuni verbi in **-ir** come **seguir**: nella prima persona singolare del presente (v. lezione 14, § 9.2) la **e** diventa **i**.

7 **difíceis**, *difficili*, plurale di **difícil**. Le parole piane (con l'accento tonico sulla penultima sillaba) in **-il** finiscono in **-eis** al plurale. Esempi: **débil**, *fiacco* – **débeis**; **fértil**, *fertile* – **férteis**; **frágil**, *fragile* – **frágeis**.

***

Exercício 1 – Traduzir

❶ Ontem fomos à procura de um fato de banho. **❷** Para quem? **❸** Para a Luísa. **❹** Ela encontrou algum? **❺** Não, vestiu muitos mas não comprou nenhum. **❻** E tu ajudaste-a? **❼** Eu segui-a mas não a ajudei porque não pude. **❽** Porquê? **❾** Porque ela correu as lojas todas e não gostou de nada!

Ventisettesima lezione / 27

5 – E tu l'hai accompagnata in questa avventura?
6 – Sì, certo. Sostengo *(Accompagno)* sempre le amiche nelle situazioni *(avventure)* difficili, quando posso aiutarle.
7 – E l'hai aiutata?
8 – Non ho potuto *(aiutarla)*. *(Lei)* ha dei gusti molto difficili *(è molto difficile nei gusti)*, pensa *(ritiene)* che niente le stia *(sta)* bene.
9 – Quindi non ha comprato niente?
10 – No, dice che preferisce fare nudismo. Ma io preferisco non vedere…

Al contrario, se la parola è tronca (con accento sull'ultima sillaba) il plurale finirà in **-is**. Esempi: **fuzil**, *fucile* – **fuzis**; **subtil**, *sottile* – **subtis**; **funil**, *imbuto* – **funis**.

8 **ajudá-las**, *aiutarle*. Come già accennato nella lezione precedente (v. nota 1), i verbi all'infinito seguiti dai pronomi **o, a, os, as**, cambiano la **-r** finale in **-l**. Esempi: **ajudá-lo**, ajudar + o, *aiutarlo*; **segui-la**, seguir + a, *seguirla*. Lo stesso avviene quando la forma verbale finisce in **-s**: **nós ajudamo-lo**, nós ajudamos + o, *lo aiutiamo*; **nós seguimo-la**, nós seguimos + a, *la seguiamo*.

9 **não pude**, *non ho potuto*, 1ª persona singolare del passato remoto di **poder** (irregolare). Nella prossima lezione di ripasso faremo il punto sulle forme del passato remoto.

***

Soluzioni dell'esercizio 1

❶ Ieri siamo andate/i a cercare un costume da bagno. ❷ Per chi? ❸ Per Luísa. ❹ *(Lei)* [ne] ha trovato qualcuno? ❺ No, [ne] ha indossati molti ma non [ne] ha comprato nessuno. ❻ E tu l'hai aiutata? ❼ Io l'ho accompagnata ma non l'ho aiutata perché non ho potuto. ❽ Perché? ❾ Perché *(lei)* ha girato tutti i negozi e non le è piaciuto niente!

cento e dez • 110

Exercício 2 – Completar

① Ieri sono andati/e alla Baixa a fare acquisti.
   Ontem foram à Baixa ....

② Hanno girato tutti i negozi *(i negozi tutti)* e non hanno trovato niente.
   Correram as ..... todas e não .... nada.

③ Luísa non ha trovato nulla che le andasse bene *(mai si è-sentita bene)*.
   A Luísa ..... se ...... bem.

④ Io l'ho accompagnata perché sono [una sua] amica *(amica di-lei)*.
   Eu .....-a porque sou amiga dela.

⑤ Ma non ho potuto aiutarla.
   Mas não pude .....-la.

⑥ Non le sta bene niente *(Niente le sta bene)*.
   Nada ... fica bem.

28

Vigésima oitava lição

Revisão – Ripasso

*Come avrete sicuramente notato, nelle ultime sei lezioni abbiamo progressivamente introdotto il passato remoto (**pretérito perfeito simples** in portoghese) insieme a nuovi verbi irregolari (**ver, sair, pôr**) coniugati al presente. Abbiamo inoltre visto in maniera più dettagliata le coniugazioni pronominali (con i pronomi personali complemento, diretti e indiretti). Passiamo ora in rassegna tutte queste novità.*

1 Presente dei nuovi verbi irregolari

ver, *vedere*	sair, *uscire*	pôr, *mettere*
vejo	saio	ponho
vês	sais	pões *[poyⁿsh]*
vê	sai	põe *[poyⁿ]*

111 • cento e onze

❼ Lei preferisce fare nudismo!
   Ela .... fazer nudismo!

Soluzioni dell'esercizio 2
❶ – fazer compras ❷ – lojas – encontraram – ❸ – nunca – sentiu –
❹ – segui – ❺ – ajudá – ❻ – lhe – ❼ – prefere –

Ventottesima lezione

vemos	saímos	pomos
veem[1] / vêem[2] *[vEyᵃyⁿ]*	saem *[sayᵃyⁿ]*	põem *[poyᵃyⁿ]*

[1] Grafia post accordo ortografico del 1990
[2] Grafia precedente all'accordo ortografico del 1990

2 Il passato remoto (*pretérito perfeito simples*)

Abbiamo visto insieme il tempo passato più utilizzato, il **pretérito perfeito simples**. Come avete notato, è un tempo semplice, anche se spesso corrisponde al passato prossimo italiano.

2.1 I verbi regolari

passar, *passare*	**beber**, *bere*	**vestir**, *vestire*
pass**ei**	beb**i** *[bᵉbi]*	vest**i** *[veshti]*
pass**aste**	beb**este**	vest**iste**

cento e doze • 112

passou	bebeu	vestiu
passámos	bebemos	vestimos
passaram	beberam	vestiram

Si coniugano sul modello di **passar**: **almoçar, comprar, convidar, deixar, encontrar, ficar, fumar, jantar, levantar, parar, telefonar, tentar** e **trabalhar**.
Sul modello di **beber**: **acontecer, correr** e **vender**.
Sul modello di **vestir**: **seguir** e **sentir**. Ricordatevi che il presente di questi tre verbi ha una particolarità: la **e** del radicale della prima persona singolare diventa **i**: **visto, sigo, sinto** (v. lezione 14, § 9.2 e lezione 27, nota 6).
Nella 1ª coniugazione, la 1ª persona plurale si distingue da quella del presente solo per l'accento acuto sulla **á** della desinenza, pronunciata in modo più aperto (**passamos** - pres.; **passámos**, pass.). Identica al presente, invece, la 1ª plurale delle altre due coniugazioni.

2.2 I verbi irregolari già incontrati

ser, *essere* (identificazione)	**estar**, *essere* (localizzazione, stato)
fui [fui]	**estive** ['shtiv^e]
foste [fosht^e]	**estiveste** ['shtivEsht^e]
foi [foy]	**esteve** ['shtev^e]
fomos [fomush]	**estivemos** ['shtivEmush]
foram [foraw^n]	**estiveram** ['shtivEraw^n]

ter, *avere*	**fazer**, *fare*
tive [tiv^e]	**fiz** [fish]
tiveste [tivesht^e]	**fizeste** [fiSEsht^e]
teve [tev^e]	**fez** [fesh]
tivemos [tivEmush]	**fizemos** [fiSEmush]
tiveram [tivEraw^n]	**fizeram** [fiSEraw^n]

sair, *uscire*	**poder**, *potere*
saí [sai]	**pude** [pud^e]
saíste [saisht^e]	**pudeste** [pudEsht^e]
saiu [saiu]	**pôde** [pod^e]

saímos [saimush]	pudemos [pudEmush]
saíram [sairawⁿ]	puderam [pudErawⁿ]

Avrete notato che il passato remoto di **ser** è identico a quello di **ir** (v. lezione 25). Inoltre la 3ª persona singolare del passato remoto di **poder** (**pôde**) si distingue da quella del presente (**pode**) per l'accento circonflesso sulla **o**.

3 Le coniugazioni pronominali

Conosciamo già l'utilizzo dei pronomi riflessivi (**me**, **te**, **se**, **nos**, **vos**, **se**), come nel caso di **levantar-se**, *alzarsi*: **levantei-me tarde**, *mi sono alzato/a tardi*, e di **pôr-se**, *mettersi*: **põe-se a fazer sinais**, *si mette a fare dei cenni*. Esistono altri pronomi che accompagnano il verbo: sono quelli complemento, come i pronomi diretti (**me**, **te**, **o / a**, **nos**, **vos**, **os / as**). Esempi: **eu espero-te**, *io ti aspetto*; **tu esperas-me**, *tu mi aspetti*; **ela espera-o**, *lei lo aspetta*; **deixei-a**, *l'ho lasciata*; **seguiste-a**, *tu l'hai seguita*; **ajudaste-a**, *tu l'hai aiutata*.
Quando un verbo all'infinito è seguito dai pronomi **o** o **a**, la **r** finale cade e diventa **l**, unita al pronome stesso dopo il trattino. Esempi: **experimentá-lo**, *provarlo*; **ajudá-las**, *aiutarle*.

4 Gli aggettivi e pronomi indefiniti

Abbiamo inoltre visto alcuni indefiniti:
– **algum / alguma**, *qualche, alcuni/e* (plurale **alguns / algumas** – le parole che finiscono per **-m** formano il plurale in **-ns**: **homem / homens**, **bem / bens**, *bene* ecc.);
– **nenhum / nenhuma**, *nessuno / nessuna* (plurale **nenhuns / nenhumas**); **alguém**, *qualcuno*; **ninguém**, *nessuno* (v. lezione 26, nota 8).

5 Il plurale delle parole in *-il*

Ricordatevi del plurale in **-eis** delle parole che finiscono in **-il**: **frágil** – **frágeis**, quando l'accento tonico cade sulla penultima sillaba; quando esso cade sull'ultima sillaba, il plurale è in **-is**: **subtil** – **subtis** (v. lezione 27, nota 7).
Più in generale, tutte le parole che terminano per **-l**, qualunque sia la vocale precedente, hanno il plurale in **-is**: **natural** – **naturais**, **papel** – **papéis**, **espanhol** – **espanhóis**, **azul** – **azuis**.

6 L'espressione *acabar de*

Per un'azione che si è appena conclusa, in portoghese si usa l'espressione **acabar de**. Esempi: **acabo de receber um telefonema**, *ho appena ricevuto una telefonata*; **acabas de dizer**, *hai appena detto* (v. lezione 25, nota 2).

***

Diálogo de revisão

1 – Olá Maria! Diz-me onde é que estiveste ontem?
2   Tentei telefonar-te durante todo o dia.
3 – Tive um dia muito ocupado.
4 – E pudeste fazer o que querias?
5 – Passei a manhã na praia e, depois, visitei uma tia.
6   Almoçámos em Cascais e fomos comprar roupas.
7   Corremos as lojas todas!
8   E à noite fui ao cinema.
9 – E o que é que fazes esta noite?
10 – Esta noite? Estou tão cansada que não saio de casa!

 Vigésima nona lição

Era uma vez...

1   **E**ra uma vez [1] uma **ve**lha **bru**xa que vivia [2]
    numa ca**ba**na no meio de um **bos**que.

Pronuncia
1 ... vEgli^a brush^a ... vivia ... bOshk^e

Note

1 **era uma vez**, *C'era una volta*. **Era** è la terza persona dell'indicativo imperfetto del verbo **ser**, *essere*. In portoghese l'imperfetto indica un passato

7 Il verbo *ficar*

Per concludere, vediamo i molteplici significati del verbo **ficar**. Il più delle volte può essere tradotto con *restare, rimanere* ma, a seconda del contesto, è possibile renderlo in diversi modi. Esempi:
Lisboa fica em Portugal, *Lisbona è / si trova in Portogallo*. – stato in luogo, localizzazione.
Eu fiquei doente, *Mi sono ammalato/a*. **Fico muito gorda**, *Mi fa sembrare grassa* – cambiamento di stato o di aspetto esteriore (v. lezione 26, nota 7).
Fica-lhe muito bem, *Le sta molto bene*. **Fica-me mal**, *Mi sta male* (v. lezione 26, nota 3).

***

Traduzione
1 Ciao, Maria! Dimmi, dove sei stata ieri? **2** Ho provato a telefonarti *(durante)* tutto il giorno. **3** Ho avuto una giornata molto piena *(occupata)*. **4** E sei riuscita a *(hai-potuto)* fare quello che volevi? **5** Ho passato la mattinata in spiaggia e poi sono andata a trovare *(ho-visitato)* una zia. **6** Abbiamo pranzato a Cascais e siamo andate a comprare dei vestiti. **7** Abbiamo girato tutti i negozi *(corso i negozi tutti)*! **8** E la sera sono andata al cinema. **9** E cosa fai questa sera? **10** Questa sera? Sono così stanca che non esco di casa!

Ventinovesima lezione

C'era una volta...

1 [C']era una volta una vecchia strega che viveva in una capanna in *(nel)* mezzo a *(di)* un bosco.

---

difficile da collocare nel tempo o un'azione abituale che ora non si svolge più. Il suo uso è quindi analogo a quello dell'imperfetto italiano.

2 vivia, *viveva*, imperfetto di **viver**, *vivere*, verbo regolare.

2 As **ár**vores à **vol**ta ³ pare**ci**am ⁴ **ga**rras, as **flo**res mur**cha**vam ⁵ logo que nas**ci**am, os **bi**chos fu**gi**am assus**ta**dos

3 e as **a**ves nem ou**sa**vam pi**ar**;

4 a**té** as pe**sso**as **ti**nham **me**do ⁶ de lá en**trar**

5 e o **sol**, ao passar por cima ⁷ deste ⁸ **bos**que, inventava ⁹ sempre uma des**cul**pa **pa**ra se escon**der** atrás das **nú**vens.

6 En**fim**, era um lugar de pôr os cabelos em **pé** a toda a **gen**te…

(continua) [koⁿtin**ua**]

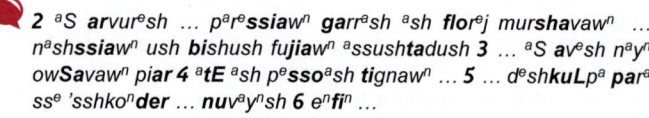

2 ᵃS arvurᵉsh … pᵃrᵉ**ssi**awⁿ **ga**rrᵃsh ᵃsh flo**rᵉ**j mursha**va**wⁿ … nᵃsh**ssi**awⁿ ush **bi**shush fu**ji**awⁿ ᵃssush**ta**dush **3** … ᵃS a**vᵉ**sh nᵃyⁿ ow**Sa**vawⁿ piar **4** ᵃt**E** ᵃsh pᵉ**sso**ᵃsh **ti**gnawⁿ … **5** … dᵉshku**L**pᵃ parᵃ ssᵉ 'sshkoⁿ**der** … **nu**vᵃyⁿsh **6** eⁿ**fi**ⁿ …

: Note

3 Con le espressioni **à volta** o **em volta**, *intorno / tutt'attorno*, si fa riferimento a un luogo, mentre con **por volta**, *intorno / verso*, si situa un'azione nel tempo. **A que horas partes?**, *A che ora parti?* – **Por volta do meio dia**, *Verso mezzogiorno*.

4 pareciam, *sembravano* (infinito: **parecer**); **nasciam**, *nascevano* (infinito: **nascer** *[nᵃshsser]*) e **fugiam**, *fuggivano* (infinito: **fugir**) sono forme dell'imperfetto. Notate la desinenza **-iam**, tipica della 3ª persona plurale per i verbi in **-er** e **-ir**.

5 murchavam, *appassivano*, imperfetto di **murchar**, *appassire*; **ousavam** (frase 3), imperfetto di **ousar**, *osare*: notate la desinenza **-am**, che caratterizza la 3ª persona plurale dei verbi in **-ar**.

6 tinham medo, *avevano paura*. Le altre persone dell'imperfetto di **ter** sono: (eu) **tinha**, (tu) **tinhas**, (ele / ela / você) **tinha**, (nós) **tínhamos**.

7 ao passar, *quando passava / passando*. Come vedremo in seguito, quest'infinito preceduto dalla preposizione articolata **ao** è un infinito coniugato e quindi concorda con il soggetto. **Por cima**, *sopra / su* (senza contatto); quest'espressione di luogo non va confusa con **em cima**,

Ventinovesima lezione / 29

2 Gli alberi tutt'attorno sembravano artigli, i fiori appassivano appena *(che)* spuntavano *(nascevano)*, gli animali *(le bestie)* fuggivano spaventati,
3 e gli uccelli non osavano neppure pigolare;
4 persino la gente aveva *(le persone avevano)* paura di entrarvi *(là entrare)*
5 e il sole, passando su *(per sopra di-)*questo bosco, [si] inventava sempre una scusa per nascondersi dietro le nuvole.
6 Insomma *(Infine)*, era un luogo che faceva rizzare i capelli *(di mettere i capelli in piedi)* a tutti *(tutta la gente)*...
(continua)

sopra / su (con contatto). **O avião passa por cima da casa**, *L'aereo passa sopra la casa*; **o gato está em cima da casa**, *il gatto è sul tetto della casa* (lett. sulla casa).

8 **deste** è la contrazione della preposizione **de** con il dimostrativo **este**. Al femminile avremo: **desta** (de + esta) e al plurale **destes** (de + estes) e **destas** (de + estas).

9 **inventava** è l'imperfetto di **inventar**: *lui / lei inventava*.

Exercício 1 – Traduzir

❶ Onde vivia a velha bruxa? ❷ Vivia num lugar onde as pessoas tinham medo de entrar. ❸ E os bichos, não tinham medo? ❹ Tinham. Os bichos fugiam assustados. ❺ Quando é que as flores murchavam? ❻ Murchavam logo que nasciam.

***

Exercício 2 – Completar

❶ C'era una volta una strega.
Era ...... uma ..... .

❷ Gli alberi del bosco sembravano artigli.
As .... do bosque .... garras.

❸ I fiori appassivano.
As flores ....

❹ La gente fuggiva spaventata *(Le persone fuggivano spaventate)*.
As pessoas ...... assustadas.

❺ Tutti avevano *(Tutta la gente aveva)* paura di entrare nel bosco.
Toda . gente ..... medo de entrar no ....

Trigésima lição

O gato Alberto

1 A velha **bru**xa tinha um **ga**to mal**tês**,
2 cha**ma**do Al**ber**to,
3 que tocava pi**a**no e fa**la**va fran**cês** [1].

Pronuncia
1 ... uⁿ **ga**tu mᵃL**tesh**   *3* ... fᵃ**la**vᵃ fraⁿ**ssesh**

Soluzioni dell'esercizio 1

❶ Dove viveva la vecchia strega? ❷ Viveva in un luogo in cui la gente aveva *(le persone avevano)* paura di entrare. ❸ E gli animali non avevano paura? ❹ Sì *(Avevano)*. Gli animali fuggivano spaventati. ❺ Quando appassivano i fiori? ❻ Appassivano [non] appena *(che)* spuntavano.

***

❻ Neppure gli uccelli osavano cantare *(pigolare)*.
   Nem as .... ousavam ..... .

❼ Era un luogo terribile.
   ... um lugar ....

Soluzioni dell'esercizio 2

❶ – uma vez – bruxa ❷ – árvores – pareciam – ❸ – murchavam ❹ – fugiam – ❺ – a – tinha – bosque ❻ – aves – piar ❼ Era – terrível

---

30

Trentesima lezione

Il gatto Alberto

1 La vecchia strega aveva un gatto maltese,
2 che si chiamava *(chiamato)* Alberto,
3 *(che)* suonava [il] piano e parlava francese.

Note

1 **tocar piano e falar francês** corrisponde allo stereotipo dell'educazione impartita alle ragazze "bene". Questo modo di dire, che oggi ha una connotazione ironica, è contenuto in una filastrocca infantile: "**era uma vez / um gato maltês / tocava piano / e falava francês**".

4 Apesar de saber ² fazer todas estas habilidades, o Alberto tinha uma enorme desvantagem:
5 era um bom gato, o que no seu caso não era nada aconselhável.
6 Enquanto a velha dormia o gato sonhava,
7 ronronando de prazer,
8 mas assim que ela acordava o Alberto vinha e punha-se ³ a miar de maneira sinistra
9 para convencer a bruxa que era tão mau ⁴ como ela.

4 ᵃpᵉSar ... umᵃ inOrmᵉ dᵉjvaⁿtajᵃyⁿ 5 ... ᵃkoⁿssegⁱⁱavEL 6 eⁿkuaⁿtu ... 7 rroⁿrrunaⁿdu ... 8 ... u ᵃLbErtᵘ vignᵃ i pugnᵃ-ssᵉ ᵃ miar dᵉ mᵃnᵃyrᵃ ssinishtrᵃ 9 ... koⁿveⁿsser ... tawⁿ maw ...

Note

2 apesar de saber, *nonostante sapesse*. In questa espressione troviamo un infinito coniugato, detto **infinitivo pessoal**, *infinito personale* (v. lezione 29, nota 5). Esempi: **apesar de ele saber / eles saberem**, *nonostante lui sapesse / loro sapessero*. Questo modo verbale, che non ha un equivalente esatto nelle altre lingue neolatine, in italiano si traduce di solito usando il congiuntivo imperfetto. Approfondiremo questo aspetto nel corso delle prossime lezioni.

3 Ecco due nuove forme all'imperfetto: **vinha** (da **vir**, *venire*) e **punha-se** (da **pôr**, *mettere*, coniugato con il pronome riflessivo). Vediamo tutte le

***

Exercício 1 – Traduzir

❶ O gato Alberto sabia fazer muitas habilidades. ❷ Não era aconselhável ser bom porque a bruxa era má. ❸ O gato sonhava e ronronava só enquanto a velha dormia. ❹ Mas miava de maneira sinistra quando ela acordava. ❺ Para que é que ele se punha a miar? ❻ Para dar a impressão que era muito mau.

Trentesima lezione / 30

4 Nonostante *(di saper fare)* tutte queste capacità, Alberto aveva un grande svantaggio:
5 era un gatto buono, il che, nel suo caso, non era per niente raccomandabile *(consigliabile)*.
6 Mentre la vecchia dormiva, il gatto sognava,
7 facendo le fusa per il *(di)* piacere,
8 ma non appena *(così che)* lei [si] svegliava, Alberto le si avvicinava *(veniva)* e si metteva a miagolare in maniera sinistra
9 per convincere la strega che era *(tanto)* cattivo come lei.

PORQUE É QUE ELE SE PUNHA A MIAR?

persone di questo verbo irregolare: **punha-me, punhas-te, punha-se, púnhamo-nos, punham-se.**

4 **mau**, *cattivo*; femminile: **má**; **a bruxa é má**, *la strega è cattiva*.

***

Soluzioni dell'esercizio 1

❶ Il gatto Alberto sapeva fare molte cose *(abilità)*. ❷ Non era raccomandabile essere buono perché la strega era cattiva. ❸ Il gatto sognava e faceva le fusa solo quando la vecchia dormiva. ❹ Ma miagolava in maniera sinistra quando lei [si] svegliava. ❺ Perché si metteva a miagolare? ❻ Per dare l'impressione di essere *(che era)* molto cattivo.

cento e vinte e dois • 122

Exercício 2 – Completar

❶ Il gatto suonava il piano e parlava francese.
O gato ...... piano e ...... francês.

❷ Ma aveva un enorme svantaggio.
Mas ...... uma ...... desvantagem.

❸ Lei non era *(tanto)* buona come lui.
Ela não ... tão ... como ele.

❹ Si metteva a miagolare quando la strega si svegliava.
......-se a miar quando a bruxa ....

❺ Nonostante sapesse *(di sapere)* [fare] molte cose, non sapeva fare il *(di)* cattivo.
...... de saber muitas coisas não sabia fazer de ....

Trigésima primeira lição

A sorte grande

1 – Onde **é** que ias **on**tem com tanta **pre**ssa que nem se**quer** me fa**las**te?
2 – Ia [1] comprar um bilhete de lotaria.
3 – Mas ainda ante**on**tem tinhas com**pra**do [2] um...

Pronuncia
1 ... iaS ... 2 ia ... lutªriª 3 ... aⁿtioⁿtªyⁿ ...

Note

[1] (eu) ia e (tu) ias (frase 1), imperfetto di **ir**, *andare*; le altre persone sono: (ele / ela / você) ia, (nós) íamos, (vocês / eles / elas) iam.

[2] Ecco un altro tempo verbale: **tinhas comprado**, *avevi comprato*. Si tratta del trapassato prossimo di **comprar**. Esempi: **eu tinha falado**, *io avevo parlato*; **tu tinhas bebido**, *tu avevi bevuto*; **ela tinha dormido**, *lei aveva dormito*. Il participio passato dei verbi regolari della prima coniugazione (*-ar*) termina in *-ado*, mentre quello delle altre coniugazioni termina in *-ido*. Esistono poi alcuni participi passati irregolari che vedremo presto.

❻ Non convinceva nessuno!
 Não convencia .... !

Soluzioni dell'esercizio 2
❶ – tocava – falava – ❷ – tinha – enorme – ❸ – era – boa – ❹ Punha – acordava ❺ Apesar – mau ❻ – ninguém

Trentunesima lezione

Il primo premio
(La fortuna grande)

1 – Dove stavi andando *(andavi)* ieri così di *(con tanta)* fretta da non rivolgermi neppure la parola *(che neanche mi hai-parlato)*?
2 – Stavo andando *(Andavo)* [a] comprare un biglietto della *(di)* lotteria.
3 – Ma [se ne] hai *(avevi)* comprato uno appena *(ancora)* l'altro ieri…

cento e vinte e quatro • 124

4 – Não cheguei a comprá-lo [3]. O lugar onde costumo comprá-los estava fechado.

5 – Porque [4] é que não foste comprá-lo noutro sítio?

6 – Porque tenho as minhas manias.

7 – Mas isso não tem importância nenhuma. O que conta é ter o número premiado.

8 – Isso é a tua mania.

4 ... u lugar onde kushtumu konpra-lush 'shtavᵃ fᵉshadu 7 ... inpurtanssiᵃ nᵉgnumᵃ ...

Note

3 **comprá-lo**, *comprarlo*; **comprá-los** (v. anche riga successiva), *comprarli*. Ricordatevi che in questo caso la **r** dell'infinito scompare, mentre i pronomi personali **o** e **os** diventano rispettivamente **lo** e **los**.

***

Exercício 1 – Traduzir

❶ Ele ia com tanta pressa que nem sequer me falou. ❷ Chegou a comprar o bilhete de lotaria? ❸ Não, não chegou a comprá-lo. ❹ Mas já tinha comprado um. ❺ Quando é que o comprou? ❻ Comprou-o anteontem. ❼ Quem tem as suas manias? ❽ Toda a gente.

***

Exercício 2 – Completar

❶ *Di solito compro il biglietto della lotteria sempre nello stesso posto.*
Costumo comprar o .... de lotaria sempre no ..... sítio.

❷ *(Ciò) sono le tue manie.*
Isso são ...... manias.

❸ *Il posto ha (qualche) importanza?*
O ..... tem alguma ....?

❹ *No, non ha nessuna importanza.*
Não, não ... importância ....

Trentunesima lezione / 31

4 – Non ce l'ho fatta *(sono-arrivato)* a comprarlo. Il posto dove di solito *(li)* compro [i biglietti] era chiuso.
5 – Perché non sei andato [a] comprarlo in [un] altro posto?
6 – Perché ho le mie manie.
7 – Ma questo non ha nessuna importanza *(importanza nessuna)*. Quello che conta è trovare il biglietto vincente *(avere il numero premiato)*.
8 – Quella è la tua mania.

4 Come gli altri avverbi interrogativi, **porque...?**, *perché...?*, può essere seguito da **é que?**, ridondante in italiano; **porque** (frase 6) è inoltre congiunzione causale: *perché*, *poiché*; anche **pois** significa *poiché*. **Noutro**: contrazione fra la preposizione **em** e **outro** (questo indefinito di norma non accetta l'articolo indeterminativo).

***

Soluzioni dell'esercizio 1

❶ *(Lui)* andava così di fretta che non mi ha nemmeno rivolto la parola. ❷ Ce l'ha fatta a comprare il biglietto della lotteria? ❸ No, non ce l'ha fatta a comprarlo. ❹ Ma ne aveva già comprato uno. ❺ Quando lo ha comprato? ❻ Lo ha comprato l'altro ieri. ❼ Chi ha le proprie *(sue)* manie? ❽ Tutti *(Tutta la gente)*.

***

❺ Quello che conta è avere il numero vincente.
.... **conta** . **ter o número** ....

❻ Io non avevo comprato nessun biglietto.
Eu não ..... **comprado** ...... **bilhete**.

❼ Il negozio era chiuso.
A loja estava ....

Soluzioni dell'esercizio 2

❶ – bilhete – mesmo – ❷ – as tuas – ❸ – lugar – importância ❹ – tem – nenhuma ❺ O que – é – premiado ❻ – tinha – nenhum – ❼ – fechada

32
Trigésima segunda lição

Que sorte!

1 – Sabias¹ que o António ganhou uma fortuna?
2 – Que sorte! Ainda o outro dia² falei com ele. Ia muito apressado comprar uma cautela. Passava a vida a jogar na lotaria e tinha razão. Saiu-lhe, finalmente, a sorte grande!
3 – Mas estás enganado! O António herdou³.
4 – Como assim?
5 – Lembras-te de um tio de quem ele costumava falar que era muito rico?
6 – Sim, vagamente.
7 – Calcula que morreu e lhe deixou uma bela quantia.
8 – Que azar⁴... para o tio!

Pronuncia
1 ... u aⁿtOniu gᵃgnow ...2 ... kawtElᵃ ... ssaiu-glⁱᵉ ... 3 ... irdow
7 ... kᵉlkulᵃ ... murrew i glⁱ dᵃyshow umᵃ bElᵃ kuaⁿtiᵃ 8 ki ᵃSar ...

Note

1 **sabias**, *sapevi*, imperfetto di **saber**; la coniugazione completa è: **sabia, sabias, sabia, sabíamos, sabiam**.

2 **ainda o outro dia**, *appena qualche giorno fa*. **Ainda**, *ancora*, è un avverbio che enfatizza l'idea di vicinanza nel tempo. Nella lezione precedente avevamo visto **ainda anteontem**, che in italiano può essere tradotto *appena l'altro ieri*.

3 **herdou**, *ha ereditato*. A seconda del contesto, questo verbo può essere sia transitivo (**ele herdou uma fortuna**) che intransitivo, come nel caso di questo dialogo.

Trentaduesima lezione

Che fortuna!

1 – [Lo] sapevi che Antonio ha vinto una fortuna?
2 – Che fortuna! Ho parlato con lui appena qualche giorno fa *(ancora l'altro giorno)*. Stava correndo *(Andava molto affrettato)* a comprare un biglietto della lotteria. Ha passato tutta la vita a giocarci *(Passava la vita a giocare nella lotteria)* e aveva ragione. Finalmente ce l'ha fatta a vincere il primo premio *(gli-è-uscita, finalmente, la fortuna grande)*!
3 – Guarda che ti sbagli *(Ma sei ingannato)*! António ha ricevuto un'eredità *(ha-ereditato)*.
4 – Come sarebbe *(Come così)*?
5 – Ti ricordi che parlava sempre di uno zio *(di uno zio di cui lui era-solito dire che era)* molto ricco?
6 – Sì, vagamente.
7 – Figurati *(Calcola)* che è morto e gli ha lasciato una bella somma *(quantità)*.
8 – Che sfortuna... per lo zio!

4 **que azar!**, *che sfortuna!*, è l'opposto di **que sorte!**, *che fortuna!* Sono chiaramente due espressioni molto comuni: l'idea del destino è molto ricorrente anche nella cultura portoghese. **Dar sorte**, *portare fortuna*; **dar azar**, *portare sfortuna*.

Exercício 1 – Traduzir

❶ O que aconteceu ao António? ❷ Ganhou uma fortuna. ❸ Como? A jogar na lotaria? ❹ Não, herdou uma bela quantia. ❺ De quem? Daquele tio muito rico de quem ele costumava falar? ❻ Achas que ele já não vai comprar mais cautelas? ❼ Não, acho que vai continuar porque é a mania dele.

***

Exercício 2 – Completar

❶ Non ho vinto nessuna fortuna.
Não ...... nenhuma fortuna.

❷ Non passo la vita a giocare alla lotteria.
Não ..... a vida a .... lotaria.

❸ Non ce l'ho fatta a vincere il primo premio.
Não me .... a ..... grande.

❹ Non ho neppure ereditato [nulla] perché non ho nessuno zio ricco.
Tambem não ...... porque não ..... nenhum tio ..... .

33

Trigésima terceira lição

A festa

1 Havia [1] uma **fes**ta em casa dos D**u**artes. **Mú**sica, muitos conv**i**dados e muito ba**ru**lho.
2 A comida era **bo**a e os **co**pos entrecho**ca**vam-se alegre**men**te [2].

Pronuncia

1 ... duj du**art**ᵉsh ... bᵃ**rug**lⁱu 2 ... ush k**O**puS eⁿtr'shu**ka**vawⁿ-Sᵉ ᵃlEgrᵉ**me**ⁿtᵉ

Note

[1] **havia** è l'imperfetto del verbo **haver**, *esserci*. Si coniuga solo alla terza persona singolare.

Soluzioni dell'esercizio 1

❶ Cosa è successo ad António? **❷** Ha vinto una fortuna. **❸** Come? Giocando al lotto? **❹** No, ha ereditato un bel gruzzolo (*una bella quantità*). **❺** Da chi? Da quello zio molto ricco di cui parlava sempre? **❻** Credi che (*lui ormai*) non comprerà più biglietti della lotteria? **❼** No, credo che ne comprerà ancora (*continuerà*) perché è la sua mania (*di-lui*).

***

❺ Ma tu ieri sei andata (*andavi*) di corsa a comprare un biglietto della lotteria.
Mas tu ontem … muito apressada comprar uma ……….

❻ Hai vinto (*Ti-è-uscito*) qualcosa?
Saiu- … alguma coisa?

❼ Purtroppo no, che sfortuna!
Infelizmente não, ………!

Soluzioni dell'esercizio 2

❶ – ganhei – **❷** – passo – jogar na – **❸** – saiu – sorte – **❹** – herdei – tenho – rico **❺** – ias – cautela **❻** – te – **❼** – que azar

---

33
Trentatreesima lezione

La festa

1 C'era una festa a casa dei Duarte. Musica, tanti invitati e molto chiasso.
2 Il cibo era buono e i bicchieri tintinnavano (*si-scontravano*) **allegramente**.

---

2 La maggioranza degli avverbi di modo si forma con il suffisso **-mente**, come in italiano: **alegre**, *allegro/a* → **alegremente**, *allegramente*.

33 / Trigésima terceira lição

3 Já era **mei**a-**noi**te e os **vi**zinhos do an**dar** de **bai**xo ³ começavam a inquie**tar**-se seria**men**te.
4 Dois dos convi**da**dos, um pouco embria**ga**dos ⁴, tentavam estabele**cer** uma con**ver**sa:
5 – Ainda vou ficar **sur**do com todo este ba**ru**lho.
6 – **Co**mo?
7 – Estava a di**zer** que não con**si**go ⁵ ou**vir na**da.
8 – Des**cul**pe, mas não consigo perce**ber** uma pa**la**vra.
9 – **Co**mo?

3 ja Erᵃ mᵃyᵃ-noyt' i ush viSignush du aⁿdar d' bayshu ...
4 ... eⁿbriᵃgadush ... 7 ... nawⁿ koⁿssigu owvir nadᵃ ...

Note

3 **o andar de baixo**, *il piano di sotto*. **Baixo**, come **cima**, può essere preceduto da varie preposizioni (v. lezione 29, nota 7): **por baixo**, *sotto / al di sotto*; **em baixo / abaixo**, *in basso / al di sotto*; **debaixo**, *sotto / al di sotto* (più usato di **em baixo**). Non ci sono particolari differenze di significato tra queste locuzioni.

4 **embriagados**, *ubriachi / ebbri*. Nel linguaggio colloquiale si preferisce dire **bêbados *[bebᵃdush]***, *ubriachi / brilli*.

***

Exercício 1 – Traduzir

❶ Porque é que havia muito barulho? ❷ Porque havia uma festa. ❸ Os vizinhos inquietavam-se porque era tarde e a música não parava. ❹ Os próprios convidados tinham medo de ficar surdos. ❺ Não conseguiam ouvir nada do que diziam. ❻ Alguns estavam embriagados pois bebiam muitos copos. ❼ Falavam muito mas não percebiam uma palavra. ❽ Enfim, a comida era boa e a festa estava muito alegre.

Trentatreesima lezione / 33

3 Era già mezzanotte e i vicini del piano di sotto cominciavano a essere seriamente preoccupati.
4 Due *(degli)* invitati, un po' ubriachi, cercavano di intavolare *(tentavano stabilire)* una conversazione:
5 – Ancora un po' e divento *(Ancora diventerò)* sordo con tutto questo chiasso.
6 – Come?
7 – Stavo dicendo che non riesco a sentire niente.
8 – Scusi, ma non riesco a capire una parola.
9 – Come?

5 consigo, *riesco*, 1ª persona del presente di **conseguir**. Come per **seguir** e altri verbi che finiscono in *-ir*, la **e** della penultima sillaba diventa **i** alla 1ª persona del presente: **eu consigo**, ma **tu consegues**; **eu prefiro**, ma **tu preferes** ecc.

***

Soluzioni dell'esercizio 1
❶ Perché c'era tanto chiasso? ❷ Perché c'era una festa. ❸ I vicini erano preoccupati perché era tardi e la musica non cessava. ❹ Gli stessi invitati avevano paura di diventare sordi. ❺ Non riuscivano a sentire niente di quello che dicevano. ❻ Alcuni erano ubriachi perché avevano bevuto *(bevevano)* molti bicchieri. ❼ Parlavano molto ma non capivano [neanche] una parola. ❽ Insomma, il cibo era buono e la festa era molto divertente *(allegra)*.

cento e trinta e dois • 132

34 / Trigésima quarta lição

Exercício 2 – Completar

❶ I vicini erano preoccupati a causa del chiasso.
Os vizinhos inquietavam-..... causa do ....

❷ C'era musica, cibo buono e molte bevande.
Havia ......, boa ...... e muitas ....

❸ Due degli invitati erano un po' ubriachi, ma cercavano di intavolare una conversazione.
Dois dos convidados estavam um pouco .... mas tentavam .... uma conversa.

❹ Ma uno non riusciva a sentire niente e l'altro non riusciva a capire nulla.
Mas um não conseguia .... e o outro não conseguia ....

34

Trigésima quarta lição

O dia seguinte

1 – Re**paras**te como a **Cla**ra estava tão ele**gan**te na festa de **on**tem?
2 – Es**ta**va ves**ti**da ¹ de um modo um pouco ² fol**cló**rico, não **a**chas?

Pronuncia
1 ... i**le**ga**n**t**e** ...2 ... ash**a**sh

Note

1 **estava vestida**, *era vestita* (ricordate che **estar** indica una condizione temporanea). Il participio passato si accorda con il soggetto quando il verbo ausiliare è **ser** (in portoghese solo con i verbi passivi). Con l'ausi-

133 • **cento e trinta e três**

Trentaquattresima lezione / 34

5 Uno diceva che stava diventando sordo.
Um dizia que .. ficar ....

6 Ma l'altro non sentiva niente.
Mas o ..... não ouvia ..... .

Soluzioni dell'esercizio 2
1 – se por – barulho **2** – música – comida – bebidas **3** – embriagados – estabelecer – **4** – ouvir nada – perceber nada **5** – ia – surdo
6 – outro – nada

Trentaquattresima lezione

Il giorno dopo (seguente)

1 – Hai visto (Hai-fatto-caso) com'era (tanto) elegante Clara alla festa di ieri?
2 – Era vestita in modo un po' bizzarro (folcloristico), non trovi?

liare **ter**, *avere*, invece, rimane invariato. Esempi: **ele foi vestido pela mãe**, *lui fu vestito dalla madre*; **ela tinha ido**, *lei era andata*; **ela tinha vestido um fato branco**, *lei aveva indossato un abito bianco*; **ela tinha vestido uma saia de seda**, *lei aveva indossato una gonna di seta*. Con il verbo **estar**, invece, si usano solo gli aggettivi e i participi aggettivati, come nel nostro dialogo.

2 **um pouco** o **um bocado** (lett. un morso), *un po'*. L'espressione **um bocado** (anche con il diminutivo, **um bocadinho**) è più familiare.

cento e trinta e quatro • 134

34 / Trigésima quarta lição

3 – Tal**vez**. Saia de **se**da de um **gran**de costu**rei**ro fran**cês**, blusa espa**nho**la, co**lar** e **brin**cos [3] **greg**os, sapatos itali**a**nos. Sem esquecer o sofisti**ca**do re**ló**gio ale**mão** que trazia [4] no **pul**so.

4 – **É** o que eu di**zi**a. Pare**ci**a um pro**tó**tipo da União europeia.

5 – Sim, **sim**. Mas não ficaste **ver**de de in**ve**ja com o ca**sa**co de **pe**les que ela **ti**nha?

6 – Deve ter sido **fei**to com peles de coelho naci**o**nais.

7 – Mas, o An**tó**nio, ape**sar** de ter herdado [5] todo aquele di**nhei**ro do **ti**o, estava muito mal vestido.

8 – Sem **dú**vida. Parecia um vaga**bun**do.

3 ... ssay^a ... u^n gra^{n}d^e kushtur^{a}yru ... 'shpa**gno**l^a ku**lar** i **bri**^{n}kuj **greg**ush ... u ssufishti**ka**du rr^{e}l**O**jiu ... **4** ... prut**O**tipu ... **5** ... **ver**d^e d' i^n**vE**j^a ... k^a**Sa**ku d^e **pE**l^{e}sh ... **6** ... ku^{a}g^{l}iu n^{a}ssiu**naysh** **7** ... ^{a}p^e**Sar** ... dig**n**^{a}yru ... **8** ssay^n **du**vid^a ... v^{a}g^a**bu**^{n}du

Note

3 **as jóias**, *i gioielli*: **o colar**, *la collana*; **o anel**, *l'anello*; **os brincos**, *gli orecchini* e **a pulseira**, *il braccialetto*.

***

Exercício 1 – Traduzir

❶ Foste à festa em casa do Duarte? ❷ Fui. Estava incrível. Havia muita música e muitos copos. ❸ A Clara e o António estavam lá? ❹ Estavam. Ela estava vestida de uma maneira um bocado folclórica, apesar de estar muito sofisticada. ❺ O que é que ela tinha vestido? ❻ Tinha uma saia francesa, uma blusa espanhola, uns sapatos italianos, jóias gregas e relógio alemão. ❼ E o António, também estava tão internacional? ❽ O António parecia um vagabundo nacional.

Trentaquattresima lezione / 34

3 – Può darsi. Gonna di seta di un grande sarto francese, camicetta spagnola, collana e orecchini greci, scarpe italiane. Senza dimenticare il sofisticato orologio tedesco che portava al *(nel)* polso.
4 – È quello che dicevo. Sembrava un prototipo dell'Unione Europea.
5 – Sì, certo. Ma non è che sei diventata verde d'invidia per la pelliccia che aveva *(giacca di pelli)*?
6 – Doveva essere di coniglio portoghese *(Deve essere stata fatta con pelli di coniglio nazionali)*.
7 – António, invece, era vestito molto male, nonostante abbia ereditato tutti quei soldi *(tutto quel denaro)* dallo zio.
8 – Infatti *(Senza dubbio)*. Sembrava un barbone.

4 **trazia**, imperfetto di **trazer**, *portare*; **dizia** (frase 4), imperfetto di **dizer**, *dire*; **parecia**, imperfetto di **parecer**, *sembrare, assomigliare a*. Riporteremo la coniugazione di questi verbi nella prossima lezione di ripasso.

5 **ter herdado**, *avere ereditato*, è l'infinito passato di **herdar**, *ereditare*. Vedremo poi che anche l'infinito passato può essere coniugato. Esempi: **apesar de (ele) ter herdado**, *nonostante abbia / avesse ereditato*; **apesar de (eles) terem herdado**, *nonostante abbiano / avessero ereditato*. Riprenderemo questo aspetto più avanti.

***

Soluzioni dell'esercizio 1

❶ Sei andato/a alla festa a casa di Duarte? ❷ Sì. È stata [una cosa] incredibile. C'erano molta musica e tanti bicchieri. ❸ C'erano Clara e António *(erano lì)*? ❹ Sì. Lei era vestita in modo un po' bizzarro, anche se molto sofisticato. ❺ Cosa indossava *(Che cos'è che lei aveva vestito)*? ❻ Aveva una gonna francese, una camicetta spagnola, un paio di *(delle)* scarpe italiane, gioielli greci e [un] orologio tedesco. ❼ *(E)* anche António era così internazionale? ❽ António sembrava un barbone nazionale.

Exercício 2 – Completar

❶ La gonna di Clara era di un grande stilista francese.
A saia da Clara ... de um grande .... francês.

❷ Indossava un paio di *(portava delle)* scarpe italiane.
...... uns .... italianos.

❸ Portava anche un orologio tedesco al polso.
Também trazia um .... alemão no ....

❹ Secondo te era *(Pensi che lei era)* vestita in modo elegante?
Achas que ela ...... elegantemente .... ?

❺ Nonostante avesse ereditato molto denaro, lui era mal vestito.
Apesar de ... herdado muito ...., ele ...... mal
....

❻ Erano invidiosi della pelliccia.
Eles tinham .... casaco de ....

❼ Dicevano che era di *(era fatta di pelli di)* coniglio portoghese.
Diziam que era .... peles de .... nacionais.

Trigésima quinta lição

Revisão – Ripasso

Nelle ultime sei lezioni abbiamo affrontato l'imperfetto, l'infinito personale, i tempi composti con l'ausiliare **ter** *e il participio passato. Facciamo ora un ripasso generale.*

1 L'imperfetto indicativo

L'uso dell'imperfetto, in portoghese, non è fondamentalmente diverso da quello italiano, ad eccezione del suo utilizzo al posto del condizionale, come vedremo più avanti.

1.1 I verbi regolari

L'imperfetto dei verbi in **-er** e quello dei verbi in **-ir** si coniugano allo stesso modo.

137 • **cento e trinta e sete**

Soluzioni dell'esercizio 2
❶ – era – costureiro – ❷ – Trazia – sapatos – ❸ – relógio – pulso ❹ – estava – vestida ❺ – ter – dinheiro – estava – vestido ❻ – inveja do – peles ❼ – feito de – coelhos –

Trentacinquesima lezione 35

falar	beber	partir
falava	bebia	partia
falavas	bebias	partias
falava	bebia	partia
falávamos	bebíamos	partíamos
falavam	bebiam	partiam

Si coniugano sul modello di **falar**: **murchar**, *appassire*; **ousar**, *osare*; **inventar**, *inventare*; **tocar**, *suonare*; **acordar**, *svegliarsi*; **sonhar**, *sognare*; **ronronar**, *fare le fusa*; **miar**, *miagolare*; **passar**, *passare*; **costumar**, *avere l'abitudine di / essere solito/a*; **entrechocar-se**, *scontrarsi*; **começar**, *cominciare* e **tentar**, *provare*.
Sul modello di **beber**: **viver**, *vivere*; **parecer**, *sembrare*; **nascer**, *nascere*.
Su quello di **partir**: **fugir**, *fuggire, scappare* e **dormir**, *dormire*.

cento e trinta e oito • 138

1.2 I verbi irregolari

L'imperfetto dei verbi irregolari si forma come l'imperfetto di quelli regolari (e quindi sulla base dell'infinito), tranne alcune eccezioni che vedremo nella tabella sottostante (**ser**, **ter**, **vir**, **pôr**):

saber, *sapere*	>	**sabia** (v. lezione 32, nota 1)
ir, *andare*	>	**ia** (v. lezione 31, nota 1)
haver, *esserci*	>	**havia**
trazer, *portare*	>	**trazia, trazias, trazia, trazíamos, traziam**
dizer, *dire*	>	**dizia, dizias, dizia, dizíamos, diziam**

Attenzione all'accento sulla vocale **a** o **i** alla 1ª persona plurale.

ser	ter	vir
era	tinha	vinha
eras	tinhas	vinhas
era	tinha	vinha
éramos	tínhamos	vínhamos
eram	tinham	vinham

pôr	estar	querer
punha	estava	queria
punhas	estavas	querias
punha	estava	queria
púnhamos	estávamos	queríamos
punham	estavam	queriam

2 L'infinito personale

È un infinito che concorda con il soggetto e che perciò varia in base alla persona grammaticale. Lo abbiamo incontrato già in tre occasioni: **ao passar**, *passando* (v. lezione 29), in cui il soggetto è **o sol**, *il sole*; **apesar de saber**, *nonostante sapesse* (v. lezione 30; soggetto: **Alberto**), e **apesar de ter herdado**, *nonostante [il fatto] di aver ereditato* (v. lezione 34; soggetto: **António**). Vediamo cosa succede quando il soggetto non è una terza persona singolare:

Trentacinquesima lezione / 35

ao passar (eu)
passando o quando (io) passo
ao passares (tu)
passando o quando (tu) passi
ao passar (ele, ela, o/a senhor/a, você)
passando o quando (lui, lei, Lei) passa
ao passarmos (nós)
passando o quando (noi) passiamo
ao passarem (vocês, eles, elas)
passando o quando (voi, loro) passate / passano

apesar de saber (eu)
nonostante io sappia / sapessi
apesar de saberes (tu)
nonostante tu sappia / sapessi
apesar de saber (ele, ela, o/a senhor/a, você)
nonostante (lui, lei, Lei) sappia / sapesse
apesar de sabermos (nós)
nonostante (noi) sappiamo / sapessimo
apesar de saberem (vocês, eles, elas)
nonostante (voi, loro) sappiate / sapeste / sappiano / sapessero

Più avanti, ritroveremo spesso questa forma di infinito accompagnata da varie particelle che contribuiscono a rendere la frase più concisa.

3 Il gerundio

Spesso esprime la simultaneità di due o più azioni.

Esempi: **ronronando de prazer**, *facendo le fusa per il piacere*; **ela trabalhava cantando**, *lei lavorava cantando / mentre cantava*.
Come in italiano, il suo uso è possibile solo se il soggetto delle varie azioni è lo stesso.

4 Il trapassato prossimo

In portoghese, il trapassato, come gli altri tempi composti, ha come ausiliare soltanto il verbo **ter**, *avere*. Si forma con **ter** coniugato

cento e quaranta • 140

all'imperfetto e con il participio passato del verbo in questione: **tinhas comprado**, *avevi comprato* (v. lezione 31). Il suo utilizzo è simile a quello italiano: in seguito avremo modo di vederlo più dettagliatamente. Esiste inoltre un tipo di trapassato prossimo non composto, di uso prevalentemente letterario, che incontreremo più avanti.

5 Alcune espressioni di luogo

- **em cima**, *sopra* (con contatto), *addosso*; **por cima**, *sopra* (senza contatto); **de cima**, *di sopra*; **para cima**, *su, in su*; **a cima**, *sopra, su, al di sopra*.
- **baixo**, *basso*; **em baixo**, *in basso*; **por baixo**, *sotto*; **de baixo**, *sotto, al di sotto*; **para baixo**, *giù*; **a baixo**, *al di sotto, di sotto, in basso, giù*.
- **atrás** o **trás**, *dietro*; **por trás**, *dietro, di dietro*; **detrás**, *dietro*; **de trás**, *dietro*; **para trás**, *indietro*.

Per noi italiani può essere talvolta difficile usare correttamente queste espressioni di luogo, avverbi o locuzioni preposizionali. Sicuramente il contesto della frase e (soprattutto) la pratica vi saranno di grande aiuto!

6 Espressioni di tempo

- **enquanto**, *mentre* (v. lezione 30).
Esempi: **Enquanto eu falo tu ouves**, *Mentre io parlo, tu ascolti*.
Ele sonhava enquanto ela dormia, *Mentre lei dormiva, lui sognava*.
- **assim que**, *appena, non appena* (v. lezione 30).
Esempi: **Assim que acorda põe-se a trabalhar**, *Non appena si sveglia si mette a lavorare / al lavoro*.
Assim que se levantavam iam para a praia, *Non appena si alzavano, andavano in spiaggia*.

Trentacinquesima lezione / 35

Diálogo de revisão

1 – Eu não partia sem te dizer nada. Até ao próximo mês!
2 – Não sabia que vinhas no próximo mês.
3 – Claro que venho!
4 Senão como é que púnhamos as coisas a andar?
5 – Quando passares por aqui, telefona-me!
6 – Naturalmente. Sempre que passo aqui penso em ti.
7 Tenho as minhas manias...
8 Sabes aquela:
9 "Se pensas que penso em ti penso que pensas mal"?
10 – Não há nada a fazer!
11 Vocês estão sempre a sonhar!

Traduzione

1 Non partirei *(partivo)* senza dirti nulla. Ci vediamo il *(Fino al)* mese prossimo! **2** Non sapevo che venissi *(venivi)* il mese prossimo. **3** Certo che vengo! **4** Altrimenti come potremmo avviare l'attività *(come mettevamo le cose a camminare)*? **5** Quando passi di qui, chiamami! **6** Naturalmente. Ogni volta che passo di qui penso a te. **7** Ho le mie manie... **8** Conosci il detto *(Sai quella)*: **9** "Se pensi che penso a te penso che pensi male"? **10** Niente da fare! **11** Voi [portoghesi] sognate sempre *(state sempre a sognare)*!

Trigésima sexta lição

No cinema

1 – Dois bilhetes para o [1] "Amor de Perdição", por favor.
2 – Prefere balcão ou plateia?
3 – Plateia. São lugares marcados?
4 – São sim. Só tenho na [2] fila A e B e na última fila.
5 – A e B é muito à frente [3] e na última fila não vemos [4] nada. Então antes quero [5] balcão.
6 – Pronto. Aqui tem [6].
7 – Quanto é?
8 – Sete euros.
9 – Tem troco de uma nota [7] de cinquenta?
10 – Tenho sim. Sete com três faz dez... vinte, trinta, quarenta, cinquenta.
(continua)

Pronuncia
2 pr^{e}fEr' b^{a}Lkaw^n ow pl^{a}tEy^a 3 ... lugar^{e}sh m^{a}rkadush 4 ... ssO t^{a}gnu ... 7 kua^{n}tu E 8 ssEt' ewrush 9 ... troku ...

Note

1. Spesso i titoli delle opere cinematografiche più famose sono preceduti dall'articolo. Esempio: **Vou ver a "Guerra e Paz"**, *Vado a vedere "Guerra e Pace"*.

2. Osservate la forma contratta **na = em + a**. Come già visto in precedenza (v. lezione 2, nota 1), la preposizione articolata si forma ogni volta che la preposizione semplice **em** è seguita dall'articolo determinativo. **Em + o = no; em + a = na; em + os = nos; em + as = nas**. Esempi: **no cinema**, *al cinema*; **na festa de ontem**, *alla festa di ieri*; **nas ruas**, *nelle strade*.

Trentaseiesima lezione

Al cinema

1 – Due biglietti per "Amor de perdição", per favore.
2 – Preferisce la galleria o la platea?
3 – [La] platea. I posti sono numerati *(Sono posti segnati)*?
4 – Sì. [Ne] ho solo nelle file *(nella fila)* **A e B** e nell'ultima fila.
5 – [La] A e [la] B sono *(è)* molto avanti e nell'ultima fila non si vede *(vediamo)* nulla. Perciò preferisco *(prima voglio)* [la] galleria.
6 – Eccoli qui *(Ecco. Qui c'è)*.
7 – Quanto fa?
8 – Sette euro.
9 – Ha [il] resto [da darmi] per un biglietto da cinquanta?
10 – Sì. Sette più *(con)* tre fa dieci... venti, trenta, quaranta, cinquanta.

(continua)

---

3 **à frente**, *davanti*, locuzione avverbiale di luogo.

4 Ricordatevi di **vemos**, voce del presente di **ver**, *vedere*. Abbiamo visto la coniugazione completa nella 28ª lezione.

5 **quero**, presente del verbo irregolare **querer**, *volere*, alla 1ª persona singolare. Le altre sono: **(tu) queres, (ele, ela, o/a senhor/a, você) quer, (nos) queremos, (vocês, eles, elas) querem**. Come avrete notato, la terza persona singolare è tronca: **quer**.

6 **pronto** e **aqui tem** (lett. *qui c'è*) equivalgono al nostro *ecco*. Sono quindi modi di presentare qualcosa che è stato richiesto o è atteso.

7 **nota**, *banconota*; **o troco**, *il resto*; **o cambio**, *il cambio*; **trocar**, *cambiare*; **pagar**, *pagare*.

cento e quaranta e quatro • 144

37 / Trigésima sétima lição

Exercício 1 – Traduzir
❶ Elas vão ver o "Amor de Perdição" mas querem ir para a plateia. ❷ Mas só há bilhetes para as duas primeiras filas e para a última. ❸ Na última fila não vêem nada. Preferem ir para o balcão. ❹ Só têm uma nota de cinquenta para pagar sete euros. ❺ Tem troco de uma nota de vinte?

Exercício 2 – Completar
❶ Chiedono due biglietti per il film.
Pedem .... para o filme.

❷ Cambiano una banconota da cinquanta euro perché non hanno moneta *(più piccolo)*.
Trocam uma .... de cinquenta euros porque não têm .... pequeno.

❸ I posti sono numerati, ma ce ne sono solo nella fila A, [nella] B e nell'ultima.
Os .... são marcados mas .. há na .... A e B e na ....

❹ È molto avanti, non vedono niente.
É muito ...., não .... nada.

❺ Lei preferisce *(prima vuole)* la galleria.
Ela ..... quer "balcão".

37

Trigésima sétima lição

Na sala do cinema

1 – Ai, que ma**ça**da! Esque**ci**-me dos [1] **ó**culos.

Pronuncia
1 ai kᵉ mᵃssadᵃ! 'shkEssi-mᵉ duS Okulush

Note
1 **esqueci-me**, *mi sono dimenticato/a*, passato remoto del verbo **esquecer-se**, *dimenticarsi*. La coniugazione completa è: **esqueci-me, esquece-**

Trentasettesima lezione / 37

Soluzioni dell'esercizio 1

❶ Loro vanno a vedere "Amor de perdição", ma vogliono stare in *(andare alla)* platea. ❷ Ma ci sono biglietti solo per le prime due file e per l'ultima. ❸ Nell'ultima fila non vedono nulla. Preferiscono stare *(andare)* in galleria. ❹ Hanno solo una banconota da cinquanta per pagare sette euro. ❺ Ha il resto di una banconota da venti?

Soluzioni dell'esercizio 2

❶ – dois bilhetes – ❷ – nota – mais – ❸ – lugares – só – fila – última
❹ – à frente – vêem – ❺ – antes –

Amor de Perdição è *un film di Manoel de Oliveira tratto dalla celebre opera omonima di Camilo Castelo Branco, scrittore nato a Lisbona nel 1825. Con un linguaggio che denota una grande maestria, le sue opere evocano uno spirito tra il grottesco e il tragico, impregnato del romanticismo dell'epoca. Castelo Branco condusse una vita romanzesca e movimentata, conclusasi con il suicidio nel 1890.*

Trentasettesima lezione 37

Al *(Nella sala del)* **cinema**

1 – Ah, che seccatura! Mi sono dimenticata gli occhiali.

ste-te, *ti sei dimenticato/a*; esqueceu-se, *si è dimenticato/a*; esquecemo--nos, *ci siamo dimenticati/e*; esqueceram-se, *vi siete dimenticati/e, si sono dimenticati/e*. Come potete notare, alla 1ª persona plurale manca la *-s* alla fine del verbo, per la presenza del pronome riflessivo. **Esquecer-se** è sempre accompagnato dalla preposizione **de**: **Esqueci-me do** bilhete, *Mi sono dimenticato/a del biglietto*. Esiste anche la forma attiva **esquecer**.

2 – E então?
3 – Sem óculos não vejo nada.
4 – Porque é que não trazes [2] os óculos sempre contigo [3]?
5 – Às vezes não os trago. Como só preciso deles no cinema e para guiar...
6 – Então, o que fazemos? Vamos embora [4]?
7 – Não. Tu lês-me [5] as legendas!

3 ... naw^n v^{a}yju ... 4 ... traS^{e}S uS Okulush ... 5 aj veS^{e}sh ... ghiar 6 ... vamuS e^{n}bOr^a 7 ... lesh-m' ^{a}j leje^{n}d^{a}sh

Note

2 **trazes**, presente di **trazer**, *portare*, alla seconda persona singolare. Attenzione, è un verbo irregolare: **trago, trazes, traz, trazemos, trazem**.

3 Abbiamo già incontrato **contigo**, *con te* (**com** + **tigo**) alla lezione 25. Queste sono le altre forme assunte dalla preposizione **com** unita ai pronomi personali: **comigo**, *con me*; **contigo**, *con te*; **com ele**, *con lui*; **com ela**, *con lei*; **consigo**, *con Lei / con sé*; **connosco**, *con noi*; **convosco**, *con voi* (desueto); **com vocês**, *con voi*; **com eles / elas**, *con loro*.

4 **vamos embora**, *andiamo via / andiamocene*, è un'espressione idiomatica molto usata.

5 **lês**, *leggi*, presente di **ler**, *leggere*, coniugato con un pronome diretto, **me**.

***

Exercício 1 – Traduzir

❶ Ela esqueceu-se dos óculos ontem no cinema. ❷ Sem óculos não vê nada mas às vezes não os traz. ❸ Porque é que não os traz sempre com ela? ❹ Porque só precisa deles para guiar e para ver filmes. ❺ Então o que fazem quando ela se esquece deles? ❻ Eu leio-lhe as legendas mas é uma maçada.

Trentasettesima lezione / 37

2 – E allora?
3 – Senza occhiali non vedo niente.
4 – Perché non [li] porti *(gli occhiali)* sempre con te?
5 – A volte non li porto, visto che mi servono solo [quando vado] al cinema e per guidare...
6 – Allora cosa facciamo? [Ce ne] andiamo *(via)*?
7 – No. Tu mi leggi i sottotitoli!

SEM ÓCULOS NÃO VÊ NADA MAS ÁS VEZES NÃO OS TRAZ.

***

Soluzioni dell'esercizio 1

❶ Ieri, al cinema, lei si è dimenticata gli occhiali. **❷** Senza occhiali non vede niente, ma a volte non li porta [con sé]. **❸** Perché non li porta sempre *(con lei)*? **❹** Perché le servono solo per guidare e per vedere [i] film. **❺** Allora cosa fate quando *(lei)* se li dimentica? **❻** Io le leggo i sottotitoli, ma è una seccatura.

Exercício 2 – Completar

① Tu senza occhiali non vedi niente. Vuoi i miei?
   Tu … óculos não … nada. …… os meus?

② No, i tuoi sono per leggere.
   Não, os teus são … … .

③ Ho bisogno dei miei per guidare e per vedere da lontano.
   …… dos meus para …… e para ver ao …… .

④ Io non mi sono mai dimenticato/a degli occhiali.
   Eu …… esqueci dos óculos.

⑤ Li porto sempre con me.
   ……-os sempre …… .

38

Trigésima oitava lição

Na tropa

1 – **Dá**-me li**cen**ça, **meu** sar**gen**to?
2 – **En**tre! **Po**nha-se [1] em sen**ti**do!
3 – **Sim**, meu sar**gen**to. **Di**ga-me [2] uma **coi**sa, por fa**vor**. Ainda **fal**ta muito **tem**po para eu vol**tar** [3] para **ca**sa?

Pronuncia

1 … ssªrjeⁿtu …

Note

1 **ponha-se** è l'imperativo di **pôr-se**, *mettersi*. L'unica forma specifica dell'imperativo è quella della seconda persona singolare; le altre sono prese a prestito dal congiuntivo presente, che vedremo presto. Per il verbo **pôr** abbiamo: **põe**, *metti*; **ponha**, *metta*; **ponham**, *mettete / mettano*. Esempi: **põe a mesa**, *apparecchia la tavola*; **ponha-se no meu lugar**, *si metta al mio posto*; **ponham-se em sentido**, *mettetevi sull'attenti*.

❻ Cosa facciamo? [Ce ne] andiamo *(via)*?
   Que ....? Vamos ......?

❼ No, ti leggo i sottotitoli.
   Não, leio-te as ....

❽ Grazie, ma è una seccatura per te!
   Obrigado. Mas é uma ...... para ..!

Soluzioni dell'esercizio 2

❶ – sem – vês – Queres – ❷ – para ler ❸ Preciso – guiar – longe
❹ – nunca me – ❺ Trago – comigo ❻ – fazemos – embora
❼ – legendas ❽ – maçada – ti

38

Trentottesima lezione

Nell'esercito *(Nella truppa)*

1 – Posso [entrare], *(mio)* sergente?
2 – Entri! Si metta sull'attenti!
3 – Sì, *(mio)* sergente. Mi dica una cosa, per favore: manca ancora molto tempo per *(io)* tornare a casa?

---

2 **diga-me**, *dimmi* è l'imperativo di **dizer**. **Diz**, *di'*; **diga**, *dica*; **digam**, *dite / dicano*.

3 **para eu voltar**, *per tornare* (lett. per io tornare) o *affinché io ritorni*. Abbiamo già visto espressioni simili a questa in altre occasioni, in cui l'infinito concorda con il soggetto in determinati tipi di frasi. Si tratta del cosiddetto infinito personale, coniugazione dell'infinito tipica della lingua portoghese. **Para eu voltar**, *affinché io ritorni*; **para tu voltares**, *affinché tu ritorni*; **para ele / ela / você voltar**, *affinché lui / lei / Lei ritorni*; **para nós voltarmos**, *affinché noi ritorniamo*; **para vocês / eles / elas voltarem**, *affinché voi ritorniate / loro ritornino*.

4 – Para ⁴ casa! Você é maluco, ou quê? Mal ⁵ começou o seu serviço militar…

5 – Ah sim! É que até agora só tenho descascado ⁶ batatas e já estou farto ⁷.

6 – Farto? Saia ⁸ daqui! Vá já descascar mais batatas!

4 vosse E mᵃluku ow ke … ssᵉrvissu militar 5 … ssO tᵃgnu dᵉshkashkadu bᵃtatᵃsh i ja 'shtow fartu 6 … ssayᵃ dᵃki …

Note

4 La preposizione **para** seguita da un verbo di movimento (**ir**, **vir**, **voltar** ecc.) dà un senso definitivo alla frase: **vou para o Brasil** intende che *vado a vivere in Brasile*. Quando lo stesso tipo di verbo è invece preceduto dalla preposizione **a** la frase acquisisce un senso di temporaneità: **vou ao Brasil**, *vado in Brasile* (per un periodo di tempo determinato).

5 **mal**, quando precede un verbo, può significare *a malapena* o (*non*) *appena*. Esempi: **mal me falou**, *mi ha parlato a malapena*; **mal entrei**, *sono appena entrato/a*.

6 **tenho descascado**, *ho sbucciato*, è il passato prossimo (**pretérito perfeito composto**, in portoghese) di **descascar**, *sbucciare / pelare*. Questo tempo verbale, meno usato che in italiano, è composto dall'ausiliare **ter**, *avere*, e dal participio passato del verbo in questione (sempre invariabile). Indica un'azione ripetuta o che continua dal passato fino al presente. Esempi: **Ontem descasquei batatas**, *Ieri ho sbucciato patate*. Si tratta di un'azione ormai conclusa. **Tenho descascado batatas**, *Ho sbucciato patate* (e non ho ancora finito). **Que tens feito?**, *Cos'hai fatto (ultimamente)?*; **Que fizeste ontem?**, *Che cosa hai fatto ieri?*

***

Exercício 1 – Traduzir

❶ Põe-te em sentido! ❷ Estás maluco, tu não és nenhum sargento. ❸ Tenho descascado muitas batatas. ❹ Ponham-se em sentido! ❺ Digam-me uma coisa, o que é que têm feito? ❻ Temos descascado batatas. Estamos fartos. ❼ Fartos? Saiam já daqui. Vão descascar mais batatas!

Trentottesima lezione / 38

4 – A casa! Non starà mica scherzando *(Lei è matto, o che)*? [Ma se] ha appena *(male ha)* iniziato il *(suo)* servizio militare...

5 – È vero *(Ah sì)*! È che finora ho solo sbucciato patate e sono già stufo.

6 – Stufo? Fuori *(Esca)* di qui! Vada subito a sbucciare altre *(più)* patate!

7 **farto / farta**, *stufo/a* o *sazio/a* (da **fartura**, *abbondanza*).

8 Concludiamo con due nuovi imperativi: **ir**, *uscire* → **sai**, *esci*; **saia**, *esca*; **saiam**, *uscite / escano*; **ir** (nell'ultima frase), *andare* → **vai**, *va'*; **vá**, *vada*; **vão**, *andate / vadano*.

***

Soluzioni dell'esercizio 1

❶ Mettiti sull'attenti! ❷ Sei matto, non sei un *(nessun)* sergente. ❸ Ho sbucciato molte patate. ❹ Mettetevi sull'attenti! ❺ Ditemi una cosa, che cosa avete fatto? ❻ Abbiamo sbucciato patate. Siamo stufi. ❼ Stufi? Fuori *(Uscite subito)* di qui! Andate a sbucciare altre *(più)* patate!

cento e cinquanta e dois

Exercício 2 – Completar

❶ *(Mi dà)* Permesso? Voglio parlare con il sergente.
 .. - .. licença? ..... falar ao ....

❷ Che cosa vuole dirmi?
 O que é ... me .... dizer?

❸ Voglio tornare a casa. Sono stufo dell'esercito.
 .... para casa. Estou ..... da tropa.

❹ Ah, sì? Vedrà cosa *(le)* succede!
 Ai é? ... ver . que lhe acontece!

Trigésima nona lição

À mesa de um restaurante

1 – Boa tarde. O senhor quer almo**ç**ar?
2 – Quero, **sim**. Onde é que **po**sso sen**tar**-me?
3 – **Sen**te-se [1] ali naquela [2] **me**sa ao **pé** da jane**la**, se faz fa**vor**.
4 – Está **bem**. **Tra**ga-me a **lis**ta, por fa**vor**.
5 – Sim, se**nhor**. O senhor quer **car**ne ou **pei**xe?
6 – Pri**mei**ro, quero uma **so**pa. E, de**pois**, bacal**hau** no **for**no [3].

Pronuncia
a meSª dᵉ uⁿ rrᵉshtawrantᵉ 3 ... aw pE da jªnElª 4 ... tragª-mᵉ ª lishtª ... 5 ... pªysh' 6 ... bªkªglʲaw nu fornu

Note

1 **sente-se** è imperativo di **sentar-se**, *sedersi*. **Senta-te**, *siediti*; **sente-se**, *si sieda*; **sentemo-nos**, *sediamoci*; **sentem-se**, *sedetevi / si siedano*.

2 **naquela** è la forma contratta di **em**, *in* + **aquela**, *quella*; si dice **sentar-se em**…, *sedersi su / a*…

153 • **cento e cinquenta e três**

❺ Finora ho soltanto marciato e sbucciato patate.
   .... só tenho marchado e .... batatas.

❻ Pensava di venire *(che veniva)* qui per farsi le vacanze?
   Pensava que ..... para aqui passar ......?

❼ Non sapeva che cosa fosse *(era)* l'esercito?
   Não ..... o que era a .....?

Soluzioni dell'esercizio 2

❶ Dá-me – Quero – sargento ❷ – que – quer ❸ Quero voltar – farto –
❹ – Vai – o – ❺ Até agora – descascado – ❻ – vinha – férias
❼ – sabia – tropa

Trentanovesima lezione

Al tavolo di un ristorante

1 – Buongiorno. Desidera pranzare?
2 – Sì, dove mi posso sedere?
3 – Si sieda lì, a quel tavolo vicino *(al piede)* alla finestra, per cortesia.
4 – Va bene. Mi porti il menù, per favore.
5 – Subito *(Sì)*, signore. Desidera carne o pesce?
6 – Per prima cosa, desidero una minestra. E poi [vorrei del] baccalà al forno.

3 Tra le minestre tradizionali, è d'obbligo citare il **caldo verde** (lett. brodo verde, del Minho, regione nord-occidentale del paese), a base di cavolo tagliato a strisce sottili. La varietà di cavolo utilizzata – **couve portuguesa**, *cavolo portoghese* – ha foglie larghe, di colore verde scuro, ed è quindi diversa sia dal *cavolo verza* (**couve lombarda**), dalle foglie rotonde e più strette, che dal *cavolfiore* (**couve-flor**). Un'altra specialità tipica è il **bacalhau**, *baccalà*, che si prepara nei modi più svariati (**assado**, *arrosto*; **no forno**, *al forno*, **à Gomes Sá**, con olive, patate e uova sode, il tutto condito con **azeite**, *olio d'oliva* ecc.). Nella cucina portoghese, saporita e ricca di piatti tradizionali, l'uso dell'olio d'oliva è imprescindibile. Il **refogado**, un *soffritto* di cipolle, aglio e olio d'oliva, è alla base di molte ricette.

39 / Trigésima nona lição

7 – E quer beber **vin**ho **bran**co ou **tin**to?
8 – **Tan**to **faz** [4]. Sou dal**tó**nico.
9 – **Então**, beba **ver**de [5]!

7 ... **vi**gnu **bra**ⁿku ow **ti**ⁿtu 8 ... **ta**ⁿtu **fash** ...

Note

4 **tanto faz** è un'espressione idiomatica che significa *non importa, fa lo stesso*. Un'espressione simile è **tanto se me dá**.

5 **bebe**, *bevi*; **beba**, *beva*; **bebam**, *bevete*, imperativo di **beber**, *bere*.

***

Exercício 1 – Traduzir

❶ O senhor não pode sentar-se aí. ❷ Oh, que maçada! Só gosto desta mesa. ❸ Traga-me uma sopa e, depois, não sei. ❹ Não posso ler a lista. ❺ Porquê? Esqueceu-se dos óculos? Não me diga! ❻ Não me esqueci mas parti-os. ❼ Que azar!

***

Exercício 2 – Completar

❶ Vuole pranzare ma non può sedersi lì.
  Quer .... mas não .... sentar-.. ali.

❷ Quel tavolo è occupato.
  ...... mesa está ....

❸ Il cameriere gli/le indica un altro tavolo vicino alla finestra.
  O criado mostra-lhe uma outra .... ao .. da ....

❹ Gli/le porta una minestra e un bicchiere d'acqua.
  Traz-lhe uma .... e um .... de .....

❺ Non sa che cosa mangerà perché non può leggere il menù.
  Não .... o que vai ..... porque não pode ler a ......

Trentanovesima lezione / 39

7 – E da bere, *(vuole bere)* **vino bianco o rosso?**
8 – Fa lo stesso *(Tanto fa)*: **sono daltonico.**
9 – Allora beva [del vino] verde!

***

Soluzioni dell'esercizio 1
❶ Non può sedersi lì, signore. ❷ Oh, che barba! Mi va bene *(piace)* solo questo tavolo. ❸ Mi porti una minestra e dopo, non so. ❹ Non posso leggere il menù. ❺ Perché? Ha dimenticato gli occhiali? Non mi dica! ❻ Non li ho dimenticati, *(ma)* li ho rotti. ❼ Che sfortuna!

***

❻ Signore, vuole del *(un)* baccalà e del vino bianco della casa?
O sehnor quer um .... e ..... branco da casa?

❼ Sarà un ottimo pranzo!
Vai ser um ...... ótimo!

Soluzioni dell'esercizio 2
❶ – almoçar – pode – se – ❷ Aquela – ocupada ❸ – mesa – pé – janela
❹ – sopa – copo – água ❺ – sabe – comer – lista ❻ – bacalhau – vinho –
❼ – almoço –

Quadragésima lição

Distrações

1 – Ultima**men**te **ten**ho e**sta**do [1] do**en**te.
2 – Eu tam**bém** não me **ten**ho sentido [2] **na**da **bem**. Es**tou** can**sa**da.
3 – E **fos**te ao **mé**dico?
4 – **Ten**ho **i**do [3] regular**men**te, mas a **ú**nica **coi**sa que ele **faz** é recei**tar**-me re**mé**dios.
5 – E tens to**ma**do os re**mé**dios?
6 – **Não**, **ten**ho-me esque**ci**do [4]. Sou muito distra**í**da, como **sa**bes.
7 – Não sabia... Mas **to**das essas con**sul**tas devem ter cus**ta**do uma for**tu**na.
8 – Franca**men**te não **sei**. Tenho-me esque**ci**do de pa**gá**-las [5].

Pronuncia
dishtra**ss**oy^n**sh** 1 ... t^a gnu 'sht**a**du due^n t^e 2 ew ta^n b^a y^n ... t^a gnu sse^n **t**idu n**a**d^a b^a y^n. 'sht**o**w ka^n **ss**a**d**^a 3 ... f**o**sht^e ... 4 ... rr^e sse**y**tar-m^e rr^e m**E**diush 6 ... t^a gnu-m^e 'shk**E**ssidu ... 7 ... kusht**a**du ...

Note

1 **tenho estado**, passato prossimo (pretérito perfeito composto) di estar, *essere* (stato temporaneo) / *stare*. Questo tempo in portoghese esprime un'azione che si prolunga nel presente. **Tenho estado doente**, *Sono stato/a male* (ultimamente, e non sono ancora guarito/a del tutto, v. lezione 38, nota 6). Poiché l'unico ausiliare consentito per formare i tempi composti è il verbo *avere*, **ter** (nella lingua scritta di registro elevato anche **haver**), i participi passati restano sempre invariabili.

Quarantesima lezione

Distrazioni

1 – Ultimamente sono stata male.
2 – Anch'io non sono stata *(Io anche non mi ho sentito)* per niente bene. Sono stanca.
3 – E sei andata dal medico?
4 – [Ci] sono andata regolarmente, ma non fa altro che *(l'unica cosa che fa è)* prescrivermi medicine.
5 – E le hai prese *(hai preso le medicine)*?
6 – No, me ne sono dimenticata. Come sai, sono molto distratta.
7 – Non [lo] sapevo… Ma tutte queste visite devono esserti costate *(avere costato)* una fortuna.
8 – Sinceramente non lo so. Mi sono dimenticata *(Ho dimenticato)* di pagarle.

---

2 **não me tenho sentido**, passato prossimo di **sentir-se**, *sentirsi*. La posizione del pronome riflessivo varia a seconda che la frase sia affermativa o negativa: **tenho-me sentido bem**; **não me tenho sentido bem**.

3 **tenho ido**, *sono andato/a*, **pretérito perfeito composto** di **ir**, *andare*.

4 **tenho-me esquecido**, *mi sono dimenticato/a*. La forma negativa di questa frase sarebbe: **não me tenho esquecido** (v. nota 2). **Esquecer-se de**, o **esquecer**, *dimenticarsi di / dimenticare*, sono usati indifferentemente: **esqueci-me das luvas** o **esqueci as luvas**: *mi sono dimenticato/a dei / ho dimenticato i guanti*. Quest'ultimo utilizzo è più letterario.

5 **pagá-las**, *pagarle*. Ricordatevi che la *r* di pagar viene sostituita dalla consonante *l* che si unisce al pronome **as** (pagar + as). L'accento serve per mantenere l'apertura della vocale.

Exercício 1 – Traduzir

❶ Tens-te sentido bem? ❷ Não, tenho-me sentido cansado. ❸ Tens ido regularmente ao médico? ❹ O médico pode receitar-te remédios. ❺ Sim, ele tem-me receitado muitos remédios. ❻ E tu toma-los? ❼ Não, não os tomo porque não os compro. ❽ Então compra-os e vais ver.

***

Exercício 2 – Completar

❶ Si è sentito male.
Ele tem-.. sentido ....

❷ È andato dal medico, ma non ha comprato le medicine.
Tem ... ao ...... mas não tem comprado os ....

❸ Non può pagarle.
Não pode ....-....

❹ Le visite sono costate *(hanno costato)* una fortuna.
As .... têm .... uma fortuna.

❺ Ma si è dimenticato di pagarle.
Mas ...-se esquecido de ....-....

Quadragésima primeira lição

Na esplanada do café

1 – **Dê**-me ¹ **u**ma **bi**ca, por fa**vor**.
2 – O se**nhor** quer tomá-la ² ao bal**cão** ou sentar-se na espla**na**da?

Pronuncia
... 'shplᵃ**na**dᵃ ... **1 dê**-mᵉ **u**mᵃ **bi**kᵃ

Note

1 Ecco tre imperativi molto utili: **dá**, *dai / da'*; **dê**, *dia*; **deem**, *date / diano* (verbo **dar**).

Soluzioni dell'esercizio 1

❶ Sei stato bene [ultimamente]? ❷ No, mi sentivo *(mi sono sentito)* stanco. ❸ Sei andato regolarmente dal medico? ❹ Il medico può prescriverti [delle] medicine. ❺ Sì, mi ha prescritto molte medicine. ❻ E tu le prendi? ❼ No, non le prendo perché non le compro. ❽ Allora comprale e vedrai.

❻ Perché è distratto.
Porque é ....

Soluzioni dell'esercizio 2

❶ – se – doente ❷ – ido – médico – remédios ❸ – pagá-los ❹ – consultas – custado – ❺ – tem – pagá-las ❻ – distraído

Quarantunesima lezione

Nela terrazza del caffè

1 – Mi prepari *(dia)* un espresso, per favore.
2 – Lo vuole prendere al banco o *(sedersi)* in terrazza?

---

2 **tomá-la**, *prenderla* (**tomar** + **a**, **uma bica**, *un espresso*, termine femminile in portoghese), ma: **não a vou tomar** (frase 5), *non la prenderò*. Nella forma negativa, il verbo **tomar** riacquista la sua forma normale perché è preceduto e non seguito dal pronome. Notate il posto del pronome **a** subito dopo la negazione.

3 – Com este **sol** prefiro ir para a espla**na**da. E **tra**ga-me tam**bém** um **co**po de água.

4 – Aqui está o seu ca**fé**, o **co**po de **á**gua e a**çú**car.

5 – Des**cul**pe, mas, a**fi**nal, mu**dei** de i**dei**as: não a vou to**mar** na espla**na**da. Tenho a im**pres**são que vai come**çar** a cho**ver**.

6 – **Chu**va? Mas não **há** nem **u**ma **nú**vem no **céu**.

7 – En**tão** o que é que são **es**tes **pin**gos que me es**tão** a cair em **ci**ma ³?

8 – **Ah**, isso deve ser o vi**zi**nho de **ci**ma que está a regar as **flo**res. □

3 … tragᵃ-mᵉ taⁿbᵃyⁿ uⁿ kOpu d' aguᵃ 5 … ᵃfinaL mudᵃy d' idᵃyᵃsh … 6 … nawⁿ a nᵃyⁿ umᵃ nuvᵃyⁿ nu sEw 7 … eshtᵉsh pⁿgush kᵉ mᵉ 'shtawⁿ a kᵃir ᵃyⁿ ssimᵃ …

Note

3 **em cima**, *sopra, su;* **de cima**, *di sopra, in alto;* **por cima**, *dall'alto;* **acima**, *sopra, su;* **para cima**, *verso l'alto.* Il contesto è fondamentale per capire meglio la differenza tra queste espressioni di luogo. Esempi: **O livro está em cima da mesa**, *Il libro è sopra la tavola.* **A chuva cai-me em cima**, *La pioggia cade su di me.* **A chuva vem de cima**, *La pioggia viene dall'alto.* **O vizinho de cima**, *il vicino di sopra.* **A casa fica acima do lago**, *La casa si trova sul lago.* **Ela olha para cima**, *Lei guarda verso l'alto.*

***

Exercício 1 – Traduzir

❶ Ele pediu uma bica e queria tomá-la na esplanada. ❷ O criado trouxe*-lhe um copo de água. ❸ Mas o senhor mudou de ideias. ❹ Teve a impressão que ia começar a chover. ❺ Mas não havia nem uma núvem no céu. ❻ Ele não percebia o que eram aqueles pingos que lhe caíam em cima. ❼ Mas ele preferiu ficar dentro do café.

* Pretérito perfeito simples di *trazer*, pron. *[trowssᵉ].*

Quarantunesima lezione / 41

3 – Con questo sole preferisco andare in terrazza. *(E)* mi porti pure un bicchiere d'acqua.

4 – Ecco *(Qui sta)* il suo caffè, il bicchiere d'acqua e [lo] zucchero.

5 – Mi scusi, ma alla fine ho cambiato idea *(idee)*: non lo prendo in terrazza. Ho l'impressione che stia per cominciare a piovere.

6 – Piovere *(Pioggia)*? Ma non c'è neanche una nuvola in cielo.

7 – Allora che cosa sono queste gocce che stanno cadendo su di me?

8 – Ah, *(quello)* dev'essere il vicino di sopra che sta innaffiando i fiori.

***

Soluzioni dell'esercizio 1

❶ Ha chiesto un espresso e voleva prenderlo in terrazza. ❷ Il cameriere gli ha portato un bicchiere d'acqua. ❸ Il signore ha però cambiato idea. ❹ Ha avuto l'impressione che stesse per piovere. ❺ Tuttavia in cielo non c'era neanche una nuvola. ❻ Non capiva che cosa fossero *(erano)* quelle gocce che cadevano su di lui. ❼ Alla fine *(Ma)* ha preferito restare nel caffè.

Exercício 2 – Completar

❶ Vuole prendere il *(suo)* caffè al banco, signora?
A senhora quer tomar .... café ao ......?

❷ No, preferisco prenderlo in terrazza.
Não, ... tomá-.. na esplanada.

❸ Per cortesia, mi porti un bicchiere d'acqua e [dello] zucchero!
Por favor, ...-me um copo de água e ......!

❹ Mi scusi, cambio *(finalmente cambierò)* posto.
Desculpe, ... vou mudar de ....

❺ Non ha l'impressione che stia per piovere?
Não ... a impressão que ... começar ....?

❻ Non è possibile. Non c'è [neanche] una nuvola in cielo!
Não .... ser. Não há ...... núvem no ...!

❼ Allora qualcuno sta innaffiando i fiori!
Então ...... está a ..... as flores!

Quadragésima segunda lição

Revisão – Ripasso

Nelle ultime sei lezioni abbiamo visto soprattutto l'imperativo, il congiuntivo presente (indispensabile per la formazione dell'imperativo) e il **pretérito perfeito composto**, *simile al nostro passato prossimo più*

Soluzioni dell'esercizio 2

❶ – o seu – balcão ❷ – prefiro – lo – ❸ – traga – açúcar ❹ – afinal – lugar ❺ – tem – vai – a chover ❻ – pode – nem uma – céu ❼ – alguém – regar –

*Il caffè portoghese è allo stesso tempo bar, sala da tè e pasticceria. Vi si possono trovare tutti i tipi di dolci (**bolos**), inclusi i **pastéis** (paste ripiene): i più famosi sono i **pastéis de nata**, tortini di pasta sfoglia con un ripieno di crema. Altri dolci sono il **queque**, dalla consistenza simile a quella del pan di Spagna, il **bolo de arroz** (dolce di riso), la **bola de berlim**, che corrisponde al nostro bombolone (con o senza crema), il **caracol**, girella all'uvetta, il **croissant** ecc. Per quanto riguarda le bevande, ecco le più comuni: **um café / uma bica**, un espresso; **uma bica cheia**, un caffè lungo; **um garoto**, un caffè macchiato; **um galão**, un latte macchiato. Le **torradas**, fette di pane tostato, sono particolarmente apprezzate e si servono con un abbondante strato di burro. A Lisbona i grandi caffè, ricchi di tradizione, erano un tempo luoghi in cui ci si incontrava per sviluppare nuove idee, soprattutto in ambito letterario: le riunioni, in questo caso, erano chiamate **tertúlias**. Molti di questi locali, ormai, hanno lasciato il posto a banche e compagnie di assicurazioni. Sopravvivono in particolare il **Martinho da Arcada**, caffè legato a doppio filo alla biografia del poeta Fernando Pessoa; **A Brasileira**, dove si incontravano politici e intellettuali di tutte le correnti e dove, tutt'oggi, alcuni personaggi fedeli alla tradizione si ritrovano in speciali occasioni; **O Nicola**, dalle ricche decorazioni, frequentato assiduamente dal grande poeta Bocage, nome di spicco del preromanticismo portoghese. Le terrazze e i tavolini all'aperto sono relativamente pochi in questa città talvolta spazzata dai venti oceanici e caratterizzata da un'intensa luce. Così, entrando in questi locali ci si immerge spesso in ambienti ombrosi che contrastano violentemente con l'esterno, e ciò vale ancora di più per le anguste taverne occupate da grandi tavoli in pietra grezza.*

Quarantaduesima lezione

nella forma che nell'uso. Abbiamo inoltre imparato a usare i pronomi personali all'interno delle frasi affermative e negative. Nelle prossime pagine ricapitoleremo questi e altri aspetti.

1 Il presente di *ler*, *querer* e *trazer*

ler, *leggere*	querer, *volere*	trazer, *portare*
leio	quero	trago
lês	queres	trazes
lê	quer	traz
lemos	queremos	trazemos
leem / lêem [1] [lEyᵃyⁿ]	querem	trazem

2 L'imperativo

Solo la seconda persona singolare possiede una forma specifica che, d'altronde, consiste semplicemente nell'eliminazione della -s finale dell'indicativo presente. Per le altre persone bisogna fare riferimento al congiuntivo presente.

2.1 Verbi regolari

falar	beber	partir
fala, *parla*	bebe, *bevi*	parte, *parti*
fale, *parli*	beba, *beva*	parta, *parta*
falem, *parlate / parlino*	bebam, *bevete / bevano*	partam, *partite / partano*

2.2 Verbi irregolari

pôr	dizer	trazer
põe, *metti*	diz, *di'*	traz, *porta*
ponha, *metta*	diga, *dica*	traga, *porti*
ponham, *mettete / mettano*	digam, *dite / dicano*	tragam, *portate / portino*

ir	sair	dar
vai, *vai / va'*	sai, *esci*	dá, *dai / da'*
vá, *vada*	saia, *esca*	dê, *dia*
vão, *andate / vadano*	saiam, *uscite / escano*	deem / dêem [1] [dEyᵃyⁿ], *date / diano*

[1] Grafia precedente all'accordo ortografico del 1990

3 Il *pretérito perfeito composto*

Il **pretérito perfeito composto** (*passato prossimo*) si usa per esprimere un'azione ripetuta o che continua dal passato fino al presente e si forma unicamente con il verbo ausiliare **ter** (*avere*), all'indicativo presente, seguito dal participio passato del verbo utilizzato (v. lezione 40): **não me tenho sentido nada bem**, *non mi sono sentito/a per niente bene* (ultimamente). Per i verbi regolari, il participio passato si forma dal radicale dell'infinito: si sostituisce la desinenza **-ar** con **-ado** e **-ir** / **-er** con **-ido**. Il participio passato è invariabile.

3.1 Verbi regolari

• **falar**
eu tenho falado, *ho parlato*
tu tens falado, *hai parlato*
ele, ela, o/a senhor/a, você tem falado, *ha parlato*
nós temos falado, *abbiamo parlato*
vocês têm falado, *avete / (Loro) hanno parlato*
eles, elas têm falado, *loro hanno parlato*

• **beber**
eu tenho bebido, *ho bevuto*
tu tens bebido, *hai bevuto*
ele, ela, o/a senhor/a, você tem bebido, *ha bevuto*
nós temos bebido, *abbiamo bevuto*
vocês têm bebido, *avete / (Loro) hanno bevuto*
eles, elas têm bebido, *loro hanno bevuto*

• **partir**
eu tenho partido, *sono partito/a*
tu tens partido, *sei partito/a*
ele, ela, o/a senhor/a, você tem partido, *è partito/a*
nós temos partido, *siamo partiti/e*
vocês têm partido, *siete / (Loro) sono partiti/e*
eles, elas têm partido, *loro sono partiti/e*

3.2 Verbi irregolari

estar	ir
eu tenho estado *sono stato/a*	**eu tenho ido** *sono andato/a*
tu tens estado *sei stato/a*	**tu tens ido** *sei andato/a*
ele, ela, o/a senhor/a, você tem estado *lui, lei, Lei è stato/a*	**ele, ela, o/a senhor/a, você tem ido** *lui, lei, Lei è andato/a*
nós temos estado *noi siamo stati/e*	**nós temos ido** *noi siamo andati/e*
vocês, eles, elas têm estado *voi siete stati/e* *essi, esse (o loro) sono stati/e*	**vocês, eles, elas têm ido** *voi siete stati/e* *essi, esse (o loro) sono stati/e*

Vi consigliamo di rivedere anche la lezione 40, note 1 e 3.

4 I pronomi complemento e riflessivi

Il pronome complemento precede il verbo nelle frasi negative e subordinate. Esempi: **não trago os óculos**, *non porto gli occhiali* – **não os trago**, *non li porto*; **quando trago os óculos**, *quando porto gli occhiali* – **quando os trago**, *quando li porto*. Nelle frasi affermative principali e coordinate, invece, il pronome segue il verbo. Esempio: **trago os óculos**, *porto gli occhiali* – **trago-os**, *li porto* (v. lezione 37). Stesso comportamento per i pronomi riflessivi: **levanta-se**, *si alza*; **não se levanta**, *non si alza*.

Abbiamo inoltre visto che i pronomi **o, as, os, as** subiscono una serie di modifiche quando accompagnano una forma verbale che finisce in **r, s** o **z**.
Esempi: **pagá-las (pagar + as)**, *pagarle*; **pága-lo (pagas + o)**, *pagalo*, **trá-la (traz + a)**, *portala*. Se il verbo finisce in **m** o in dittongo nasale, il pronome diventa **no, na, nos, nas**. Esempi: **pagam-no (pagam + o)**, *lo pagano*, **trazem-nas (trazem + as)**, *le portano*, **ele tem-nos (tem + os)**, *lui li ha*; **são-no (são + o)**, *lo sono*.

Quarantaduesima lezione / 42

5 I pronomi personali di compagnia

comigo, *con me*
contigo, *con te*
com ele, *con lui*
com ela, *con lei*
consigo, *con sé / con Lei*
connosco, *con noi*
convosco, *con voi*
com vocês, *con voi / Loro*
com eles, *con essi / loro*
com elas, *con esse / loro*

Diálogo de revisão

1 Sempre ouço os amigos dizer:
2 Bebe uma cerveja! Traz mais vinho!
3 Mas eu só gosto de água.
4 Sempre ouço os amigos dizer:
5 Põe música boa! Vai ao bar connosco!
6 Mas eu gosto de me sentar ao sol e ler um livro!
7 Sempre ouço os amigos dizer:
8 Procura a aventura, festas e bonitas raparigas!
9 Mas a minha namorada diz que não é nada aconselhável.
10 Que maçada! Tenho de mudar de amigos...

Traduzione

1 Sento sempre i miei *(gli)* amici dire: **2** Bevi una birra! Porta altro *(più)* vino! **3** Ma a me piace solo l'acqua. **4** Sento sempre i miei *(gli)* amici dire: **5** Metti della buona musica! Vieni *(Va')* al bar con noi! **6** Ma a me piace sedermi al sole e leggere un libro. **7** Sento sempre i miei *(gli)* amici dire: **8** Cerca l'avventura, *(le)* feste e *(le)* belle ragazze! **9** Ma la mia ragazza dice che non è per niente raccomandabile. **10** Che barba! Devo trovare altri *(cambiare)* amici...

cento e sessenta e oito • 168

Quadragésima terceira lição

Uma tarde de chuva

1 – Com esta **chu**va vamos preci**sar** de apa**nhar** um **tá**xi de**pre**ssa.
2 – Es**tou** enchar**ca**da. E ainda por **ci**ma está um **ven**to ge**la**do.
3 – **O**lha! Aí vem um. **Cha**ma-o [1]!
4 – Não **po**sso. Es**tou** rou**ca**. De cer**te**za que vou ficar do**en**te. Uma constipa**ção** ou qualquer coisa pior [2].
5 – A**que**le já não o apa**nha**mos. Vamos abri**gar**-nos e espe**rar** por **ou**tro.
6 – Vou be**ber** um **chá quen**te quan**do** che**gar** [3] a **ca**sa. Estou a tremer de **fri**o. Devo ter **fe**bre.
7 – Quando **é** que te vais ca**lar**? Estás sempre a quei**xar**-te...
8 – Quando conse**guir** [4] apa**nhar** um **tá**xi.

Pronuncia

1 ... ᵃpᵃg**nar** uⁿ **tak**ssi ... 2 'shtow eⁿshᵃr**kad**ᵃ ... 3 O**gl**ⁱᵃ 4 ... 'shtow **rrok**ᵃ d' sser**teS**ᵃ ... koⁿshtipᵃ**ssaw**ⁿ ... 6 vow bᵉ**ber** uⁿ **sha ke**ⁿtᵉ **kua**ⁿdu shᵉ**gar** a **kaS**ᵃ ... 7 **kua**ⁿdu **E** ... kᵃy**shar**-tᵉ

Note

1 **chama-o** è imperativo di **chamar**, *chiamare*, con pronome diretto. Come per gli altri verbi regolari, per formare l'imperativo basta togliere la **s** finale della seconda persona singolare del presente indicativo. La coniugazione delle altre persone è identica a quella del congiuntivo presente.

2 **pior**, *peggiore / peggio*, è comparativo di **mau**, *cattivo*, e di **mal**, *male*; **melhor**, *migliore / meglio*, è comparativo di **bom**, *buono*, e di **bem**, *bene*.

Quarantatreesima lezione

Un pomeriggio piovoso *(di pioggia)*

1 – Con questa pioggia dovremo *(avremo bisogno di)* prendere un taxi [al più] presto.
2 – Mi sono inzuppata. E per giunta c'è un vento gelido.
3 – Guarda! Ne sta arrivando *(Lì viene)* uno. Chiamalo!
4 – Non posso. Sono rauca. Mi ammalerò di sicuro *(Di certo che mi ammalerò)*. [Mi verrà] un raffreddore o peggio *(qualsiasi cosa peggiore)*.
5 – Quel [taxi] *(Quello)* ormai non lo prendiamo [più]. Andiamo a ripararci e aspettiamone un altro.
6 – Quando arriverò a casa [mi] berrò un tè caldo. Sto tremando di freddo. Devo avere [la] febbre.
7 – Quand'è che te ne stai [un po'] zitta *(ti vai zittire)*? Ti lamenti sempre...
8 – Quando riuscirò a prendere un taxi.

---

3 **quando chegar**, *quando arriverò*. Si tratta del **futuro do conjuntivo** (congiuntivo futuro), un tempo verbale inesistente in italiano, che serve a esprimere un'azione futura con una sfumatura di ipoteticità. Esempi: **quando eu falar**, *quando io parlerò*; **quando tu falares**, *quando tu parlerai*; **quando ele / ela / o senhor / a senhora / você falar**, *quando lui / lei / Lei parlerà*; **quando nós falarmos**, *quando noi parleremo*; **quando vocês / eles / elas falarem**, *quando voi parlerete, Loro / loro parleranno*. Per quanto riguarda i verbi regolari basta aggiungere le varie desinenze all'infinito: ciò può dare origine a qualche confusione con l'infinito personale (v. lezione 35, § 2); esempi: **amar, amares, amar, amarmos, amarem; beber, beberes, beber, bebermos, beberem; partir, partires, partir, partirmos, partirem**.

4 **quando conseguir**, *quando riuscirò*, è il congiuntivo futuro del verbo **conseguir** alla prima persona (v. nota precedente). Queste sono le altre persone: **conseguires** (tu); **conseguir** (ele / ela / o senhor / a senhora / você); **conseguirmos** (nós); **conseguirem** (vocês / eles / elas).

Exercício 1 – Traduzir
❶ Quando conseguirem apanhar um táxi ela deixa de queixar-se. ❷ Quando ela beber um chá quente vai ficar melhor. ❸ Quando chegarem a casa vão sentir-se melhor. Em casa não está a chover. ❹ Onde é que eles se vão abrigar se não apanharem o táxi? ❺ Vão abrigar-se na paragem de autocarro. ❻ Ela está a tremer de frio, tem medo de ter febre. ❼ Não deve ter. Quando apanhar um táxi sente-se logo boa.

***

Exercício 2 – Completar
❶ Hanno *(Avranno)* bisogno di prendere al più presto un taxi.
Eles vão .... de .... um táxi depressa.

❷ Sono inzuppati perché piove e per giunta *(ancora per sopra)* c'è un vento gelido.
Estão .... porque está a ...... e ainda ... cima .... um vento ....

❸ Ma lei non riesce a *(può)* chiamarlo perché è rauca.
Mas ela não pode chamá- .. pois está ......

❹ Ha paura di prendere il raffreddore o peggio *(altra cosa ancora peggiore)*.
Tem medo de .... uma .... ou outra coisa ainda .....

❺ Dato che non hanno preso il taxi, si ripareranno e ne aspetteranno *(per)* un altro.
Como não .... o táxi vão ....-se e esperar ... outro.

❻ Lei berrà un tè caldo quando arriverà a casa.
Ela vai ..... um chá quando ...... a casa.

44
Quadragésima quarta lição

No táxi

1 – En**tão**, faz qualquer **coi**sa!

Quarantaquattresima lezione / 44

Soluzioni dell'esercizio 1
❶ Quando riusciranno a prendere un taxi, lei smetterà *(smette)* di lamentarsi. ❷ Quando *(lei)* berrà un té caldo si sentirà meglio. ❸ Quando arriveranno a casa si sentiranno meglio. A casa non piove *(sta piovendo)*. ❹ Dove si ripareranno se non prendono il taxi? ❺ Si ripareranno alla fermata dell'autobus. ❻ Lei sta tremando di freddo, ha paura di avere la febbre. ❼ Non dovrebbe averla *(Non deve avere)*. Dopo aver preso *(Quando prenderà)* un taxi, si sentirà *(si sente)* subito bene.

***

❼ Sta sempre a lamentarsi.
 Está ...... a queixar-se.

❽ Smetterà solo *(Solo sta zitta)* quando riuscirà a prendere un taxi.
 Só se cala quando .... apanhar um táxi.

Soluzioni dell'esercizio 2
❶ – precisar – apanhar – ❷ – encharcados – chover – por – está – gelado ❸ – lo – rouca ❹ – apanhar – constipação – pior ❺ – apanharam – abrigar – por – ❻ – beber – chegar – ❼ – sempre – ❽ – conseguir –

Quarantaquattresima lezione

In taxi

1 – Allora, fai qualcosa *(qualsiasi cosa)*!

44 / Quadragésima quarta lição

2 – O que é que **que**res que eu **fa**ça ¹? Com **es**te **trá**fego **nun**ca apanha**re**mos ² um **tá**xi.

3 – Não **di**gas isso. És **u**ma au**tên**tica **a**ve de **mau** a**gou**ro.

4 – O que é que **que**res que te **di**ga ³! **É** a hora de **pon**ta e todos os **tá**xis estão ocupados.

5 – E aquele a**li**? **Tá**xi! **Tá**xi!

6 – **Pe**de-lhe que nos **le**ve ⁴ ao hospi**tal** mais **pró**ximo, por fa**vor**.

7 – Mas, en**tão**, não **í**amos ao ci**ne**ma? Por que **é** que **que**res que te **le**ve ao hospi**tal**?

8 – **É** que estou a sen**tir**-me muito **mal**. **A**cho que vou desma**iar**... ou que vou mo**rrer**.

9 – **Cre**do! ⁵ Não **mo**rras ⁶ a**qui**. Pelo menos es**pe**ra que che**gue**mos ao hospi**tal**!

 Pronuncia

2 ... koⁿ eshtᵉ trafᵉgu nuⁿkᵃ ᵃpᵃgnᵃremuS uⁿ takssi 3 ... umᵃ awteⁿtikᵃ avᵉ dᵉ maw ᵃgowru 8 ... ashu kᵉ vow dᵉjmᵃyar ... ow kᵉ vow murrer ...

Note

1 **que eu faça**, *che io faccia*, prima persona singolare del congiuntivo presente di **fazer**. In generale, il congiuntivo presente dei verbi irregolari si forma a partire dalla prima persona dell'indicativo presente. **Eu faço**, *io faccio*; **eu faça**, *io faccia*. Più avanti esamineremo meglio questo aspetto.

2 **apanharemos** significa *prenderemo*: indicativo futuro di **apanhar**. L'uso di questo tempo in genere è enfatico ed esprime spesso un dubbio o un'interrogativa indiretta. Nel parlato di solito si rende il futuro con il presente, come avviene spesso anche in italiano, oppure, per esprimere un futuro ravvicinato, con la perifrasi **ir** + infinito. Esempio: **Amanhã apanhamos / vamos apanhar um táxi**, *Domani prendiamo un taxi*.

Quarantaquattresima lezione / 44

2 – Che cosa vuoi che faccia? Con questo traffico non riusciremo mai a prendere *(mai prenderemo)* un taxi.
3 – Non dire così. Sei proprio un *(un'autentica)* uccello del malaugurio.
4 – Che vuoi che ti dica! È l'ora di punta e tutti i taxi sono occupati.
5 – E quello là? Taxi! Taxi!
6 – Chiedigli di portarci all'ospedale più vicino, per favore.
7 – Ma *(allora)* non dovevamo andare *(andavamo)* al cinema? Perché vuoi che ti porti all'ospedale?
8 – È che mi sento *(sto sentendo)* molto male. Credo di stare per svenire... o per morire.
9 – Mio Dio! Non morire qui. Almeno aspetta di arrivare *(che arriviamo)* in ospedale!

3 que eu te diga, *che io ti dica*, è congiuntivo presente di **dizer**, *dire* (v. nota precedente). Queste sono le altre persone: **que tu digas**, *che tu dica*; **que ele / ela / o senhor / a senhora / você diga**, *che lui / lei / Lei dica*; **que nós digamos**, *che noi diciamo*; **que vocês / eles / elas digam**, *che voi diciate, Loro / loro dicano*.

4 que nos leve, *che ci porti*, è congiuntivo presente di **levar**, *portare*, alla terza persona singolare. Ecco la coniugazione completa: **que eu leve, que tu leves, que ele / ela / o senhor / a senhora / você leve, que nós levemos, que vocês / eles / elas levem**.

5 credo! è un'esclamazione molto utilizzata, in qualche modo legata alla superstizione popolare. Equivale pressappoco a *mio Dio!*

6 não morras, *non morire*. La seconda persona singolare della forma negativa dell'imperativo corrisponde a quella del congiuntivo presente: **que tu morras**, *che tu muoia*. Le altre forme sono: **que eu morra, que ele / ela / o senhor / a senhora / você morra, que nós morramos, que vocês / eles / elas morram**.

44 / Quadragésima quarta lição

▶ Exercício 1 – Traduzir

❶ Com aquele tráfego eles não conseguiam apanhar um táxi. ❷ Era a hora de ponta e estavam todos ocupados. ❸ Ela sente-se mal e quer que ele a leve ao hospital. ❹ Ele não quer que ela diga nada. Quer que ela faça qualquer coisa. ❺ Mas também não quer que ela morra. ❻ Mas ele pensa que ela não está doente mas que é doente. ❼ É difícil que se entendam!

Exercício 2 – Completar

❶ Gli / Le chiede che faccia qualcosa *(qualsiasi cosa)*.
 .....-lhe que .... qualquer coisa.

❷ Non prenderemo mai un taxi.
 Nunca .... um táxi.

❸ Che uccello del malaugurio! Non dire così!
 Que ave de ... agouro! Não ..... isso!

❹ Ma è l'ora di punta, sono tutti occupati!
 Mas é hora ...., estão todos ....!

❺ Ci porti all'ospedale, per favore.
 Leve- ... ao hospital, por favor.

❻ Ma non dovevamo andare *(andavamo)* al cinema?
 Mas não ..... ao cinema?

❼ Dovevamo andarci *(Andavamo)*, ma non ci andiamo più *(ormai non andiamo)*. Mi sento male, sto per morire!
 Íamos mas já .... Sinto- .. mal, vou ......!

❽ Spero che tu non muoia oggi. Non sei malato/a!
 Espero que não ...... hoje. Tu não ..... doente!

Quarantaquattresima lezione / 44

Soluzioni dell'esercizio 1

❶ Con quel traffico non riuscivano a prendere un taxi. ❷ Era l'ora di punta ed erano tutti occupati. ❸ Lei si sente male e vuole che lui la porti all'ospedale. ❹ Lui non vuole che lei dica nulla. Vuole che *(lei)* faccia qualcosa. ❺ Ma non vuole neppure che muoia. ❻ *(Ma)* pensa che non stia *(sta)* male ma che sia *(è)* malata [di mente]. ❼ È difficile che si capiscano!

Soluzioni dell'esercizio 2

❶ Pede – faça – ❷ – apanharemos – ❸ – mau – digas – ❹ – de ponta – ocupados ❺ – nos – ❻ – íamos – ❼ – não vamos – me – morrer ❽ – morras – estás –

Quadragésima quinta lição

O jardim zoológico

1 – Se a**manhã** esti**ver** ¹ bom **tem**po vamos **dar** um pas**sei**o.
2 – De **ca**rro?
3 – **Não**, a **pé**.
4 – E se cho**ver**?
5 – **Eu** vou de **ca**rro e tu a **pé**.
6 – Assim não **que**ro. Só se formos ² os **dois**.
7 – Estava a brin**car**. Se te por**ta**res bem ³ **le**vo-te a ver as **fe**ras no jardim zoo**ló**gico.
8 – E se me por**tar mal**?
9 – Se fi**ze**res ⁴ as**nei**ras também te **le**vo, mas para te fe**char** numa das **jau**las. □

Pronuncia

u jᵃrdiⁿ SuuIOjiku **1** ssᵉ ᵃmᵃgnaⁿ 'shtivEr ... **7** 'shtavᵃ ᵃ briⁿkar. ssᵉ tᵉ purtarᵉsh ... **8** i ssᵉ mᵉ purtar ... **9** ssᵉ fiSErᵉS ᵃjnᵃyrᵃsh ... jawlᵃsh

Note

1 *se estiver* è congiuntivo futuro di *estar*, *stare / essere*. Osservate l'irregolarità di questo verbo rispetto al modo infinito. I verbi irregolari formano questo tempo a partire dal passato remoto. Esempi: *eu estive doente*, *io sono stato/a malato/a*; *se eu estiver doente*, *se sono / sarò malato/a*; *eu disse isso*, *io ho detto questo*; *se eu disser isso*, *se io dico / dirò questo*.

2 *se formos*, *se andiamo / andremo* è congiuntivo futuro di *ir*, *andare* (nonché di *ser*, *essere*) ed è irregolare. *Se eu for, se tu fores, se ele / ela / o senhor / a senhora / você for, se nós formos, se vocês / eles / elas forem.*

3 *se te portares bem*, *se ti comporti / comporterai bene*, **futuro do conjuntivo** di *portar-se*, *comportarsi*. Il pronome **te** precede il verbo dato che si tratta di una subordinata.

Quarantacinquesima lezione

Lo zoo
(giardino zoologico)

1 – Se domani fa bel tempo facciamo una passeggiata.
2 – In *(Di)* macchina?
3 – No, a piedi.
4 – E se piove?
5 – Io vado in macchina e tu a piedi.
6 – Non ci sto *(Così non voglio)*. Solo se [ci] andiamo tutti e *(i)* due.
7 – Stavo scherzando. Se ti comporti bene ti porto a vedere gli animali feroci *(le belve)* allo zoo.
8 – E se mi comporto male?
9 – Se fai [qualche] stupidaggine *(asinate)* ti [ci] porto lo stesso *(pure ti porto)*, ma per rinchiuderti in una gabbia *(delle gabbie)*.

4 **se fizeres**, *se fai / farai*, un altro **futuro do conjuntivo**. Si tratta del verbo irregolare **fazer** e, ancora una volta, vediamo che per i verbi irregolari occorre partire dal tema del passato remoto per formare questo tempo. Esempi: **tu fizeste asneiras**, *tu hai fatto stupidaggini*; **se tu fizeres asneiras**, *se fai / farai stupidaggini*.

Exercício 1 – Traduzir

❶ Não quero ir a pé se tu fores de carro. **❷** Só vamos passear se estiver bom tempo. **❸** Não te levo ao jardim zoológico se não te portares bem. **❹** Se eu fizer asneiras não me levas? **❺** Eu porto-me bem para tu não me fechares numa jaula.

***

Exercício 2 – Completar

❶ Se tu vai in macchina, io non vado a piedi.
   Se tu fores ...., eu não vou .....

❷ Solo se ti comporti bene andremo a vedere gli animali feroci.
   Só vamos ver as ..... se tu te .... bem.

❸ Se farai stupidaggini *(asinate)* non ti porteremo *(portiamo)* allo zoo.
   Se tu .... asneiras, nós não te .... ao jardim zoológico.

46

Quadragésima sexta lição

Na escola

1 – Quem responder [1] bem a esta pergunta ganhará [2] um prémio.
2 – E se todos responderem corretamente [3]?
3 – Nesse caso, só o primeiro será premiado. Só há um prémio.

Pronuncia
na 'sh**kO**lɐ **1** ... rrᵉshpoⁿ**der** ...

Note

[1] **quem responder**, *chi risponde / risponderà* è il congiuntivo futuro di **responder**, *rispondere*.

Soluzioni dell'esercizio 1

❶ Non voglio andare a piedi se tu vai in macchina. ❷ Faremo una passeggiata solo se farà bel tempo. ❸ Non ti porterò allo zoo se non ti comporterai bene. ❹ Se faccio qualche stupidaggine non mi porti? ❺ Mi comporto bene così non mi rinchiudi in una gabbia.

***

❹ Ti [ci] porto *(li)* per farti vedere *(tu vedere)* gli animali feroci.
Levo-.. lá .... tu veres as feras.

❺ Se piove, andiamo in macchina!
Se .... a chover vamos de carro!

Soluzioni dell'esercizio 2

❶ – de carro – a pé ❷ – feras – portares – ❸ – fizeres – levamos – ❹ – te – para – ❺ – estiver –

Quarantaseiesima lezione

A scuola

1 – Chi risponderà bene a questa domanda vincerà un premio.
2 – E se rispondessimo tutti correttamente?
3 – In questo caso, solo il primo sarà premiato. C'è soltanto un premio.

---

2 **ganhará**, futuro di **ganhar**, *vincere, guadagnare*, alla 3ª persona singolare. L'uso dell'indicativo futuro è, come abbiamo visto, meno frequente che in italiano (v. lezione 44, nota 2). Qui ha un valore enfatico.

3 Gli avverbi in *-mente* si formano sulla base dell'aggettivo al femminile: **correta**, *corretta* → **corretamente**; **absoluta**, *assoluta* → **absolutamente**.

46 / Quadragésima sexta lição

4 – E se eu não **for** [4] o pri**mei**ro? Não ganha**rei** nem sequer [5] um **brin**de [6]?

5 – Não terás **na**da, absolutamente **na**da.

6 – E se nin**guém** sou**ber** [7]?

7 – Não te**rão** [8] boas **no**tas.

8 – Qual **é** o **pré**mio?

9 – Um dicio**ná**rio.

10 – En**tão** acho que vou responder **mal** de pro**pó**sito.

4 ... prim^{a}yru ... 6 ... nin$^g{^a}y^n$ ssow**ber** 9 u^n dissiunariu

Note

4 **se eu não for**, *se io non fossi*, congiuntivo futuro di **ser**, *essere*. La costruzione è identica a quella del verbo **ir**, *andare* (v. lezione 45, nota 2).

5 **nem sequer**, *neppure*, *neanche*, *nemmeno*.

6 **brinde** indica qui un omaggio che si vince, un premio. Attenzione, **fazer um brinde** (= **brindar**) significa *fare un brindisi*, *brindare*.

7 **saber**, *sapere*, è un verbo irregolare, come possiamo vedere anche dal suo passato remoto: **eu soube**, *ho saputo / seppi*. Il futuro do conjuntivo si forma, lo ripetiamo, sul tema del passato remoto: **se ninguém souber**, *se nessuno sapesse*.

8 **não terão**, *non avrete / avranno* (futuro semplice). Il futuro può esprimere, a seconda dei casi, dubbio, minaccia o speranza. Per dare una semplice informazione si usa invece l'indicativo presente. Nel caso del nostro dialogo, il futuro fa riferimento a una condizione: essere il primo, sapere la risposta esatta. Esempi: **amanhã falo com ela**, *domani parlo*

***

Exercício 1 – Traduzir

❶ Se não responderes não ganharás nenhum prémio. ❷ Se não fores o primeiro não terás nada. ❸ Se não souberem responder não terão boas notas. ❹ Se não ouvires não poderás responder. ❺ Se não souberes serás o último.

Quarantaseiesima lezione / 46

4 – E se non fossi il primo? Non vincerei neppure un regalo?
5 – Non avrai nulla, assolutamente nulla.
6 – E se nessuno sapesse [la risposta]?
7 – Non prenderete *(avrete)* un bel voto *(buoni voti)*.
8 – Qual è il premio?
9 – Un dizionario.
10 – Allora penso che risponderò male apposta *(di proposito)*.

con lei; **falarei com ela quando puder**, *parlerò con lei quando potrò*; **amanhã ele vai ao cinema**, *domani va al cinema*; **ele irá ao cinema?**, *andrà al cinema?* In quest'ultimo esempio si può notare l'uso, che fa anche l'italiano, del futuro con un senso di ipotesi.

***

Soluzioni dell'esercizio 1

❶ Se non rispondi non vincerai nessun premio. ❷ Se non sarai il primo non avrai nulla. ❸ Se non saprete rispondere non prenderete un bel voto *(bei voti)*. ❹ Se non ascolti non potrai rispondere. ❺ Se non saprai [rispondere] sarai l'ultimo.

47 / Quadragésima sétima lição

Exercício 2 – Completar

❶ Se risponderanno bene a quella domanda avranno un bel voto.
Se eles .... bem àquela .... terão uma boa nota.

❷ Se non sarò il primo non vincerò il premio!
Se eu não ... o primeiro não ganharei ....!

❸ Pensi che darai una risposta sbagliata *(rispondere male)* di proposito?
Achas que .... responder ... de ....?

❹ E se non ci riuscirò *(saprò,* cong. fut.*)*?
E se eu não ......?

❺ Chi non sa [la risposta] non vincerà niente.
Quem não ...... não .... nada.

47
Quadragésima sétima lição

O ditado

1 – Atenção, meninos, vamos fazer um ditado.
2 – Outra vez?
3 – Para serem [1] bons alunos terão [2] de fazer muitos ditados.
4 – E quem não quiser [3] ser bom aluno?

Pronuncia
1 ... m^eninush ...3 par^a sser^eyⁿ boⁿS ^alunush t^erawⁿ d^e f^aSer ...

Note

1 **para serem**, *per essere / perché siate*. Come già sapete, l'infinito personale concorda con la persona (in questo caso con la terza plurale del verbo **ser**).

Soluzioni dell'esercizio 2

❶ – responderem – pergunta – ❷ – for – o prémio ❸ – vais – mal – propósito ❹ – souber ❺ – souber – ganhará –

---

*L'anno scolastico portoghese (**ano letivo**) è simile al nostro: incomincia alla fine di settembre e finisce intorno alla metà di giugno; ci sono inoltre alcuni periodi di vacanza per le festività natalizie (**férias de Natal**) e pasquali (**férias da Páscoa**), oltre ad alcuni giorni per Carnevale (**férias de Carnaval**). Che ci sia un esame (**exame**) alla fine dell'anno o meno, gli alunni (**alunos**) sono comunque soggetti a una serie di verifiche (**pontos**), momenti in cui l'ansia aumenta man mano che i voti (**notas**, da 1 a 20) diventano sempre più determinanti per l'esito dell'anno scolastico. **Passar** (essere promossi) o **chumbar** (essere bocciati) sono due parole chiave; il fatto di **repetir** (ripetere l'anno) non è sicuramente ben visto. **Faltar** (marinare la scuola) è sempre una tentazione. A proposito di un alunno che non ce l'ha fatta, spesso si sente usare questa espressione: "**Perdeu o ano por faltas**", "Ha perso l'anno per le tante assenze".*

Quarantasettesima lezione

Il dettato

1 – Attenzione, bambini, [ora] faremo un dettato.
2 – Di nuovo *(Altra volta)*?
3 – Per essere [dei] buoni alunni, dovrete fare molti dettati.
4 – E chi non vuole essere [un] buon alunno?

---

2 Ricordatevi che nella lingua parlata si usa il futuro soprattutto per dare una certa enfasi. Qui l'insegnante sta facendo la predica agli alunni!

3 quem não quiser, *chi non vuole / vorrà* è il congiuntivo futuro del verbo **querer**, *volere*. Si forma dal passato remoto **quis** ed è necessario in questa frase a causa della subordinata condizionale.

5 – Mas todos vocês **que**rem ser bons a**lu**nos, não é ver**da**de? Para **se**rem pe**sso**as instruídas quando forem [4] gran**des**...

6 – Eu **cá** não quero ser gran**de**, minha se**nho**ra.

7 – Es**te**ja [5] ca**la**do e es**cre**va. Es**cre**vam **to**dos: **Quan**do a aula termi**nar** iremos [6] todos para **ca**sa.

8 – É o que a se**nho**ra profes**so**ra **jul**ga... Eu vou fi**car** na rua a brin**car**.

9 – Não vai fa**zer** os seus tra**bal**hos de **ca**sa?

10 – Nem pen**sar**.

11 – En**tão**, quem é que **faz** os tra**bal**hos de **ca**sa por **si**?

12 – O meu secre**tá**rio.

---

5 ... par^a sser^{e}y^n p^{e}sso^{a}S i^{n}shtruid^{a}sh ... **7** 'sht^{a}yj^a k^{a}ladu i 'shkrev^a. 'shkrevaw^n todush ...

Note

4 quando forem, *quando sarete*, futuro do conjuntivo del verbo ser; quando terminar (frase 7), *quando finirà*, futuro do conjuntivo del verbo terminar, *finire, terminare*. Notate che l'uso del **futuro do conjuntivo** è obbligatorio nelle proposizioni subordinate temporali.

5 Ecco un nuovo imperativo, esteja (verbo estar): si tratta di una forma presa in prestito dal congiuntivo presente. Está, *è / sta*; esteja, *sia / stia*;

***

Exercício 1 – Traduzir

❶ Os meninos dizem aos professores para não fazerem ditados. ❷ Mas estes acham que é preciso para eles aprenderem a escrever. ❸ Mas só se quiserem ser bons alunos. ❹ Terás de estudar para seres uma pessoa instruída. ❺ E se eu não quiser estudar? ❻ E se nós não formos instruídos? ❼ E se não quisermos ser grandes? ❽ E se eu vos disser que estejam calados?

Quarantasettesima lezione / 47

5 – Ma tutti voi volete essere buoni alunni, non è vero? Per essere persone istruite quando sarete grandi...
6 – Io *(qua)* non voglio essere grande, *(mia)* signora.
7 – Sta' *(Stia)* zitto e scrivi *(scriva)*. Scrivete tutti: quando la lezione terminerà andremo tutti a casa...
8 – È quello che lei crede *(È quello che la signora professoressa giudica)*... Io resterò in strada a giocare.
9 – Non fai *(farà)* i *(suoi)* compiti per casa *(lavori di casa)*?
10 – Neanche per sogno *(Neanche pensare)*.
11 – Allora chi è che fa i compiti al posto tuo *(per Lei)*?
12 – Il mio segretario.

---

estejam, siano / stiano. Escreva, escrevam (frase 7) è imperativo del verbo regolare escrever, scrivere. Qui vediamo la professoressa dare del Lei agli alunni, il che è ormai sempre meno comune; l'abitudine persiste invece in ambito universitario. Ne approfittiamo per ricordarvi che il portoghese europeo è di norma una lingua molto più formale dell'italiano: pur con cambiamenti e semplificazioni nei tempi recenti, esso preferisce evitare la confidenza con le persone che si conoscono poco o per nulla. A maggior ragione, quindi, gli stranieri sono tenuti a non dare arbitrariamente del **tu** o del **você**: rivolgetevi agli sconosciuti con **o senhor / a senhora** oppure evitate del tutto pronomi e appellativi e usate solo il verbo in terza persona singolare.

6 iremos, andremo, futuro di ir, andare (v. nota 2).

***

Soluzioni dell'esercizio 1

❶ I bambini chiedono *(dicono)* ai professori di non fare dettati. ❷ Ma questi ritengono che sia *(è)* necessario [farli] per imparare *(perché imparino)* a scrivere. ❸ Ma solo se vogliono essere bravi alunni. ❹ Dovrai studiare per diventare *(essere)* una persona istruita. ❺ E se non volessi studiare? ❻ E se non fossimo istruiti? ❼ E se non volessimo essere grandi? ❽ E se vi dicessi di stare zitti?

Exercício 2 – Completar

① I bambini dovranno studiare per diventare *(essere)* persone istruite.
Os meninos ..... de estudar para ..... pessoas instruídas.

② Dovrà fare dettati anche se non gli / le piacciono.
Terá .... mesmo que não goste.

③ Quando sarà grande, saprà scrivere bene.
Quando .... saberá escrever bem.

④ Quando la lezione sarà finita, faremo una passeggiata.
Quando a aula ...., vamos ....

⑤ State zitte! Non dite altre sciocchezze!
.... caladas! Não ..... mais disparates!

48
Quadragésima oitava lição

I proverbi sono una delle espressioni più vivaci della saggezza popolare. A parte un paio di casi, abbiamo tradotto quasi letteralmente la maggior parte dei proverbi presenti in questa lezione: starà a voi trovare l'esatto corrispondente in italiano!

Ditados portugueses

1. Borbo**le**ta **bran**ca primavera **man**sa.
2. No ve**rão** o sol e o **pão**.
3. A **nu**vem **pa**ssa, mas a chuva **fi**ca.
4. Em ja**nei**ro conta o teu di**nhei**ro.
5. **Por**co fiado [1] **gru**nhe todo o ano.
6. Mais vale um **pá**ssaro na **mão** que **dois** a voar.
7. Quem vai ao **mar** perde o lu**gar**.

Pronuncia
1 burbule**t**ᵃ ...**3** ... nuvᵃyⁿ ... **5** por**k**u ... **gru**gnᵉ ...

❻ Farete tutte [quante] quello che [vi] dico *(io)*!
Façam todas ...... disser!

Soluzioni dell'esercizio 2
❶ – terão – serem – ❷ – de fazer ditados – ❸ – for grande – ❹ – terminar – dar um passeio ❺ Estejam – digam – ❻ – o que eu –

Quarantottesima lezione

Proverbi portoghesi

1 Farfalla bianca, primavera mite.
2 In estate il sole e il pane.
3 La nube passa, ma la pioggia rimane.
4 A gennaio conta il tuo denaro.
5 Il maiale comprato a credito grugnisce tutto l'anno.
6 Vale più un uccello in mano che due che volano.
7 Chi va a Roma perde la poltrona *(Chi va al mare perde il posto)*.

Note

1 **fiar**, *vendere a credito / fare credito*; **fiar-se**, *fidarsi*. Nei bar portoghesi è spesso possibile notare un piccolo cartello con la scritta: **Hoje não se fia!**, *Oggi non si fa credito!*

48 / Quadragésima oitava lição

8 Depois da tempestade vem a bonança ².
9 Nem tudo ³ o que brilha é ouro.
10 O silêncio é de ouro, a palavra de prata.
11 Quem canta seu mal espanta ⁴.
12 Dá Deus nozes a quem não tem dentes.
13 Devagar se vai ao longe.

8 ... teⁿp^eshtad^e ... bunaⁿss^a 9 ... brigl^{ia} ... owru 10 ... ssileⁿssiu ... 11 ... maL 'shpaⁿt^a 12 ... nOS^esh ... 13 d^ev^agar ...

Note

2 **bonança**, *calma*, *bonaccia* (in gergo marinaro), ma anche *felicità*, *prosperità*.

3 **nem tudo**, *non tutto*. La forma **tudo** è pronominale e invariabile, mentre l'aggettivo corrispondente è **todo/a / todos/as**. La negazione **nem**, *né*, *neanche*, significa anche *non*, specialmente davanti ad avverbi e indefiniti: **A vida nem sempre é fácil**, *La vita non è sempre facile*; **Nem toda a gente é simpática**, *Non tutti sono simpatici*.

4 **espantar**, *spaventare* e, di conseguenza, *far fuggire*. Si dice spesso a proposito degli uccelli e del bestiame, ma anche dei cavalli. Esempi: **Não espantes as cabras!**, *Non far scappare le capre!* **Ele espantou os pás-**

***

Exercício 1 – Traduzir

❶ Se puderes faz o que te peço. ❷ Poderás fazer tudo o que quiseres. ❸ Não farão o que eu não quiser. ❹ Que fará em janeiro se não tiver dinheiro? ❺ E se eu não souber cantar?

***

Exercício 2 – Completar

❶ Se ci sono farfalle bianche, la primavera sarà mite.
Se houver borboletas .... a primavera .... mansa.

❷ Quando giungerà l'estate *(arriveremo all'estate)* avremo caldo e frutta.
Quando .... ao verão teremos ..... e frutos.

❸ Mangeremo noci.
Comeremos ......

❹ Dopo l'autunno arriva *(viene)* l'inverno.
.... outono ... o inverno.

Quarantottesima lezione / 48

8 Dopo la tempesta viene la calma *(bonaccia)*.
9 Non è tutto oro quello che luccica *(Non tutto quello che brilla è oro)*.
10 Il silenzio è d'oro, la parola è d'argento.
11 Chi canta, i suoi mali *(suo male)* spaventa.
12 Dio dà le noci a chi non ha [i] denti.
13 Piano piano si va lontano.

saros, *Ha fatto volare via gli uccelli*. **Um cavalo espantado**, *Un cavallo imbizzarrito*. Comunque, lo stesso verbo indica più sovente sorpresa, meraviglia, stupore. **Fiquei espantada com a notícia**, *La notizia mi ha lasciata a bocca aperta*.

***

Soluzioni dell'esercizio 1

❶ Se puoi, fai quello che ti chiedo. ❷ Potrai fare tutto quello che vorrai. ❸ Non farete / faranno quello che non voglio. ❹ Come *(Che)* farà a gennaio se non avrà i soldi? ❺ E se non sapessi cantare?

***

❺ Non sempre il silenzio è d'oro.
... sempre o silêncio é ....

❻ [Andando] lentamente non si va sempre lontano.
Devagar ... sempre se vai ....

Soluzioni dell'esercizio 2

❶ – brancas – será – ❷ – chegarmos – calor – ❸ – nozes ❹ Depois do – vem – ❺ Nem – de ouro ❻ – nem – ao longe

cento e noventa • 190

Quadragésima nona lição

Revisão – Ripasso

Facciamo ora il punto della situazione sul futuro, tempo che abbiamo avuto modo di incontrare nelle sue varie forme nel corso delle ultime sei lezioni.

1 L'indicativo futuro semplice

• Per cominciare, ricordiamoci che il futuro vero e proprio non viene usato abitualmente: è di solito sostituito dal presente (presente con valore di futuro), come del resto avviene anche in italiano. Esempi: **Amanhã falo ao diretor**, *Domani parlo con il direttore*. **Na próxima semana parto para Portugal**, *La settimana prossima parto per il Portogallo*.

• Esiste tuttavia una forma specifica di futuro che implica sempre una sfumatura di incertezza, oltre che di enfasi (v. lezione 46):
Quem será?, *Chi sarà?* (chi potrà mai essere?).
Amanhã terei de ficar em casa, *Domani dovrò restare in casa* (forse; se necessario, mi rassegnerò all'idea).
Um dia irei ao Brasil, *Un giorno andrò in Brasile* (troverò il modo di farlo; non è sicuro, ma spero di riuscirci).
Quem responder bem ganhará um prémio, *Chi risponderà correttamente vincerà un premio* (la realizzazione di questo futuro dipende da una condizione che si verificherà solamente più tardi, v. lezione 46, nota 2).
Se quiserem ser instruídos terão de estudar, *Se vorrete essere istruiti dovrete studiare* (è uno sforzo, forse non ne avete voglia).

La formazione del futuro in portoghese è abbastanza simile a quella dell'italiano. Si aggiungono all'infinito le desinenze specifiche del futuro, tranne per tre verbi che hanno una forma contratta: è il caso di **dizer**, **trazer**, **fazer** che alla prima persona del futuro diventano, rispettivamente, **direi**, **trarei**, **farei**. Presto li vedremo in maniera più dettagliata. Gli altri futuri sono quindi tutti regolari.

Quarantanovesima lezione

Verbi regolari			Verbi irregolari	
falar	**beber**	**partir**	**ter**	**ir**
falarei	beberei	partirei	terei	irei
falarás	beberás	partirás	terás	irás
falará	beberá	partirá	terá	irá
falaremos	beberemos	partiremos	teremos	iremos
falarão	beberão	partirão	terão	irão

2 Il congiuntivo futuro

Un futuro molto ricorrente in portoghese è, invece, il congiuntivo futuro (**futuro do conjuntivo**), che non ha un corrispondente in italiano. Si usa in frasi subordinate:
- condizionali (che iniziano con **se**), la cui ipotesi sia considerata futura;
- temporali (che iniziano con **quando**), anch'esse con idea di azione a venire;
- relative (**quem**, **que**, **onde**), con referente sconosciuto o indefinito.

Per i verbi regolari, il congiuntivo futuro ha la stessa forma dell'infinito personale e deriva dal tema del **pretérito perfeito simples** (v. lezione 45, nota 1).

Verbi regolari			
	falar	**beber**	**partir**
Se eu *se io*	falar *parlassi*	beber *bevessi*	partir *partissi*
Se tu	falares	beberes	partires
Se ele/ela/você	falar	beber	partir
Se nós	falarmos	bebermos	partirmos
Se vocês/eles/elas	falarem	beberem	partirem

Verbi irregolari			
	ser	estar	ir
Se eu / se io	for / fossi	estiver / stessi	for / andassi
Se tu	fores	estiveres	fores
Se ele/ela/você	for	estiver	for
Se nós	formos	estivermos	formos
Se vocês/eles/elas	forem	estiverem	forem

Verbi irregolari			
	saber	fazer	querer
Se eu / se io	souber / sapessi	fizer / facessi	quiser / volessi
Se tu	souberes	fizeres	quiseres
Se ele/ela/você	souber	fizer	quiser
Se nós	soubermos	fizermos	quisermos
Se vocês/eles/elas	souberem	fizerem	quiserem

3 Il congiuntivo presente

Abbiamo incontrato molte forme di questo tempo, sia regolari che irregolari. Rammentiamo infine che l'imperativo affermativo si costruisce (tranne la seconda persona singolare) a partire dal congiuntivo presente, mentre l'imperativo negativo vi ricorre per tutte le persone, compresa la seconda singolare.

3.1 Verbi regolari

	falar	beber	partir
Que eu	fale	beba	parta
Que tu	fales	bebas	partas
Que ele/ela/você	fale	beba	parta
Que nós	falemos	bebamos	partamos
Que vocês/eles/elas	falem	bebam	partam

3.2 Verbi irregolari

	ser	estar
Que eu	seja	esteja
Que tu	sejas	estejas
Que ele/ela/você	seja	esteja
Que nós	sejamos	estejamos
Que vocês/eles/elas	sejam	estejam[1]

[1] V. lezione 47, nota 5.

	fazer	dizer
Que eu	faça	diga
che io	*faccia*	*dica*
Que tu	faças	digas
Que ele/ela/você	faça	diga
Que nós	façamos	digamos
Que vocês/eles/elas	façam[2]	digam[3]

[2] V. lezione 44, nota 1.
[3] V. lezione 44, nota 3.

50 / Quinquagésima lição

▶ Diálogo de revisão

1 – Se não encontrar o António não posso dar-lhe o dicionário que ele me pediu.
2 – Ele pediu-te um dicionário?
3 – Pediu. Onde está ele? Se souberem alguma coisa, digam-me.
4 – E se não soubermos, como vais fazer?
5 – Eu espero vê-lo no café amanhã.
6 – E se não for?
7 – Se ele não for, não sei que fazer.
8   Talvez vá ao jardim zoológico.
9 – Ao jardim zoológico com o dicionário? Vais fazer um ditado às feras?
10 – Deixem-se de asneiras. O António trabalha lá.

***

*Congratulazioni! Avete superato brillantemente le prime 49 lezioni di questo corso: ora vedrete ricompensati i vostri sforzi. Come? Affrontando due lezioni al giorno invece di una!
Che strana ricompensa, penserete...*

50

Quinquagésima [kinkwªjESimª] lição

Com'è andata fino alla cinquantesima lezione? Piuttosto bene, non è vero? D'ora in poi non indicheremo più in grassetto le sillabe accentate del dialogo: si tratta di un aiuto non più necessario...

▶ Na cozinha do restaurante

1 – Despacha-te! O cliente quer o bife mal passado [1].

Pronuncia
nª kuSignª ... 1 dᵉshpashª-t' ...

Traduzione

1 Se non incontro António, non posso dargli il dizionario che mi ha chiesto [in prestito]. **2** Ti ha chiesto un dizionario? **3** Sì *(Ha-chiesto)*. Dove si trova? Se sapete qualcosa, ditemelo]. **4** E se non [lo] sappiamo, come farai? **5** Spero [di] vederlo domani al caffè. **6** E se non [ci] va? **7** Se non [ci] va, non so cosa fare. **8** Forse andrò *(io-vada)* allo zoo. **9** Allo zoo con il dizionario? Vuoi fare *(Farai)* un dettato agli animali *(bestie)*? **10** Smettetela di dire stupidaggini! António lavora lì.

***

*Ecco la spiegazione: l'obiettivo della seconda ondata (**segunda vaga**), che inizierà con la prossima lezione, è rafforzare le conoscenze acquisite; questo vi permetterà di rendervi conto degli enormi progressi fatti. Finora il vostro studio è stato "passivo": avete accumulato e, allo stesso tempo, in qualche modo assimilato tutta una serie di informazioni.*
Ora comincerà la fase "attiva", che vi consentirà di esprimervi in portoghese. Per questo motivo, ogni volta che concluderete una nuova lezione riprenderete le lezioni già studiate, incominciando dalla prima. Dopo aver fatto una revisione accurata della lezione, tradurrete i dialoghi e le frasi dell'esercizio 1 dall'italiano al portoghese, nascondendo la parte in portoghese. Naturalmente a voce alta e senza vergognarvi!
E se siete dei perfezionisti, lo potete fare anche per iscritto.
Bene, per oggi avete lavorato a sufficienza. A domani!

Cinquantesima lezione

Nella cucina del ristorante

1 – Sbrigati! Il cliente vuole la bistecca al sangue *(mal passata)*.

Note

1 **mal passado**, *al sangue* e **bem passado**, *ben cotto* sono i due modi per chiedere la carne. Non esiste una vera e propria espressione equivalente a *al punto giusto*: in questo caso si potrà dire **médio**.

50 / Quinquagésima lição

2 – Então, não me disseste há pouco que o [2] que ele queria era peixe cozido com legumes?
3 – Isso é para a mesa número 5. O da 3 está à espera de um bife com batatas fritas há mais de uma hora.
4 – Não és nada exagerado! Já lhe serviste de beber para o distrair?
5 – O desgraçado já vai na segunda garrafa e morre de fome.
6 – Dá-lhe pão com manteiga e queijinhos frescos [3].
7 – Ó homem [4], o que ele quer é o bife. Se eu fosse a [5] ele, já estava furioso!
8 – Tenho uma coisa para te dizer, mas, pela tua rica saúde [6], não te zangues: por engano, pus o bife a fritar na panela e o peixe a cozer na frigideira [7]!

  4 ... iSᵃjᵉ**radu** ... 6 ... kᵃyji**gnush freshkush** 8 ... ku**Ser** ...

 Note

2 **o que ele queria**, *quello che (lui) voleva*; **a que**, *quella che*. In questo caso, l'articolo **o** ha la funzione di pronome dimostrativo e quindi significa *quello*. Lo stesso può avvenire con l'articolo femminile **a**. Esempio: **esta rapariga é a que tu viste**, *questa ragazza è quella che hai visto*.

3 **pão com manteiga e queijinhos frescos**, *pane e burro e del formaggio fresco* è il classico aperitivo offerto da molti ristoranti portoghesi.

4 **Ó homem!**, espressione d'uso corrente che serve a interpellare qualcuno; equivale a *Senti!* o anche a *vecchio mio*. Formule dello stesso tipo: **Ó mulher!**, se ci si sta rivolgendo a una donna; **Ó rapaz!**, **Ó rapariga!**, **Ó menino!**, **Ó menina!**, se si tratta di giovani; **Ó senhores!** è più generico, senza connotazioni particolari.

5 **se eu fosse**, *se io fossi*, congiuntivo imperfetto di **ser**. In portoghese le subordinate condizionali nei periodi ipotetici della possibilità si costruiscono con il congiuntivo, come in italiano. La differenza sta nell'uso dei tempi: oltre al congiuntivo imperfetto, infatti, il portoghese ricorre anche al congiuntivo futuro. Nelle proposizioni principali dei periodi

Cinquantesima lezione / 50

2 – Ma non mi hai detto poco fa che voleva pesce bollito *(cotto)* con verdure?
3 – Quello era per il tavolo numero 5. Il cliente *(Quello)* del 3 sta aspettando una bistecca con patate fritte da oltre un'ora.
4 – Non esagerare *(Non sei niente esagerato)*! Gli hai già servito da bere per distrarlo?
5 – Il poveraccio è ormai alla seconda bottiglia e sta morendo *(muore)* di fame.
6 – Dagli pane e burro e [del] formaggio fresco *(formaggini freschi)*.
7 – Vecchio mio *(O uomo)*, quello che vuole è la bistecca! Se fossi al suo posto *(a lui)* sarei già furioso!
8 – Devo dirti una cosa ma, ti scongiuro *(per la tua ricca salute)*, non ti arrabbiare: per sbaglio ho messo la bistecca a friggere nella pentola e il pesce a bollire nella padella.

---

ipotetici, e più in generale, il condizionale si usa meno che in italiano; al suo posto si preferisce l'indicativo imperfetto: **já estava furioso**, *sarei già furioso*. Ricapitolando: {subordinata} **se** + cong. imperfetto o futuro, {principale} ind. imperfetto. Un esempio di imperfetto corrispondente al condizionale in italiano: **gostava de ir à praia**, *mi piacerebbe andare al mare*. Il contesto è di solito sufficiente per capire il senso dell'imperfetto utilizzato.

6 **pela tua rica saúde!** è un modo di dire con il quale si chiede qualcosa a qualcuno in nome della sua preziosa salute. Un'espressione simile è: **pela minha saúde que não fui eu!**, *ti giuro sulla mia salute che non sono stato/a io!*

7 Ecco alcuni termini che possono tornare utili: **máquina de lavar**, *lavatrice*; **máquina de lavar a louça**, *lavastoviglie*; **lava-louça**, *lavello*; **congelador**, *congelatore / freezer*; **frigorífico**, *frigorifero*. Attenti a non confondere **frigorífico** con **frigideira**!

50 / Quinquagésima lição

Exercício 1 – Traduzir

❶ Traga-me um bife bem passado. **❷** Estou à espera há mais de meia hora. **❸** Dê-me de comer senão morro de fome. **❹** Desculpe, quer que lhe sirva de beber? **❺** Ó senhores! Não me dêem mais vinho! **❻** Se eu falasse com o patrão ele ficava zangado convosco. **❼** Se comesse peixe era melhor!

***

Exercício 2 – Completar

❶ Vorremmo *(Volevamo)* pesce bollito.
Queríamos ....

❷ Siamo ormai alla seconda bottiglia. Se bevessimo acqua sarebbe meglio.
Já .... segunda garrafa. Se .... água era melhor.

❸ Ha servito loro da bere per distrarli.
Serviu- ...... beber para ....

❹ Ha dato loro pane con burro e formaggio fresco.
Deu-lhes pão com .... e .... frescos.

❺ Per sbaglio, ha messo la bistecca a bollire e il pesce a friggere.
.........., pôs o bife .... e o peixe ....

❻ Se tu fossi al suo posto *(a lui)*, saresti già furioso.
Se tu .... a ele, já .... furioso.

Cinquantesima lezione / 50

Soluzioni dell'esercizio 1

❶ Mi porti una bistecca ben cotta. ❷ Sto aspettando da più di mezz'ora. ❸ Mi dia da mangiare altrimenti muoio di fame. ❹ Scusi, vuole che le serva [qualcosa] da bere? ❺ Scusate, non portatemi *(datemi)* più vino! ❻ Se parlassi con il capo, si arrabbierebbe con voi. ❼ Se mangiassi/mangiasse pesce sarebbe meglio!

***

Soluzioni dell'esercizio 2

❶ – peixe cozido ❷ – vamos na – bebêssemos – ❸ – lhes de – os distrair ❹ – manteiga – queijinhos ❺ Por engano – a cozer – a fritar ❻ – fosses – estavas –

NA COZINHA DO RESTAURANTE

La seconda ondata

Oggi inizierete la seconda ondata, la fase attiva del vostro apprendimento del portoghese. Come procedere? È facile: basta riprendere, dopo aver completato ogni nuova lezione, una lezione già svolta, cominciando dalla prima. Questa volta però tradurrete in portoghese i testi in italiano del dialogo e dell'esercizio 1, ad alta voce. Se volete imparare bene anche l'ortografia, potete fare lo stesso anche per iscritto. Al termine di ogni nuova lezione vi indicheremo noi la lezione da ripassare, come qui di seguito.

Seconda ondata: 1ª lezione

51

Quinquagésima primeira lição

Na sala do restaurante

1 – O bife ainda não está pronto?
2 – Só mais um instante. O cozinheiro [1] está a fazer um molho especial.
3 – Ah, sim? Então, traga-me mais uma garrafa para comemorar o acontecimento. E, a propósito, esqueceu-se de [2] me pôr o talher e um prato. Só tenho uma colher e, que eu saiba [3], não vou comer sopa. Se eu comesse sopa [4], era diferente...
4 – Ora aqui está o garfo e a faca que faltavam, outro copo... e o bife especial à moda da casa. Está com ótimo aspeto.
5 – Acha? A mim, parece-me um bocado de sola.
6 Prova a carne com ar desconfiado.
7 – Tem um gosto esquisito. Sabe a peixe [5]!

Pronuncia
2 ... kuSign^ayru ... moglⁱu ... 3 ... kum^emurar ... kuglⁱEr ... kumer ... 6 ... d^eshkoⁿfiadu 7 ... 'shkiSitu ...

Note

1 o cozinheiro / a cozinheira è *il cuoco* / *la cuoca* e o empregado / a empregada, oppure o criado / a criada, è *il cameriere* / *la cameriera*.

2 esqueceu-se è passato remoto di esquecer-se de, *dimenticarsi*. Si tratta di un verbo riflessivo: esqueci-me, esqueceste-te, esqueceu-se, esquecemo-nos, esqueceram-se.

3 que eu saiba, congiuntivo presente di saber, *sapere*.

201 • **duzentos e um**

Cinquantunesima lezione

Nella sala del ristorante

1 – La bistecca non è ancora pronta?
2 – Ancora *(Solo più)* un istante. Il cuoco sta preparando *(facendo)* una salsa speciale!
3 – Ah, sì? Allora mi porti un'altra bottiglia per festeggiare l'avvenimento. E, a proposito, si è dimenticato di mettermi le posate e un piatto. Ho solo un cucchiaio e, che io sappia, non mangio la minestra. Se mangiassi [la] minestra sarebbe diverso...
4 – Ecco qua *(Ora qui sta)* la forchetta e il coltello che mancavano, [un] altro bicchiere... e la bistecca speciale alla maniera *(moda)* della casa. Ha *(Sta con)* [un] ottimo aspetto.
5 – Crede? A me sembra un pezzo di suola.
6 Prova la carne con aria diffidente.
7 – Ha un gusto strano. Sa di *(a)* pesce!

NA SALA DO RESTAURANTE

4 se eu **comesse sopa**, *se mangiassi la minestra*. Si tratta del congiuntivo imperfetto di **comer**: **comesse, comesses, comesse, comêssemos, comessem**.

5 **saber a...**, *avere il gusto / il sapore di...*; **saber bem / mal**, *avere un buon / un cattivo sapore*. Attenzione al falso amico **esquisito/a**, che significa *strano/a*.

8 – A peixe? O senhor está enganado [6]. É lombo de vaca.

9 – Mas deve ser de uma vaca que fez muita pesca submarina!

9 ... *pEshk*ª ...

Note

6 *sbagliarsi*: **estar enganado/a** oppure **enganar-se**.

***

Exercício 1 – Traduzir

❶ Ele pede ao empregado que lhe traga mais uma garrafa. ❷ O cozinheiro enganou-se e o criado esqueceu-se do talher. ❸ Se ele comesse sopa precisava de uma colher. ❹ O bife com molho especial parece uma sola. ❺ A carne sabe a peixe e o peixe sabe mal. ❻ Não vamos beber cerveja, que eu saiba. ❼ Se fosse lombo de vaca não sabia a peixe.

***

Exercício 2 – Completar

❶ La salsa non è ancora pronta. Aspetti solo *(più)* un istante.
O molho ainda não está .... Espere só mais um ....

❷ Si è dimenticato di portarmi un piatto.
O senhor ....-se de me trazer um ......

❸ Se tu fossi [un] cuoco, non faresti una cosa del genere *(così)*.
Se tu ...... cozinheiro, não ...... uma coisa assim.

❹ Ecco *(Ora qui stanno)* le posate che mancavano.
Ora .... os .... que faltavam.

8 – Di pesce? Si sbaglia *(Il signore è ingannato)*. È controfiletto *(lombata di vacca)*.

9 – Forse è la carne di un bovino *(Ma deve essere di una vacca)* che ha fatto molta pesca subacquea!

***

Soluzioni dell'esercizio 1

❶ Lui chiede al cameriere di portargli un'altra bottiglia. ❷ Il cuoco si è sbagliato e il cameriere si è dimenticato delle posate. ❸ Se mangiasse minestra avrebbe *(aveva)* bisogno del cucchiaio. ❹ La bistecca con la salsa speciale sembra una suola. ❺ La carne sa di pesce e il pesce ha un cattivo sapore *(sa male)*. ❻ Non berremo birra, che io sappia. ❼ Se fosse controfiletto non saprebbe di pesce.

***

❺ Le bistecche hanno un ottimo aspetto; sono accompagnate da *(hanno)* una salsa speciale.

Os bifes estão … ótimo ……; têm ……. especial.

❻ La cosa peggiore è che sanno di pesce e sembrano pezzi di suola.

O pior é que ….. a peixe e ……. bocados de sola.

Soluzioni dell'esercizio 2

❶ – pronto – instante ❷ – esqueceu – prato ❸ – fosses – fazias – ❹ – aqui estão – talheres – ❺ – com – aspeto – um molho – ❻ – sabem – parecem –

Seconda ondata: 2ª lezione

duzentos e quatro • 204

Quinquagésima segunda lição

Um passeio

1 – E se fôssemos **¹** ao jardim zoológico?
2 – Boa ideia! Pode ser que **²** eu veja finalmente o golfinho a fazer habilidades...
3 – O golfinho não está no jardim zoológico. Está no aquário.
4 – E se visitássemos **³** antes o aquário?
5 – Fica em Algés. É demasiado longe. Se estivéssemos **⁴** lá perto, era diferente.
6 – Que tipo de bichos há no jardim zoológico?
7 – Muitas feras: leões, tigres, leopardos, panteras. Mas não estão à solta, estão em jaulas. E outros animais menos ferozes: macacos, elefantes, zebras, girafas, papagaios, cobras...
8 – Cobras? Lagarto, lagarto **⁵**! Tenho horror a **⁶** esse bicho!

Pronuncia

1 ... foss^emuS aw ... 2 ... k' ew v^ayj^a ... goLfignu ... 3 ... ^akuariu 4 ... visitass^emush ... 5 ... ^aLjEsh ... d^em^aSiadu loⁿj^e ... 'shtivess^emush ... 6 ... bishuS a ... 7 ...fer^esh lioyⁿsh tigr^esh liupardush paⁿtEr^ash ... f^erOS^esh m^akakush il^efaⁿt^esh Sebr^ash jiraf^ash p^ap^agayush kObr^ash 8 ... l^agartu t^agnu ... Orror ... bishu

Note

1 **se fôssemos**, *se andassimo* è il congiuntivo imperfetto di **ir**, *andare*, alla 1ª persona plurale. La coniugazione completa è: **fosse** (*andassi / fossi*, rispettivamente verbo **ir** e verbo **ser**), **fosses**, **fosse**, **fôssemos**, **fossem** (v. lezione 50, nota 5).

2 **pode ser que**, *forse / può darsi che*. Ricordatevi che questa espressione frequentemente usata è seguita dal congiuntivo.

Cinquantaduesima lezione

Una passeggiata

1 – E se andassimo allo zoo?
2 – Buona idea! Forse vedrò finalmente i delfini *(il delfino)* mentre fanno le acrobazie *(a fare abilità)*...
3 – I delfini non sono allo zoo. Sono all'acquario.
4 – E se prima visitassimo l'acquario?
5 – Si trova ad Algés. È troppo lontano. Se fossimo lì vicino sarebbe diverso.
6 – Che tipo di animali ci sono nello zoo?
7 – Molti animali feroci: leoni, tigri, leopardi, pantere. *(Ma)* Non sono in libertà, sono in gabbia *(gabbie)*. E altri animali meno feroci: scimmie, elefanti, zebre, giraffe, pappagalli, serpenti...
8 – Serpenti? Che Dio me ne scampi *(Lucertola, lucertola)*! Ho il terrore di quelle bestie *(a quell'animale)*!

---

3 **se visitássemos**, *se visitassimo* è il congiuntivo imperfetto di **visitar**, alla prima persona plurale. Questa è la coniugazione completa: **visitasse, visitasses, visitasse, visitássemos, visitassem**.

4 **se estivéssemos**, *se stessimo / fossimo* è il congiuntivo imperfetto di **estar**, alla prima persona plurale. **Estivesse, estivesses, estivesse, estivéssemos, estivessem**. Ricordatevi che il congiuntivo imperfetto si costruisce a partire dal tema del passato remoto (**estar > estive**).

5 **lagarto, lagarto!** è un'interiezione tipica del portoghese e dello spagnolo legata alla superstizione. Equivale pressappoco ai nostri *facciamo le corna!* o *che Dio me ne scampi!* ed è di solito accompagnata dal gesto di toccare il legno.

6 **tenho horror a**, *ho il terrore di*. Notate la differenza di preposizione con l'italiano.

52 / Quinquagésima segunda lição

9 – Mas não são venenosas. Não fazem mal a uma mosca.
10 – Pois não! Engolem-nas [7] vivas!

9 ... vᵉnᵉnOSᵃsh ... faSᵃyⁿ ... moshkᵃ ... 10 ... eⁿgOlᵃyⁿ nᵃj vivᵃsh

Note

[7] **engolem-nas**, *le mangiano* (ingoiano). I pronomi **o, a, os, as** quando seguono una forma verbale che finisce per **-r, -s** o **-z** diventano, rispettivamente, **lo, la, los, las**. Dopo una vocale nasale (ossia vocale + **m**) o un dittongo nasale, diventano **no, na, nos, nas** (v. lezione 42, § 4). Esempi: **comes + as = come-las**, *le mangi*; **comer + as = comê-las**, *mangiarle*; **comem + as = comem-nas**, *le mangiano*.

***

Exercício 1 – Traduzir

❶ Se eles fossem ao aquário viam peixes. ❷ Se não ficasse tão longe eles iam lá. ❸ Se o golfinho estivesse no jardim zoológico era mais fácil. ❹ Ela tinha horror às cobras como se elas a engolissem. ❺ Mas elas só podiam engoli-la se ela fosse uma mosca. ❻ Pode ser que ela veja os leões e não tenha medo deles. ❼ Se as feras andassem à solta eu também tinha medo. ❽ Se o elefante comesse as pessoas punham-no numa jaula.

***

Exercício 2 – Completar

❶ Allo zoo, ci sono molte belve in gabbia *(gabbie)* e altri animali meno feroci.
No jardim zoológico há .... em jaulas e outros .... menos ....

❷ I leoni sono feroci ma i serpenti non sono velenosi.
Os ..... são ferozes mas as cobras não são ....

❸ Se i delfini non fossero nell'acquario potremmo vedere le loro acrobazie *(vederli fare abilità)*.
Se os .... não .... no aquário, nós .... vê- ... fazer habilidades.

Cinquantaduesima lezione / 52

9 – Ma non sono velenosi. **Non farebbero** (fanno) male a una mosca.

10 – Appunto (Poi no)! Se le mangiano (Ingoiano-le) vive!

AO JARDIM ZOOLÓGICO

Soluzioni dell'esercizio 1

❶ Se andassero all'acquario vedrebbero (vedevano) [i] pesci. ❷ Se non si trovasse così lontano [ci] andrebbero (andavano lì). ❸ Se il delfino fosse allo zoo sarebbe (era) più facile. ❹ Lei era terrorizzata dai serpenti, come se potessero mangiarla (la inghiottissero). ❺ Ma (essi) potrebbero mangiarla solo se fosse una mosca. ❻ Può darsi che veda i leoni e [che] non le facciano paura (abbia paura di-loro). ❼ Se gli animali si trovassero in libertà anch'io avrei paura. ❽ Se l'elefante mangiasse [le] persone lo metterebbero (mettevano) in una gabbia.

***

❹ Se il serpente mangiasse le mosche non farebbe [del] male.
Se a cobra engolisse as ...... não ..... mal.

❺ Se le scimmie parlassero, avrebbero molte cose (sing.) da dirci.
Se os .... falassem ...... muita coisa a .....-nos.

❻ Se andassi allo zoo, vedrei gli animali.
Se eu ..... ao jardim zoológico ... os animais.

Soluzioni dell'esercizio 2

❶ – muitas feras – animais – ferozes ❷ – leões – venenosas ❸ – golfinhos – estivessem – podíamos – los – ❹ – moscas – fazia – ❺ – macacos – tinham – dizer – ❻ – fosse – via –

Seconda ondata: 3ª lezione

53

Quinquagésima terceira lição

Se cá nevasse fazia-se cá ski [1]

1 – Se te parecesses [2] com o Marlon Brando, casava-me contigo.
2 – Se tu fosses como a Marilyn Monroe, eu também fazia esse sacrifício...
3 – Se me penteasse assim, ficava igual a ela.
4 – E se eu deixasse crescer o bigode, as pessoas na rua confundiam-me com ele.
5 – Mas ele não tem bigode...
6 – Pois não, mas se tivesse [3] parecia-se comigo.
7 – Estás a divertir-te à minha custa... mas se tivesse sorte, podia tornar-me [4] numa artista de cinema.
8 – E se eu tivesse rodas, era um autocarro.

Pronuncia

... f^a**Si**^{a}-ss^e **ka** sski 1 p^{a}r^e**ses**sesh ... **mar**lon **bra**^{n}du ... 2 ... m^{a}rili^n mo^n**ro** ... 3 ... pe^n**teass**^{e} ... 4 ... d^{a}y**shass**^{e} cr^{e}sh**sser**... bi**gOd**^{e} ... ku^{n}fu^n**diaw**^{n}-m^e ... 6 ... p^{a}r^e**ssi**^{a}-s^e ku**mi**gu 7 ... ^{a}r**tisht**^{a} ... ssi**nem**^{a}

Note

1 **Se cá nevasse fazia-se cá ski**, letteralmente si traduce *se qui nevicasse, qui si scierebbe*. È una frase portoghese con cui si imita in modo scherzoso il modo di parlare dei russi. **Se nevasse**, *se nevicasse* è congiuntivo imperfetto di **nevar**, verbo impersonale come **chover**, *piovere*; **fazia-se ski**, *si scierebbe*, è accompagnato dal pronome impersonale **se**. Altri esempi simili: **fala-se português**, *si parla portoghese*; **dança-se**, *si balla*; **caminha-se para uma crise**, *si va (cammina) verso una crisi*; **isso não se faz**, *(questo) non si fa*; **arrenda-se**, *affittasi*; **vendem-se**, *vendonsi*. In portoghese, come possiamo vedere, il pronome impersonale **se** segue quasi sempre il verbo, mentre in italiano solitamente lo precede.

Cinquantatreesima lezione

Se qui nevicasse si scierebbe

1 – Se assomigliassi a *(ti sembrassi con il)* Marlon Brando, ti sposerei *(sposavo-mi)* con te.
2 – Se tu fossi come *(la)* Marilyn Monroe, anch'io farei questo sacrificio...
3 – Se mi acconciassi *(pettinassi)* nello stesso modo *(così)* sembrerei *(restavo)* uguale a lei.
4 – E se io mi lasciassi crescere i baffi *(il baffo)* la gente *(le persone)* per strada mi scambierebbe*(ro)* per *(con)* lui.
5 – Ma lui non ha i baffi...
6 – Certo, ma se [li] avesse assomiglierebbe a me *(sembrava-si con me)*.
7 – Mi stai prendendo in giro *(Stai a divertirti alla mia spesa)*... ma se avessi fortuna potrei diventare un'artista cinematografica *(di cinema)*.
8 – E se io avessi le ruote sarei un autobus.

---

2 **se te parecesses**, è congiuntivo imperfetto di **parecer-se**, *assomigliare*, riflessivo in portoghese, alla seconda persona singolare. È comunque più usato **ser parecido**, accompagnato dalla preposizione **com**. Esempi: **és parecido com o Gary Cooper**, *assomigli a Gary Cooper*; **ela é parecida com a Vivien Leigh**, *lei è simile a Vivien Leigh*. Oppure: **ele parece o Frankenstein**, *lui assomiglia a Frankenstein*; **ela parece uma serpente**, *lei sembra una serpe*.

3 **se tivesse** è congiuntivo imperfetto di **ter**: **tivesse, tivesses, tivesse, tivéssemos, tivessem**.

4 **tornar-se**, *diventare, trasformarsi in*. Ricordate questo verbo riflessivo. Esempi: **ela tornou-se célebre**, *lei è diventata famosa*; **ele tornou-se desagradável**, *lui è diventato sgradevole*; **a situação tornou-se difícil**, *la situazione è diventata difficile*.

duzentos e dez • 210

Exercício 1 – Traduzir

❶ Se eu me parecesse com a Marilyn Monroe ele fazia grandes sacrifícios. ❷ Se ela se penteasse como a Jean Seberg ficava muito bem. ❸ Se ele deixasse crescer o bigode as pessoas confundiam-no comigo. ❹ Se ele tivesse bigode parecia-se com o irmão. ❺ Se ele estivesse a divertir-se ela não gostava. ❻ Se amanhã nevasse íamos fazer ski.

***

Exercício 2 – Completar

❶ Non mi sposerei con te neppure se fossi Marlon Brando.
Não me ...... contigo mesmo se ...... o Marlon Brando.

❷ Se lei assomigliasse ad Ava Gardner, lui [la] sposerebbe *(sposava con lei)*.
Se ela se .... com a Ava Gardner ele casava ....

❸ Se si facesse crescere la barba sembrerebbe Hemingway.
Se ele .... crescer a barba ....-se com o Hemingway.

❹ Se avesse fortuna diventerebbe una grande artista.
Se ela .... sorte ....-se numa grande ....

54
Quinquagésima quarta lição

A travessia do Tejo

1 – O que é que [1] te aconteceu? Estás todo encharcado!
2 – Se tivesses atravessado [2] o Tejo como eu, também estavas.

Note

1 o que é que...?, *che cos'è che... ?*, è una maniera colloquiale e frequente per introdurre una domanda; volendo si può semplificare nel seguente

Cinquantaquattresima lezione / 54

Soluzioni dell'esercizio 1

❶ Se assomigliassi a Marilyn Monroe, lui farebbe grandi sacrifici. ❷ Se lei si pettinasse come Jean Seberg, starebbe molto bene. ❸ Se lui si lasciasse crescere i baffi, la gente *(le persone)* lo scambierebbe per *(confonderebbero con)* me. ❹ Se lui avesse i baffi, assomiglierebbe a suo fratello. ❺ Se lui facesse lo spiritoso *(stesse a divertirsi)*, a lei non piacerebbe. ❻ Se domani nevicasse, andremmo a sciare *(fare sci)*.

❺ Se ti prendessi gioco di me, non saresti *(eri)* mio amico.
Se te .... à minha ..... não eras ... amigo.

Soluzioni dell'esercizio 2

❶ – casava – fosses – ❷ – parecesse – com ela ❸ – deixasse – parecia – ❹ – tivesse – tornava – artista ❺ – divertisses – custa – meu –

Seconda ondata: 4ª lezione

Cinquantaquattresima lezione

La traversata del Tago

1 – Che cosa ti è successo? Sei tutto inzuppato!
2 – Se avessi attraversato il Tago come me, pure tu lo saresti *(anche stavi)*.

modo: **que é que** o semplicemente **que**. Esempi: **Que fizeste? / Que é que fizeste? / O que é que fizeste?**, *Che cos'hai fatto? / Che hai fatto?*

2 **se tivesses atravessado**, *se avessi attraversato* è congiuntivo trapassato (**pretérito mais-que-perfeito do conjuntivo**) del verbo **atravessar**.

duzentos e doze • 212

54 / Quinquagésima quarta lição

3 – Atravessaste-o a nado?
4 – Não, de cacilheiro [3]. Mas havia ondas enormes, vento e, ainda por cima, chovia a potes. Era como se estivéssemos no mar alto.
5 – Ena, pá! E não tinhas gabardina? Nem sequer um guarda-chuva?
6 – Nada. Apenas a minha coragem indomável.
7 – Se ficasses enjoado [4] era pior.
8 – Um descendente dos grandes navegadores nunca enjoa.
9 – Isso é o que tu julgas. Se tivesses embarcado [5] com o Vasco da Gama para a Índia, ias ver... Mas por que é que não passaste a ponte de carro?
10 – Porque não tenho carro.
11 – Se eu soubesse [6] que havia um temporal tinha atravessado [7] a ponte mesmo a pé!

Pronuncia

3 ^{a}tr^{a}v^{e}ssashti-u ^{a} nadu   4 ... k^{a}sigli^{a}yru ... inOrm^{e}sh ... 'shtivEss^{e}muj nu ... 5 en^a, pa ... 6 ... kuraj^{a}y^n i^{n}dumavEL 7 ... fikass^{e}S e^{n}juadu ... 8 ... d^{e}shsse^{n}de^{n}t^e ... 9 ... i^{a}j ver ...

Note

3 Il **cacilheiro** è un traghetto che compie la traversata del Tago trasportando sia passeggeri che veicoli. Il nome di questa imbarcazione viene da **Cacilhas**, una località situata sulla riva meridionale del fiume, di fronte a Lisbona. In altri casi, *traghetto* si traduce semplicemente **ferry**. Notate inoltre **o barco**, *la barca*, maschile, e **a ponte**, *il ponte*, femminile.

4 **ficar enjoado** o **enjoar**, *avere il mal di (mare / auto / nave...) / essere nauseato/a / avere la nausea* (in generale). Esempi: **ele enjoa de automóvel**, *lui soffre il mal d'auto*; **eu enjoei durante a travessia**, *durante la traversata mi è venuto il mal di mare*; **fiquei enjoado com tantos bolos**, *mi è venuta la nausea [mangiando] tanti dolci*.

Cinquantaquattresima lezione / 54

3 – Lo hai attraversato a nuoto?
4 – No, in traghetto. Ma c'erano onde enormi, vento e, per giunta, pioveva a catinelle *(a brocche)*. Era come se fossimo in alto mare.
5 – Capperi! E non avevi un impermeabile? Neanche un ombrello?
6 – Niente. Solo il mio indomabile coraggio.
7 – Se ti fosse venuto il mal di mare sarebbe stato *(era)* peggio.
8 – [A] un discendente dei grandi navigatori non viene mai il mal di mare *(mai si-nausea)*.
9 – *(Questo)* è quello che pensi tu. Se ti fossi imbarcato insieme a *(con il)* Vasco de Gama per l'India, avresti visto *(andavi vedere)*... Ma perché non hai passato il ponte in macchina?
10 – Perché non ce l'ho *(non ho macchina)*.
11 – Se avessi saputo *(io sapessi)* che ci sarebbe stato *(c'era)* un temporale avrei *(avevo)* attraversato il ponte anche a piedi!

5 **se tivesses embarcado**, *se ti fossi imbarcato* è congiuntivo trapassato di **embarcar**. Il verbo della frase principale, **ias**, è qui all'indicativo imperfetto come nei periodi ipotetici che abbiamo incontrato in precedenza, quelli con il congiuntivo imperfetto nella subordinata; il portoghese, lo ricordiamo, è più "fluido" dell'italiano nella concordanza dei tempi e dei modi, e nella costruzione di periodi come questi permette varie soluzioni. Ritorneremo su questo aspetto più avanti.

6 **se eu soubesse**, *se io sapessi* è congiuntivo imperfetto (**imperfeito do conjuntivo**) del verbo **saber**. Ecco la coniugazione completa: **soubesse, soubesses, soubesse, soubéssemos, soubessem**.

7 **tinha atravessado**, *avevo attraversato* è trapassato prossimo di **atravessar**, alla prima persona singolare. Questa frase presenta un caso opposto rispetto a quello appena visto nella nota 5: il verbo della frase principale è all'indicativo trapassato e il verbo della subordinata condizionale è al congiuntivo imperfetto. Ancora una dimostrazione di estrema fluidità nella concordanza verbale da parte della lingua lusitana.

duzentos e catorze • 214

54 / Quinquagésima quarta lição

Exercício 1 – Traduzir

❶ Se ele não tivesse atravessado o Tejo de barco não estava encharcado. ❷ Se tivessem ido de automóvel passavam pela ponte; mas não foram. ❸ Se tu tivesses sabido que chovia tinhas trazido o guarda-chuva. ❹ Se eu soubesse que ficava enjoado não apanhava o barco. ❺ Se estivessem em casa não apanhavam chuva.

Exercício 2 – Completar

❶ Aveva attraversato il Tago in barca ed era tutto bagnato.
Ele tinha ………… o Tejo ……… e estava ……
…………. .

❷ Diceva di essere *(che era)* [un] discendente dei grandi navigatori.
Dizia que … descendente dos grandes …………. .

❸ Gli sarebbe piaciuto (trap. pross.) passare *(per)* il ponte, ma non è venuto *(veniva)* in macchina.
Ele ….. gostado de passar …. ponte mas não …..
de carro.

❹ Se non avesse piovuto, sarebbe stato *(era)* più facile.
Se não ……. chovido era …. fácil.

❺ Se avessi saputo *(sapessi)* che c'era un temporale, non avrei *(avevo)* preso la barca.
Se eu soubesse que ……………. não ….. tomado o barco.

❻ Era come se la barca si trovasse in alto mare e fosse di carta.
Era como se o barco ………. no mar alto e ….. de papel.

Cinquantaquattresima lezione / 54

Soluzioni dell'esercizio 1

❶ Se non avesse attraversato il Tago in barca, non sarebbe *(era)* inzuppato. ❷ Se fossero andati in macchina, avrebbero percorso *(passavano per)* il ponte; ma non ci sono andati. ❸ Se avessi saputo che pioveva avresti *(avevi)* portato l'ombrello. ❹ Se avessi saputo *(sapessi)* che mi sarebbe venuta la nausea *(rimanevo nauseato)* non avrei *(prendevo)* preso la barca. ❺ Se foste / fossero rimasti/e *(rimanessero)* in casa non avreste / avrebbero preso *(prendevano)* pioggia.

Soluzioni dell'esercizio 2

❶ – atravessado – de barco – todo encharcado ❷ – era – navegadores ❸ – tinha – pela – vinha – ❹ – tivesse – mais – ❺ – havia um temporal – tinha – ❻ – estivesse – fosse –

Seconda ondata: 5ª lezione

Quinquagésima quinta lição

A Feira da Ladra

1 – O senhor procura alguma coisa?
2 – Sim, mas ainda não sei bem o que quero... Se fosse para mim era fácil, mas é para dar uma prenda.
3 – Uma antiguidade?
4 – Se for [1] autêntica e barata estou interessado. Se a senhora tivesse, por exemplo, uma peça oriental qualquer, não tinha de procurar mais nada.
5 – Tenho aqui umas porcelanas chinesas. Se tivesse chegado [2] mais cedo havia um serviço de chá da época Ping... mas acabei [3] agora mesmo de o vender.
6 – Ping? Nunca ouvi falar de tal época... Quanto é que custa aquele açucareiro azul ali ao fundo?
7 – Esse aí é ainda mais antigo. Pertence à época Pong. Se fosse rica quem ficava com ele [4] era eu.
8 – Pong? Ping? A senhora acabou de me dar uma grande ideia: o que eu vou oferecer é um jogo de ping-pong!

Pronuncia
3 ... aⁿtiguidad^e 4 ... iSeⁿplu ... 6 ... assuk^ar^ayru ...

Note

1 **se for**, *se fosse*, congiuntivo futuro di **ser**, qui reso con un congiuntivo imperfetto. Abbiamo visto le altre persone nella lezione 49 (§ 2).
2 **se tivesse chegado**, *se fosse arrivato* è congiuntivo trapassato (**pretérito mais-que-perfeito do conjuntivo**) di **chegar**. Come tutti i tempi composti, si forma solo con l'ausiliare **ter**. **Havia**, *c'era*, è all'imperfetto; vedete la nota 5 della lezione 54.

Cinquantacinquesima lezione

La Fiera della Ladra

1 – Cerca qualcosa, signore?
2 – Sì, ma ancora non so esattamente *(bene)* quello che voglio... Se fosse per me sarebbe *(era)* facile, ma devo fare *(è per dare)* un regalo.
3 – Un oggetto antico *(antichità)*?
4 – Se fosse autentico ed economico sarei *(sono)* interessato. Se avesse, per esempio, un oggetto orientale *(qualsiasi)* non dovrei *(avevo di)* cercare più niente.
5 – Qui ho alcune porcellane cinesi. Se fosse arrivato prima *(più presto)*... c'era un servizio da tè del periodo Ping, ma l'ho appena venduto *(ho-finito ora proprio di lo vendere)*.
6 – Ping? Non ho mai sentito parlare di questo *(tale)* periodo... Quanto costa quella zuccheriera blu laggiù *(là al fondo)*?
7 – Questa *(li)* è ancora più antica. Appartiene all'epoca Pong. Se fossi ricca la prenderei io *(chi restava con esso ero io)*.
8 – Pong? Ping? Lei mi ha appena dato un'ottima *(grande)* idea: regalerò *(quello che io vado regalare è)* un set da *(gioco di)* ping pong!

---

3 **acabei de o vender**, *l'ho appena venduto* (lett. ho finito di venderlo), esprime un'azione conclusa da poco. È l'equivalente di **acabo de o vender**, al presente, che già conoscete.

4 **ficava com ele**, *l'avrei presa io*. Ricordatevi che, nonostante in portoghese esista il condizionale, nella maggior parte dei casi si preferisce utilizzare l'imperfetto indicativo.

duzentos e dezoito

55 / Quinquagésima quinta lição

Exercício 1 – Traduzir

❶ Procuro uma prenda para dar a uma amiga. ❷ O senhor sabe bem o que quer? ❸ Ainda não sei bem, mas quero uma coisa autêntica e barata. ❹ Se tivesse umas porcelanas chinesas eu estava interessado. ❺ Acabaram de se vender. Se o senhor tivesse cá estado eram para si. ❻ Se não se tivessem vendido ainda cá estavam. ❼ Se o açucareiro for barato e antigo eu fico com ele. ❽ Se fosse barato não era antigo.

Exercício 2 – Completar

❶ Cerca qualcosa (*qualche cosa*), signora? Posso aiutarla?
A senhora procura ...... coisa? Posso ..... - .. ?

❷ Se non dovessi fare (*fosse per dare*) un regalo sarebbe più facile. Ma non è per me.
Se não ..... para dar uma ...... era mais fácil. Mas ... é para ....

❸ Se (*lei*) non fosse arrivata così tardi avrebbe trovato un servizio da tè.
Se ela não .... chegado tão tarde ..... encontrado um serviço de ....

*La **Feira da Ladra** (letteralmente Fiera della Ladra) è il mercato delle pulci di Lisbona. Si svolge a **Campo de Santa Clara**, ai margini del quartiere dell'**Alfama**, il più antico della città. È un angolo caratteristico di Lisbona, con una bella vista sul Tago e popolato da un'umanità molto varia: oltre ai venditori abituali, con la carnagione bruciata dal sole, ci sono giovani che vendono vestiti (**roupas**), libri (**livros**) o vecchi oggetti di famiglia. I collezionisti possono trovarvi francobolli (**selos**), monete (**moedas**) e affascinanti cartoline (**postais**) d'epoca. Chi dispone di un po' di denaro in più può acquistare pizzi (**rendas**) e ricami (**bordados**), piatti (**travessas**) antichi e oggetti in bronzo. Per acquistare capi di abbigliamento a buon prezzo, invece, bisogna frugare tra i mucchi di vestiti (non sempre belli a vedersi) sparsi per terra in alcuni punti del mercato. È sempre possibile contrattare sul prezzo, anche se non con tutti i venditori e non per tutti i tipi di merce... Nella parte alta del mercato è possibile recarsi in una vecchia **tasca**, taverna, per dissetarsi con una bella birra o stuzzicare l'appetito con qualche pezzetto di formaggio, qualcuna delle fritture che profumano l'aria o una porzione di **camarões**, gamberetti.*

Cinquantacinquesima lezione / 55

Soluzioni dell'esercizio 1

❶ Cerco un regalo per *(dare a)* un'amica. ❷ Sa esattamente cosa vuole? ❸ Ancora no *(non so bene)*, ma voglio qualcosa di *(una cosa)* autentico ed economico. ❹ Se avesse delle porcellane cinesi sarei *(io ero)* interessato. ❺ Le ho appena vendute *(Finirono di vendersi)*. Se Lei fosse stato qui le avrebbe potute comprare *(erano per Lei)*. ❻ Se non fossero state vendute *(non si avessero venduto)* sarebbero ancora qui *(ancora qua stavano)*. ❼ Se la zuccheriera è economica e antica la prendo *(resto con essa)*. ❽ Se fosse economica, non sarebbe antica.

❹ **Non abbiamo mai sentito** *(Noi mai sentimmo)* **parlare del periodo** *(epoca)* **Ping.**
Nós .... falar da época Ping.

❺ **Se avessimo comprato la zuccheriera blu, avremmo** *(avevamo)* **fatto bene.**
Se .... comprado o .... azul tínhamos feito bem.

Soluzioni dell'esercizio 2

❶ – alguma – ajudá-la ❷ – fosse – prenda – não – mim ❸ – tivesse – tinha – chá ❹ – nunca ouvimos – ❺ – tivéssemos – açucareiro –

*Proseguite e vi ritroverete nel regno dei gitani, che vendono (come in altri angoli della città) capi di abbigliamento nuovi (**camisolas**, magliette; **calças**, pantaloni; **saias**, gonne; **camisas**, camicie) con il loro tipico stile animato. Quando deciderete di andarvene basterà scendere verso il cuore dell'**Alfama**, percorrendo vicoli e scalinate, oppure risalire il quartiere e prendere il celebre tram n. 28 (una vera e propria montagna russa!) che vi ricondurrà nel centro di Lisbona.*

Seconda ondata: 6ª lezione

Quinquagésima sexta lição

Revisão – Ripasso

1 Il congiuntivo imperfetto

Il congiuntivo imperfetto è, come in italiano, molto ricorrente in portoghese. È il tempo utilizzato per la formazione di frasi condizionali, ma anche per altre subordinate che dipendono da una frase principale al passato.
È preceduto da diverse congiunzioni, a seconda del tipo di subordinata espresso (condizionale, finale ecc.).
Esempi:
Se eu falasse com ele, ele ouvia-me.
Se parlassi con lui, mi ascolterebbe.
Ela calou-se para que ele falasse.
Lei smise di parlare affinché lui parlasse.
Ela falava embora ele não a ouvisse.
Lei parlava, nonostante lui non la ascoltasse.

Il congiuntivo imperfetto si forma a partire dalla radice del passato remoto. Ciò riguarda unicamente i verbi irregolari, come avremo presto modo di approfondire. Per ora rivediamo come si coniuga questo tempo nei verbi regolari:

Verbi regolari			
	falar	**beber**	**partir**
Que eu	fal**asse**	beb**esse**	part**isse**
Que tu	fal**asses**	beb**esses**	part**isses**
Que ele, ela, você	fal**asse**	beb**esse**	part**isse**
Que nós	fal**ássemos**	beb**êssemos**	part**íssemos**
Que vocês, eles, elas	fal**assem**	beb**essem**	part**issem**

Cinquantaseiesima lezione

Nelle lezioni precedenti abbiamo trovato diversi verbi che si coniugano secondo il modello di **falar**: **e se visitássemos o aquário?**, *e se visitassimo l'acquario?*; **se cá nevasse**, *se qui nevicasse*; **se me penteasse**, *se mi pettinassi*; **se eu deixasse crescer o bigode**, *se mi lasciassi crescere i baffi*.
Sul modello di **beber**, abbiamo visto: **se eu comesse**, *se mangiassi*; **se te parecesses**, *se assomigliassi*.
Passiamo ora al congiuntivo imperfetto dei verbi irregolari visti finora.

Verbi irregolari				
ser	estar	ter	ir	saber
fosse	estivesse	tivesse	fosse	soubesse
fosses	estivesses	tivesses	fosses	soubesses
fosse	estivesse	tivesse	fosse	soubesse
fôssemos	estivéssemos	tivéssemos	fôssemos	soubéssemos
fossem	estivessem	tivessem	fossem	soubessem

Riprendiamo gli esempi incontrati in queste ultime lezioni:
Ser: **se eu fosse ele**, *se io fossi lui*; **se eu fosse rica**, *se io fossi ricca*; **se fosse para mim**, *se fosse per me*.

Estar: **se estivéssemos lá perto**, *se ci trovassimo lì vicino*; **era como se estivéssemos no mar alto**, *era come se ci trovassimo in alto mare*.

Ter: **se tivesse bigode**, *se avessi i baffi*; **se tivesse uma peça oriental**, *se avesse un oggetto orientale*.

Ir: **se fôssemos ao jardim zoológico**, *se andassimo allo zoo*.

Saber: **se eu soubesse que havia um temporal**, *se io avessi saputo (sapessi) che c'era un temporale*.

Ricordatevi che in tutti questi periodi ipotetici, il verbo della frase principale è all'**indicativo imperfetto**, usato tuttavia con **valore di condizionale**:
Se eu fosse rica ficava com ele, *Se io fossi ricca lo prenderei (restavo con esso).*
Se tivesse bigode era como ele, *Se avessi i baffi, sarei come lui.*
Se soubesse guiar comprava um carro,
Se sapessi guidare, comprerei un'automobile.
Se cá nevasse fazia-se cá ski, *Se qui nevicasse, si scierebbe.*

2 Il congiuntivo trapassato

E ora, diamo uno sguardo al **pretérito mais-que-perfeito do conjuntivo** (congiuntivo trapassato). Si usa nelle proposizioni condizionali al passato. Si costruisce con il congiuntivo imperfetto di **ter** insieme al participio passato del verbo.

Verbi regolari		
falar	**beber**	**partir**
tivesse falado	tivesse bebido	tivesse partido
tivesses falado	tivesses bebido	tivesses partido
tivesse falado	tivesse bebido	tivesse partido
tivéssemos falado	tivéssemos bebido	tivéssemos partido
tivessem falado	tivessem bebido	tivessem partido

Quando nella frase condizionale si usa il congiuntivo trapassato invece del congiuntivo imperfetto, il verbo della frase principale può rimanere all'indicativo imperfetto:
Se tivesses atravessado o Tejo também estavas encharcado, *Se avessi traversato (congiuntivo trapassato) il Tago, anche tu saresti (eri) inzuppato.*
Se tivesse chegado mais cedo comprava um serviço de chá, *Se fosse arrivato/a prima, avrebbe comprato un servizio da té.*

3 Il trapassato prossimo

Ne abbiamo già parlato nella 35ª lezione. Ora entriamo più nei dettagli.

In portoghese compare anche nei casi in cui in italiano useremmo il condizionale passato, ossia nei periodi ipotetici di terzo tipo:
Eu tinha comprado um serviço de chá, *Avevo comprato un servizio da té.*
Se não fosse tão caro eu tinha-o comprado, *Se non fosse così caro, lo avrei (avevo) comprato.*
Se soubesse tinha atravessado a ponte a pé, *Se [lo] avessi saputo (sapessi) avrei (avevo) attraversato il ponte a piedi.*
Il trapassato prossimo si costruisce con l'imperfetto del verbo **ter** più il participio passato del verbo che si sta coniugando:

Verbi regolari		
falar	**beber**	**partir**
tinha falado	tinha bebido	tinha partido
tinhas falado	tinhas bebido	tinhas partido
tinha falado	tinha bebido	tinha partido
tínhamos falado	tínhamos bebido	tínhamos partido
tinham falado	tinham bebido	tinham partido

Per i verbi irregolari, funziona allo stesso modo: basta usare l'imperfetto di **ter** più il participio passato (che bisogna conoscere) del verbo in questione. Esempio: **tinha visto** (**visto** è il participio passato del verbo **ver**, *vedere*).

Diálogo de revisão

1 – Olá, João. Que é que tens?
2 – É a Joana. Pedi-lhe que falasse mais baixo mas ela não o fez.
3 – Deixa lá! Esquece!
4 – Se ela soubesse o que eu sabia não fazia aquilo.
5 – Olha, o que é que fazias se ganhasses a sorte grande?
6 – Se eu tivesse dinheiro comprava um cavalo.
7 – Era melhor que comprasses tudo o que pudesses.
8 – Disse ao meu filho que o deixava ir ao Brasil se ele se portasse bem!

Quinquagésima sétima lição

Anúncios

1 – Preciso urgentemente de uma empregada que saiba ¹ cozinhar, lavar a roupa e passá-la a ferro.
2 – Mas tu já tens uma empregada...
3 – Não me fales nisso. Fui obrigada a despedi-la ontem.
4 – Porque é que não procuras outra nas páginas de anúncios dos jornais? Ou, então, põe tu mesma um anúncio.

Pronuncia
1 ...  ...

Note

1 **que saiba**, *che sappia*, congiuntivo presente di **saber**, prima persona singolare. La coniugazione completa è: **saiba, saibas, saiba, saibamos, saibam**.

Traduzione

1 Ciao, João. Che cos'hai? **2** È Joana. Le ho chiesto di parlare *(che parlasse)* a voce più bassa ma non l'ha fatto. **3** Lascia stare! Dimentica! **4** Se lei sapesse quello che io sapevo non l'avrebbe fatto *(faceva quello)*. **5** Ascolta *(Guarda)*, che cosa faresti se vincessi il primo premio? **6** Se avessi [i] soldi comprerei *(compravo)* un cavallo. **7** Sarebbe *(Era)* meglio se *(che)* comprassi tutto quello che puoi *(potessi)*. **8** Ho detto a mio figlio che lo avrei lasciato andare in Brasile se si fosse comportato *(comportasse)* bene!

Presto ritorneremo a parlare di queste nuove forme verbali e del loro utilizzo. Ormai il peggio è passato: avete quasi concluso il vostro excursus nella grammatica portoghese. Coraggio!

Seconda ondata: 7ª lezione

Cinquantasettesima lezione

Annunci

1 – Cerco *(Necessito)* urgentemente una domestica che sappia cucinare, lavare la biancheria e stirare *(passarla a ferro)*.
2 – Ma tu hai già una domestica...
3 – Non me ne parlare. Ho dovuto *(Fui obbligata a)* licenziarla ieri.
4 – Perché non [ne] cerchi [un']altra nelle pagine degli annunci dei giornali? O, altrimenti *(allora)*, metti tu stessa un annuncio.

A ÚLTIMA VEZ QUE O FIZ OBTIVE O RESULTADO QUE SE VIU.

57 / Quinquagésima sétima lição

5 – Se servisse de alguma coisa fá-lo-ia [2]. Mas não serve de nada. A última vez que o fiz obtive [3] o resultado que se viu [4]: arranjei esta rapariga que não sabia fazer absolutamente nada. Tive de pô-la [5] na rua.
6 – Zangaste-te com ela?
7 – Era muito desleixada. Calcula que tinha a lata de lavar a roupa numa panela e pô-la a secar no forno do fogão!
8 – Ah! Então é por isso que, no outro dia, quando fui jantar a tua casa, encontrei um botão na sopa!

5 ... faluiᵃ ... ᵃbssulutᵃmeⁿtᵉ ... 6 ... Saⁿ**gasht**ᵉ-tᵉ ... 7 ... dᵉshlEyshadᵃ ... kᵃl**kul**ᵃ ...

Note

2 fá-lo-ia, *lo farei*. Si tratta di un condizionale coniugato con il pronome **o** infisso. **Faria + o**. Il pronome complemento o riflessivo viene messo tra il radicale e la desinenza. **Eu faria isso**, *lo farei ciò* - **eu fá-lo-ia**, *io lo farei*. **Tu farias isso**, *Tu faresti ciò* - **tu fá-lo-ias**, *tu lo faresti*. **Ele faria isso**, *Lui lo farebbe* - **ela fá-lo-ia**, *lei lo farebbe*. **Nós faríamos isso**, *Noi faremmo ciò* - **nós fá-lo-íamos**, *noi lo faremmo*. **Eles fariam isso**, *Loro farebbero ciò* - **elas fá-lo-iam**, *loro lo farebbero*. La stessa costruzione si utilizza con

***

Exercício 1 – Traduzir

❶ Ela precisava de uma empregada que soubesse cozinhar. ❷ Foi obrigada a despedir a primeira e a pôr na rua a segunda. ❸ Uma não sabia fazer nada e a outra lavava a roupa na panela da sopa. ❹ Se servisse de alguma coisa púnhamos um anúncio. ❺ Ela não queria lavar a roupa nem passá-la a ferro nem pô-la a secar. ❻ Eu não quero empregadas que não saibam cozinhar e que sejam desleixadas.

Cinquantasettesima lezione / 57

5 – Se servisse a *(di)* qualcosa lo farei. Ma non serve a *(di)* niente. L'ultima volta che l'ho fatto guarda cosa è successo *(ho-ottenuto il risultato che si è-visto)*: ho trovato *(arrangiato)* questa ragazza che non sapeva fare assolutamente niente. Ho dovuto *(di)* mandarla via *(metterla nella strada)*.
6 – Ti sei arrabbiata con lei?
7 – Era molto sciatta. Figurati *(Calcola)* che aveva la faccia tosta *(latta)* di lavare i panni in una pentola e [di] metterli ad asciugare *(seccare)* nel forno della cucina *(fornello)*!
8 – Ah! Allora è per questo che, l'altro giorno, quando sono venuta *(andata)* [a] cenare a casa tua, ho trovato un bottone nella minestra!

il futuro: **farei + o = fá-lo-ei**, *lo farò*. Più avanti ritorneremo su queste forme, tipiche della lingua portoghese.

3 fiz, *ho fatto*, passato remoto di **fazer**. La coniugazione completa è **fiz, fizeste, fez, fizemos, fizeram**. **Obtive**, passato remoto di **obter**, *ottenere*, si coniuga come **ter: tive, tiveste, teve, tivemos, tiveram**.

4 que se viu, *che si è visto*, passato remoto di **ver: vi, viste, viu, vimos, viram**.

5 pô-la, *metterla*. Come sapete, l'infinito, quando precede il pronome **a**, subisce una modifica ortografica: **pôr + a = pô-la**. Lo stesso avviene con **passá-la (passar + a)** e **despedi-la (despedir + a)**.

***

Soluzioni dell'esercizio 1
❶ Lei aveva bisogno di una domestica che sapesse cucinare. ❷ Ha dovuto *(È-stata obbligata a)* licenziare la prima e mandare via *(mettere nella strada)* la seconda. ❸ Una non sapeva fare niente e l'altra lavava i panni nella pentola per la *(della)* minestra. ❹ Se servisse a *(di)* qualcosa metteremmo *(mettevamo)* un annuncio. ❺ Lei non voleva lavare i panni, né stirarli, né metterli ad asciugare *(seccare)*. ❻ Non voglio domestiche che non sappiano cucinare e che siano sciatte.

duzentos e vinte e oito • 228

Exercício 2 – Completar

① Perché hai bisogno di una domestica se ne hai già una?
Porque .... uma empregada se já .... uma?

② Voglio una domestica che sappia cucinare, lavare i panni e stirarli (passarli a ferro).
Quero uma .... que ..... cozinhar, lavar ...... e ..... - .. a ferro.

③ E se cercassi nelle pagine degli annunci dei giornali?
E se .... nas páginas de .... dos jornais?

④ Non si ottiene nulla (dà risultato). L'ultima volta, guarda cosa è successo (è-stato quello che si è-visto).
Não dá .... A ...... vez foi o que se .....

⑤ Ti sei arrabbiato/a con lei?
.... -te com ela?

58

Quinquagésima oitava lição

Pequenas notícias

1 Uma chuva torrencial abateu-se sobre uma pequena aldeia do Norte de Portugal. A população teve de ser evacuada.
2 Mas um dos habitantes recusou-se [1] a sair de sua casa.
3 Dizia: "Tenho fé em Deus e Ele há de poupar-me [2]."

Pronuncia
... nutissi^ash 2 ... ^abitaⁿt^esh ...

Note
[1] recusou-se, *si rifiutò* è passato remoto del verbo **recusar**, coniugato con il pronome riflessivo **se** alla terza persona singolare. L'intera coniugazione è **recusei-me, recusaste-te, recusámo-nos, recusaram-se**.

❻ Asciugava i panni sopra i fornelli e li lavava in una pentola?
Secava a roupa .... e lavava-a ....?

❼ Esattamente. È *(-stato)* per questo che hai trovato un bottone nella minestra!
Exatamente. Foi por isso que .... um botão na ....!

Soluzioni dell'esercizio 2
❶ – precisas de – tens – ❷ – empregada – saiba – a roupa – passá-la – ❸ – procurasses – anúncios – ❹ – resultado – última – viu ❺ Zangaste – ❻ – no fogão – numa panela ❼ – encontraste – sopa

Seconda ondata: 8ª lezione

58

Cinquantottesima lezione

Fatti di cronaca
(Piccole notizie)

1 Una pioggia torrenziale si abbatté su un paesino del Nord del Portogallo. La popolazione dovette essere evacuata.
2 Uno degli abitanti, tuttavia, si rifiutò di *(a)* uscire dalla propria casa.
3 Diceva: "Ho fede in Dio e Lui dovrà risparmiarmi *(ha da risparmiarmi)*".

2 **há de poupar-me**, *mi risparmierà* è una particolare forma di futuro con il verbo **haver**: può esprimere una speranza o un'intenzione. Esempi: **hei de ir a Nova York**, *andrò* (un giorno, spero) *a New York*; **hei de vingar-me**, *mi vendicherò* (intendo farlo); **Deus há de salvar-me**, *Dio mi salverà* (ne ho la speranza).

58 / Quinquagésima oitava lição

4 A chuva continuou a cair e a água subia rodeando a casa. O homem já tinha água pelos joelhos.
5 Os bombeiros foram lá duas vezes de barco e tentaram convencê-lo a partir. Mas ele sempre recusava, dizendo-lhes:
6 "Creio em Deus e Ele salvar-me-á [3] desta aflição."
7 A inundação era tal que o homem teve de se refugiar no telhado de casa.
8 Um helicóptero sobrevoou a casa e lançou-lhe uma escada de corda para que ele pudesse [4] escapar. Mas o homem manteve-se [5] inabalável. A sua fé em Deus era imensa. *(continua)*

5 ... boⁿ**b**ᵃyrush ... 6 ... ssᵃ**L**var-mi-**a** ... 8 ... ᵉli**kOp**tᵉru ssubrᵉvuow ... laⁿ**ssow**gl' umᵃ 'shkadᵃ dᵉ **kOr**dᵃ ... 'shkᵃ**par** ... maⁿ**tEv**ᵉ-S' inᵃbᵃ**lav**EL ...

Note

3 **Deus salvar-me-á**, *Dio mi salverà* è il futuro di **salvar**, *salvare*, coniugato con il pronome **me** infisso. Come con il condizionale, anche con il futuro il pronome complemento o riflessivo va posto, preceduto e seguito da un trattino, tra la radice del verbo e la desinenza (v. lezione 57, nota 2). Vediamo la coniugazione con il pronome riflessivo: **salvar-me-ei, salvar-te-ás, salvar-se-á, salvar-nos-emos, salvar-vos-eis, salvar-se-ão**.

4 **pudesse**, *potesse* è congiuntivo imperfetto di **poder**.

***

Exercício 1 – Traduzir

❶ Choveu tanto naquela aldeia que os habitantes tiveram de ser evacuados. **❷** Ele tinha fé em Deus. **❸** Mas ele dizia: "Deus há de poupar-me!". **❹** Por fim refugiou-se no telhado da casa dizendo: "Hei de salvar-me!". **❺** Lançaram-lhe uma escada mas ele recusou-se a partir.

Cinquantottesima lezione / 58

4 La pioggia continuava *(continuò)* a cadere e l'acqua saliva, circondando la casa. L'uomo aveva ormai acqua fino alle *(per le)* ginocchia.

5 I pompieri lo raggiunsero due volte in barca e provarono a convincerlo ad andar[sene]. Ma lui si rifiutava sempre, dicendo loro:

6 "Credo in Dio e Lui mi salverà da questa afflizione".

7 L'inondazione era di tale entità *(era tale)* che l'uomo dovette rifugiarsi sul tetto di casa.

8 Un elicottero sorvolò la casa e gli fu gettata *(gli lanciò)* una scala di corda perché potesse scappare. Ma l'uomo rimase *(si mantenne)* irremovibile. La sua fede in Dio era immensa. *(continua)*

---

5 **manteve-se** è passato remoto di **manter-se** (coniugazione riflessiva), *mantenersi*. Questo verbo si coniuga come **ter**: **mantive-me, mantiveste-te, manteve-se, mantivemo-nos, mantiveram-se**.

UMA CHUVA TORRENCIAL...

***

Soluzioni dell'esercizio 1

❶ Piovve [così] tanto in quel paesino che gli abitanti dovettero essere evacuati. ❷ Aveva fede in Dio. ❸ Ma lui diceva: "Dio mi risparmierà". ❹ Alla fine si rifugiò sul tetto della casa dicendo: "Mi salverò!". ❺ Gli lanciarono una scala ma lui si rifiutò di andar[sene].

duzentos e trinta e dois • 232

Exercício 2 – Completar

❶ Quando la pioggia si abbatté sul paesino, la popolazione fu evacuata.
Quando a chuva .. abateu sobre a ...... a população ... evacuada.

❷ Si rifiutò di uscire di casa perché aveva fede in Dio.
Ele ....-se a sair de casa porque tinha .. em Deus.

❸ I pompieri provarono [a] convincerlo ad andar[sene].
Os .... tentaram convencê- .. a partir.

❹ Gli lanciarono una scala affinché potesse fuggire.
Lançaram- ... uma escada para que ele .... fugir.

Quinquagésima nona lição

Pequenas notícias (continuação)

1 A água, ao subir, acabou por cobrir completamente a casa e o homem morreu [1] afogado.
2 Como sempre tinha sido [2] bom cristão foi direito ao paraíso e, ao lá chegar, fez um escândalo.
3 Deus não o tinha salvo [3]!
4 São Pedro tentou acalmá-lo e, finalmente, em último recurso, levou-o à presença de Deus.

Pronuncia
1 ... ªkªbow ... 2 ... krishtawⁿ ... pªrªySu ... 'shkaⁿdªlu 4 ssawⁿ pedru teⁿtow ... lᵉvow-u

Note
[1] In questa lezione, in cui viene riportato un racconto, i verbi al **pret. perfeito simples** sono stati tradotti con il passato remoto, tranne nelle frasi 5 e 7.

❺ Ma non voleva fuggire poiché pensava che Dio lo avrebbe salvato *(salverebbe)*.
   Mas ele não ...... fugir pois pensava que Deus o ....

Soluzioni dell'esercizio 2
❶ – se – aldeia – foi – ❷ – recusou – fé – ❸ – bombeiros – lo – ❹ – lhe – pudesse – ❺ – queria – salvaria

Seconda ondata: 9ª lezione

Cinquantanovesima lezione

Fatti di cronaca (seguito)

1 L'acqua, salendo, finì col ricoprire completamente la casa e l'uomo morì affogato.
2 Dato che era sempre stato [un] buon cristiano, andò direttamente in Paradiso e, una volta arrivato *(arrivando là)*, fece una scenata.
3 Dio non lo aveva salvato!
4 San Pietro cercò di calmarlo e, alla fine, come *(in)* ultimo rimedio, lo portò dinanzi a *(alla presenza di)* Dio.

2 **tinha sido**, *era stato*, è trapassato prossimo del verbo **ser** (v. lezione 56, § 3).

3 **tinha salvo**, *aveva salvato*, è trapassato prossimo di **salvar**, *salvare*. Da notare la forma contratta del participio **salvo**. Più avanti incontreremo altri casi simili di participio passato.

duzentos e trinta e quatro • 234

59 / Quinquagésima nona lição

5 "Meu Deus", exclamou o homem caindo [4] de joelhos, "eu que sempre Te amei tanto e Tu abandonaste-me!"
6 Deus cofiou a barba e sorriu.
7 "Estás muito enganado! Mandei-te dois barcos, um helicóptero e uma escada de corda." ☐

5 ... ªyshklªmow ... kªiⁿdu d' juªgl'ush ... ªbaⁿdunashtᵉ-mᵉ 6 ... kufiow ª barbª i ssurriu

Note

4 **caindo** è il gerundio di **cair**, *cadere*: come in italiano, questo modo esprime un'azione simultanea a un'altra. **Caindo de joelhos**, *Cadendo in ginocchio / Inginocchiandosi*.

***

Exercício 1 – Traduzir

❶ Pensava que Deus não o tinha salvo apesar da sua fé. ❷ Mas Deus tinha-lhe mandado dois barcos, um helicóptero e uma escada. ❸ Esperava que o próprio Deus lhe mandasse todos aqueles recursos para o salvar. ❹ Esteve à espera que fizesse outro tipo de milagre que o poupasse. ❺ Se soubesse não tinha perdido tantas oportunidades. Faria o que os bombeiros lhe diziam e salvar-se-ia.

Exercício 2 – Completar

❶ L'uomo è morto affogato, perché l'acqua ha coperto completamente la [sua] casa.
O homem ...... afogado pois a água ...... completamente a casa.

❷ Andò direttamente *(diretto)* in Paradiso perché era sempre stato [un] buon cristiano.
Ele foi .... ao paraíso porque sempre ..... sido bom cristão.

❸ Fece una scenata.
Ele ... um escândalo.

Cinquantanovesima lezione / 59

5 "Mio Dio", esclamò l'uomo cadendo in ginocchio *(di ginocchia)*, "io *(che)* ti ho sempre amato tanto e Tu mi hai abbandonato!"
6 Dio [si] accarezzò la barba e sorrise.
7 "Ti sbagli di grosso *(Sei molto ingannato)*! Ti ho mandato due barche, un elicottero e una scala di corda".

Soluzioni dell'esercizio 1

❶ Pensava che Dio non lo avesse *(aveva)* salvato nonostante la sua fede. ❷ Dio gli aveva però mandato due barche, un elicottero e una scala. ❸ Aspettava che Dio stesso gli mandasse tutti quei mezzi *(risorse)* per salvarsi. ❹ Rimase in attesa che compisse un altro tipo di miracolo che lo risparmiasse. ❺ Se lo avesse saputo *(Se sapesse)*, non avrebbe perso tante opportunità. Avrebbe fatto quello che i pompieri gli avevano detto *(dicevano)* e si sarebbe salvato.

❹ **Si stava sbagliando di grosso** *(molto ingannato)*, **dato che era stato aiutato.**
Ele estava .... pois tinha sido ajudado.

❺ **San Pietro provò [ad] aiutarlo portandolo dinanzi a** *(alla presenza di)* **Dio.**
S. Pedro tentou ......-lo ....-o à presença de Deus.

Soluzioni dell'esercizio 2

❶ – morreu – cobriu – ❷ – direito – tinha – ❸ – fez – ❹ – muito enganado – ❺ – ajudá – levando –

Seconda ondata: 10ª lezione

Sexagésima [sEksᵃjESimᵃ] lição

O fim de semana

1 – Onde é que o António se teria metido ¹? Vocês viram-no?
2 – Foi ² passar o fim de semana em casa de um casal amigo, os Silvas ³...
3 – E onde é que fica essa casa?
4 – Na outra banda, para os lados da Caparica. Até ouvi dizer que a casa é assombrada.
5 – E os amigos do António compraram-na apesar disso?
6 – Não sei os pormenores... Olhem! Ali vem o António.
7 – Mas o que é que se passa com ele? Está mais pálido que um lençol.
8 – Teria ele visto ⁴ um fantasma?

Pronuncia
1 ... ss' tᵉriᵃ ... vOssej virawⁿ-nu 2 ... ush ssiLvᵃsh ... 4 ... kᵃpᵃrikᵃ ... 5 ... koⁿprarawⁿ-nᵃ ... 6 ... purmᵉnOrᵉsh ... Ogliᵃyⁿ ... 7 ... leⁿssOL ... 8 ... faⁿtajmᵃ

Note

1 **teria metido** è condizionale passato di **meter**, *mettere*, alla terza persona singolare. Questo tempo si forma con l'ausiliare al condizionale presente e il participio passato del verbo. Ricordiamo che in portoghese il verbo ausiliare è sempre **ter**, *avere*. **Ser**, *essere*, viene utilizzato unicamente per la forma passiva.

Sessantesima lezione

Il fine settimana

1 – Dove si sarà cacciato *(si avrebbe messo)* António? Lo avete visto?
2 – È andato a trascorrere il fine settimana a *(in)* casa di una coppia di amici *(coppia amica)*, i Silva...
3 – E dove si trova *(rimane)* questa casa?
4 – Dall'altro lato [del fiume], dalle parti *(per i lati)* della Caparica. Ho persino sentito dire che la casa è stregata.
5 – E gli amici di António l'hanno comprata lo stesso *(malgrado di-ciò)*?
6 – Non conosco i dettagli... Guardate! Ecco *(Là viene)* António.
7 – Ma cosa gli succede *(con lui)*? È più pallido di un lenzuolo.
8 – Avrà *(Avrebbe)* visto un fantasma?

2 Contrariamente alla lezione precedente, il **pretérito perfeito simples** è stato qui reso con un passato prossimo dato che si tratta di una conversazione quotidiana. Ricordatevi che, a seconda del contesto, il **pretérito** portoghese può corrispondere sia al passato prossimo sia al passato remoto italiani.

3 **os Silvas**, *i Silva*. In portoghese il cognome è al plurale quando si fa riferimento a una coppia o semplicemente a più componenti della stessa famiglia. In alternativa si dicono i nomi di ciascuno seguiti dal cognome. Esempio: **o João e a Manuela Lopes**.

4 **teria ele visto** è condizionale passato di **ver**, *vedere* (cfr. nota 1). In portoghese si usa il condizionale per esprimere incertezza o ipotesi, analogamente a ciò che fa l'italiano con il futuro.

Exercício 1 – Traduzir

❶ Eles não sabiam onde o António se tinha metido.
❷ Ninguém o tinha visto naquele dia. ❸ Parece que tinha ido passar o fim de semana em casa de uns amigos. ❹ Mas se a casa era assombrada, porque a compraram? ❺ Porque ficava perto da Caparica e eles gostam de ir à praia. ❻ Será verdade que há lá fantasmas? ❼ O António está muito pálido. Teria encontrado um?

***

Exercício 2 – Completar

❶ Dove sarà *(avrebbe)* andato João? Qualcuno lo ha visto?
Onde ..... ido o João? ...... o viu?

❷ Questa casa è dall'altra parte [del Tago] e dicono che sia popolata da *(ha)* fantasmi.
Essa casa .... na ..... banda e dizem que tem ....

❸ E l'hanno comprata lo stesso *(anche così)*?
E mesmo assim eles ....-na?

❹ Guarda, João è più pallido di un lenzuolo. Cosa gli sarà successo?
Olha, o João está mais ...... que um .... Que lhe ..... acontecido?

❺ Forse ha *(abbia)* visto qualche fantasma.
Talvez ..... visto ..... fantasma.

❻ Dicono che esistano *(esistono)*. Sarà vero?
..... que eles existem. .... verdade?

❼ Se fosse vero, ne avrei già visto uno. E non ne ho mai visti *(mai ho visto nessuno)*.
Se ..... verdade eu já tinha ..... um. E nunca .. nenhum.

Sessantesima lezione / 60

Soluzioni dell'esercizio 1

❶ Non sapevano dove si fosse *(era)* cacciato António. ❷ Quel giorno nessuno lo aveva visto. ❸ [A quanto] pare aveva trascorso *(che era andato passare)* il fine settimana a casa di *(alcuni)* amici. ❹ Ma se la casa era stregata, perché l'hanno comprata? ❺ Perché si trovava vicino a Caparica e a loro piace andare in spiaggia. ❻ Sarà vero che lì ci sono [i] fantasmi? ❼ António è molto pallido. [Ne] avrà visto *(incontrato)* uno?

O FIM DE SEMANA

Soluzioni dell'esercizio 2

❶ – teria – Alguém – ❷ – fica – outra – fantasmas ❸ – compraram – ❹ – pálido – lençol – teria – ❺ – tenha – algum – ❻ Dizem – Será – ❼ – fosse – visto – vi –

A outra banda, *l'altro lato / l'altra riva, è per gli abitanti di Lisbona l'altra sponda del Tago, la riva meridionale dove inizia la Costa della Caparica, un'estesissima spiaggia atlantica molto popolare e frequentata.*

Seconda ondata: 11ª lezione

duzentos e quarenta

Sexagésima primeira lição

Uma noite de susto

1 – Ai, que susto! Acorda, João, não ouviste o barulho?
2 – Qual barulho? Deixa-me dormir em paz! Deve ser o António a ressonar [1].
3 – Não é nada disso. Era uma espécie de gemido sinistro e, depois, um ruído de correntes a arrastar pelo corredor fora.
4 – Já te disse que era o António. Ele ressona como uma locomotiva... Ou talvez estivesse a lavar os dentes...
5 – Às quatro horas da madrugada? Para fazer um barulho daqueles era preciso que ele lavasse os dentes com uma broca...
6 – Então o que é que queres que seja? O fantasma de serviço?

Pronuncia
1 ai ... ssushtu ... owvisht' u bªrugliu ... 2 ... pash ...3 ... 'shpEsi' dᵉ jᵉmidu sinishtru ... rruidu

Note

[1] **a ressonar**, *russando*; **a arrastar** (frase 3), *trascinando*. Vi ricordiamo l'uso, tipico del portoghese europeo, dell'infinito preceduto dalla preposizione **a** per esprimere il gerundio. Esempi: **é o António a ressonar**, *è António [che sta] russando*; **é a chuva a cair**, *è la pioggia [che sta] cadendo*. Il gerundio vero e proprio (**arrastando, caindo** ecc.) è poco usato dai portoghesi, che preferiscono quindi la forma appena vista. I brasiliani, invece, lo usano molto più frequentemente.

Sessantunesima lezione

Una notte di paura *(spavento)*

1 – Ah, che spavento! Sveglia[ti], João, non hai sentito un *(il)* rumore?
2 – Che rumore? Lasciami dormire in pace! Deve essere António [che sta] russando.
3 – Non è [stato] *(niente)* quello. Era una specie di gemito sinistro, seguito da *(e poi)* un rumore di catene trascinate per il corridoio *(fuori)*.
4 – Ti ho già detto che era António. Russa come una locomotiva... o forse si stava *(stesse)* lavando i denti...
5 – Alle quattro *(ore)* del mattino *(dell'alba)*? Per fare un rumore del genere *(di-quelli)* dovrebbe lavarseli *(era necessario che lavasse)* con un trapano...
6 – Allora cosa vuoi che sia? Il fantasma di servizio?

61 / Sexagésima primeira lição

7 – Sei lá! Eu não acredito neles, mas pode muito bem ser que [2] eles existam!… Ouviste agora? Parecia uma porta a ranger… Ai, João, não aguento mais. Sinto os cabelos a porem-se em pé [3]…

8 – Porque é que não te penteias e não se fala mais do assunto!

7 … i**Sish**tawⁿ … ow**visht**^e ^a**gOr**^a … rraⁿ**jer**

Note

2 pode ser que, *può darsi che*. Notate che questa espressione è sempre seguita dal congiuntivo, come anche **talvez**, *forse* (v. frase 4; in italiano *forse* si costruisce con l'indicativo). **Pode ser que chova**, *Può darsi che piova*; **talvez chova**, *forse piove*.

***

Exercício 1 – Traduzir

❶ O António faz muito barulho a ressonar. ❷ O João não acordou pois não ouviu barulho nenhum. ❸ Ele queria que o deixassem dormir em paz. ❹ Mas a mulher tinha medo. Pensava que talvez fosse um fantasma. ❺ Mesmo que ele lavasse os dentes com uma broca não podia fazer tanto barulho. ❻ Ela sentia os cabelos a porem-se em pé. Estava a tremer.

***

Exercício 2 – Completar

❶ Forse qualcuno stava russando o lavando[si] i denti.
Talvez alguém ……… a ressonar ou a ….. os dentes.

❷ Forse è un fantasma.
Talvez seja um ……….

❸ In fin dei conti, può benissimo darsi che esistano.
Afinal …. muito bem ser que eles ……..

❹ João non sentiva niente di particolare né sentiva i capelli rizzarsi *(a mettersi in piede)*.
João não ….. nada de especial nem …… os cabelos a …..-se em pé.

7 – Che ne so *(So là)*! Non credo ai fantasmi *(in-essi)* ma può benissimo darsi che esistano! Hai sentito ora? Sembrava una porta che cigolava... Ah, João, non ce la faccio *(sopporto)* più. Mi si stanno rizzando i capelli *(Sento i capelli a mettersi in piede)*...

8 – Perché non ti pettini e non ne parliamo più *(non si parla più dell'argomento)*?

---

3 a **porem-se em pé**, *mi si rizzano*. Si tratta di un infinito personale coniugato con il pronome riflessivo. Ecco la coniugazione completa: **pôr-me, pores-te, pôr-se, pormo-nos, porem-se.**

***

Soluzioni dell'esercizio 1

❶ António fa molto rumore russando. ❷ João non [si] svegliò perché non sentì nessun rumore. ❸ Lui voleva che lo lasciassero dormire in pace. ❹ Ma sua *(la)* moglie aveva paura. Pensava che potesse essere *(forse fosse)* un fantasma. ❺ Neppure lavandosi *(Anche che lavasse)* i denti con un trapano avrebbe potuto *(non poteva)* fare tanto rumore. ❻ Lei sentiva rizzarsi i capelli in testa *(i capelli a mettersi in piede)*. Stava tremando.

***

❺ Ciò che voleva, era che lo lasciassero dormire, dato che stava cascando dal sonno.

O que ...... era .... deixassem dormir pois estava a .... de sono.

Soluzioni dell'esercizio 2

❶ – estivesse – lavar – ❷ – fantasma ❸ – pode – existam ❹ – ouvia – sentia – porem – ❺ – queria – que o – cair –

Seconda ondata: 12ª lezione

Sexagésima segunda lição

Quem diria [1]...

1 – Quem diria que, um dia, eu ganharia ao totobola...
2 – E que partiríamos, juntos, passar férias no Algarve.
3 – Se o Sporting não perdesse [2] com o Benfica eu não tinha ganho [3] nada.
4 – E como é que vamos? De carro ou de comboio [4]?
5 – De carro, não. A gasolina custa os olhos da cara [5] em Portugal.
6 – Não sejas forreta [6]. Acabaste de ganhar uma pequena fortuna e já estás a fazer economias.
7 – E se fôssemos de avião?
8 – Que ideia! Tenho medo de andar de avião.
9 – Não te preocupes. Eu compro-te um para-quedas!

Pronuncia

k^{a}y^n diri^a 1 ... tOtObOl^a 2 ... p^{a}rtiri^{a}muj ju^{n}tush ... 3 ... pErdess' kow^n u be^{n}fik^a ew naw^n tign^a gagnu ... 5 ... a g^{a}Sulin^a kusht^a uS Ogliush... 6 ... ikOnumi^{a}sh 7 ... foss^{e}mush ... 9 ... preOkup^{e}sh ...

Note

1 **quem diria**, letteralmente *chi direbbe*, è condizionale presente o semplice di **dizer** alla 3ª persona singolare. In italiano, in questo caso, preferiamo usare il condizionale passato (o composto): *chi [l']avrebbe detto*. L'intera coniugazione è: **diria, dirias, diria, diríamos, diriam**.

2 **perdesse** è congiuntivo imperfetto di **perder**, *perdere*, un verbo irregolare il cui indicativo presente è **perco, perdes, perde, perdemos, perdem**. Il congiuntivo presente di questo verbo deriva dalla prima persona dell'indicativo presente: **perca, percas, perca, percamos, percam**.

Sessantaduesima lezione

Chi l'avrebbe detto...

1 – Chi [l']avrebbe detto *(direbbe)* che un giorno avrei vinto al totocalcio...
2 – E che saremmo andati *(partiti)* insieme in vacanza *(passare vacanze)* in Algarve.
3 – Se lo Sporting non avesse perso con il Benfica, non avrei vinto niente.
4 – E come andiamo? In *(Di)* macchina o in *(di)* treno?
5 – In macchina no. La benzina costa un occhio della testa *(gli occhi della faccia)* in Portogallo.
6 – Non essere tirchio. Hai appena vinto una piccola fortuna e già stai facendo economia.
7 – E se andassimo in aereo?
8 – Che idea! Ho paura di viaggiare *(andare)* in aereo.
9 – Non preoccuparti. Ti compro un paracadute!

---

3 **não tinha ganho**, *non aveva guadagnato* è un trapassato prossimo, alla prima persona singolare, usato con valore di condizionale passato. Come ormai ricorderete, il condizionale propriamente detto in portoghese è poco frequente e ha una sfumatura più enfatica. Prestate inoltre attenzione al participio contratto **ganho** (invece di **ganhado**).

4 I verbi relativi ai mezzi di trasporto sono seguiti dalla preposizione **de**. Esempi: **ir de carro**, **vir de avião**, **chegar de barco**. Eccezioni: **ir a pé**, **partir a cavalo**.

5 **custar os olhos da cara**, *costare un occhio*. Notate che *caro / cara* si dice **caro / cara**... da non confondere con **o carro**, *la macchina*, né con **a cara**, *il viso*.

6 **forreta**, *tirchio/a*; alcuni aggettivi che terminano in **-a** valgono per entrambi i generi: **palerma**, *sciocco/a*; **idiota**, *idiota* ecc.

duzentos e quarenta e seis • 246

Exercício 1 – Traduzir

❶ Eles acabaram de ganhar uma pequena fortuna ao totobola. ❷ Se o Sporting tivesse ganho eles não tinham tido sorte. ❸ Talvez o Sporting não perca no próximo domingo. Veremos. ❹ Se formos já para o aeroporto ainda apanhamos o avião. ❺ Se eu tivesse muito dinheiro comprava-te um avião.

Exercício 2 – Completar

❶ Se il Benfica non avesse vinto neanch'io avrei vinto.
Se o Benfica não .... eu também não ..... ganho.

❷ Se andremo in aereo dovrai *(hai di)* comprarmi un paracadute.
.... de avião .... de me comprar um para-quedas.

❸ Ha appena vinto una piccola fortuna e già sta facendo economia.
Ele ...... ganhar uma pequena .... e já está ...... economias.

❹ Se la benzina non costasse un occhio della testa *(faccia)* andremmo in macchina.
Se a gasolina não .... os olhos da .... íamos de
..... .

❺ Non credeva di aver *(che aveva)* guadagnato tanti soldi.
Ele não acreditava que tinha ..... tanto ....

Sexagésima terceira lição

Revisão – Ripasso

1 Il passato remoto *(pretérito perfeito simples)*

Nelle ultime lezioni abbiamo incontrato diversi verbi irregolari al passato remoto: facciamo un breve ripasso.

Soluzioni dell'esercizio 1

❶ Hanno appena vinto una fortuna al totocalcio. ❷ Se lo Sporting avesse vinto non sarebbero stati fortunati *(avevano avuto fortuna)*. ❸ Forse lo Sporting non perderà domenica prossima. Vedremo. ❹ Se andiamo subito all'aeroporto, ce la facciamo a prendere *(ancora prendiamo)* l'aereo. ❺ Se avessi molti soldi, ti comprerei *(compravo)* un aereo.

Soluzioni dell'esercizio 2

❶ – ganhasse – tinha – ❷ Se formos – tens – ❸ – acaba de – fortuna – a fazer – ❹ – custasse – cara – carro ❺ – ganho – dinheiro

Seconda ondata: 13ª lezione

Sessantatreesima lezione

fazer	ver	ser	estar	ter
fiz	vi	fui	estive	tive
fizeste	viste	foste	estiveste	tiveste
fez	viu	foi	esteve	teve
fizemos	vimos	fomos	estivemos	tivemos
fizeram	viram	foram	estiveram	tiveram

Manter (v. lezione 58, nota 5), **obter** (v. lezione 57, nota 3), **conter** ecc. si coniugano secondo il modello di **ter**.

2 L'indicativo futuro semplice *(futuro do indicativo)*

Per i verbi regolari basta aggiungere all'infinito del verbo le desinenze **-ei**, **-ás**, **-á**, **-emos**, **-ão**. La maggior parte dei verbi irregolari segue la stessa regola; alcuni hanno forme contratte: **fazer**, **dizer** e **trazer**.

fazer	dizer	trazer
farei	direi	trarei
farás	dirás	trarás
fará	dirá	trará
faremos	diremos	traremos
farão	dirão	trarão

Quando si coniuga al futuro un verbo accompagnato da un pronome, questo viene collocato tra la radice del verbo e la desinenza. Esempi: **comprá-lo-ei** (= comprarei + o = comprar + o + ei), *lo comprerò*; **comê-lo-ás** (= comerás + o), *lo mangerai*; **vesti-lo-á** (= vestirá + o), *lo vestirà*; **pô-lo-á** (= porá + o), *lo metterà* (v. lezione 58, nota 3). Nei verbi che hanno forme contratte il meccanismo è lo stesso: **fá-lo-ei**, *lo farò*; **di-lo-ei**, *lo dirò*; **trá-lo-ei**, *lo porterò* (lez. 57, nota 2).

3 Il condizionale

3.1 Il condizionale presente (o semplice)

• Come il futuro, il condizionale si forma aggiungendo all'infinito del verbo le desinenze **-ia**, **-ias**, **-ia**, **-íamos**, **-iam**, tranne nei verbi che hanno forme contratte: **fazer**, **dizer** e **trazer**.

fazer	dizer	trazer
faria	diria	traria
farias	dirias	trarias
faria	diria	traria
faríamos	diríamos	traríamos
fariam	diriam	trariam

• Il condizionale semplice esprime una sfumatura di probabilità, di incertezza, di ipotesi ecc. (v. lezione 62).
Esempi:
Quem seria o culpado?, *Chi sarà (sarebbe) il colpevole?*
Que farias tu se estivesses no lugar dele?, *Cosa faresti se fossi al suo posto?* (improbabile)
Nella lingua corrente è spesso sostituito dall'imperfetto indicativo.

• Nei verbi accompagnati da un pronome, come avviene per il futuro, il pronome è preceduto dalla radice del verbo e seguito dalla desinenza del condizionale, sempre fra due trattini e con le opportune modifiche ortografiche.
Esempi: **vê-lo-ia,** *lo vedrei*; **fá-lo-ia**, *lo farei*; **di-lo-ias**, *lo diresti*; **trá-lo-íamos**, *lo porteremmo* (v. lezione 57, nota 2).

3.2 Il condizionale passato (o composto)

Questo tempo composto si forma con il condizionale presente del verbo ausiliare **ter** e il participio passato del verbo da coniugare.

falar	comer	partir
teria falado	teria comido	teria partido
terias falado	terias comido	terias partido
teria falado	teria comido	teria partido
teríamos falado	teríamos comido	teríamos partido
teriam falado	teriam comido	teriam partido

In portoghese il condizionale passato ha un utilizzo limitato ad alcuni contesti specifici; altrimenti si preferisce usare il trapassato prossimo indicativo (v. lezione 60, nota 4).
Esempi:
Que é que ela teria dito para ele estar tão zangado?, *Che cosa avrà (avrebbe) detto per farlo arrabbiare così tanto (per lui essere tanto arrabbiato)?*
Eles teriam chegado antes de nós?, *Saranno (Sarebbero) arrivati prima di noi?*

4 Il futuro anteriore

Si forma con il futuro semplice dell'ausiliare **ter** e il participio passato del verbo da coniugare.

falar	comer	partir
terei falado	terei comido	terei partido
terás falado	terás comido	terás partido
terá falado	terá comido	terá partido
teremos falado	teremos comido	teremos partido
terão falado	terão comido	terão partido

5 I participi irregolari e doppi

Il participio passato di alcuni verbi portoghesi è irregolare. È il caso di **fazer** – **feito** (*fatto*), **dizer** – **dito** (*detto*), **ver** – **visto** (*visto*), **vir** – **vindo** (*venuto*), **pôr** – **posto** (*messo / posto*).
Altri participi, invece, hanno una doppia forma: una regolare e una irregolare, contratta. È il caso di **acender** – **acendido** e **aceso** (*acceso*), **aceitar** – **aceitado** e **aceite** (*accettato*), **morrer** – **morrido** e **morto** (*morto*), **salvar** – **salvado** e **salvo** (*salvato*), **ganhar** – **ganhado** e **ganho** (*vinto*) ecc. Generalmente, la forma contratta è usata come aggettivo o nella forma passiva, mentre quella regolare rientra nella formazione dei tempi composti.

6 Verbi irregolari al congiuntivo

• Abbiamo incontrato alcuni verbi irregolari al congiuntivo presente:

saber	perder	ouvir	pôr
saiba	perca	ouça	ponha
saibas	percas	ouças	ponhas
saiba	perca	ouça	ponha
saibamos	percamos	ouçamos	ponhamos
saibam	percam	ouçam	ponham

• Abbiamo inoltre visto alcuni verbi irregolari al congiuntivo imperfetto. Questo tempo viene utilizzato in subordinate che dipendono da un verbo principale al passato remoto o all'imperfetto.

Esempi:
Ela queria que eu fizesse este trabalho,
Lei voleva / vorrebbe che io facessi questo lavoro.
Eu não pensei que ele pudesse vir,
Non pensavo che potesse venire.
Não queria que ela soubesse,
Non volevo / vorrei che lei [lo] sapesse.

fazer	poder	estar
fizesse	pudesse	estivesse
fizesses	pudesses	estivesses
fizesse	pudesse	estivesse
fizéssemos	pudéssemos	estivéssemos
fizessem	pudessem	estivessem

saber	perder
soubesse	perdesse
soubesses	perdesses
soubesse	perdesse
soubéssemos	perdéssemos
soubessem	perdessem

7 *haver de*

Questa costruzione può corrispondere a un futuro (con idea di speranza o intenzione), o anche a un modo per esprimere il dovere, con una sfumatura di necessità. Nei testi pubblicati prima dell'entrata in vigore dell'Accordo Ortografico del 1990, le persone monosillabiche (ossia tutte tranne la prima plurale) sono unite da un trattino alla preposizione **de**: es. **hei-de**.

falar	comer	partir
hei de falar	hei de comer	hei de partir
hás de falar	hás de comer	hás de partir
há de falar	há de comer	há de partir
havemos de falar	havemos de comer	havemos de partir
hão de falar	hão de comer	hão de partir

Diálogo de revisão

1 – Onde se terá metido a nossa amiga? Ter-se-á perdido?
2 – Se ela soubesse o caminho, não se teria perdido.
3 – Ouçam-me com atenção e não percam o comboio.
4 – Quando ela aqui chegar, já teremos partido.
5 – Hei de ficar à espera dela.
6 – No seu lugar não faria tal coisa. É tarde e temos fome.
7 – Quem teria comido o bolo todo?
8 – Se soubéssemos que não havia lanche não partíamos!

Sexagésima quarta lição

Um elétrico chamado Prazeres

1 – Por favor, qual é o percurso deste elétrico?
2 – Parte da Baixa, passa pelo Chiado, São Bento e Estrela, e vai até aos Prazeres.
3 – Então, dê-me um bilhete [1] até ao fim da linha. Acho [2] o nome tão bonito…

Pronuncia

… il**E**triku sh^a**ma**du pr^a**Se**r^{e}sh 2 … 'sh**tre**l^a … 3 … bi**gl**^{i}et' …

Note

[1] Ecco un po' di vocaboli relativi ai mezzi di trasporto pubblico: **um bilhete**, *un biglietto*; **uma caderneta**, *un blocchetto*; **um módulo**; *un*

Traduzione

1 Dove sarà finita *(si sarà messa)* la nostra amica? Si sarà persa? **2** Se sapesse la strada *(il cammino)*, non si sarebbe persa. **3** Ascoltatemi con attenzione e non perdete il treno. **4** Quando arriverà *(lei qui arrivare)*, saremo già partiti/e. **5** La aspetterò *(Ho da restare alla sua attesa)*. **6** Al suo posto non farei una cosa del genere *(tale cosa)*. È tardi e abbiamo fame. **7** Chi avrà mangiato tutta la torta? **8** Se avessimo saputo *(sapessimo)* che non ci sarebbe stata [una] merenda non saremmo partiti/e!

Seconda ondata: 14ª lezione

Sessantaquattresima lezione

Un tram che si chiama Prazeres *(Piaceri)*

1 – Scusi *(Per favore)*, qual è il percorso di questo tram *(elettrico)*?

2 – Parte dalla Baixa, passa attraverso [i quartieri] *(per-lo)* Chiado, São Bento e Estrela e va fino a Prazeres *(ai Piaceri)*.

3 – Allora mi dia un biglietto fino al capolinea *(alla fine della linea)*. Trovo il nome così bello...

---

biglietto di un blocchetto; **um passe**, *un abbonamento;* **picar**, *obliterare / convalidare;* **pagar multa**, *pagare [la] multa;* **revisor**, *controllore.*

2 **achar**, *trovare / credere / ritenere.* Ad esempio: **acho que amanhã vai chover**, *credo che domani pioverà.*

4 – Faz favor [3]. É um euro e vinte.
5 – Desculpe, mas não tenho trocado [4]. Só tenho esta nota de vinte.
6 – Não faz mal. Aqui está o troco.
7 – O senhor já me deu [5] o bilhete?
8 – Já lho dei, sim. A senhora tem-no na mão.
9 – Ah, desculpe. Venho carregada [6] com tantos embrulhos que nem sei o que trago nas mãos.
(continua)

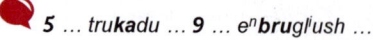

5 ... tru**ka**du ... **9** ... eⁿ**brug**l*ush ...

Note

3 **faz favor** (lett. fa favore) significa, come sapete, *per favore*: la forma completa sarebbe **se faz favor**. Quest'espressione, resa in questa frase con *prego*, può essere usata sia dal cliente che vuole chiedere qualcosa, sia da parte dell'addetto al quale si sta facendo la richiesta.

4 **não tenho trocado**, *non ho spiccioli*. Prestate attenzione alla differenza fra **trocado**, *spiccioli* e **troco**, *resto*.

5 **deu** è passato remoto del verbo irregolare **dar**, *dare*, alla 3ª pers. sing. La coniugazione completa è **dei, deste, deu, demos, deram**.

***

Exercício 1 – Traduzir

❶ Aquele eléctrico partia da Baixa e ia até aos Prazeres. ❷ Até ao fim da linha é um bilhete se não tiver passe. ❸ Se quiser um bilhete eu dou-lho. Mas é um euro e vinte. ❹ Veja se tem trocado. ❺ Ai que maçada! Perdi o meu bilhete! Não sei onde o pus. ❻ A senhora vem tão carregada. Porque traz tantos embrulhos? ❼ Se eu não trouxesse estes embrulhos não se comia lá em casa! ❽ Ah! Já encontrei o bilhete!

Sessantaquattresima lezione / 64

4 – Prego *(Fa favore)*. **Costa** *(È)* **un euro e venti.**
5 – **[Mi] scusi, ma non ho spiccioli** *(scambiato)*. **Ho solo questa banconota da venti.**
6 – **Non fa niente** *(male)*. **Ecco il resto.**
7 – **Mi ha già dato il biglietto?**
8 – **Sì, gliel'ho già dato. Ce l'ha in mano.**
9 – **Ah, scusi. Sono così carica di** *(Vengo caricata con tanti)* **pacchi che non so neppure che cosa ho in mano** *(porto nelle mani)*. **(segue)**

6 **venho carregada**, *sono carica*, letteralmente *vengo caricata*. Il verbo di movimento **vir** può essere talvolta usato con funzione di ausiliare, per descrivere due eventi simultanei (nel caso specifico, l'arrivo sul tram della signora e il fatto che è carica).

***

Soluzioni dell'esercizio 1

❶ Quel tram partiva dalla Baixa e andava fino a*(i)* Prazeres. ❷ [Per andare] fino al capolinea ci vuole *(è)* un biglietto, se non ha un abbonamento. ❸ Se vuole un biglietto glielo do, ma costa un euro e venti. ❹ Veda [un po'] se ha [degli] spiccioli. ❺ Che barba! Ho perso il biglietto! Non so dove l'ho messo. ❻ La signora è così carica. Perché porta *(così)* tanti pacchi? ❼ Se non portassi questi pacchi, non si mangerebbe *(là)* a casa! ❽ Ah, ho *(già)* trovato il biglietto!

Exercício 2 – Completar

❶ [Mi] scusi, sono *(vengo)* molto carica e vorrei sedermi.
Desculpe, venho .... e queria ......-...

❷ Per favore, mi dia un biglietto per Estrela. Quanto fa?
Por favor, ..-.. um bilhete para a Estrela. ...... é?

❸ Costa *(È)* un euro e venti, se non ha [l']abbonamento. Non ha spiccioli?
. um euro ......, se não ..... passe. Não tem ....?

❹ Ho solo questa banconota. Non ha il resto?
Só ..... esta ..... O senhor não tem .....?

❺ Se avessi il resto, glielo darei *(gliela cambiavo)*, ma non ce l'ho. Dovrà *(Ha di)* aspettare.
Se ...... troco, trocava-... mas não tenho. ... de esperar.

❻ Lei non sa dove ha messo il biglietto, ma *(e)* ce l'ha in mano.
Ela não .... onde pôs o bilhete e tem- .... mão.

❼ Come mai *(Perché sarà che lei)* porta tanti pacchi? Sarà *(Avrebbe)* andata a fare acquisti?
Porque .... que ela .... tantos embrulhos? ..... ido às compras?

65

Sexagésima quinta lição

Um elétrico chamado Prazeres (continuação)

1   A senhora senta-se ao pé da janela e mete conversa com outro passageiro:
2 – É a primeira vez que visito Lisboa e estou encantada.

Pronuncia
2 ... eⁿkaⁿtadᵃ

Soluzioni dell'esercizio 2

❶ – muito carregada – sentar-me ❷ – dê-me – Quanto – ❸ É – e vinte – tiver – trocado ❹ – tenho – nota – troco ❺ – tivesse – lha – Tem – ❻ – sabe – no na – ❼ – será – traz – Teria –

*Il tragitto a cui il dialogo fa riferimento è noto per essere particolarmente accidentato. Attraversa lo **Chiado**, nel cuore di Lisbona (in un punto particolarmente elevato) e poi l'antico quartiere di **São Bento**, ai piedi di una collina. Per raggiungere **Estrela**, caratterizzata da un'imponente basilica, bisogna nuovamente salire, mentre **Prazeres**, ancora più in alto, è ormai al limite della città.*
*Il tram (**elétrico**), vero e proprio simbolo di Lisbona, è il mezzo di trasporto ideale per chi vuole apprezzare appieno questa città, soprattutto se il tempo è bello. Il lato negativo è che spesso bisogna aspettare parecchio, a causa del fatto che ne sono rimasti pochi: oggi sono stati in larga parte sostituiti dagli autobus. Sugli stretti marciapiedi del centro storico si formano regolarmente lunghe file di persone in attesa (ormai parte integrante del paesaggio urbano!), file peraltro ordinatissime e da rispettare senza fare i "furbi" (questo vale anche per gli autobus, si sale uno per volta in fila indiana). I tram, in particolare, sono sempre pieni e, a causa dei continui saliscendi della città, bisogna sempre reggersi saldamente. La metropolitana, presente sia a Lisbona che a Porto, funziona molto bene, anche se raggiunge solo alcuni punti delle due città.*

Seconda ondata: 15ª lezione

Sessantacinquesima lezione

Un tram che si chiama Prazeres (seguito)

1 La signora si siede vicino *(al piede)* al finestrino e [si] mette a conversare *(mette conversazione)* con un altro passeggero:
2 – È la prima volta che visito Lisbona e [ne] sono incantata.

65 / Sexagésima quinta lição

3 – Não é feia... mas a senhora conhece o Porto [1]?
4 – Ah, pelos vistos o senhor é de lá.
5 – Devo confessar que sim. Olhe! É aqui o Chiado.
6 – Mas eu pensava que o incêndio tinha destruído [2] tudo...
7 – Não. Isso foi exagero. O fogo apenas destruiu um ou dois quarteirões. Mas não se vê daqui.
8   Meia-hora... ou uma hora mais tarde, consoante o tráfego [3]:
9 – Bem, chegámos ao fim da linha. Bom dia e boa estadia.
10 – Mas onde é que estão os Prazeres [4]?
11 – Ficam [5] ali adiante. É o cemitério.

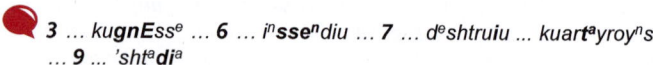

3 ... ku**gnE**ss^e ... 6 ... i^n**sse**^n diu ... 7 ... d^e shtruiu ... kuart^a yroy^n sh ... 9 ... 'sht^a di^a

Note

1 **o Porto**, città del nord del Portogallo con un'intensa attività marittima e fluviale, è situata nella provincia del **Douro**, famosa per i suoi vigneti. Il ruolo storico di Porto, la seconda città portoghese per dimensioni e importanza, si è spesso rivelato determinante. Si usa mettere l'articolo determinativo davanti a quei nomi di città che, originariamente, erano nomi comuni: **o Porto**, *il porto*; **a Baía (a Bahia)**, *la baia*; **o Rio de Janeiro**, *il fiume di gennaio*; **o Recife**, *la scogliera*.

2 **destruído**, participio passato di **destruir**, ha un accento grafico che serve a separare il dittongo **ui** e a indicare la vocale tonica.

3 Dal momento che in questa zona della città il traffico è molto intenso e le vie sono strette, spesso ci vuole molto tempo per arrivare a destinazione.

4 **Prazeres**, *Piaceri* è sia il nome del quartiere che del cimitero. È curioso notare che tra tanti nomi propri femminili legati alla religione (**Maria do Carmo, Maria do Céu, Maria dos Anjos**) esista pure **Maria dos Prazeres**.

Sessantacinquesima lezione / 65

3 – Non è brutta... ma conosce (il) Porto?
4 – Ah, a quanto pare (per-i visti) lei è di quella città (là).
5 – Sì, lo ammetto (Devo confessare che sì). Guardi! Siamo nello (È qui lo) Chiado.
6 – Ma credevo (pensavo) che l'incendio avesse (aveva) distrutto tutto...
7 – No, è stata un'esagerazione. Il fuoco ha distrutto solo uno o due isolati. Ma non si vede [nulla] da qui.
8 Mezz'ora... o un'ora più tardi, a seconda del traffico:
9 – Bene, siamo arrivati al capolinea. Buona giornata e buona permanenza.
10 – Ma dove si trova Prazeres (sono i Piaceri)?
11 – È là (Sono lì davanti). È il cimitero.

5 Ricordatevi (v. lezione 28, § 7) che il verbo **ficar** ha il significato di *essere (situato/a) / trovarsi*, quando indica una localizzazione permanente: **o cemitério fica aqui**, *il cimitero è qui*; **onde fica a casa do António?**, *dove si trova la casa di António?*

65 / Sexagésima quinta lição

▶ Exercício 1 – Traduzir

❶ Era a primeira vez que a senhora visitava Lisboa. Estava encantada. ❷ Ela não conhecia o Porto e o outro passageiro era de lá. ❸ Se o incêndio tivesse destruído tudo já não se podia passear no Chiado. ❹ Ela não sabia que o fogo só tinha destruído um ou dois quarteirões. ❺ Se a senhora for ao Porto há de visitar a Ribeira. ❻ Se ela soubesse que os Prazeres eram um cemitério ficava muito espantada. ❼ Mas ela só o saberá quando lá chegar. ❽ Gostava de ver a cara dela quando souber.

Exercício 2 – Completar

❶ Il passeggero che parlava con la signora era di Porto.
O passageiro .... com a senhora ... do Porto.

❷ Aveva chiesto un biglietto fino al capolinea a causa del nome.
Ela tinha ...... um bilhete para o fim da ..... por causa do nome.

❸ Se avesse saputo che "os Prazeres" era un cimitero, non [ci] sarebbe andata/o *(aveva andato)*.
Se .... sabido que os Prazeres .... um cemitério não tinha ....

❹ Pensavano che l'incendio avesse *(aveva)* distrutto tutte le case e [i] negozi.
Eles pensavam que o incêndio tinha .... as casas e ......

❺ Per quale motivo avrà *(Perché sarà che ha-)* chiesto un biglietto per Prazeres? Sapeva *(Saprebbe)* cosa fosse *(era)*?
Porque .... que ela ..... um bilhete para os Prazeres? .... o que era?

❻ Da quello che vedo, non è stato tutto distrutto dal fuoco.
.... nem tudo foi destruído pelo .....

Soluzioni dell'esercizio 1

❶ Era la prima volta che la signora visitava Lisbona. Era incantata.
❷ Non conosceva *(il)* Porto e l'altro passeggero era di quella città. ❸ Se l'incendio avesse distrutto tutto non avrebbero più *(ormai)* potuto passeggiare nello Chiado. ❹ Non sapeva che il fuoco avesse *(aveva)* distrutto soltanto uno o due isolati. ❺ Se va a Porto, deve *(ha di)* visitare la Ribeira. ❻ Se lei sapesse che *(i)* Prazeres è *(erano)* un cimitero, ne rimarrebbe molto sorpresa. ❼ Ma lo saprà solo quando ci sarà arrivata *(là arrivare)*. ❽ Mi piacerebbe vedere la sua faccia quando [lo verrà a] sapere.

Soluzioni dell'esercizio 2

❶ – que falava – era – ❷ – pedido – linha – ❸ – tivesse – eram – ido ❹ – destruído todas – lojas ❺ – será – pediu – Saberia – ❻ Pelos vistos – fogo

*Nell'agosto del 1988 scoppiò un incendio in uno dei negozi più importanti dello **Chiado**. Le fiamme si propagarono rapidamente, distruggendo numerosi negozi e immobili ai quali la popolazione era molto legata a causa del loro valore storico e delle tradizioni che rappresentavano. Sono stati in seguito parzialmente ricostruiti anche grazie all'intervento del carismatico architetto Álvaro Siza Vieira, creatore del museo Serralves di Porto e del padiglione del Portogallo all'Expo '98 di Lisbona.*

Seconda ondata: 16ª lezione

Sexagésima sexta lição

Os descobrimentos [1]

1 – Hoje a aula [2] vai ser sobre os descobrimentos. Espero que todos tenham estudado [3] a lição e saibam as respostas na ponta da língua. Manuelzinho, quem é que descobriu o Brasil?
2 – Eu não fui, minha senhora.
3 – Então, menino [4], não tem vergonha de dar uma resposta dessas...
4 – Já lhe disse, minha senhora, não tenho nada a ver com isso.
5 – Que disparate! Queixar-me-ei [5] ao seu pai.
6   A professora vai falar com o pai do Manuel:
7 – Calcule que perguntei ao seu filho quem tinha descoberto [6] o Brasil e ele teve a ousadia de me responder que não tinha sido ele...

Pronuncia
... d^e shkubri**me**^n tush 1 ... r^e sh**pOsh**tash ...5 ... k^ay**shar**mi^ay ... 6 ^a pruf^e **sso**r^a ... k^a L**ku**l^e ... ow**S**^a**di**^a ...

Note

1 **descobrimento**, *scoperta*, termine relativo a territori e rotte marittime.

2 In portoghese, **aula** significa soprattutto *lezione* e *corso*, oltre che *aula* o *classe*; **lição** è *lezione* nel senso di unità di apprendimento o di rimprovero.

3 **tenham estudado**, *abbiate / abbiano studiato* è il congiuntivo passato di **estudar** alla terza persona plurale; **saibam** (riga seguente) è una forma del congiuntivo presente, qui introdotto dal verbo **esperar**.

4 **menino** e **menina** implicano – come **senhor** e **senhora** – l'uso della forma di cortesia e di conseguenza del verbo alla 3ª persona.

263 • duzentos e sessenta e três

Sessantaseiesima lezione

Le scoperte

1 – Oggi la lezione sarà sulle scoperte. Spero che abbiate tutti studiato *(la lezione)* e sappiate le risposte a menadito *(nella punta della lingua)*. Manuelzinho, chi ha scoperto il Brasile?
2 – Io non sono stato, *(mia)* signora.
3 – Be', *(ragazzo)* non ti vergogni *(ha vergogna)* di dare una risposta del genere *(di-codeste)*...
4 – Le ho già detto, *(mia)* signora, [che] non ho niente a che vedere con questa storia *(codesto)*.
5 – Che stupidaggine! Mi lamenterò con *(al)* tuo padre.
6   La professoressa parla con il padre di Manuel:
7 – Si figuri che ho chiesto a suo figlio chi avesse *(aveva)* scoperto il Brasile e ha avuto la sfacciataggine *(audacia)* di rispondermi che non era stato lui...

5 queixar-me-ei, *mi lamenterò*. Come abbiamo visto, quando il futuro è accompagnato da un pronome riflessivo o complemento, quest'ultimo si trova tra la radice e la desinenza.

6 tinha descoberto, *aveva scoperto* è il trapassato prossimo di **descobrir**. Il suo participio, **descoberto**, è irregolare come per i verbi **cobrir**, *coprire* e **abrir**, *aprire*, i cui rispettivi participi sono **coberto** e **aberto**.

8 – Minha senhora, o meu filho poderá ter muitos defeitos – preguiçoso, mau aluno, indisciplinado – mas não é mentiroso. Se lhe disse que não era ele é porque, se calhar [7], a culpa não é mesmo dele.

8 ... pr^{e}ghi**sso**Su ... i^{n}dish**ss**ipli**na**du ... ss^e k^a**gl**i^{a}r ...

Note

7 se calhar è un'espressione familiare molto utilizzata che significa *probabilmente / forse*. Letteralmente **calhar** vuol dire *capitare / succedere*.

***

Exercício 1 – Traduzir

❶ Ontem a aula foi sobre os descobrimentos portugueses. ❷ Mas os alunos não tinham estudado e por isso não sabiam responder. ❸ O Manuelzinho não sabia quem tinha descoberto o Brasil. ❹ Ele só soube dizer que não tinha sido ele. É incrível! ❺ A professora disse-lhe que se queixaria ao pai do menino. ❻ Se ela soubesse que o pai também não sabia, não tinha ido falar com ele. ❼ Pois ele disse que o filho poderia ter muitos defeitos mas não era mentiroso.

Exercício 2 – Completar

❶ Chi ha *(Da chi è-stato)* scoperto il Brasile? Allora? Non rispondete?
Por quem foi .... o Brasil? Então? Não .... ?

❷ Se sapessi chi ha *(aveva)* scoperto il Brasile, risponderei.
Se eu .... quem ..... descoberto o Brasil, ...

❸ Pedro Álvares Cabral scoprì il Brasile nel 1500, [lo] sapevate?
Pedro Álvares Cabral .... o Brasil em 1500 [1], ... ?

❹ Cosa fece Ferdinando Magellano?
Que ... Fernão de Magalhães?

❺ Forse fece *(abbia fatto)* il primo viaggio di circumnavigazione.
Talvez tenha ..... a primeira viagem de circum-navegação.

Sessantaseiesima lezione / 66

8 – *(Mia)* **signora, mio figlio potrà avere molti difetti [ed essere] un cattivo alunno, pigro, indisciplinato, ma non è [un] bugiardo. Se le ha detto che non non è stato** *(era)* **lui è perché, molto probabilmente, la colpa non è affatto sua.**

***

Soluzioni dell'esercizio 1

❶ Ieri la lezione è stata sulle scoperte portoghesi. ❷ Ma gli alunni non avevano studiato e per questo non sapevano rispondere. ❸ Il piccolo Manuel non sapeva chi avesse *(aveva)* scoperto il Brasile. ❹ Ha saputo solamente dire che non era stato lui. È incredibile! ❺ La professoressa gli disse che si sarebbe lamentata con suo padre *(al padre del ragazzo)*. ❻ Se avesse saputo che neanche il padre [lo] sapeva, non avrebbe parlato *(non avrebbe andato parlare)* con lui. ❼ Perché lui disse che il figlio poteva *(potrebbe)* avere molti difetti, ma non era [un] bugiardo.

❻ **Cristoforo Colombo scoprì l'America credendo** *(giudicando)* **[di] aver scoperto** *(scoprire)* **l'India.**
 Cristóvão Colombo .... a América .... descobrir a Índia.

[1] In portoghese con gli anni non si usano né l'articolo, né le preposizioni articolate.

Soluzioni dell'esercizio 2

❶ – descoberto – respondem ❷ – soubesse – tinha – respondia ❸ – descobriu – sabiam ❹ – fez – ❺ – feito – ❻ – descobriu – julgando –

Seconda ondata: 17ª lezione

67

Sexagésima sétima lição

Diz-me com quem andas, dir-te-ei quem és

1 – A avó telefonou e disse que lhe ligasses [1].
2 – Falar-lhe-ei logo que puder [2]. Primeiro tenho de procurar um certo livro... Pu-lo [3] num sítio qualquer, mas não me lembro onde.
3 – Ainda bem que me lembras! Ela também pediu que lhe levasses [4] o livro que te emprestou.
4 – Justamente. Levá-lo-ei quando o encontrar.
5 – E que livro é?
6 – É um livro de karaté.
7 – Mas a avó anda a aprender [5] karaté? Deve estar completamente maluca!
8 – É por causa do avô. Ele, agora, julga que é cinturão negro!

Pronuncia
... dirti^{a}y k^{a}y^n esh 1 ... ^{a}vO ... 2 f^{a}largli^{a}y ... 3 ... e^{n}preshtow 4 jusht^{a}me^{n}t^e ...

Note

1 **disse** è passato remoto di **dizer**, *dire*. La subordinata concorda con la frase principale, dove compare il congiuntivo imperfetto. Presente = **diz que a chames**, *dice di chiamarla* (*che tu la chiami*); passato = **disse que a chamasses**, *ha detto di chiamarla* (*che tu la chiamassi*). **Ligar**, *chiamare / telefonare*, letteralmente *collegare*.

2 **logo que puder**, *appena possibile* (lett. *presto che potere*). Il tempo verbale qui utilizzato è il congiuntivo futuro di **poder**, *potere*, alla prima persona singolare. In questo caso dipende dal futuro che lo precede, **falar-lhe-ei**, con il quale concorda. Il congiuntivo futuro completo di **poder** è **puder, puderes, puder, pudermos, puderem** (da non confondere con l'infinito personale: **poder, poderes, poder, podermos, poderem**).

267 • **duzentos e sessenta e sete**

Sessantasettesima lezione

Dimmi con chi vai [e] ti dirò chi sei

1 – La nonna ha telefonato e ha detto di chiamarla *(che le collegassi)*.
2 – Parlerò con lei appena potrò. Prima devo cercare un *(certo)* libro… L'ho messo da qualche parte *(in-un posto qualunque)*, ma non mi ricordo dove.
3 – Meno male *(Ancora bene)* che me l'hai ricordato *(mi ricordi)*! Lei ha pure chiesto di portarle *(che le portassi)* il libro che ti ha prestato.
4 – Appunto. Glielo porterò quando l'avrò trovato.
5 – E che libro è?
6 – È un libro di karate.
7 – Ma la nonna sta imparando [il] karate? Dev'essere completamente pazza!
8 – È a causa del nonno. Lui, adesso, crede di essere cintura nera!

---

3 **pu-lo** è passato remoto di **pôr**, *mettere*, alla prima persona singolare, coniugato con il pronome **o**. Le altre persone sono: **puseste-o, pô-lo, pusemo-lo, puseram-no**.

4 **levar** significa *portare / portare via / trasportare / riportare* e indica un movimento di allontanamento dal parlante o dal luogo dove questi si trova; **trazer** vuole invece dire *portare / condurre / riportare* e indica un movimento di avvicinamento al parlante o al luogo dove questi si trova. Esempi: **ele traz-me o livro**, *lui mi porta / riporta il libro*; **ele leva-lhe o livro**, *lui gli/le porta / riporta il libro*.

5 **anda a aprender**, *sta imparando*. La costruzione **andar a** + infinito descrive un'azione prolungata nel tempo, come **estar a** + infinito, anche se in maniera meno puntuale rispetto a quest'ultima forma.

Exercício 1 – Traduzir

❶ Logo que chegar a casa telefonar-lhe-ei se não for tarde demais. ❷ Ela disse que tinha de procurar o número de telefone dele. ❸ Pensou que havia de encontrá-lo custasse o que custasse. ❹ Peço-te que lhe leves os livros que te emprestou. ❺ Eu pedi-lhe que me emprestasse outros e ele disse que não emprestava. ❻ Disseram-me que a tua avó andava a aprender karaté.

Exercício 2 – Completar

❶ Perché la nonna sta imparando [il] karate? – A causa del nonno.
Porque é que a … anda . aprender karaté? – Por ….. do ….

❷ Se mi restituissero i libri, li presterei.
Se me trouxessem os livros ……….-los- …

❸ Ma ho paura che non me li riportino. Non voglio perderli.
Mas tenho medo que não mos ……. Não quero ……-los.

❹ Per fortuna mi hai ricordato (ricordi) che devo cercare il libro.
Ainda bem que ………. que tenho de ……… o livro.

❺ Lo riporteremo quando lo avremo trovato. Ma non so dove possa (potrà) essere.
Levá-..-…. quando o encontrarmos. Mas não sei onde …… estar.

❻ Ti chiedo di riportarmi il libro che ti ho prestato, va bene?
Peço-te que me …… o livro que te ………, está bem?

❼ Se vuoi te lo porto domani. Forse oggi è (Oggi forse sia) tardi.
Se …….. levo-to amanhã. Hoje talvez …. tarde.

Soluzioni dell'esercizio 1

❶ Appena arriverò a casa gli/le telefonerò, se non sarà troppo tardi. ❷ *(Lei)* disse che doveva cercare il suo numero di telefono. ❸ Pensò che doveva *(aveva di)* trovarlo a ogni costo *(costasse quello che costasse)*. ❹ Ti chiedo di riportargli/le i libri che ti ha prestato. ❺ Gli ho chiesto di prestarme[ne] altri e lui ha detto che non [me li] avrebbe prestati. ❻ Mi hanno detto che tua nonna stava *(andava a)* imparando [il] karate.

Soluzioni dell'esercizio 2

❶ – avó – a – causa – avô ❷ – emprestá – ia ❸ – tragam – perdê – ❹ – me lembras – procurar – ❺ – lo-emos – poderá – ❻ – tragas – emprestei – ❼ – quiseres – seja –

Seconda ondata: 18ª lezione

Sexagésima oitava lição

O telefonema

1 – Está! É o avô?
2 – Não, minha senhora. Aqui, não há nenhum avô. Há um tio, uma prima e até um irmão, mas avós [1] não temos. Somos uma família modesta.
3 – Queira desculpar. Foi engano.
4 – A senhora não quer falar com a minha prima? Ela é muito divertida. É verdade que não chega aos calcanhares da minha cunhada, mas, por vezes, sai-se com boas [2]...
5 – Porque é que eu havia de falar [3] com a sua família?
6 – Eu só queria ser-lhe útil. Mas, pelos vistos, a senhora pensa que o seu avô é melhor que a minha prima. Faço uma aposta [4] como não. Talvez seja até pior... Os parentes mais chegados fazem-nos cada [5] partida...
7 – Mas eu não quero falar consigo... Qual é o seu número de telefone?
8 – Ah, isso não sei. Aqui nem há telefone.

Pronuncia
1 ... ªvo 2 ... ªvOsh ... 4 ... kªLkªgnaʳesh ...

Note
1 **avós**, *nonni*; al maschile singolare si usa **avô** (con l'accento circonflesso e quindi la **o** chiusa, [ªvo]), presente nel dialogo, mentre il femminile è **avó** [ªvO], con l'accento acuto e la **o** aperta (v. lezione 67).

271 • **duzentos e setenta e um**

Sessantottesima lezione

La telefonata

1 – Pronto? *(Sta!)* C'è il nonno?
2 – No, signora. Qui non c'è nessun nonno. Ci sono uno zio, una cugina e persino un fratello, ma non ci sono *(abbiamo)* nonni. Siamo una famiglia modesta.
3 – Le chiedo scusa *(Voglia scusare)*. Ho sbagliato numero *(Fu inganno)*.
4 – Non vuole parlare con mia cugina? È molto divertente. È [comunque] vero che non è al livello *(non arriva ai calcagni)* di mia cognata ma certe volte se ne esce con delle belle trovate *(esce-si con buone)*…
5 – Perché dovrei *(avevo di)* parlare con la sua famiglia?
6 – Volevo solo esserle utile. Ma, a quanto sembra, lei pensa che suo nonno sia *(è)* meglio di mia cugina. Scommetto che non è così *(Faccio una scommessa come no)*. Forse è persino peggio… I parenti più prossimi ci fanno certi scherzi…
7 – Ma io non voglio parlare con Lei… Qual è il suo numero di telefono?
8 – Ah, questo non [lo] so. Qui non abbiamo il *(nemmeno c'è)* telefono.

---

2 sai-se com boas, *se ne esce con delle belle trovate* è un'espressione colloquiale che, letteralmente, significa "si esce con buone". Un'espressione simile è **ela sai-se com cada uma**: *lei se ne esce con certe cose*…

3 havia de falar, particolare forma di condizionale costruita con **haver de** all'imperfetto più l'infinito. Si tratta di una struttura parallela a quella del futuro **hei de** (v. lezione 58).

4 faço uma aposta, *faccio una scommessa / scommetto*, si può anche dire **aposto**, dal verbo **apostar**.

5 cada, *ogni*, contiene qui un senso di stupore.

duzentos e setenta e dois • 272

Exercício 1 – Traduzir

❶ Havia muita gente naquela casa, mas não era a casa do avô. ❷ Ela queria falar com o avô e queriam que ela falasse com uma prima. ❸ Se ela tivesse querido falar com a cunhada tinha telefonado para casa dela. ❹ Se não houvesse telefone não tinha sido possível falar. ❺ O homem seria maluco?

Exercício 2 – Completar

❶ Io volevo parlare con mio nonno, ma è stata una cugina che mi ha risposto.
Eu ...... falar com o meu avô mas ... uma prima que me ....

❷ Dev'essere stato un errore, ma sembrava una conversazione tra *(di)* matti.
Deve ter sido um ...... mas .... uma conversa de ....

❸ [A quanto] sembra *(che)* la cugina era molto spiritosa *(divertente)* e *(che)* la cognata se ne usciva con delle trovate divertenti *(si usciva con buone)*.
Parece que a prima ... muito .... e que a .... se saía com boas.

❹ L'uomo voleva solo essergli/le utile.
O homem .... ser- ... útil.

❺ Qual è il suo numero di telefono?
...... seu ...... de telefone?

Sessantottesima lezione / 68

Soluzioni dell'esercizio 1
❶ C'era molta gente in quella casa, ma non era la casa del nonno. ❷ Lei voleva parlare con il nonno e [loro] volevano che parlasse con una cugina. ❸ Se lei avesse voluto parlare con la cognata, avrebbe chiamato a casa sua. ❹ Se non ci fosse il telefono non sarebbe *(era)* stato possibile parlare. ❺ L'uomo forse sarà *(sarebbe)* pazzo?

Soluzioni dell'esercizio 2
❶ – queria – foi – respondeu ❷ – engano – parecia – loucos ❸ – era – divertida – cunhada – ❹ – só queria – lhe – ❺ Qual é o – número –

Seconda ondata: 19ª lezione

duzentos e setenta e quatro • 274

69

Sexagésima nona lição

Uma receita de cozinha: carne de porco à alentejana [1]

1. Descascar 120 (cento e vinte) gramas de cebolas e cortá-las em rodelas finas.
2. Aquecer óleo num tacho e meter [2] as cebolas até dourarem [3] e, a seguir, 800 (oitocentas) gr. de carne de porco cortada em pedaços regulares.
3. Acrescentar vinho branco e tomate concentrado. Pôr sal e pimenta.
4. Cobrir o tacho e deixar cozer em lume brando durante duas horas.
5. Acrescentar, 10 minutos antes de servir, as amêijoas, a quantidade que desejar, que ficaram de molho durante o tempo de cozedura em água salgada a fim de serem cuidadosamente lavadas [4] da areia.
6. Ao ataque e bom apetite!

Pronuncia
1 d^eshk^ash**kar** ... 2 ... oytu**sse**ⁿt^ash ... 3 ^akreshsseⁿ**tar** ... 5 ... ^a**m**^a**y**ju^ash ..

Note

[1] **carne de porco à alentejana** è un semplice e delizioso piatto tipico della provincia dell'**Alentejo**, nel sud del Paese. È a base di carne di maiale e frutti di mare ed è solitamente accompagnato da patate. Non perdete l'occasione di assaggiarlo!

[2] In portoghese, gli equivalenti delle particelle di luogo italiane *ci* e *vi* (aí, lá) sono in genere omessi e sottintesi: **Vais ao teatro?**, *Vai a teatro?* – **Vou**, *[Sì, ci] vado*.

Sessantanovesima lezione

Una ricetta *(di cucina)*:
(carne di) maiale all'alentejana

1 Sbucciare 120 grammi di cipolle e tagliarle a rondelle sottili.
2 Scaldare [dell']olio in una padella e metter[vi] le cipolle fino a dorarle e poi 800 grammi di carne di maiale tagliata a tocchetti *(pezzi)* regolari.
3 Aggiungere vino bianco e concentrato di pomodoro. Salare e pepare.
4 Coprire la padella e lasciar cuocere a fuoco lento per due ore.
5 10 minuti prima di servire aggiungere le vongole, nella quantità desiderata, dopo averle lasciate *(che sono-rimaste)* in ammollo in acqua salata durante il tempo di cottura, in modo che la sabbia presente venga accuratamente eliminata.
6 "All'attacco" e buon appetito!

CARNE DE PORCO À ALENTEJANA

3 **dourarem** è infinito personale di **dourar**, *dorare*. Questa forma, come sappiamo, sostituisce un'intera proposizione: **até que estejam douradas**, *finché siano dorate*.
4 **serem lavadas** (lett. essere lavate) è un infinito personale, questa volta al passivo, del verbo **lavar**. Infinito personale: **lavarem** (voce attiva); **serem lavadas** (voce passiva).

Exercício 1 – Traduzir

① A receita diz que se descasquem 120 gramas de cebolas.
② Estas devem ser cortadas em rodelas finas, se for possível.
③ Devem-se pôr as cebolas num tacho e fritá-las no óleo.
④ Corta-se a carne em pedaços regulares e acrescenta-se vinho branco.
⑤ Também se acrescenta tomate concentrado antes de pôr sal e pimenta.
⑥ Cobre-se o tacho e deixa-se cozer em lume brando.
⑦ As amêijoas juntam-se 10 minutos antes de servir.
⑧ Mas antes devem lavar-se cuidadosamente.

Exercício 2 – Completar

① Bisogna sbucciare [alcune] patate e tagliarle a rondelle.
É preciso .... batatas e ......-las em rodelas.

② Bisogna scaldare [dell']olio in una padella e metter[vi] le cipolle fino a dorarle.
É preciso .... óleo num ..... e ... as cebolas até ....

③ Il (La carne di) maiale all'alentejana è un piatto molto apprezzato.
A carne de ..... à .... é um prato muito ....

④ Si aggiungono le vongole dieci minuti prima di servire.
As amêijoas ....-se 10 minutos antes de ....

⑤ Sono rimaste in ammollo per tutto (durante) il tempo di cottura in modo da lavarle (per essere lavate).
Elas ficaram .... durante o tempo da .... para ..... lavadas.

⑥ Si deve coprire bene la padella e lasciar cuocere a fuoco lento.
....-. cobrir bem o tacho e .... em lume ....

⑦ Non si devono aggiungere (mettere) le vongole senza averle [prima] lavate (lavarle) accuratamente.
Não se ..... pôr as .... sem as lavar ....

Sessantanovesima lezione / 69

Soluzioni dell'esercizio 1

❶ La ricetta dice di sbucciare 120 grammi di cipolle. ❷ Queste devono essere tagliate in rondelle sottili, se *(fosse)* possibile. ❸ Bisogna *(Si devono)* mettere le cipolle in una padella e soffriggerle nell'olio. ❹ Si taglia la carne a tocchetti regolari e si aggiunge vino bianco. ❺ Si aggiunge inoltre concentrato di pomodoro prima di salare e pepare. ❻ Si copre la padella e si lascia cuocere a fuoco lento. ❼ Si uniscono le vongole 10 minuti prima di servire. ❽ Prima devono però essere lavate accuratamente.

Soluzioni dell'esercizio 2

❶ – descascar – cortá – ❷ – aquecer – tacho – pôr – dourarem ❸ – porco – alentejana – apreciado ❹ – acrescentam – servir ❺ – de molho – cozedura – serem – ❻ Deve-se – deixar cozer – brando ❼ – devem – amêijoas – cuidadosamente

Apriamo ora una piccola parentesi sulla cucina portoghese...
Tra tutti i piatti tradizionali, spicca il **cozido à portuguesa**, *uno stufato che si prepara soprattutto al nord e al centro. È un piatto molto ricco che contiene vari tipi di carne –* **carne de porco**, **carne de vaca**, **chouriço** *(salsiccia),* **toucinho** *(lardo),* **farinheira** *(un salame affumicato contenente farina) – oltre a diversi legumi e verdure:* **feijão verde** *(fagioli verdi),* **feijão vermelho** *(fagioli rossi),* **batatas cozidas** *(patate bollite),* **cenouras** *(carote) e* **arroz** *(riso).*
*L'***açorda** *è un altro piatto tipico. Si tratta di una zuppa di pane, olio, aglio e coriandolo, alla quale vengono aggiunti pesce (***peixe***) oppure gamberi (***camarões***). La* **caldeirada** *è una specialità a base di pesce, che ricorda il nostro cacciucco. In Portogallo si mangia molto pesce:* **sardinhas** *(***grelhadas***, alla griglia,* **fritas***, fritte, o* **assadas***, arrosto),* **carapaus** *(pesci simili agli sgombri),* **pescadas** *(naselli),* **linguados** *(sogliole) o* **salmonetes** *(triglie). Vengono spesso fritti in pastella (***pastéis***) o impanati (***filetes***). Infine, non possiamo dimenticare gli eccellenti formaggi. Il più apprezzato è il* **queijo da Serra***, prodotto nella* **Serra da Estrela***, il gruppo montuoso più elevato del Portogallo continentale; tra gli altri ricordiamo il* **queijo de Serpa***, dell'Alentejo e il* **queijo da Ilha***, delle Azzorre. Nei ristoranti, prima dei pasti, viene spesso servito del formaggio accompagnato da pane e burro.*

Seconda ondata: 20ª lezione

Septuagésima lição

Revisão – Ripasso

1 Il *pretérito perfeito simples* (il passato remoto)

Nelle ultime sei lezioni avete potuto approfondire ulteriormente un tempo verbale che ormai conosciamo bene: il **pretérito perfeito simples**.

Di solito viene tradotto in italiano con un passato prossimo; in altri casi può essere reso con il passato remoto: è il caso, per esempio, della narrazione di un fatto storico o di un racconto.

Esempi:

Disseste que ias contar uma história,
Hai detto che avresti raccontato una storia.
Eu não pude vir mais cedo, *Non sono riuscito/a a venire prima.*
"Quando a rainha veio e soube da morte do cavaleiro, pôs a mao no coração, deu um grito e não quis viver mais",
"Quando la regina arrivò e seppe della morte del cavaliere, si mise una mano sul cuore, lanciò un grido e non volle più vivere".

Ecco il **pretérito perfeito simples** dei verbi irregolari incontrati nelle ultime lezioni:

dizer	poder	saber
disse	pude	soube
disseste	pudeste	soubeste
disse	pôde	soube
dissemos	pudemos	soubemos
disseram	puderam	souberam

vir	pôr	dar
vim	pus	dei
vieste	puseste	deste
veio	pôs	deu
viemos	pusemos	demos
vieram	puseram	deram

Settantesima lezione

trazer	querer	haver
trouxe	quis	houve
trouxeste	quiseste	houveste
trouxe	quis	houve
trouxemos	quisemos	houvemos
trouxeram	quiseram	houveram

2 Il modo congiuntivo

Torniamo ora al congiuntivo, che può dare un po' di filo da torcere. Non vi preoccupate, praticando la lingua vi sentirete man mano sempre più a vostro agio.

2.1 Il congiuntivo imperfetto

Questo tempo, che abbiamo già avuto modo di vedere, si forma a partire dalla radice del **pretérito perfeito simples**. Esempi: **dizer > disse**, passato remoto; **dissesse**, congiuntivo imperfetto – **poder > pude**, passato remoto; **pudesse**, congiuntivo imperfetto – **saber > soube**, passato remoto; **soubesse**, congiuntivo imperfetto ecc.
Il congiuntivo imperfetto è usato soprattutto nelle subordinate condizionali e in quelle che dipendono da una proposizione principale al passato il cui verbo sia **dizer**, **ordenar**, **querer** (o simili). Esempi:
Se eu pudesse deixava de trabalhar,
Se potessi, smetterei (smettevo) *di lavorare.*
Se me trouxessem o café não me levantava,
Se mi portassero il caffè, non mi alzerei (alzavo).
Ele disse que viessem quando pudessem,
Ha detto che sareste venuti non appena possibile
(*che veniste quando poteste*).
Eu queria que ele viesse comigo,
Vorrei che lui venisse con me.
Ela quis que eu lhe desse o meu anel,
Lei ha voluto che io le dessi il mio anello.

dizer	poder	saber
dissesse	pudesse	soubesse
dissesses	pudesses	soubesses
dissesse	pudesse	soubesse
disséssemos	pudéssemos	soubéssemos
dissessem	pudessem	soubessem

vir	pôr	dar
viesse	pusesse	desse
viesses	pusesses	desses
viesse	pusesse	desse
viéssemos	puséssemos	déssemos
viessem	pusessem	dessem

trazer	querer	haver
trouxesse	quisesse	houvesse
trouxesses	quisesses	houvesses
trouxesse	quisesse	houvesse
trouxéssemos	quiséssemos	houvéssemos
trouxessem	quisessem	houvessem

2.2 Il congiuntivo futuro

Come il congiuntivo imperfetto, anche quello futuro si costruisce a partire dalla radice del **pretérito perfeito simples**. Esempi: **dizer** > **disse**, passato remoto; **disser**, congiuntivo futuro – **poder** > **pude**, passato remoto; **puder**, congiuntivo futuro – **saber** > **soube**, passato remoto; **souber**, congiuntivo futuro. Questo tempo si usa in frasi temporali e condizionali subordinate a una frase che descrive un evento futuro (che sta per verificarsi). Esempi: **Quando puder vou a Lisboa**, *Quando potrò, andrò a Lisbona.*
Se quiseres vem comigo, *Se vuoi vieni con me.*

2.3 Il congiuntivo trapassato

Abbiamo visto questo tempo verbale alla lezione 56; lo si può trovare nei periodi ipotetici di terzo tipo: **se tivesse sabido**, *se avesse saputo* (v. lezione 65); **se ela tivesse querido**, *se lei avesse voluto* (v. lezione 68).

2.4 Il congiuntivo passato

Si costruisce con il congiuntivo presente del verbo ausiliare **ter** + il participio passato del verbo da coniugare. Vediamo il congiuntivo passato di alcuni verbi:

falar	comer	estudar
tenha falado	tenha comido	tenha estudado
tenhas falado	tenhas comido	tenhas estudado
tenha falado	tenha comido	tenha estudado
tenhamos falado	tenhamos comido	tenhamos estudado
tenham falado	tenham comido	tenham estudado

Esempio: **espero que tenham estudado**, *spero che abbiate studiato* (v. lezione 66). In portoghese, come in italiano, l'uso del congiuntivo è principalmente legato a verbi che esprimono speranza, incertezza, dubbio, timore, volontà.

3 Forme pronominali del futuro e del condizionale

Come abbiamo già visto in diverse occasioni, quando il futuro e il condizionale sono accompagnati da un pronome, quest'ultimo si colloca tra la radice e la desinenza. Se si tratta di un pronome riflessivo o dei pronomi personali **me**, **te**, **lhe**, **nos**, **vos**, **lhes**, non si ha nessuna modifica; se invece si tratta dei pronomi personali **o**, **a**, **os**, **as**, la **r** del radicale cade ed è sostituita da una **l** unita ai pronomi: **lo**, **la**, **los**, **las**. Questa caduta comporta anche le modifiche ortografiche, che già conosciamo, della vocale **a** o **e** dell'infinito: **levar** > **levá-lo**; **comer** > **comê-lo**. Ecco alcuni esempi:

Futuro	
queixar-se *lamentarsi*	levá-lo (levar + o) *portarlo*
queixar-me-ei *mi lamenterò*	levá-lo-ei *lo porterò*
queixar-te-ás	levá-lo-ás
queixar-se-á	levá-lo-á
queixar-nos-emos	levá-lo-emos
queixar-se-ão	levá-lo-ão

Condizionale	
queixar-me-ia	**levá-lo-ia**
mi lamenterei	*lo porterei*
queixar-te-ias	**levá-lo-ias**
queixar-se-ia	**levá-lo-ia**
queixar-nos-íamos	**levá-lo-íamos**
queixar-se-iam	**levá-lo-iam**

4 L'infinito personale

Per concludere, ricordatevi che in portoghese esiste l'infinito personale (**infinitivo pessoal**), un modo verbale che concorda con il soggetto, quando quest'ultimo non è lo stesso del verbo principale.

Esempi:
Metemos as cebolas no óleo até dourarem,
Mettiamo le cipolle nell'olio fino a dorarle.
Telefono-te para vires a minha casa,
Ti telefono perché tu venga a casa mia.
Dizemos-lhes para virem connosco,
Diciamo loro di venire con noi.

Settantesima lezione / 70

Diálogo de revisão

1 – Disseste à Gina que viesse contigo a minha casa?
2 – Disse, mas não quis que ela trouxesse o carro e o pusesse longe daqui.
3 – Provavelmente não quiseste dizer-lhe que talvez não soubéssemos o que íamos fazer.
4 – Mesmo que tenhamos estudado até tarde levá-la-emos até à casa dela.
5 – Os outros vieram e trouxeram imensos livros. Queixar-te-ás de tanto trabalho?
6 – Eu nunca me queixo. Se pudesse nunca deixava de trabalhar. Nem sequer dormia. Não há nada na vida para além do trabalho!

Traduzione
1 Hai detto a Gina di venire *(che venisse)* con te a casa mia? **2** Sì *(Ho detto)*, ma non ho voluto che prendesse *(portasse)* la macchina e la parcheggiasse *(mettesse)* lontano da qui. **3** Probabilmente non le hai voluto dire che forse non sapevamo *(sapessimo)* cosa avremmo fatto *(andavamo fare)*. **4** Anche se abbiamo studiato fino a tardi la accompagneremo a casa. **5** Gli altri sono venuti e hanno portato un sacco di *(immensi)* libri. Ti lamenterai di [avere] tanto lavoro? **6** Non mi lamento mai. Se potessi, non smetterei mai di lavorare. Non dormirei neppure. Non c'è nulla nella vita oltre al *(per oltre del)* lavoro!

Seconda ondata: 21ª lezione

71

Septuagésima primeira lição

A ida à praça

1 – Tinha dito [1] a um casal amigo para vir [2] cá almoçar mas estou a ver que não há nada para comer.
2 – Ainda tens tempo para ir à rua comprar comida feita.
3 – Isso não. Vou tentar fazer pela primeira vez um cozido. Quais são as hortaliças [3] de que precisamos?
4 – Que a Nossa Senhora de Fátima nos proteja... Vai ser lindo! Bem, precisas de couve, batatas, cenouras, nabos e cebolas. Encontras isso tudo na mercearia [4].
5 – Ouvi dizer que também era preciso [5] carne.
6 – Claro! Carne de vaca, toucinho, chouriço, farinheira [6].
7 – Há algum talho aqui perto?

Note

[1] **tinha dito**, *avevo detto* è trapassato prossimo di **dizer**. Come avrete notato, il participio **dito** è irregolare.

[2] **para vir**, *di venire*: l'infinito personale, come sapete, concorda con il soggetto. **Eu disse-lhe para vir**, *gli/le dissi di venire*; **eu disse-lhes para virem**, *dissi loro di venire*. Si tratta di espressioni familiari comuni nella lingua parlata, ma considerate meno corrette delle proposizioni subordinate **que viesse** e **que viessem**. **Eu disse-lhes que viessem**, *dissi loro di venire* (*che venissero*).

[3] **hortaliças**, *ortaggi / verdure* indica i prodotti della **horta**, *orto*.

Settantunesima lezione

Al mercato *(L'andata alla piazza)*

1 – Avevo detto a una coppia di amici *(coppia amica)* di venire a pranzo *(per venire qua pranzare)*, ma vedo che non c'è niente da mangiare.
2 – Fai ancora in tempo a uscire *(andare alla strada)* per comprare qualcosa di pronto *(cibo fatto)*.
3 – Meglio di *(Questo)* no. Proverò a fare per la prima volta un bollito [alla portoghese]. Che verdure ci servono?
4 – Che la Madonna di Fatima ci protegga... Bella roba *(Sarà bello)*! Bene, ti servono cavoli *(cavolo)*, patate, carote, rape e cipolle. Trovi tutto *(ciò)* in drogheria.
5 – Ma non ci vuole anche la carne? *(Ho sentito dire che serviva carne)*.
6 – Certo! Carne di manzo, lardo, salsiccia affumicata e "farinheira".
7 – C'è una *(qualche)* macelleria qua vicino?

---

4 Da non confondere con *merceria* (che si dice **retrosaria**), la **mercearia**, *drogheria / negozio di alimentari* è il posto ideale dove fare acquisti senza spostarsi dal proprio quartiere. È ancora abbastanza diffuso in Portogallo ed è possibile trovarvi un po' di tutto: dalla frutta alla verdura, dai latticini ai vini ecc. Gli abitanti dei centri maggiori come Lisbona, comunque, preferiscono fare i propri acquisti in supermercati e centri commerciali.

5 **ser preciso**, *essere necessario / bisognare* e anche *essere preciso*.

6 **o chouriço** è una *salsiccia* affumicata e stagionata, mentre la **farinheira** è una *salsiccia* preparata con carne di maiale, farina e spezie.

8 – Tens um mesmo à esquina. Mas o mais prático será ires à praça. Lá, há de tudo.
9 – E tu não queres provar a minha obra prima?
10 – Não, não, muito obrigada. Prefiro não almoçar. Estou a fazer dieta, sabes...

***

Exercício 1 – Traduzir
❶ Eu não sabia que ele lhes tinha dito para virem jantar. ❷ Podia ir à mercearia comprar qualquer coisa mas não sei o quê. ❸ Não são horas de fazer um cozido à portuguesa. Leva muito tempo. ❹ São precisas muitas coisas que talvez não haja na mercearia. ❺ Só há praça de manhã e não há talho aqui perto nem lugar de hortaliça. ❻ Se tivesse carro talvez fosse, mas de autocarro não ia nem que me pagassem.

***

Exercício 2 – Completar
❶ Se Zé e Maria non venissero a pranzare *(qui)*, andremmo *(andavamo)* al self service.
Se o Zé e a Maria não .... cá almoçar ..... ao self-service.

❷ Potremmo uscire *(andare alla strada)* e comprare qualcosa di pronto *(cibo fatto)*. È più pratico.
.... ir à rua e comprar ...... feita. É ....

❸ Ma lui voleva provare a fare un bollito alla portoghese.
Mas ele queria ...... fazer um .... portuguesa.

❹ *(Per questo)* gli servivano verdure, carne, salsiccia affumicata, lardo ecc.
Para isso .... de legumes, carne, ..., toucinho etc.

❺ Forse devo andare al mercato.
Se ...... tenho de ir ....

❻ Lei non voleva provare il suo capolavoro *(l'opera prima di lui)*.
Ela não queria ...... a obra ....

Settantunesima lezione / 71

8 – Ce n'è *(Hai)* una proprio all'angolo. Ma ti converrà andare *(il più pratico sarà tu andare)* al mercato. Lì c'è [un po'] di tutto.

9 – E tu non vuoi assaggiare *(provare)* il mio capolavoro *(la mia opera prima)*?

10 – No, no, grazie mille. Preferisco non pranzare. Sono a *(Sto facendo)* dieta, sai…

Soluzioni dell'esercizio 1

❶ Non sapevo che avesse detto loro di venire a cena. ❷ Potrei andare a comprare qualcosa in drogheria ma non so che cosa. ❸ Non è il momento *(sono ore)* di fare un bollito alla portoghese. Richiede *(Porta)* molto tempo. ❹ Servono molte cose che forse non si trovano *(non ci siano)* in drogheria. ❺ Il mercato c'è solo al mattino *(Solo c'è piazza di mattina)* e non ci sono né macellerie né fruttivendoli qui vicino. ❻ Se avessi la macchina forse [ci] andrei, ma in pullman non [ci] andrei neanche se mi pagassero.

***

❼ Disse che era a dieta. Che sfacciataggine!
Disse que …… a fazer ……. Que ….!

Soluzioni dell'esercizio 2

❶ – viessem – íamos – ❷ Podíamos – comida – mais prático
❸ – tentar – cozido à – ❹ – precisava – chouriço – ❺ – calhar – à praça
❻ – provar – prima dele – ❼ – estava – dieta – lata

Seconda ondata: 22ª lezione

Septuagésima segunda lição

Uma viagem de avião

1 – Atenção senhores passageiros do vôo 212 da TAP, com destino a Lisboa. Façam o favor de se dirigirem [1] à porta 14 para o embarque...

2 A bordo e 10 minutos após o avião ter descolado [2], um dos passageiros precipita-se para a cabine de pilotagem e, apontando uma pistola aos pilotos, grita [3]:

3 – Rumo a Lisboa ou disparo!

4 Os pilotos entreolham-se espantados, as hospedeiras servem [4] bebidas e sorrisos e a viagem prossegue calmamente.

5 O avião aterra pontualmente no aeroporto de Lisboa e o homem é rapidamente desarmado sem oferecer resistência.

6 Uma vez na esquadra, um dos polícias diz-lhe:

7 – Você é parvo [5]. Arrisca-se [6] a apanhar 20 anos de cadeia pelo desvio deste avião. Então não sabia que o avião que você apanhou vinha precisamente para Lisboa?

Note

1 **façam favor de se dirigirem**, lett. facciano il favore di dirigersi. Questa frase, che contiene un infinito personale (concordante con il soggetto alla terza persona plurale), potrebbe essere formulata anche in questo modo: **façam favor de se dirigir**. Sarebbe ugualmente corretta dato che è già presente un altro verbo coniugato con lo stesso soggetto.

2 **ter descolado**, *avere decollato*, infinito passato di **descolar**, *decollare*.

3 **gritar**, *gridare* (ricordiamo **o grito**, *il grido*, v. lezione 70); **exclamar**, *esclamare*; **murmurar**, *mormorare*.

Settantaduesima lezione

Un viaggio in aereo

1 – Attenzione: i signori passeggeri del volo 212 della TAP diretto *(con destinazione)* a Lisbona sono pregati *(Facciano il favore)* di dirigersi all'uscita *(porta)* 14 per l'imbarco…

2 [Una volta] a bordo e 10 minuti dopo il decollo *(l'aereo avere decollato)* uno dei passeggeri si precipita verso la cabina di pilotaggio e, puntando una pistola contro i piloti, grida:

3 – Diritti *(Direzione)* a Lisbona o sparo!

4 I piloti si guardano attoniti, le hostess servono da bere *(bevande)* e [dispensano] sorrisi e il viaggio prosegue tranquillamente.

5 L'aereo atterra puntualmente all'aeroporto di Lisbona e l'uomo viene rapidamente disarmato senza [che] opponga *(offrire)* resistenza.

6 Arrivato *(Una volta)* al commissariato, uno dei poliziotti gli dice:

7 – Lei è [uno] stupido. (Si) Rischia *(a prendere)* 20 anni di galera *(catena)* per il dirottamento *(deviazione)* di questo aereo. Ma *(Allora)* non sapeva che l'aereo *(che ha preso)* era diretto proprio *(veniva precisamente)* a Lisbona?

---

4 Ricordiamo che nella 1ª pers. sing. di alcuni verbi irregolari in -ir, all'indicativo presente si verifica un cambio di vocale (sulla base del quale si costruisce il congiuntivo presente): **servir** = eu sirvo; **seguir** = eu sigo; **preferir** = eu prefiro; **vestir** = eu visto ecc.

5 **parvo**, *stupido*; **imbecil**, *imbecille*; **estúpido**, *stupido*; **idiota**, *idiota*; **besta**, *animale*. In portoghese gli epiteti sono spesso preceduti dal possessivo, per dare maggiore enfasi. Esempi: **seu imbecil, sua besta, seu idiota**…

6 Notate: **arriscar**, *rischiare / mettere in pericolo*; **arriscar-se a**, *rischiare di*. **Ele arriscou a vida por ela**, *Ha rischiato la vita per lei*. **Ela arrisca-se a perder o emprego**, *Rischia di perdere il lavoro*.

duzentos e noventa

8 – Sabia, sim. Mas, com todo este terrorismo, e piratas do ar, já é a terceira vez que tento chegar a Lisboa e acabo sempre noutro [7] sítio. □

Note

[7] **noutro** è la forma contratta di **em + outro**. Come avviene per i dimostrativi (**neste, nesta; nesse, nessa; naquele, naquela** ecc.), alcuni aggettivi e pronomi indefiniti si contraggono con le preposizioni **em** e **de**.

Exercício 1 – Traduzir

❶ A hospedeira convidava os passageiros a dirigirem-se à porta 14. ❷ Porque é que os pilotos se entreolharam espantados? ❸ Porque o avião já ia para Lisboa. Eles não compreenderam. ❹ Quando o avião aterrou em Lisboa o homem foi logo desarmado. ❺ Foi parar à esquadra, como era de esperar. ❻ Um polícia disse-lhe que ele se tinha arriscado a apanhar 20 anos de cadeia.

***

Exercício 2 – Completar

❶ La hostess diceva ai passeggeri di dirigersi cortesemente *(che facessero favore di dirigersi)* all'uscita 14.
A .... dizia aos passageiros que .... favor de se .... à porta 14.

❷ Poco dopo il decollo dell'aereo *(essere decollato)*, qualcuno si diresse verso la cabina.
Pouco .... o avião .... alguém se .... a cabina.

❸ I piloti si trovarono con una pistola puntata alla testa *(alle loro teste)*.
Os pilotos encontraram-se com uma .... apontada às suas ....

❹ Quando l'aereo atterrò a Lisbona, il passeggero venne condotto in *(portato al)* commissariato.
Quando o avião .... Lisboa o .... levado para a esquadra.

Settantaduesima lezione / 72

8 – [Certo che lo] sapevo. Ma con tutto questo terrorismo e questi pirati dell'aria è già la terza volta che cerco di arrivare a Lisbona e finisco sempre da un'altra parte.

UMA VIAGEM DE AVIÃO

Soluzioni dell'esercizio 1

❶ L'hostess invitava i passeggeri a dirigersi verso l'uscita 14. ❷ Perché i piloti si guardarono attoniti? ❸ Perché l'aereo era già diretto *(già andava)* a Lisbona. Non capivano *(hanno capito)*. ❹ Non appena *(Quando)* l'aereo atterrò a Lisbona l'uomo venne subito disarmato. ❺ Andò a finire in commissariato, com'era prevedibile *(da aspettare)*. ❻ Un poliziotto gli disse che rischiava *(si aveva rischiato a prendere)* 20 anni di galera.

***

❺ Ma *(Allora)* non sapeva che l'aereo era diretto *(veniva)* a Lisbona?
Então ele não ..... que o avião ..... para Lisboa?

❻ Forse [lo] sapeva ma [già] altre volte non era riuscito ad arrivare *(venire)* a Lisbona.
Talvez .... mas das outras vezes ele não tinha .... vir a Lisboa.

Soluzioni dell'esercizio 2

❶ – hospedeira – fizessem – dirigir – ❷ – depois de – ter descolado – dirigiu para – ❸ – pistola – cabeças ❹ – aterrou em – passageiro foi – ❺ – sabia – vinha – ❻ – soubesse – conseguido –

Seconda ondata: 23ª lezione

Septuagésima terceira lição

A cidade de Ulisses

1 Lisboa tem sete colinas e um castelo empoleirado [1] no alto, o castelo de São Jorge, conquistado aos mouros no século XII [2].
2 O Tejo, que ali desagua [3], ensinou-lhe o caminho do mar. "Ó mar salgado, quanto do teu sal são lágrimas de Portugal" diz o poeta [4]... e, um dia, ela partiu, velas à solta, em busca do desconhecido.
3 Voltou opulenta como um nababo oriental – ouro, escravos, especiarias – mas, receando que tal façanha fosse depressa esquecida [5], mandou construir [6] monumentos à sua glória.
4 A simples [7] e comovente Torre de Belém, ponto de partida do seu destino de navegador, contrasta com a magnificência do Mosteiro dos Jerónimos, o qual erigido para comemorar a descoberta do caminho marítimo para as Índias por Vasco da Gama, se tornou no túmulo do seu génio. *(continua)*

Pronuncia
2 ... d^eS^a**gu**^a ... 4 m^aghnifi**sse**ⁿssi^a ...

Note

1 **empoleirado**, *appollaiato*; **poleiro**, *pollaio*.

2 **século XII** (doze), *XII secolo*, **século XXI** (vinte e um), *XXI secolo*: in portoghese i secoli sono sempre accompagnati dai numeri cardinali.

3 La parola **desaguar**, *sfociare* (per un corso d'acqua) è composta da **água**, *acqua*, e dal prefisso **des-** (che indica il contrario, come in **fazer / desfazer**, *fare / disfare*).

Settantatreesima lezione

La città di Ulisse

1 Lisbona ha sette colli e un castello appollaiato [su quello più] *(nell')*alto, il castello di São Jorge, conquistato ai Mori nel XII secolo.
2 Il Tago, che lì sfocia, le insegnò il cammino verso il *(del)* mare. "O mare salato, quanto del tuo sale sono lacrime del Portogallo" dice il poeta... e, un giorno, lei partì, a vele spiegate *(vele alla libertà)*, in cerca dell'ignoto.
3 Ritornò, opulenta come un nababbo orientale – oro, schiavi, spezie – ma, temendo che tale impresa fosse presto dimenticata, ordinò di costruire monumenti alla sua gloria.
4 La semplice ed emozionante Torre di Belém, punto di partenza dei suoi viaggi marinari *(della sua meta di navigatore)*, contrasta con la magnificenza del monastero dei Jerónimos che, eretto per commemorare la scoperta della rotta marittima verso le Indie da parte di Vasco da Gama, divenne il luogo di sepoltura del suo genio. *(continua)*

---

4 Il poeta in questione è **Fernando Pessoa** e la poesia è "**Mar português**", contenuta nella raccolta di poesie "**Mensagem**", in cui viene fatto un elogio alle scoperte e alla vocazione marittima portoghese.

5 **fosse esquecida**, congiuntivo imperfetto di **esquecer** alla voce passiva. In questo caso l'ausiliare è il verbo **ser** (al congiuntivo).

6 **mandou construir**, *ha fatto* o *fece costruire*: è il verbo **mandar**, *comandare*, che traduce in portoghese l'idea di far fare qualcosa.

7 Notate l'aggettivo **simples**, *semplice*, che ha una **s** al singolare e resta invariabile al plurale.

73 / Septuagésima terceira lição

▶ Exercício 1 – Traduzir

❶ O castelo de São Jorge é um castelo mouro, no alto de uma colina. ❷ Eles partiram em busca de especiarias. ❸ Descobriu-se o caminho marítimo para a Índia e o Brasil. ❹ Contam as màs línguas que os navegadores não voltaram ao país e que nós somos descendentes daqueles que não sabiam nadar. ❺ Diz Fernando Pessoa que, após chegarem à Índia, os Portugueses ficaram sem emprego.

Exercício 2 – Completar

❶ Il castello si trova *(è appollaiato)* sulla sommità *(nell'alto)* di una collina.
O castelo está .... de uma ....

❷ I fiume Tago sfocia a Lisbona.
O rio Tejo .... em Lisboa.

❸ Il poeta dice che molto [del] sale del mare sono lacrime del Portogallo.
...... diz que ..... sal do mar são .... de Portugal.

❹ La torre di Belém rappresenta *(segna)* il punto di partenza dei viaggi marinari *(della destinazione di navigatore)* del Portogallo.
...... de Belém marca o ponto de .... do destino de .... de Portugal.

❺ Il monastero dei Jerónimos è stato eretto per commemorare le scoperte.
.... dos Jerónimos foi .... para comemorar as ....

Settantatreesima lezione / 73

Soluzioni dell'esercizio 1

❶ Il castello di São Jorge è un castello moresco, in cima a una collina. ❷ Partirono alla ricerca di spezie. ❸ Fu scoperta la via marittima per l'India e il Brasile. ❹ Le malelingue raccontano che i navigatori non tornarono nel Paese [di origine] e che noi discendiamo da quelli che non sapevano nuotare. ❺ Fernando Pessoa dice che, dopo il loro sbarco *(dopo arrivare)* in India, i portoghesi rimasero disoccupati *(senza impiego)*.

Soluzioni dell'esercizio 2

❶ – empoleirado no alto – colina ❷ – desagua – ❸ O poeta – muito – lágrimas – ❹ A torre – partida – navegador – ❺ O mosteiro – erigido – descobertas

ELES PARTIRAM EM BUSCA DE ESPECIARIAS.

Secondo la leggenda, Lisbona sarebbe stata fondata da Ulisse e il suo antico nome, Olisippo, deriverebbe dal nome del suo fondatore. Come Roma e Istanbul, Lisbona è stata costruita su sette colli.
La **Torre de Belém**, *sulle rive del Tago, è un'evocazione nautica particolarmente rappresentativa, come il vicino monastero dei* **Jerónimos**, *capolavoro dell'arte manuelina (da Manuel, il re "Avventuroso"), caratterizzato da motivi marinari legati alle scoperte.*
La sua costruzione è iniziata nel 1502, il chiostro è stato completato nel 1544. Accoglie al suo interno, oltre alle tombe reali di D. Manuel e della regina, di D. João III, di D. Sebastião e di D. Henrique, anche quelle di insigni personalità come Vasco da Gama, Luís Vaz de Camões, Alexandre Herculano e Fernando Pessoa.

Seconda ondata: 24ª lezione

Septuagésima quarta lição

Lisboa (continuação)

1 Ao lado de reis e príncipes, Camões e Fernando Pessoa aqui repousam. O mosteiro é, pois, uma espécie de morgue da memória nacional.
2 Lisboa pertence àquele "género de portugueses que uma vez a Índia descoberta ficaram sem emprego"[1] e, assim, após uma vida de aventura, entre naufrágios e conquistas, que duraram dois séculos, recolheu timidamente a casa onde passa o tempo a fazer meia e a cantarolar o fado.
3 Mas todas as primaveras[2] os santos[3] populares batem-lhe à porta e Lisboa, velha senhora sempre menina, veste-se de cores garridas, dança nas ruas e come sardinhas assadas.
4 "Quem passou além do Bojador, passou além da dor"[4], diz ainda o poeta.

Note

1 Sono parole di **Álvaro de Campos**, eteronimo di Fernando Pessoa. Lo scrittore e poeta ne usava diversi per firmare le sue opere. Si tratta di pseudonimi dietro i quali si nascondono differenti stili e modalità di pensiero legati a un'unica personalità, ciascuno con una sua biografia personale immaginata dall'autore. Altri due esempi di eteronimi da lui utilizzati sono **Alberto Caeiro** e **Ricardo Reis**. Àquele: a + aquele.

2 a primavera, *la primavera*; o verão, *l'estate*; o outono, *l'autunno*; o inverno, *l'inverno*.

Settantaquattresima lezione

Lisbona (seguito)

1 Camões e Fernando Pessoa riposano qui, al fianco di re e principi. Il monastero è perciò una specie di camera mortuaria della memoria nazionale.

2 Lisbona appartiene a quel "tipo di portoghesi che una volta scoperta l'India rimasero senza lavoro" e, così, dopo una vita avventurosa, tra naufragi e conquiste che durarono due secoli, si ritirò con discrezione *(timidamente)* in casa dove [ora] passa il tempo facendo la calza e canticchiando il fado.

3 Ogni primavera, però *(Ma tutte le primavere)*, **i santi del popolo** bussano alla sua porta e Lisbona, vecchia signora sempre bambina, indossa abiti dai colori sgargianti, balla per strada e mangia sardine alla griglia.

4 "Chi ha doppiato il capo Bojador, è passato oltre il dolore", dice ancora il poeta.

---

3 I "santi del popolo" festeggiati in Portogallo sono **Santo António**, *Sant'Antonio*, **São João**, *San Giovanni* e **São Pedro**, *San Pietro* (rispettivamente il 13, il 24 e il 29 giugno). Il patrono di Lisbona è Sant'Antonio (da Padova, nato nella capitale portoghese) e quando viene festeggiato le vie dei vecchi quartieri vengono addobbate con luminarie e festoni, vari cortei sfilano portando le insegne del proprio quartiere, cantando e ballando (le cosiddette **marchas**) mentre, soprattutto nei rioni popolari come l'Alfama, la gente mangia sardine e balla fino all'alba.

4 Verso (adattato) di Fernando Pessoa, dalla sua opera "**Mensagem**". Il capo Bojador, in Nordafrica, è stato doppiato nel 1434 da Gil Eanes, dopo numerosi insuccessi da parte dei suoi predecessori.

Exercício 1 – Traduzir

❶ Camões é o autor de "Os Lusíadas", a grande epopeia nacional. **❷** Há poetas e príncipes nos túmulos magníficos que ali se encontram. **❸** Descobrir a Índia era um emprego para muitos portugueses de então. **❹** Depois de a Índia ser descoberta os portugueses dos séculos seguintes ficaram sem emprego. **❺** É o que dizem os que vivem da glória passada. **❻** Dança-se nas ruas e comem-se sardinhas assadas por toda a cidade.

Exercício 2 – Completar

❶ I poeti riposano nel [monastero dei] Jerónimos al fianco di re e principi.
Os poetas .... nos Jerónimos ...... de reis e ....

❷ Alcuni pensano che sia una specie di mausoleo della memoria nazionale.
...... pensam que é uma .... de morgue da .... nacional.

❸ Si dimenticano i naufragi e il dolore di coloro che hanno vissuto una vita di avventure.
........-se os naufrágios e a ... dos que .... uma vida ....

❹ Dicono che Lisbona passi il tempo a fare la calza e a canticchiare il fado.
Dizem que Lisboa ..... o tempo a fazer .... e a .... o fado.

❺ In questa via, c'era una scuola dove si imparava a cantare il fado.
Nesta rua ..... uma escola onde se .... a cantar o fado.

Settantaquattresima lezione / 74

Soluzioni dell'esercizio 1

❶ Camões è l'autore dei "Lusiadi", la grande epopea nazionale. ❷ Nelle magnifiche tombe del monastero *(che lì si trovano)* sono sepolti *(ci-sono)* poeti e principi. ❸ Scoprire l'India era l'occupazione di molti portoghesi di allora. ❹ Dopo la scoperta dell'India *(l'India essere scoperta)*, i portoghesi dei secoli successivi rimasero disoccupati *(senza impiego)*. ❺ È quello che dicono coloro che vivono della gloria passata. ❻ Si balla per strada e si mangiano sardine grigliate in tutta la città.

DANÇA-SE NAS RUAS E COMEM-SE SARDINHAS ASSADAS POR TODA A CIDADE.

Soluzioni dell'esercizio 2

❶ – repousam – ao lado – príncipes ❷ Alguns – espécie – memória – ❸ Esquecem – dor – viveram – de aventuras ❹ – passa – meia – cantarolar – ❺ – havia – aprendia –

Luís Vaz de Camões, autore del poema epico **Os Lusíadas** *(XVI secolo), e Fernando Pessoa (1885-1935), spesso associato al modernismo (sebbene la sua opera non possa essere facilmente ascritta a un solo genere), sono generalmente considerati i maggiori esponenti della letteratura portoghese.*

Seconda ondata: 25ª lezione

Septuagésima quinta lição

As festas populares

1 – Vens da festa?
2 – Não, vou para a festa.
3 – Mas tu nunca paras! Há já uns [1] dias que não te ponho a vista em cima. E tens-te divertido [2]?
4 – Como uma louca. Os meus pés estão inchados de dançar e ontem comi tantas sardinhas que pensei que rebentava.
5 – Um dia destes chegas a casa de ambulância. Ou pior ainda, ver-te-ão [3] a boiar no Tejo.
6 – Morra Marta, mas morra farta [4]. Mas, falando a sério, vou contar-te o que tenho feito. No dia de Santo António fui para o Bairro Alto e acabei a noite no "Frágil". Estava divertidíssimo. E no dia de São [5] João fiz a festa em Alfama. Fazia um calor de derreter os untos a um cristão...

Note

1 **uns / umas** possono avere il senso di *qualche / alcuni/e*.

2 **tens-te divertido**, *ti sei divertito/a*, coniugazione riflessiva. Come potete osservare, a differenza dell'italiano, il participio passato rimane invariabile. Le altre persone sono: **tenho-me divertido, tens-te divertido, tem-se divertido, temo-nos divertido, têm-se divertido**.

3 **ver-te-ão** è la terza persona plurale del verbo **ver** al futuro (**verão**), coniugato con il pronome diretto **te**. Come già sappiamo, quando accompagna un verbo al futuro o al condizionale, il pronome viene collocato tra la radice del verbo e la desinenza. Ne approfittiamo inoltre per ricordarvi una forma di futuro equivalente, con **haver de**: **hão de ver-te = ver-te-ão**.

4 Il proverbio **morra Marta, morra farta**, è un vero e proprio invito a vivere la vita appieno: visto che ci si imbatte sempre in qualche rischio, non vale la pena porsi troppi limiti.

Settantacinquesima lezione

Le feste popolari

1 – Vieni dalla festa?
2 – No, ci sto andando *(vado alla festa)*.
3 – Ma non ti fermi mai! È già da qualche giorno che non ti vedo *(che non ti metto la vista sopra)*. E ti sei divertita?
4 – Da matti *(Come una pazza)*. Ho i piedi gonfi da tanto ballare *(I miei piedi sono gonfi di ballare)* e ieri ho mangiato [così] tante sardine che credevo di scoppiare *(ho-pensato che scoppiavo)*.
5 – Un giorno di questi ritorni *(arrivi)* a casa in ambulanza. O, ancora peggio, ti vedranno *(a)* galleggiare nel Tago.
6 – [Che] muoia Marta, ma [che] muoia soddisfatta. Be', parlando seriamente, ti racconto quello che ho fatto. Il giorno di Sant'Antonio sono stata al Bairro Alto e ho finito la serata al "Frágil". È stato *(Stava)* divertentissimo. E il giorno di San Giovanni sono stata *(ho-fatto la festa)* all'Alfama. Faceva un caldo da sciogliersi *(da sciogliere i grassi a un cristiano)*…

5 São João, Santo António: **São** è un'abbreviazione di **Santo** (come l'italiano *San*) usata davanti a una consonante. **São João, São Pedro, Santo André, Santo António**.

75 / Septuagésima quinta lição

7 – É por isso que estás mais magra. E o que é que vais fazer na noite de S. Pedro?
8 – Ainda não sei, mas ideias não me faltam...

***

Exercício 1 – Traduzir

❶ Ela ia para a festa. Havia dias que não fazia outra coisa. ❷ Ele pensava que ela se tinha divertido como uma louca. ❸ Não tínhamos comido tantas sardinhas se soubéssemos que nos faziam mal. ❹ Dizem que dançaram até de madrugada e que ficaram com os pés inchados. ❺ Se continuarem assim, qualquer dia chegam a casa de ambulância. ❻ Vê-las-ão no "Frágil" todas as noites depois de terem ido a Alfama. ❼ Mas a mim não me verão lá.

Exercício 2 – Completar

❶ Era (C'era) [da] alcuni giorni che non lo/la vedeva (gli/le metteva la vista sopra).
.... que ele não lhe ..... a vista em cima.

❷ Ma lei si è divertita da matti (come una matta) e ha i piedi gonfi per (di) [il tanto] ballare.
Mas ela ...-.. divertido como uma ..... e tem os pés .... dançar.

❸ Se avessi mangiato tante sardine quanto lei, sarei scoppiato/a.
Se eu .... comido ...... sardinhas como ela tinha rebentado.

❹ Se continua così, un giorno la vedranno galleggiare nel Tago.
Se .... assim, um dia ..-...-.. a boiar no Tejo.

❺ Che cos'ha fatto?
O que é que ela tem .....?

❻ Chi ti ha detto che era andata all'Alfama? – Io non sono stato/a!
Quem te disse que ela ..... ido a Alfama? – Eu não ...!

❼ Se avesse fatto così (tanto) caldo, lei non [l']avrebbe sopportato.
Se .... assim ..... calor ela não ..... aguentado.

Settantacinquesima lezione / 75

7 – È per questo che sei più magra. E cosa farai la notte di San Pietro?
8 – Non lo so ancora, ma [le] idee non mi mancano…

***

Soluzioni dell'esercizio 1

❶ Stava andando *(Lei andava)* alla festa. Era [da alcuni] giorni che non faceva altro *(altra cosa)*. ❷ Lui pensava che si fosse divertita da matti *(come una matta)*. ❸ Non avremmo mangiato tante sardine se avessimo saputo che ci avrebbero fatto male. ❹ Dicono che hanno ballato fino all'alba e che si sono gonfiati loro i piedi *(sono-rimasti/e con i piedi gonfi)*. ❺ Se continuano così, un giorno di questi tornano *(qualunque giorno arrivano)* a casa in ambulanza. ❻ Le vedranno al "Frágil" tutte le sere, dopo essere state all'Alfama. ❼ Ma a me non mi ci vedranno.

❽ Ancora non sapeva che cosa avrebbe fatto [per la festa di] *(andava fare nel)* **San Pietro**.
Ela não ..... ainda o que .. fazer no São Pedro.

Soluzioni dell'esercizio 2

❶ Havia uns dias – punha – ❷ – tem-se – louca – inchados de – ❸ – tivesse – tantas – ❹ – continuar – vê-la-ão – ❺ – feito ❻ – tinha – fui ❼ – estivesse – tanto – tinha – ❽ – sabia – ia –

*Il **Frágil** era, fino a qualche anno fa, il locale più famoso del **Bairro Alto** (un quartiere popolare del centro di Lisbona famoso grazie ai suoi locali alla moda, ai negozi di antiquariato e soprattutto per la sua animata vita notturna), assiduamente frequentato dalle celebrità, in particolare quelle appartenenti al mondo del cinema. Ha riaperto alcuni anni dopo la chiusura del 2013, causata da una forte crisi che ha colpito tutta la zona.*
*L'**Alfama** è forse il quartiere più famoso di Lisbona. Di origini arabe, come la vicina **Mouraria** (sul versante opposto del colle dominato dal **Castelo de São Jorge**), è sopravvissuto al devastante terremoto del 1755. Al giorno d'oggi è una meta turistica molto visitata, grazie alla sua affascinante atmosfera e ai suoi ristoranti tipici, che offrono regolarmente spettacoli di **fado**.*

Seconda ondata: 26ª lezione

Septuagésima sexta lição

O que é que queres ser quando fores grande?

1 – O que é que tu querias ser quando eras criança?
2 – Queria ser bombeiro. E tu, nunca quiseste [1] ser bombeiro?
3 – Eu quis ser tanta coisa que já não me lembro. Primeiro, tinha querido [2] ser médico. Mas tenho a impressão que era uma desculpa para namorar com as raparigas do meu bairro.
4 – Claro, sendo [3] médico tudo te seria permitido [4]. E, depois?
5 – Depois, quis ser advogado, engenheiro, carpinteiro, limpa-chaminés… podia ter sido [5] qualquer coisa. Ah! É verdade. Também quis ser marinheiro, mas isso era para escapar à minha primeira mulher.
6 – E, afinal, qual é a tua profissão agora?
7 – Agora não faço nada. Estou reformado e mereço-o. Depois de todas essas profissões que exerci…

Pronuncia
7 … eSer**ssi**

Note

1 **quiseste** è passato remoto di **querer**, *volere*: quis, quiseste, quis, quisemos, quiseram.

2 **tinha querido**, *avevo voluto* (qui tradotto *volevo*) è trapassato prossimo di **querer** alla prima persona singolare.

3 **sendo**, *essendo*; in questa frase il gerundio ha valore causale (con il significato di **porque eras**) e si usa come in italiano.

Settantaseiesima lezione

Cosa vuoi fare da grande?
(Che cosa vuoi essere quando sarai grande?)

1 – Cosa volevi fare *(essere)* quando eri bambino?
2 – Volevo fare il pompiere. E tu, non hai mai voluto fare il pompiere?
3 – Ho voluto fare [così] tante cose che non [mi] ricordo più. Prima di tutto volevo *(avevo voluto)* fare il medico. Ma forse *(ho l'impressione che)* era una scusa per uscire *(amoreggiare)* con le ragazze del mio quartiere.
4 – Certo, essendo medico tutto ti sarebbe stato concesso *(ti sarebbe permesso)*. E poi?
5 – Poi volevo *(ho-voluto)* fare [l']avvocato, [l']ingegnere, [il] falegname, [lo] spazzacamino… avrei potuto fare qualsiasi cosa. Ah, è vero. Volevo pure fare [il] marinaio, ma *(quello era)* per stare lontano dalla *(scappare alla)* mia prima moglie.
6 – E *(alla fine)* adesso che lavoro fai?
7 – Ora non faccio niente. Sono in pensione e [me] lo merito. Dopo tutte le *(codeste)* professioni che ho esercitato…

---

4 **seria permitido** è condizionale di **permitir**, *permettere*, al passivo: *sarebbe concesso / permesso*.

5 **podia ter sido**, lett. *potevo avere stato*. A differenza dell'italiano, qui è l'infinito di **ser** a essere al passato (**ter sido**) e non **poder**, coniugato all'imperfetto, ma con valore di condizionale. Esempi simili: **podia ser músico**, *potrei fare il musicista*; **podia ter sido músico**, *avrei potuto fare il (potevo essere stato) musicista*; **podíamos falar alemão**, *potremmo parlare tedesco*; **podíamos ter falado alemão**, *avremmo potuto parlare tedesco*.

Exercício 1 – Traduzir

❶ Quando era pequeno ele queria ser bombeiro. ❷ O amigo nunca quis a mesma coisa. Mas não sabia o que queria. ❸ Tinha querido ser médico antes de querer ser advogado. ❹ Tu nunca quiseste ser médica nem advogada. ❺ Também terias querido ser marinheiro mas não podias. Eras uma menina. ❻ Ele agora não faz nada. Está reformado e diz que merece. ❼ Não posso acreditar que ele esteja reformado.

Exercício 2 – Completar

❶ Cosa voleva fare *(essere)* quando era piccolo?
O que é que ele ...... ser quando era ....?

❷ Voleva *(Aveva voluto)* fare il medico per uscire con le ragazze del quartiere.
Ele ..... querido ser ...... para .... com as raparigas do ....

❸ E [poi] voleva *(volle)* fare [il] marinaio per stare lontano dalla *(scappare alla)* sua moglie!
E .... ser .... para escapar à ......!

❹ Quindi *(Alla fine)*, qual è la sua professione?
Afinal, ... é a .... dele?

❺ È spazzacamino.
É .....-......... .

❻ Ma dice di essere in pensione *(che è pensionato)*.
Mas ... que está ....

Settantaseiesima lezione / 76

Soluzioni dell'esercizio 1
❶ Quando era piccolo voleva fare il pompiere. ❷ Il [suo] amico non ha mai voluto [fare] la stessa cosa, ma non sapeva quello che voleva. ❸ Voleva fare *(Aveva voluto essere)* il medico oppure *(prima di voler essere)* l'avvocato. ❹ Non hai mai voluto fare la dottoressa né l'avvocata. ❺ Avresti pure voluto fare il marinaio ma non potevi. Eri una bambina. ❻ Ora lui non fa niente. È in pensione e dice di meritarselo *(che merita)*. ❼ Non posso credere che sia in pensione.

Soluzioni dell'esercizio 2
❶ – queria – criança ❷ – tinha – médico – namorar – bairro ❸ – quis – marinheiro – mulher ❹ – qual – profissão ❺ – limpa-chaminés ❻ – diz – reformado

Seconda ondata: 27ª lezione

Septuagésima sétima lição

Revisão – Ripasso

1 Il presente storico

Come in italiano, in portoghese è possibile usare il presente per descrivere in maniera più vivida un fatto accaduto nel passato: si tratta del cosiddetto presente storico. Potete trovare vari esempi di questa forma nel dialogo della lezione 72. Ne approfittiamo per ripassare alcuni verbi in **-ir** visti in quella stessa lezione e caratterizzati da un cambio della vocale tonica alla prima persona singolare del presente (da cui si forma il congiuntivo presente).

servir		prosseguir	
Pres. Ind.	Pres. Cong.	Pres. Ind.	Pres. Cong.
sirvo	sirva	prossigo	prossiga
serves	sirvas	prossegues	prossigas
serve	sirva	prossegue	prossiga
servimos	sirvamos	prosseguimos	prossigamos
servem	sirvam	prosseguem	prossigam

Questo cambio della vocale tonica alla prima persona singolare si verifica anche in verbi come **seguir**, **conseguir**, **sentir**, **mentir**, **vestir** ecc. In altri verbi, come quelli di seguito, si verifica invece un'alternanza vocalica fra **u** e **o**.

dormir	subir	fugir	acudir
durmo	subo	fujo	acudo
dormes	sobes	foges	acodes
dorme	sobe	foge	acode
dormimos*	subimos	fugimos	acudimos
dormem	sobem	fogem	acodem

* Pronunciate **dormimos** *[durmimush]*.

Settantasettesima lezione

Qui la prima persona singolare e la prima plurale mantengono la **u** dell'infinito, le altre persone hanno invece la **o**.

Lo stesso avviene in verbi come **sacudir**, *scuotere*; **consumir**, *consumare*; **bulir**, *smuovere*; **entupir**, *ostruire / intasare* ecc.

2 L'imperativo

Come ricorderete, esiste una forma specifica di imperativo solo per la seconda persona singolare. Per formare le altre persone si fa riferimento al congiuntivo presente.

fazer	dizer	trazer	pôr
faz!	diz!	traz!	pôe!
façam!	digam!	tragam!	ponham!

3 Il gerundio

Come abbiamo visto alla lezione 63, il gerundio indica un'azione che si svolge simultaneamente a un'altra: **apontando uma pistola... gritou**, *puntando una pistola, gridò...*; **... disse, caindo de joelhos**, *... disse, cadendo in ginocchio*. Può anche avere un valore causale: **sendo médico, tudo te seria permitido**, *essendo un medico, tutto ti sarebbe stato concesso*; accompagnato dalla preposizione **em** acquisisce invece un significato temporale: **em chegando a Lisboa telefono**, *non appena arrivo a Lisbona telefono*.

4 L'infinito passato

Si forma con l'infinito presente del verbo ausiliare **ter** + il participio passato del verbo da coniugare. Naturalmente, in certi casi l'infinito può anche essere personale, come si può osservare nei seguenti esempi.
Esempi:
Dez minutos após o avião ter descolado,
Dieci minuti dopo il decollo dell'aereo (l'aereo essere decollato).

Al plurale la frase diventerebbe:
dez minutos após os aviões terem descolado,
dieci minuti dopo il decollo degli aerei (gli aerei avere decollato).
Era bom ele ter sido médico,
Sarebbe stato bello se avesse fatto il medico.
Era melhor eles terem sido ferreiros,
Sarebbe stato meglio se avessero fatto i fabbri.
Ma:
eles podiam ter sido músicos, *avrebbero potuto fare i musicisti*: in questo caso non c'è bisogno dell'infinito personale perché il soggetto dei due verbi è lo stesso (v. lezione 76, nota 5).

5 La collocazione del pronome

Nei tempi composti alla forma affermativa, il pronome personale riflessivo o complemento è posto tra l'ausiliare e il participio. Nelle forme negative e nelle frasi subordinate il pronome segue **não** e precede sia l'ausiliare che il participio.

Esempi:

Passato prossimo di **divertir-se**, *divertirsi*	
tenho-me divertido	não me tenho divertido
tens-te divertido	não te tens divertido
tem-se divertido	não se tem divertido
temo-nos divertido	não nos temos divertido
têm-se divertido	não se têm divertido

Quando il verbo è al futuro e al condizionale, il pronome si trova tra la radice del verbo e la desinenza; nella forma negativa precede il verbo (radice non più separata dalla sua desinenza): **ver-me-ão**, **não me verão**.

Diálogo de revisão

1 – Façam o que vos peço: digam ao João que esteja lá às 9 horas, sem falta. Senão ele chega outra vez atrasado.
2 – Tragam os documentos e ponham o material na sala do Instituto de Estudos Literários.
3 – Foi bom o Carlos ter sido encarregado de preparar a reunião. Mas era melhor ter podido estar presente.
4 – Na verdade ele tem-se sentido muito cansado e não tem podido fazer tudo o que tinha previsto.
5 – Nós temo-nos reunido todos os dias e não temos conseguido chegar ao fim do projeto.
6 – Vêm aí as férias grandes e vai ser difícil reunirmo-nos. Mas temo-nos divertido muito.

Traduzione
1 Fate quello che vi chiedo: dite a João di essere assolutamente lì alle 9 (*ore, immancabilmente*). Altrimenti arriva di nuovo in ritardo (*ritardato*). **2** Portate i documenti e sistemate (*mettete*) il materiale nella sala dell'Istituto di Studi Letterari. **3** È stata una buona idea incaricare Carlos (*È-stato buono Carlos essere stato incaricato*) di preparare la riunione, ma sarebbe stato (*era*) meglio che fosse stato (*avere potuto stare*) presente. **4** In realtà si sente molto stanco ultimamente (*si ha sentito molto stanco*) e non ha potuto fare tutto quello che aveva previsto. **5** Ci siamo riuniti/e tutti i giorni e non siamo riusciti ad arrivare alla fine del progetto. **6** Stanno arrivando le ferie (*Vengono lì le ferie grandi*) e sarà difficile riunirci. Ci siamo comunque divertiti/e molto.

Seconda ondata: 28ª lezione

Septuagésima oitava lição

Um jantar de família

1 A Manuela fora [1] convidada para jantar em casa dos pais de uma amiga da faculdade situada num elegante bairro residencial do Porto e aceitara [2] o convite.
2 O apartamento era espaçoso e bem mobilado. Mobílias antigas e sóbrias revelando o bom gosto de uma família abastada e tradicional.
3 A rapariga fora recebida com uma certa afabilidade formal pelos donos da casa e a conversa decorrera com dificuldade.
4 Às 8 horas em ponto uma criada [3] fardada viera anunciar que a mesa estava posta.
5 Toda a gente se levantara e se dirigira para a sala de jantar iluminada por um belo lustre pendurado a meio do teto. Dois maciços castiçais de prata estavam pousados sobre a toalha de linho que cobria a mesa. *(continua)*

Note

[1] **fora** è trapassato prossimo di **ser**, che qui compare come ausiliare della voce passiva. È una forma semplice, utilizzata quasi esclusivamente nella lingua scritta ed equivalente alla forma composta **tinha sido** che già conoscevamo (v. lezione 35, § 6). **Fora, foras, fora, fôramos, foram** sono perciò forme più letterarie di **tinha sido, tinhas sido, tinha sido, tínhamos sido, tinham sido**, nonostante il significato sia lo stesso.

[2] **aceitara** è trapassato prossimo (forma semplice) del verbo **aceitar**, *accettare*. La coniugazione completa, valida per tutti i verbi in *-ar*, è **aceitara, aceitaras, aceitara, aceitáramos, aceitaram**.

Settantottesima lezione

Una cena di famiglia

1 Manuela era stata invitata a cena *(per cenare)* a casa dei genitori di un'amica dell'università, *(situata)* in un elegante quartiere residenziale di Porto, e aveva accettato l'invito.
2 L'appartamento era spazioso e ben arredato, con mobili antichi e sobri che rivelavano *(rivelando)* il buon gusto di una famiglia agiata e tradizionalista *(tradizionale)*.
3 La ragazza era stata ricevuta dai padroni di casa con *(una certa)* formale cortesia e la conversazione procedeva *(era-trascorsa)* con difficoltà.
4 Alle 8 *(ore)* in punto, una cameriera in livrea era venuta ad annunciare che la cena *(tavola)* era pronta.
5 Tutti quanti *(Tutta la gente)* si alzarono *(si erano-alzati)* e si diressero *(si erano-diretti)* verso la sala da pranzo, illuminata da un bel lampadario che pendeva dal *(appeso a)* centro del soffitto. Sulla tovaglia di lino che ricopriva la tavola c'erano *(erano posati)* due massicci candelabri d'argento. *(continua)*

3 **criada**, *cameriera*, *domestica* è un termine colloquiale divenuto un po' desueto. In questo senso, si preferisce usare **empregada**, *domestica*, **criada de quarto**, *donna delle pulizie* (in un hotel) oppure **mulher a dias** (con lo stesso significato). Oggi **criado/a** (**de café**) vuol dire *cameriere/a* di un locale pubblico.

Exercício 1 – Traduzir

❶ A amiga convidou-a para jantar em casa dos pais. ❷ Vivia num apartamento cheio de mobílias antigas num bairro elegante. ❸ Era uma família tradicional que herdara uma grande fortuna. ❹ A criada anunciara que a mesa estava posta às oito em ponto. ❺ E ela dirigira-se para a sala de jantar tal como os outros.

Exercício 2 – Completar

❶ Lei era stata invitata a cena.
Ela .... convidada para ....

❷ I genitori della sua amica vivevano in uno dei quartieri più eleganti di Porto.
Os .... da ... amiga viviam num dos .... mais elegantes do Porto.

❸ In effetti, la casa era bellissima e spaziosa, con mobili d'epoca.
De facto a casa era .... e .... com .... antigas.

❹ Era stata *(Le persone l'avevano)* ricevuta con molta cortesia.
As pessoas ...... -na recebido com muita ....

❺ Tutto era di buon gusto.
Tudo era de ....

Settantottesima lezione / 78

Soluzioni dell'esercizio 1

❶ La [sua] amica la invitò a cenare a casa dei [suoi] genitori. ❷ Viveva in un appartamento pieno di mobili antichi, in un quartiere elegante. ❸ Era una famiglia tradizionalista che aveva ereditato una considerevole fortuna. ❹ Alle otto in punto la cameriera aveva annunciato che la cena *(tavola)* era pronta. ❺ E lei si era diretta verso la sala da pranzo come gli altri.

UM JANTAR DE FAMÍLIA

Soluzioni dell'esercizio 2

❶ – fora – jantar ❷ – pais – sua – bairros – ❸ – belíssima – espaçosa – mobílias – ❹ – tinham – afabilidade ❺ – bom gosto

Seconda ondata: 29ª lezione

Septuagésima nona lição

Um jantar de família (continuação)

1 Todos esperavam em silêncio, com o maior respeito.
2 Sentaram-se à mesa num clima de grande cerimónia.
3 Antes de começarem a comer [1] o primeiro prato, a inevitável sopa [2], o dono da casa baixara solenemente a cabeça.
4 Seguido por toda a família, fizera [3] uma pequena prece.
5 Ao terminar, e tendo notado que a jovem não os acompanhara na ação de graças,
6 o anfitrião voltara-se delicadamente para ela e perguntara-lhe:
7 – Em sua casa, não costuma rezar antes das refeições?
8 – Não, senhor, respondera [4] ela. A minha mãe é boa cozinheira.

Note

[1] **antes de começarem a comer**, *prima di iniziare a mangiare*. Ancora un esempio di infinito personale, che concorda con il soggetto e sostituisce una frase subordinata (**antes que começassem a comer**).

[2] La minestra è in effetti un piatto pressoché obbligatorio in un pasto portoghese degno di questo nome.

[3] **fizera**, *aveva fatto*, forma semplice del trapassato prossimo di **fazer**. Ecco il tempo completo: **fizera, fizeras, fizera, fizéramos, fizeram**. Il trapassato prossimo, il congiuntivo imperfetto e quello futuro dei verbi irregolari in portoghese si formano a partire dal tema del passato remoto: **fazer** (infinito) > **fiz** (passato remoto) > **fizera** (trapassato prossimo) > **fizesse** (congiuntivo imperfetto) > **fizer** (congiuntivo futuro).

Settantanovesima lezione

Una cena di famiglia (seguito)

1 Tutti aspettavano in silenzio, nel *(con il)* più grande rispetto.
2 Si sedettero a tavola in un clima di grande cerimoniosità.
3 Prima di iniziare a mangiare il primo *(piatto)*, l'inevitabile minestra, il padrone di casa chinò *(aveva-chinato)* solennemente la testa.
4 Seguito da tutta la famiglia, disse *(aveva-fatto)* una breve *(piccola)* preghiera.
5 Dopo aver terminato, avendo notato che la giovane non si era unita a loro *(non li aveva-accompagnati)* nel ringraziamento *(azione di grazie)*,
6 il padrone di casa le si rivolse educatamente, chiedendole:
7 "A casa sua non ha l'abitudine [di] pregare prima dei pasti?"
8 "No, signore", rispose *(aveva-risposto lei)*. *(La)* Mia madre è [una] buona cuoca.

4 **respondera**, trapassato prossimo semplice di **responder**. Ricordatevi che questo tempo si usa quasi esclusivamente nel linguaggio scritto letterario. Si può incontrare nella lingua parlata come arcaismo.

Exercício 1 – Traduzir

❶ O jantar começava por uma sopa muito boa. ❷ Mas antes de comerem todos rezaram com a cabeça baixa. ❸ Mas a jovem não seguira toda a família. ❹ Pois em casa dela não era costume rezar antes das refeições. ❺ O dono da casa notara-o. ❻ Como se eles rezassem para que o jantar fosse salvo!

Exercício 2 – Completar

❶ Non avrebbero iniziato a mangiare senza aver detto prima una preghiera.
Eles não .... a comer sem primeiro fazer uma ....

❷ Il padrone di *(della)* casa si era girato verso di lei perché aveva notato che non li aveva accompagnati.
O .... voltara-se .... ela porque notara que ela não os ....

❸ Le chiese se a casa sua non si pregasse *(pregava)* prima dei pasti.
Perguntou-lhe se em casa .... não se rezava ..... das ....

❹ Lei non aveva capito il motivo della preghiera.
Ela não compreendera a ..... da ....

❺ Pensava che, essendo sua madre [una] buona cuoca, non fosse necessario pregare.
Achava que sendo a mãe dela ... cozinheira não era .... rezar.

❻ Non sapremo mai qual è *(sarebbe)* stata la reazione della famiglia!
Não saberemos ..... qual ..... sido a resposta da família!

Soluzioni dell'esercizio 1

❶ La cena cominciava con *(per)* una minestra molto appetitosa. ❷ Ma prima di mangiare tutti pregarono con la testa chinata *(bassa)*. ❸ Ma la giovane non aveva seguito [il gesto di] tutta la famiglia. ❹ [Questo] perché a casa sua non erano abituati [a] pregare prima dei pasti. ❺ Il padrone di casa se [ne] era reso conto. ❻ Come se pregassero affinché la cena fosse buona *(salvata)*!

Soluzioni dell'esercizio 2

❶ – começariam – prece ❷ – dono da casa – para – acompanhara ❸ – dela – antes – refeições ❹ – razão – prece ❺ – boa – preciso – ❻ – nunca – teria –

*L'alta borghesia portoghese è un misto di formalismo e bonaria affettazione. Nella gestione di una casa aristocratica non possono mancare un **mordomo**, maggiordomo, che si occupa di ricevere gli ospiti, di preparare la tavola e servire i pasti (secondo un ordine ben preciso: minestra, pesce, carne, frutta, dolce e caffé), una **cozinheira**, cuoca e una **criada**, cameriera "tuttofare". Quando ci sono ospiti, i bambini mangiano solitamente per conto loro, in cucina. Anche a loro si dà del Lei: "noblesse oblige!"*

Seconda ondata: 30ª lezione

Octogésima lição

Quem me dera...

1 – Há tanto tempo que queria ir aos Açores de barco e calcula que quando cheguei ao cais o navio já tinha partido [1].

2 – Nem sequer sabia que havia transportes marítimos para lá. Pensava que só se podia [2] ir de avião.

3 – Não existe uma linha de navegação regular, mas certos cargueiros transportam também passageiros. É difícil arranjar lugar, mas como tenho um amigo que é oficial da Marinha Mercante...

4 – Quem me dera [3] ter partido contigo. Quer dizer, se não tivesses perdido [4] o barco... De um amigo desses é que eu precisava. Não mo [5] apresentas?

5 – Porque é que queres que eu to apresente?

Note

[1] **tinha partido**, trapassato prossimo composto di **partir**. Questa forma è più colloquiale di **partira** (che è quella letteraria e significa anch'essa *era partito/a*).

[2] **certos**, *certi*; **alguns**, *alcuni*; **algumas**, *alcune*; **uns**, *dei, degli / alcuni*; **umas**, *delle / alcune*.

[3] **quem me dera** è un'espressione utilizzata quando si vuole esprimere un desiderio difficilmente realizzabile. Corrisponde ai nostri *mi piacerebbe* o *magari* e letteralmente significa "chi mi aveva dato".

Ottantesima lezione

Quanto mi piacerebbe (Chi mi aveva-dato)...

1 – È da tanto tempo che volevo andare alle Azzorre in barca e pensa che quando sono arrivato sulla banchina la nave era già partita.

2 – Non sapevo neppure che ci fossero trasporti marittimi per le Azzorre *(per là)*. Pensavo che fosse possibile andarci soltanto in *(solo si poteva andare di)* aereo.

3 – Non esiste una regolare linea di navigazione, ma alcune navi mercantili trasportano anche passeggeri. È difficile trovare posto, ma dato che un mio amico è ufficiale della Marina Mercantile...

4 – Magari fossi partito con te. Voglio dire, se tu non avessi perso la nave *(barca)*... È di un amico del genere che avrei bisogno. *(Non)* Me lo presenti?

5 – Perché vuoi che te lo presenti?

---

4 perder, *perdere*; falhar, *fallire / mancare / sbagliare*.

5 não mo apresentas?, *non me lo presenti?* Da notare la forma contratta **mo = me + o**. Il pronome diretto **o** si contrae con i pronomi indiretti **me, te, lhe, nos, vos, lhes** dando luogo alle forme **mo, to, lho, no-lo, vo-lo, lho**: *me lo, te lo, glielo* ecc. Le stesse contrazioni si hanno con **a, os, as**.

6 – Porque gosto muito de viajar e prefiro fazê-lo num barco de carga do que num paquete ⁶.
7 – Mas os paquetes são mais confortáveis. Têm piscina, jogos, diversões, bailes...
8 – Disseram-me que nos cargueiros se come melhor.
9 – Mas, no final de contas, tu gostas de viajar ou de comer?
10 – Ambas as coisas. Mas, dessa maneira, posso juntar o útil ao agradável.
11 – És um autêntico marinheiro de água doce!

Pronuncia
7 ... tᵃyᵃyⁿ pish**ss**ina ...

Note
6 paquete, *piroscafo / nave passeggeri / transatlantico*, mentre *pacco* in portoghese si dice **embrulho**; *impacchettare*, **embrulhar**. Altri tipi di imbarcazione: **barco**, *barca / nave*; **caravela**, *caravella*; **barco à vela / veleiro**, *veliero*; **barco a remos**, *barca a remi*; **barco a motor**, *barca a motore*; **barco de cruzeiro**, *nave da crociera*; **barco costeiro**, *nave da cabotaggio*; **bote**, *battello* (a remi o a vela); **barcaça**, *chiatta*; **baleeira**, *scialuppa di salvataggio*; **fragata**, *fregata*; **traineira**, *peschereccio*.

***

Exercício 1 – Traduzir
❶ Quem me dera ter ido contigo aos Açores! Se tu lá tivesses ido... ❷ Se não tivesse perdido o barco tinha lá ido no verão passado. ❸ Se encontrarmos um cargueiro que transporte passageiros havemos de ir. ❹ Ouvi dizer que tinhas um amigo na Marinha Mercante. Apresentas-mo? ❺ Apresentar-to-ia se pudesse. Mas ele está no Brasil. ❻ Onde é que se come melhor? Nos paquetes ou nos cargueiros?

Ottantesima lezione / 80

6 – Perché mi piace molto viaggiare e preferisco farlo su una nave mercantile anziché su una nave passeggeri.
7 – Ma le navi passeggeri sono più comode. Hanno piscina, giochi, intrattenimento, balli...
8 – Mi hanno detto che sulle navi mercantili si mangia meglio.
9 – Ma alla fine *(nel finale di conti)* ti piace viaggiare o mangiare?
10 – Entrambe le cose. Ma, in questo modo, posso unire l'utile al dilettevole.
11 – Sei un autentico marinaio di acqua dolce!

***

Soluzioni dell'esercizio 1

❶ Magari fossi venuto/a *(andato)* con te alle Azzorre! Se tu ci fossi andato/a... ❷ Se non avessi perso la nave [ci] sarei andato/a l'estate scorsa. ❸ Se troviamo una nave mercantile che trasporta passeggeri ci dobbiamo andare. ❹ Ho sentito dire che avevi un amico nella Marina Mercantile. Me lo presenti? ❺ Se potessi te lo presenterei, ma si trova in Brasile. ❻ Dov'è che si mangia meglio? Sulle navi passeggeri o su quelle mercantili?

Exercício 2 – Completar

❶ Pensa che quando siamo arrivati/e alla banchina la nave era già partita!
Calcula que ...... chegámos ...... o navio já tinha ....!

❷ Preferisci viaggiare su una nave passeggeri o su una nave mercantile?
.... viajar ... paquete ou .... de carga?

❸ Preferisco farlo su un cargo. Dicono che si mangia meglio.
.... fazê-lo num .... Dizem que .... melhor.

❹ Mi piacerebbe *(piaceva)* che mi presentassi il tuo amico ufficiale della Marina Mercantile.
Gostava que .. apresentasses o teu amigo .... da Marinha ....

81

Octogésima primeira lição

A oferta de emprego

1 – Boa tarde. Venho responder ao anúncio publicado no jornal desta manhã.
2 – Procuramos uma secretária que saiba utilizar o programa "Fiz 3000", que fale inglês e francês e que esteja pronta a partir para o estrangeiro em qualquer ¹ altura ².

Note

1 **qualquer**, *qualunque*; **em qualquer altura**, *in qualunque momento*; **em qualquer lado**, *ovunque*; **qualquer coisa**, *qualsiasi cosa*.

2 Si noti l'uso del congiuntivo presente in questa frase: **saiba** dal verbo *saber*; **fale** da *falar* e **esteja** da *estar*. È l'occasione ideale per ripassare i congiuntivi!

❺ Te lo presenterò appena potrò.
..........-to-ei logo que ......

❻ Quando lo conoscerò, gli chiederò di trovarmi un posto per il Giappone!
Quando o .... pedir-...-.. que me .... um lugar para o Japão!

❼ Non so se te lo potrà trovare.
Não ... se ele ...... arranjar-...

Soluzioni dell'esercizio 2
❶ – quando – ao cais – partido ❷ Preferes – num – num barco – ❸ Prefiro – cargueiro – se come – ❹ – me – oficial – Mercante ❺ Apresentar – puder ❻ – conhecer – lhe-ei – arranje – ❼ – sei – poderá – to

Seconda ondata: 31ª lezione

Ottantunesima lezione

L'offerta di lavoro

1 – Buongiorno. Sarei interessata *(Vengo rispondere)* all'annuncio pubblicato sul giornale di stamani.
2 – Cerchiamo una segretaria che sappia usare il programma "Fiz 3000", che parli inglese e francese e che sia disposta ad andare all' *(partire per l')*estero in qualunque momento.

A OFERTA DE EMPREGO

3 – Acho que correspondo ao que procuram, mas estou disposta a prestar provas ³.
4 – Prestá-las-ia ⁴ hoje mesmo?
5 – Se quiser ⁵, mas, pessoalmente, preferia fazê-lo amanhã. Assim, teria tempo de prevenir uns amigos meus que são músicos…
6 – Como? Não percebo… O que é que isso tem a ver com o emprego que lhe propomos?
7 – É que também sou pianista num conjunto de rock…
8 – Continuo sem perceber.
9 – É que quando sou acompanhada à guitarra e à bateria escrevo muito mais depressa no computador. Dou cada ⁶ concerto…

Note

3 **prestar provas**, *sottoporsi a delle prove / a dei test*, lett. prestare prove; **fazer exames**, *dare / fare degli esami* è usato in ambito scolastico e medico; **passar (no exame / na prova)**, *superare (un esame / una prova) / essere promosso/a*; **chumbar (no exame / na prova)**, *non riuscire a superare (un esame / una prova), essere bocciato/a*; **marrão / marrona**, *secchione/a, sgobbone/a*; **cábula**, *scansafatiche / fannullone/a*, uno/a che odia studiare.

4 **prestá-las-ia**, condizionale di **prestar**, *prestare / fornire*, coniugato con il pronome **as**. Nella forma negativa, diventerebbe: **não as prestaria**.

***

Exercício 1 – Traduzir

❶ Ela pensava que correspondia ao anúncio do jornal e apresentou-se. ❷ Procuravam uma secretária que soubesse línguas e estivesse livre. ❸ Prestaria provas no próprio dia se quisessem. ❹ Mas preferia prestá-las no dia seguinte para ser acompanhada pelos músicos. ❺ Se lhe propusessem tocar num conjunto era diferente.

Ottantunesima lezione / 81

3 – Credo di fare al caso vostro *(che corrispondo a-quello che cercate)*, ma sono disposta a sottopormi *(prestare)* [ai] test..

4 – Li vuole fare *(prestare)* oggi stesso?

5 – Se vuole..., ma, personalmente, preferirei *(preferivo)* farli domani. Così avrei [il] tempo di avvisare alcuni miei amici che sono musicisti...

6 – Come? Non capisco... che cosa c'entra *(ha a vedere)* con il [posto di] lavoro che le proponiamo?

7 – È che sono anche pianista in un gruppo rock...

8 – Continuo a non *(senza)* capire.

9 – *(È che)* Quando sono accompagnata dalla chitarra e dalla batteria scrivo molto più veloce a computer. Faccio certi concerti...

Pronuncia
8 koⁿtinuu ...

5 se quiser, congiuntivo futuro di **querer**, *volere*, alla terza persona singolare. Come abbiamo già visto, questo tempo si forma a partire dal passato remoto, **quis**: il trapassato prossimo semplice e il congiuntivo imperfetto sono, rispettivamente, **quisera** e **quisesse**.

6 cada, *ogni / ciascuno/a*, serve in questo caso a dare maggiore enfasi alla frase. Esempi simili: **tens cada uma**, *ti inventi certe trovate*; **ele diz cada coisa!**, *ne dice di tutti i colori!*

***

Soluzioni dell'esercizio 1

❶ Lei pensava di corrispondere *(che corrispondeva)* all'annuncio del giornale e si presentò. **❷** Cercavano una segretaria che conoscesse le lingue e fosse disponibile. **❸** Se avessero voluto *(volessero)*, si sarebbe sottoposta ai test in giornata *(presterebbe prove nel proprio giorno)*. **❹** Ma avrebbe preferito *(preferiva)* farli il giorno dopo, *(per essere)* accompagnata dai musicisti. **❻** Se le avessero proposto *(proponessero)* di suonare in un gruppo, sarebbe stato *(era)* diverso.

trezentos e vinte e oito • 328

Exercício 2 – Completar

① Si è presentata per *(veniva rispondere a)* l'annuncio *(che era stato)* pubblicato sul giornale.
Ela ..... responder ao .... que tinha .... publicado no jornal.

② Parlava inglese e francese e suonava [il] piano.
...... inglês e francês, ...

③ Ma si sarebbe sottoposta ai test solo il giorno dopo, dato che doveva avvisare i suoi amici.
Mas só .... provas no dia .... pois tinha de .... os amigos.

④ I [suoi] amici la accompagneranno *(verranno accompagnarla)* alla batteria.
Os amigos ..... acompanhá-.. à bateria.

⑤ Diceva che in questo modo avrebbe scritto *(scriverebbe)* più velocemente. Le avrebbero creduto *(Crederebbero in-lei)*?
Dizia que assim escreveria .... nela?

82

Octogésima segunda lição

Viagem na minha terra

1 – Tens viajado [1] muito ultimamente. Há dois anos foste ao Brasil e o ano passado ao Japão. A que país exótico pensas ir este ano?

2 – A nenhum. Vou ficar aqui e viajar através de Portugal de Norte a Sul.

Pronuncia
1 ... *iSOtiku* ...

❻ Se le avessero proposto un lavoro come *(di)* pianista rock, non ci sarebbero stati problemi *(si capirebbe)*.

Se lhe propusessem um .... de pianista rock ....-se.

❼ Ma le/gli proposero un lavoro molto convenzionale. Lo avrebbe trovato interessante *(Le interesserebbe)*?

Mas propuseram-lhe um emprego .... Interessar-lhe-...?

Soluzioni dell'esercizio 2

❶ – vinha – anúncio – sido – ❷ Falava – e tocava piano ❸ – prestaria – seguinte – prevenir – ❹ – virão – la – ❺ – mais depressa – Acreditariam – ❻ – emprego – compreendia – ❼ – muito convencional – ia

Seconda ondata: 32ª lezione

82
Ottantaduesima lezione

Viaggio nella mia terra

1 – Ultimamente hai viaggiato molto. Due anni fa sei andato in Brasile e l'anno scorso in Giappone. In quale paese esotico pensi di andare quest'anno?
2 – In nessuno. Rimarrò qui e farò un viaggio attraverso il Portogallo, da Nord a Sud.

Note

1 Ricordate l'uso del passato prossimo: in portoghese esprime un passato prossimo che perdura nel presente: **tens viajado** (ultimamente), *hai viaggiato* (ultimamente).

82 / Octogésima segunda lição

3 – Assim é que é [2]! Mas não te esqueças de levar uma bússola e mapas [3]... E já preparaste a viagem?

4 – Mais ou menos. Vou de Lisboa ao Algarve pela costa e, depois, subo pelo interior – Alentejo, Serra da Estrela, Trás-os-Montes – até ao Gerês. Aí faço tenção [4] de descansar uns dias e volto a partir, atravessando o Minho, na direção [5] da fronteira com a Galiza.

5 – Ufa! Só de te ouvir já estou cansado.

6 – E ainda não é nada. Tenciono também descer o vale do Douro, escalar uma montanha ou duas, e, quando chegar a Lisboa, dar um mergulho na Caparica para terminar a viagem em beleza.

7 – E vais fazer isso tudo de carro ou de comboio?

8 – A pé. Estou-me a treinar para a próxima maratona olímpica.

9 – Mas vais demorar um século!

10 – Nem pensar! Conheço uns atalhos... □

 *6 ... d^esh**sser** ... 8 ... **prO**ssima ...*

Note

2 **assim é que é!**, *bravo/a! / è così che si fa!*, frase idiomatica molto ricorrente che si usa per esprimere approvazione.

3 In alternativa molti preferiscono fare ricorso alla tecnologia e quindi al sistema *GPS*, o **GPS** *[je-pe-ess]* in portoghese.

4 **fazer tenção / tencionar / ter a intenção**, *avere intenzione*.

5 **na direção de / em direção a / para**, *verso*. Per esprimere un orario approssimativo si può usare **cerca de**: **cerca das 18 horas**, *alle 18 circa*.

Ottantaduesima lezione / 82

3 – Bravo *(Così è che è)*! Ma non dimenticarti di portare una bussola e qualche mappa *(e mappe)*... *(E)* Hai già preparato il viaggio?
4 – Più o meno. Vado da Lisbona all'Algarve [passando] per il litorale e, poi, salgo attraverso l'entroterra – Alentejo, Serra da Estrela, Trás-os-Montes – fino al Gerês. Lì intendo riposare qualche giorno per poi *(e)* ripartire, attraversando il Minho, verso il confine con la Galizia.
5 – Uff! Solo a *(di)* starti a sentire sono già stanco.
6 – E non è finita *(ancora non è niente)*. Ho pure intenzione di discendere la Valle del Douro, scalare una o due montagne e, quando arriverò a Lisbona, fare un tuffo nella [Costa della] Caparica per terminare il viaggio in bellezza..
7 – E farai tutto questo in macchina o in treno?
8 – A piedi. Mi sto allenando per la prossima maratona olimpica.
9 – Ma ci metterai un secolo!
10 – Neanche per sogno *(pensare)*! Conosco alcune scorciatoie...

Exercício 1 – Traduzir

❶ Só tenho visitado países exóticos. ❷ Tencionamos descansar uns dias no Gerês e só voltaremos a partir quando nos apetecer. ❸ Depois de termos dado a volta a Portugal havemos de terminar com um mergulho na Caparica. ❹ Se te tirassem o mar tiravam-te tudo. Mas no Norte também há praias. ❺ Não faço tenção de tomar banho nas praias do Norte.

Exercício 2 – Completar

❶ Ha viaggiato molto, ultimamente. Ma ha visitato soltanto Paesi esotici.
Ele tem .... muito ultimamente. Mas ..... visitado ...... exóticos.

❷ Lei aveva intenzione di andare con lui.
Ela .... de ir com ele.

❸ Aveva già fatto quel viaggio e lo aveva trovato meraviglioso.
Já tinha ..... aquela viagem e tinha- . achado belíssima.

❹ Lui aveva intenzione di fare tutto il percorso a piedi. Non gli mancava [il] coraggio!
Ele .... fazer isso tudo a pé. Não lhe .... coragem!

❺ Si sarebbe detto (direbbe) che si stesse (stava) allenando per la prossima maratona olimpica!
...-se- .. que .. estava a .... para a .... maratona olímpica!

Ottantaduesima lezione / 82

Soluzioni dell'esercizio 1

❶ [Ultimamente] ho visitato solo paesi esotici. ❷ Abbiamo intenzione di riposarci alcuni giorni nel Gerês e ripartiremo solo quando [ne] avremo voglia. ❸ Dopo aver fatto il giro del Portogallo concluderemo con un tuffo nella [Costa della] Caparica. ❹ Se ti togliessero il mare ti toglierebbero *(toglievano)* tutto. Ma anche nel Nord ci sono [le] spiagge. ❺ Non ho intenzione di fare il bagno nelle spiagge del Nord.

Soluzioni dell'esercizio 2

❶ – viajado – só tem – países – ❷ – fazia tenção – ❸ – feito – a – ❹ – tencionava – faltava – ❺ Dir – ia – se – treinar – próxima –

---

*L'**Algarve** è la provincia più meridionale del Portogallo. Questa zona del paese, caratterizzata da un clima mite e da belle spiagge, è molto apprezzata dai turisti di tutta Europa che, soprattutto in estate, vi giungono in massa. Alcuni, specialmente pensionati provenienti da tutta Europa, decidono addirittura di trasferirvisi in pianta stabile, conquistati da un sole che splende quasi tutto l'anno. La regione dell'**Alentejo**, disseminata di boschi di querce da sughero, vigneti e uliveti, è molto più vasta ed è ricca di località interessanti dal punto di vista storico e architettonico, come **Évora**. La **Serra da Estrela** è il gruppo montuoso più elevato del Paese e si trova al centro, mentre il **Gerês**, al nord (vicino al confine con la Galizia), è considerato un vero e proprio paradiso naturalistico. Il **Minho** e il **Trás-os-Montes** sono le province più settentrionali del Portogallo: la prima è molto verde e umida mentre la seconda, formata da vertiginosi altipiani, è la zona più isolata del Paese, nella quale si parla anche un dialetto arcaico.*

Seconda ondata: 33ª lezione

83

Octogésima terceira lição

Provérbios

1 – Ajuda-te a ti próprio e o céu te ajudará [1].
2 – Falas assim porque és aviador, mas o que é que responderias [2] se eu te dissesse que para grandes males, grandes remédios...
3 – Ia ao médico. De qualquer modo, sempre ouvi dizer que a ocasião faz o ladrão.
4 – E quem semeia ventos colhe tempestades. Estou perfeitamente de acordo. Esqueces, contudo, que ri melhor quem ri no fim.
5 – Isso é mentira. E a prova é que não se podem fazer omeletes sem quebrar ovos [3].
6 – O que acabas de dizer denota a tua má fé pois já no tempo da minha avó, se dizia [4] que quem não arrisca não petisca.
7 – E nunca ouviste dizer que um homem prevenido vale por dois?
8 – Certamente, mas uma andorinha não faz a primavera.
9 – Ora, um dia não são dias.

Note

1. **ajudará**, futuro di **ajudar**, *aiutare*. Questo tempo verbale viene regolarmente usato nei proverbi e nelle massime. Come sappiamo è invece poco utilizzato in altre occasioni.

2. **responderias**, condizionale di **responder**, *rispondere*. In questa frase si potrebbe anche usare l'imperfetto con valore di condizionale. In entrambi i casi il tempo della subordinata sarebbe il congiuntivo imperfetto: **se eu te dissesse**, *se ti dicessi*.

3. Ci sono molti modi di cucinare le uova: **ovo estrelado**, *uovo fritto*; **ovo**

Ottantatreesima lezione

Proverbi

1 – Aiutati che il ciel t'aiuta *(Aiutati a te stesso e il cielo ti aiuterà)*.
2 – Parli così perché sei aviatore, ma cosa risponderesti se ti dicessi: "A mali estremi, estremi rimedi *(che per grandi mali, grandi rimedi)*…"
3 – Andrei dal medico. Ad ogni modo, ho sempre sentito dire che l'occasione fa [l'uomo] *(il)* ladro.
4 – E chi semina vento raccoglie tempesta *(tempeste)*. Sono assolutamente d'accordo. Comunque dimentichi che ride bene *(meglio)* chi ride ultimo *(alla fine)*.
5 – Non è vero *(Questo è bugia)*. E lo prova il fatto che non si può fare una frittata *(la prova è che non si possono fare frittate)* senza rompere [le] uova.
6 – Quello che hai appena detto dimostra *(denota)* la tua malafede, visto che già ai tempi di mia nonna si diceva che chi non risica non rosica *(chi non rischia non mangiucchia)*.
7 – E non hai mai sentito dire "Uomo avvisato, mezzo salvato" *(che un uomo avvisato vale per due)*?
8 – Certo *(Certamente)*, ma una rondine non fa *(la)* primavera.
9 – Esatto, una volta non fa l'abitudine *(un giorno non sono giorni)*.

---

cozido, *uovo sodo*; **ovos quentes**, *uova alla coque*; **ovos mexidos**, *uova strapazzate*. Esistono inoltre gli **ovos moles**, *uova tenere*, dolcetti tipici di Aveiro venduti in minuscole botti di legno dipinte a mano. Gli ingredienti principali sono uova e zucchero; il tutto viene poi racchiuso in un'ostia a forma di pesce, frutto di mare o conchiglia.

4 se dizia oppure **diziam** (impersonale), *si diceva / dicevano*. **Diziam que quem não arrisca não petisca**, *Dicevano che chi non risica non rosica*.

83 / Octogésima terceira lição

Exercício 1 – Traduzir
1. Quem muito dorme, pouco aprende, dizia a minha avó.
2. Mas eu sempre pensei que devagar se vai ao longe.
3. Fala, fala! Quanto mais me bates mais eu gosto de ti!
4. Quem semeia ventos colhe tempestades. – Estou de acordo.
5. Isso é mentira. E a prova é que não se fazem omeletes sem partir ovos.

Exercício 2 – Completar

1. Pensano che, se si aiutano [da soli], il cielo li aiuterà.
   Eles pensam que se se .... a .. próprios o céu ajudá- ...-..

2. Se mi dici che a mali estremi *(grandi mali)*, estremi *(grandi)* rimedi, non dico *(rispondo)* niente.
   Se me .... que para grandes ..... grandes .... eu não .... nada.

3. Non dimenticarti che ride bene *(meglio)* chi ride ultimo.
   Não te .... que ri ..... quem .. no fim.

4. Se si potesse *(potessero)* fare una frittata *(frittate)* senza rompere [le] uova sarebbe fantastico!
   Se .... fazer omeletes ... quebrar ...., ... ótimo!

5. Pensano che chi risica non rosica *(se non rischiano non mangiucchieranno)* e hanno ragione.
   Eles pensam que se não .... não .... e têm razão.

6. Se l'occasione facesse sempre [l'uomo] *(il)* ladro, ci sarebbero molti più furti di quelli che ci sono [già].
   Se a ocasião .... sempre o ladrão ..... muito mais roubos ....

Ottantatreesima lezione / 83

Soluzioni dell'esercizio 1

❶ Chi dorme non piglia pesci *(Chi molto dorme, poco apprende)*, diceva mia nonna. ❷ Ma ho sempre pensato che chi va piano, va sano e va lontano *(piano si va al lontano)*. ❸ Parla, parla! *(Quanto)* Più mi picchi [e] più mi piaci! ❹ Chi semina vento raccoglie tempesta *(tempeste)*. – Sono d'accordo. ❺ Non è vero *(Questo è bugia)*. E lo prova il fatto che non si può fare una frittata *(la prova è che non si fanno frittate)* senza rompere [le] uova.

Soluzioni dell'esercizio 2

❶ – ajudarem – si – los-à ❷ – disseres – males – remédios – respondo – ❸ – esqueças – melhor – ri – ❹ – se pudessem – sem – ovos – era – ❺ – arriscarem – petiscarão – ❻ – fizesse – havia – do que há

Seconda ondata: 34ª lezione

Octogésima quarta lição

Revisão – Ripasso

1 Il congiuntivo presente

L'uso di questo tempo è simile a quello italiano.
Ricordamo l'annuncio della lezione 81: **Procuramos uma secretária que saiba escrever no computador... que fale inglês... e que esteja pronta a partir para o estrangeiro...**, *Cerchiamo una segretaria che sappia scrivere a computer..., che parli inglese... e che sia disposta a viaggiare all'estero...* Si tratta di una probabilità, visto che non è stato ancora trovato nessuno che soddisfi i requisiti elencati nell'inserzione. Il congiuntivo presente accompagna anche verbi come **querer**, *volere*, **desejar**, *sperare*, **ser preciso**, *bisognare*; e l'avverbio **talvez**, *forse* (a differenza dell'italiano).
Esempi: **quero que ele venha**, *voglio che venga*; **desejo que faças isso**, *desidero che tu lo faccia*; **é preciso que tragas o livro**, *bisogna che porti il libro*; **talvez eles saibam**, *forse lo sanno* (lett. forse lo sappiano).
Facciamo ora il ripasso del congiuntivo presente di alcuni verbi irregolari che abbiamo incontrato.

querer	saber	estar
queira	saiba	esteja
queiras	saibas	estejas
queira	saiba	esteja
queiramos	saibamos	estejamos
queiram	saibam	estejam

Ottantaquattresima lezione

fazer	dizer	pôr
faça	diga	ponha
faças	digas	ponhas
faça	diga	ponha
façamos	digamos	ponhamos
façam	digam	ponham

2 Il trapassato prossimo semplice (indicativo)

Oltre alla forma composta che ormai conosciamo bene, esiste una forma semplice di questo tempo, più letteraria e meno frequente. Ecco degli esempi nei tre modelli di coniugazione:

Verbi regolari		
falar	comer	partir
falara (= tinha falado)	comera (= tinha comido)	partira (= tinha partido)
falaras	comeras	partiras
falara	comera	partira
faláramos	comêramos	partíramos
falaram	comeram	partiram

Notate che la 3ª persona plurale è uguale alla stessa persona del **pretérito perfeito simples**.

Verbi irregolari		
ser / ir	vir	fazer
fora	viera	fizera
foras	vieras	fizeras
fora	viera	fizera
fôramos	viéramos	fizéramos
foram	vieram	fizeram

trezentos e quarenta • 340

3 Le proposizioni condizionali

In portoghese le proposizioni condizionali si costruiscono sempre con il congiuntivo (imperfetto nel periodo ipotetico della possibilità e spesso anche dell'irrealtà, e futuro in quello della realtà):

Se ela viesse eu falava-lhe, *Se lei venisse (io) le parlerei.*
Se me trouxesses o livro eu lia-o, *Se mi portassi il libro, lo leggerei.*
Se eles fossem ao cinema ia com eles,
Se andassero al cinema andrei con loro.
Se fizéssemos isso ela zangava-se,
Se lo facessimo, lei si arrabbierebbe.

Come ormai sapete, in questi esempi (che rispecchiano la lingua colloquiale) l'imperfetto della frase principale ha valore di condizionale (modo che può essere correttamente usato).
Se eu pudesse falar-lhe-ia,
Se potessi, gli/le parlerei (con una sfumatura di improbabilità).

Lo stesso enunciato, trasformato in periodo ipotetico della realtà, vede l'utilizzo del futuro, congiuntivo e indicativo:

Se eu puder falar-lhe-ei,
Se potrò, gli/le parlerò (ho intenzione di farlo).

È possibile inoltre utilizzare, nella frase principale, il presente con valore di futuro:

Se ela vier falo-lhe, *Se lei viene, le parlo.*
Se me trouxeres o livro eu leio-o, *Se mi porti il libro lo leggo.*
Se eles forem ao cinema eu vou com eles,
Se vanno al cinema, vado con loro.
Se fizermos isso ela zanga-se, *Se lo facciamo lei si arrabbia.*

4 La forma impersonale

In portoghese le frasi impersonali si rendono in maniera del tutto simile a quelle italiane.

• Con **se** + verbo alla terza persona, singolare o plurale:
Come-se bem nos cargueiros, *Si mangia bene sulle navi mercantili.*
Só se podia ir de avião, *Si poteva solo andare in aereo.*
Dizia-se isso no tempo da minha avó,
Così si diceva ai tempi di mia nonna.
Quando nella frase è presente un complemento oggetto, il verbo concorda con esso e il pronome **se** assume valore passivante, come il *si* italiano:
Dizem-se muitas asneiras, *Si dicono molte stupidaggini.*
Não se podem fazer omeletes, *Non si possono fare frittate.*

• Con la terza persona plurale:
Dizem que o hábito faz o monge, *Dicono che l'abito fa il monaco.*
Disseram-me que se podia ir de barco,
Mi hanno detto che si poteva andare in barca.

5 I pronomi complemento combinati

La presenza in una stessa frase di un pronome indiretto e di uno diretto dà luogo, come in italiano, a forme particolari, che in portoghese sono tutte contratte:
me + o = mo; me + a = ma; me + os = mos; me + as = mas; te + o = to...; lhe + o = lho...; nos + o = no-lo...; vos + o = vo-lo...; lhes + o = lho...

Esempi:

Dás-me o livro? – Não, não to dou.
Mi dai il libro? – No, non te lo do.

Apresentas-mo? – Sim, apresento-to.
Me lo presenti? – Sì, te lo presento.

Eles não no-la deram.
Loro non ce l'hanno data.

Eu não vo-la apresento.
Io non ve la presento.

Tu não lho pediste?
Tu non glielo hai chiesto?

Diálogo de revisão

1 – Quero que saibas que não saio daqui antes de eles partirem.
2 – É preciso que estejas pronta às nove horas. Senão, não podemos ir ao cinema.
3 – Não digas isso. Talvez façamos outra coisa.
4 – Se fizéssemos outra coisa eles zangavam-se.
5 – Talvez possamos convidá-los para jantar. Come-se bem no Papa-Açorda.
6 – Dizem que sim. Disseram-me que estava aberto hoje.

Octogésima quinta lição

A anedota

1 – Nunca te contaram [1] anedotas sem piada nenhuma: daquelas em que a pessoa que ta conta, ao notar que não achas graça, ainda por cima tenta explicar-ta?
2 – Imensas vezes [2]. Mas eu rio-me sempre: sou bom público.
3 – E isso nem sequer te incomoda?

 Pronuncia
... ᵃnᵉ**dO**tᵃ ... **3** ... iⁿku**mO**dᵃ ...

 Note

[1] **nunca te contaram**, *non ti hanno mai raccontato*. In questo caso l'impersonalità si rende con la terza persona plurale, come sempre avviene quando c'è anche un complemento di termine all'interno della frase: **contaram-me uma história**, *mi hanno raccontato una storia*; ma **conta-se uma história**, *si racconta una storia*.

[2] **muitas vezes**, *molto spesso*; **várias vezes**, *diverse volte*; **com frequência**, *frequentemente*; **às vezes**, *a volte*; **sempre**, *sempre*; **nunca**, *mai*.

Traduzione

1 Voglio che tu sappia che non uscirò *(esco)* di qui prima che loro partano. **2** Bisogna che tu sia pronta alle nove *(ore)*. Altrimenti non possiamo andare al cinema. **3** Non dire così. Forse faremo qualcos'altro *(facciamo altra cosa)*. **4** Se facessimo altro si arrabbierebbero *(si arrabbiavano)*. **5** Forse possiamo invitarli a cena. Si mangia bene al Papa-Açorda. **6** Dicono di sì. Mi hanno detto che era aperto oggi.

Seconda ondata: 35ª lezione

Ottantacinquesima lezione

La barzelletta

1 – Non ti hanno mai raccontato [delle] barzellette che non fanno ridere *(senza spirito nessuno)*, di quelle che la persona che te le racconta, notando che non sono divertenti, cerca anche di spiegartele?

2 – Tantissime *(Immense)* volte. Ma io *(mi)* rido sempre: sono di bocca buona *(sono buon pubblico)*.

3 – E la cosa non *(nemmeno)* ti disturba?

SOU UM TIPO AFÁVEL E DESAGRADA-ME OFENDER OS OUTROS.

4 – Incomoda, sim. Mas o que é que queres: sou um tipo afável e desagrada-me ofender os outros. Reparaste [3], com certeza, como eles ficam ofendidos quando não se acha piada [4] às anedotas que eles contam...

5 – Eu sei: ficam tristes e deprimidos.

6 – Alguns até consultam psicanalistas durante anos para se curarem [5] do insulto sofrido [6]. Outros ainda isolam-se e, pouco a pouco, tornam-se horrivelmente tímidos e complexados.

7 – Eu sou um desses desgraçados, mas dada a tua compreensão e generosidade, ouso fazer-te uma pergunta e peço-te que me respondas com toda a franqueza: posso contar-te uma anedota?

8 – NÃO!

6 ... iSolaw^n-s^e ... ko^{n}pleksadush **7** ... ko^{n}prie^{n}saw^n ...

Note

3 Il verbo **reparar** è un falso amico. In portoghese, infatti, significa *notare* e non *riparare* (che invece si dice **consertar**).

***

Exercício 1 – Traduzir

❶ Há quem conte anedotas sem graça nenhuma e ainda por cima as explique. ❷ Mas também há pessoas afáveis para se rirem sem acharem graça. ❸ Eu acho piada a algumas mas quem me dera não ouvir as outras! ❹ E os que as contam ainda se permitem ficar ofendidos. ❺ Você poderia viver sem contar anedotas e fazer rir os que o rodeiam?

Ottantacinquesima lezione / 85

4 – Sì. Ma che [ci] vuoi [fare]: sono un tipo affabile e mi dispiace offendere gli altri. Hai sicuramente notato come le persone si offendano quando non si trova niente da ridere nelle *(non si trova spirito alle)* barzellette che raccontano...

5 – [Lo] so: diventano tristi e depresse.

6 – Qualcuno va addirittura dallo psicanalista *(consultano psicanalisti)* per anni per superare l'affronto subito *(curarsi dell'insulto sofferto)*. Altri, invece *(ancora)*, si isolano e a poco a poco diventano estremamente *(orribilmente)* timidi e complessati.

7 – Io sono uno di questi disgraziati ma, vista la tua comprensione e generosità, oso farti una domanda e ti chiedo di rispondermi con la massima franchezza: posso raccontarti una barzelletta?

8 – NO!

---

4 **não se acha piada**, *non fa ridere*. Il verbo impersonale può essere anche alla terza persona plurale: **não acham piada**, *non fa ridere*. Un altro esempio: **quando não se pensa como ele / quando não pensam como ele**, *quando non [la] pensano come lui*.

5 **para se curarem**, *per curarsi*. Da notare la concordanza dell'infinito con il soggetto e il fatto che, in questo caso, **curar** è un verbo riflessivo.

6 **sofrer** significa *soffrire, subire, patire*: **sofrer um insulto, sofrer de doença prolongada**.

***

Soluzioni dell'esercizio 1

❶ C'è chi racconta *(racconti)* barzellette che non fanno assolutamente ridere *(senza divertimento nessuno)* e per giunta le spiega *(spieghi)*. ❷ Ma ci sono anche persone affabili che ridono pur non trovandole divertenti *(per ridersi senza trovare spirito)*. ❸ Alcune le trovo divertenti *(trovo spirito ad alcune)*, ma se solo potessi non ascoltare le altre! ❹ E quelli che le raccontano hanno pure il coraggio di offendersi *(ancora si permettono rimanere offesi)*. ❺ Riuscirebbe a vivere senza raccontare barzellette e far ridere chi La circonda?

trezentos e quarenta e seis

Exercício 2 – Completar

❶ Alcuni diventano estremamente *(terribilmente)* timidi e devono andare dallo psicanalista *(hanno di consultare psicanalisti)*.

............-............... tímidos e ... de consultar ....

❷ Altri non riescono a curarsi e, a poco a poco, si isolano.
Outros não .... curar-se e isolam-se ....

❸ Racconto sempre le stesse barzellette.
Conto sempre as ....

❹ E se gli altri non *(si)* ridono, io [glie]le spiego.
E se os ...... não ...... eu ....-as.

❺ Magari ridessero sempre! Vorrebbe dire *(Era segno)* che tutti mi capiscono *(capivano)*.

.... que se rissem sempre. ... sinal que todos me ....

86
Octogésima sexta lição

Um dia no hipódromo

1 – De onde é que vens todo sujo e esfarrapado?
2 – Nem me fales [1]! Se soubesse não tinha [2] lá posto os pés.
3 – Mas onde é que foste?
4 – Fui pela primeira vez na vida às corridas de cavalos e olha o que me aconteceu [3].

Note

1 **nem me fales!** e **nem me fales nisso!** sono espressioni idiomatiche che corrispondono a *non me lo dire!, non me ne parlare!*

2 **tinha posto**, trapassato prossimo di **pôr**. Il participio passato di questo verbo è irregolare ed è **posto**.

❻ Se mi rispondi con tutta sincerità, ti racconterò una barzelletta.
Se me ………… com toda a ………, ……-te-.. uma anedota.

❼ Preferirei che mi raccontassi qualcosa di *(a)* serio.
Preferia que ………… uma coisa a sério.

Soluzioni dell'esercizio 2

❶ Alguns tornam-se horrivelmente – têm – psicanalistas ❷ – conseguem – pouco a pouco ❸ – mesmas anedotas ❹ – outros – se riem – explico – ❺ Quem me dera – Era – compreendiam ❻ – responderes – franqueza, contar – ei – ❼ – me contasses –

Seconda ondata: 36ª lezione

Ottantaseiesima lezione

Una giornata all'ippodromo

1 – Da dove arrivi, tutto sporco e sbrindellato?
2 – Non me [ne] parlare! Se [lo] avessi saputo *(sapessi)* non ci avrei messo piede.
3 – Ma dove sei andato?
4 – Per la prima volta in vita mia sono andato alle corse dei cavalli e guarda cosa mi è successo.

---

3 **acontecer** è un verbo difettivo, ovvero usato solo in alcune persone o tempi. Esempi: **o que nos acontece**, *quello che ci succede*; **as coisas que nos acontecem**, *le cose che ci succedono*. Più avanti incontreremo altri verbi di questo tipo.

5 – Estou a ver [4]. Não preciso de óculos. O que é que se passou finalmente?

6 – Sinto-me tão fraco que mal posso falar... Espera um instante... Deixa-me tomar fôlego. Não sejas tão curiosa.

7 – Não estás assim com tão mau aspeto como isso. Conta lá!

8 – Bem, a primeira corrida estava quase a começar e eu tinha-me aproximado [5] da pista para ver melhor. De repente, houve uma grande confusão, uma gritaria dos diabos e um gajo saltou-me para as costas [6] e pôs-se a gritar: corre, anda! corre...

9 – E, depois, o que é que tu fizeste?

10 – O que é que eu podia fazer? Pus-me a correr. Mas cheguei em último lugar.

Note

4 **estou a ver**, *[lo] vedo* e **estás a ver?**, *vedi?* sono espressioni molto ricorrenti nella lingua colloquiale.

5 **tinha-me aproximado**, trapassato prossimo di **aproximar**. Fate attenzione alla posizione del pronome, che si trova tra il verbo ausiliare

***

Exercício 1 – Traduzir

❶ Se tu fosses às corridas de cavalos aproximavas-te da pista? ❷ Eu cá ficava lá atrás. Tinha medo que me acontecesse o mesmo que ao João. ❸ O que é que lhe aconteceu? Ele não me contou nada. ❹ Tomaram-no por um cavalo e fizeram-no correr através da pista. ❺ Acreditas que isso fosse possível? ❻ Mas saiu de lá todo esfarrapado e tão fraco que mal podia falar.

Ottantaseiesima lezione / 86

5 – [Lo] vedo. Non mi servono gli occhiali. [Ma] cos'è successo *(alla-fine)*?
6 – Mi sento così debole che non *(male)* riesco [neppure a] parlare... Aspetta un momento... Lasciami prendere fiato. Non essere così curiosa.
7 – **Non sei ridotto così male** *(sei così con tanto cattivo aspetto)* **come dici** *(come codesto)*. **Racconta**[mi], **dai** *(là)*!
8 – Bene, la prima corsa stava per *(quasi a)* cominciare e io mi ero avvicinato alla pista per vedere meglio. All'improvviso, è scoppiata *(ci fu)* una gran confusione, un baccano infernale *(dei diavoli)* e un tizio mi è saltato sulle spalle e ha incominciato a gridare: corri, vai! corri...
9 – E poi cos'hai fatto?
10 – Cosa potevo fare? Mi sono messo a correre. Ma sono arrivato ultimo *(in ultimo posto)*.

---

e il participio passato. Come sapete, alla forma negativa il pronome cambia posizione e precede il verbo: **não me tinha aproximado**, *non mi ero avvicinato*.

6 saltou-me para as costas, *mi è saltato sulle spalle*. **As costas**, *le spalle*; **as costelas**, *le costole*; **o tronco**, *il tronco*; **os braços**, *le braccia*; **as pernas**, *le gambe*; **os pés**, *i piedi*; **as mãos**, *le mani*; **a cabeça**, *la testa*.

***

Soluzioni dell'esercizio 1

❶ Se andassi alle corse dei cavalli ti avvicineresti alla pista? ❷ Io *(qua)* resterei indietro *(là)*. Avrei *(Avevo)* paura che mi succedesse quello che è successo *(lo stesso che)* a João. ❸ Cosa gli è successo? Non mi ha raccontato niente. ❹ Lo hanno scambiato per un cavallo e lo hanno fatto correre sulla pista. ❺ Credi che sia *(ciò fosse)* possibile? ❻ Ma ne è uscito tutto sbrindellato e così debole che a malapena riusciva a parlare.

trezentos e cinquenta • 350

Exercício 2 – Completar

❶ Perché è andato alle corse dei cavalli?
Porque .... ele ... às corridas de ....?

❷ Un tizio era saltato sulle sue spalle e lo aveva obbligato a correre.
Um tipo .....-... saltado para .... e tinha-o obrigado a ....

❸ Si sentiva così debole che non riusciva neppure a parlare.
Ele ......-se tão ..... que ... podia falar.

❹ Aveva corso come un cavallo, ma era arrivato ultimo *(in ultimo posto)*.
Tinha .... como um cavalo mas ..... chegado em último ....

❺ Perché si sarà avvicinato alla pista? – Forse per vedere meglio.
Porque se ..... ele aproximado da .....? – Talvez para ... melhor.

87

Octogésima sétima lição

Uma noite sem nada para fazer

1 – Que chatice [1]! Não creio que passe [2] nenhum bom filme no cinema.
2 – E se fôssemos ver televisão a tua casa?

Note

[1] **que chatice!** è un'espressione familiare usata con una certa frequenza dai giovani. Equivale, in italiano, a *che barba!*, *che rottura di scatole!*

[2] **não creio que passe**, lett. non credo che passi. Il verbo *crer*, credere alla forma negativa richiede dopo di sé il congiuntivo, come in italiano, mentre alla forma affermativa regge l'indicativo: **creio que ele é português**, *credo che lui sia portoghese*; **não creio que ele seja português**, *non credo*

Soluzioni dell'esercizio 2

❶ – é que – foi – cavalos ❷ – tinha-lhe – as costas – correr ❸ – sentia – fraco – mal – ❹ – corrido – tinha – lugar ❺ – teria – pista – ver –

Seconda ondata: 37ª lezione

Ottantasettesima lezione

Una serata senza niente da fare

1 – Che barba! Non credo che diano *(passi)* nessun bel film al cinema.
2 – E se guardassimo *(andassimo vedere)* [la] televisione a casa tua?

che lui sia portoghese. Lo stesso avviene con verbi analoghi come **parecer** (+ **me** / **te** / **lhe**), *mi / ti / gli, le sembra*; **julgar**, *reputare / giudicare*; **achar**, *ritenere / credere*. **Parece-me que ele tem razão**, *mi sembra che abbia ragione*; **não me parece que ele tenha razão**, *non mi sembra che abbia ragione*. **Acredito que dizes a verdade**, *credo che tu dica la verità*; **não acredito que digas a verdade**, *non credo che tu dica la verità*.

3 – A minha televisão está avariada ³ e não é tão cedo que a mandarei arranjar ⁴.
4 – Porque é que embirras tanto com a T.V.?
5 – Porque dão maus filmes ⁵, telenovelas, publicidade e programas sem o mínimo interesse.
6 – Podíamos pelo menos ir ver o noticiário a minha casa. Se nos despacharmos ainda chegamos a tempo.
7 – O noticiário ainda é pior: guerras, violência, mexericos. Em resumo, a sociedade em espetáculo.
8 – Não te julgava tão politizada...
9 – Não se trata de política, trata-se de bom senso ⁶. O que nos forçam a ver é, na maioria dos casos, um insulto à inteligência.
10 – Não estás a exagerar um pouco?
11 – Só deixarei de exagerar quando a televisão deixar de me irritar ⁷!

Pronuncia
4 ... teve ... **7** ... mᵉshᵉrikush ... **10** ... iSᵃjᵉrar ...

Note

3 **estar avariado/a**, *essere guasto/a*. **Estar estragado/a**, *essere guasto/a / rovinato/a*; **estar podre**, *essere marcio/a*; **estar partido/a**, *essere rotto/a*. Esempi: **o brinquedo está estragado**, *il giocattolo è guasto*; **a carne está estragada**, *la carne è avariata*; **o ovo está podre**, *l'uovo è marcio*; **o copo está partido**, *il bicchiere è rotto*; **a máquina está avariada**, *la macchina è in panne / guasta*.

4 **mandarei arranjar**, *porterò ad aggiustare*. Qui l'utilizzo del futuro grammaticale è appropriato dato che si sta esprimendo un dubbio su un'azione che si intende compiere in futuro.

5 Ripassiamo il presente di **dar**: **dou, dás, dá, damos, dão**.

6 **não se trata... trata-se**: osservate la diversa posizione del pronome a

Ottantasettesima lezione / 87

3 – Il mio televisore è guasto e passerà un po' di tempo prima che lo faccia riparare *(non è così presto che lo manderò sistemare)*.
4 – Perché ce l'hai tanto con la televisione?
5 – Perché trasmettono brutti film, telenovelas, pubblicità e programmi di nessun *(senza il minimo)* interesse.
6 – Potremmo almeno andare a casa mia a vedere il telegiornale. Se ci sbrighiamo arriviamo ancora in tempo.
7 – Il telegiornale è pure peggio: guerre, violenza, pettegolezzi. In pratica *(In riassunto)*, una spettacolarizzazione della società *(la società in spettacolo)*.
8 – Non ti facevo *(reputavo)* così politicizzata...
9 – Non si tratta di politica, si tratta di buonsenso. Quello che ci obbligano a vedere è, nella maggior parte dei casi, un insulto all'intelligenza.
10 – Non starai *(stai)* un po' esagerando?
11 – Smetterò di esagerare solo quando la televisione smetterà di irritarmi!

seconda che la frase sia alla forma affermativa oppure negativa.
7 Notate l'uso del futuro in un contesto in cui l'improbabilità è evidente: "*...smetterò di esagerare quando la televisione smetterà di irritarmi...*", facendo intendere che probabilmente ciò non avverrà mai.

trezentos e cinquenta e quatro • 354

87 / Octogésima sétima lição

▶ Exercício 1 – Traduzir

❶ Gostava de ir ao cinema mas não creio que haja nenhum filme bom. ❷ Também não creio que a televisão dê nenhum, infelizmente. ❸ Não me parece que a Maria tenha um computador. Está avariado. ❹ Creio que ela já o mandou arranjar. Podemos-lhe telefonar. ❺ Não creio que ela esteja em casa a esta hora. Telefonamos mais tarde. ❻ Eu creio que ela está. Saía do trabalho às seis e já são sete horas.

***

Exercício 2 – Completar

❶ Credo che il mio televisore sia *(è)* guasto. Devo farlo *(Ho di mandarlo)* riparare.
Creio que a minha .... está .... Tenho de a ...... arranjar.

❷ Non penso *(mi sembra)* che diano *(ci-sia)* qualche bel film *(nessun film buono)*. Ma c'è una telenovela.
Não me parece que .... nenhum filme bom. Mas .. uma ....

❸ Non credo che [tu] voglia vedere un programma del genere *(di-quelli)*.
Não acredito que .... ver um .... desses.

❹ Credono che i programmi cambieranno.
Eles crêem que .... vão ....

❺ Ma non credono che vedremo *(vediamo,* cong.*)* film migliori. Per loro quelli *(Pensano che)* sono *(già)* belli.
Mas não ..... que nós vejamos .... filmes. Acham que ... já bons.

Ottantasettesima lezione / 87

Soluzioni dell'esercizio 1

❶ Mi piacerebbe andare al cinema ma credo che non diano nessun bel film. ❷ Non penso neppure che ne diano alla televisione *(la televisione dia nessuno)*, purtroppo. ❸ Non credo *(mi sembra)* che Maria abbia un computer. È guasto. ❹ Credo che lo abbia già portato *(mandato)* a riparare. Possiamo telefonarle. ❺ Non penso che sia a casa a quest'ora. [Le] telefoneremo più tardi. ❻ Credo che [ci] sia *(sta)*. Usciva dal lavoro alle sei e sono già le sette.

***

❻ **Ma non penso che siano così** *(tanto)* **belli. Ci sono [dei] film che nessuno vede** *(mai si vedono)*.
Mas eu não penso que ..... assim ... bons. Há filmes que ..... se .....

❼ **Non credo che contengano nessuna novità** *(portino nulla di nuovo)* **né che dicano cose importanti.**
Não creio que eles ...... nada de novo nem que ..... coisas importantes.

Soluzioni dell'esercizio 2

❶ – televisão – avariada – mandar – ❷ – haja – há – telenovela ❸ – queiras – programa – ❹ – os programas – mudar ❺ – crêem – melhores – são – ❻ – sejam – tão – nunca – vêem ❼ – tragam – digam –

Seconda ondata: 38ª lezione

trezentos e cinquenta e seis • 356

Octogésima oitava lição

O jardim do Campo Grande

1 – Sabes qual é o autocarro que passa pela Cidade Universitária ¹?
2 – Tens aulas esta tarde?
3 – Não, mas tenho vontade de ir ao Campo Grande ² que fica ali mesmo ao pé ³.
4 – Já não tens mota?
5 – Tive um desastre na estrada e ela ficou toda partida. Nada de grave. Escapei sem uma arranhadura. Mandei arranjá-la ⁴ a uma oficina, mas ainda não está pronta.
6 – E o que é que vais fazer ao Campo Grande?

Note

1   Per la **Cidade Universitária** vi rimandiamo alla nota culturale di fine lezione. La **reitoria**, *rettorato*, dell'**Universidade Nova de Lisboa** (*Università Nuova di Lisbona*) si trova a **Campolide**, un quartiere centrale della capitale. La **faculdade de ciências e tecnologia**, *facoltà di Scienze e Tecnologia* dell'U.N.L., che include un ramo informatico, si trova a sud del Tago ed è servita da un treno o dal traghetto e un autobus. L'antica **faculdade de ciências**, *facoltà di Scienze*, nel centro di Lisbona, è diventata il museo di Storia Naturale e accoglie esposizioni che vanno dai dinosauri alle belle arti. L'**Universidade Aberta**, *Università Aperta*, è un'avanzata istituzione di insegnamento superiore a distanza, fruibile da qualsiasi Paese nel mondo.

2   Non lontano da **Campo Grande**, scendendo verso il centro città, si trova il **Campo Pequeno** con le arene dove si tenevano le **touradas**, le corride di tori portoghesi (una versione leggermente meno cruenta dell'equivalente spagnolo), oggi diventate un centro commerciale molto frequentato.

357 • **trezentos e cinquenta e sete**

Ottantottesima lezione

Il giardino di *(del)* **Campo Grande**

1 – Sai qual è l'autobus che passa per la Città Universitaria?
2 – Hai lezione *(lezioni)* oggi pomeriggio?
3 – No, ma ho voglia di andare a*(l)* Campo Grande che si trova proprio lì vicino *(lì proprio al piede)*.
4 – Non [ce l']hai più la moto?
5 – Ho avuto un incidente *(disastro)* stradale *(nella strada)* e [si] è *(rimasta tutta)* rotta. Niente di grave. Me la sono cavata *(Sono-scampato)* senza un graffio. L'ho portata *(mandata)* [ad] aggiustare in un'officina, ma non è ancora pronta.
6 – E che cosa farai a Campo Grande?

---

3 L'espressione **ali mesmo ao pé**, lett. *lì proprio al piede*, enfatizza l'idea di prossimità.

4 **mandei arranjá-la**, *l'ho portata a riparare* si può dire anche **mandei-a arranjar**, più frequente nella lingua parlata. Ciò avviene ogni volta che il verbo coniugato è seguito da un infinito. Esempi: **(a carta) fui pô-la no correio**, *(la lettera) sono andato/a a portarla alla posta* si può anche dire **fui-a pôr no correio**; **fomos comprá-lo à livraria**, *siamo andati/e a comprarlo in libreria* si può anche dire **fômo-lo comprar à livraria**; **mandámos fazê-lo de encomenda**, *lo abbiamo fatto fare su ordinazione* si può anche dire **mandámo-lo fazer de encomenda**.

7 – Passear, ver os patos e os cisnes a chapinhar no lago, pensar na vida, cheirar as flores... Talvez dê [5] uma volta de barco.
8 – Sabes remar?
9 – Aos domingos e feriados!... Não ligues, estava a brincar.
10 – Andas muito melancólico. Um dia destes pões-te a escrever poesia.
11 – Não há perigo. Quando era adolescente escrevi poemas tão maus que estou vacinado para sempre.

Note

5 **talvez dê**, *forse farò* (lett. dia). Osservate il congiuntivo presente dopo **talvez**: senza tale avverbio avremmo un presente indicativo con valore di futuro: **amanhã dou um passeio**, *domani farò una passeggiata* (ma **talvez amanhã dê um passeio**, *forse domani farò una passeggiata*). Congiuntivo presente di **dar**: **dê, dês, dê, dêmos, dêem / deem**.

***

Exercício 1 – Traduzir

❶ Ele teve um desastre na estrada e a mota ficou toda partida. ❷ Talvez ele também tenha ficado todo partido. Não ficou? ❸ Felizmente escapou sem uma arranhadura. Mas podia não ter escapado. ❹ E já mandou arranjar a mota? Queria pedir-lha emprestada. ❺ Não creio que a tenha mandado arranjar. Ele está sem dinheiro. ❻ Se quisesses íamos ao Campo Grande andar de barco. Não creio que chova. ❼ Se fores tu a remar vou.

Ottantottesima lezione / 88

7 – Passeggio *(Passeggiare)*, guardo *(vedere)* le anatre e i cigni *(a)* sguazzare nel lago, penso alla *(pensare nella)* vita, annuso *(annusare)* i fiori… Forse farò *(dia)* un giro in barca.
8 – Sai remare?
9 – La domenica e i giorni festivi!… Non farci caso *(collegare)*, stavo scherzando.
10 – Sei *(Vai)* molto malinconico. Un giorno di questi ti metterai *(metti)* a scrivere poesie *(poesia)*.
11 – Non c'è pericolo. Quando ero adolescente ho scritto poesie così brutte che sono vaccinato per sempre.

***

Soluzioni dell'esercizio 1

❶ Ha avuto un incidente stradale e la sua moto si è *(tutta)* rotta. ❷ Forse anche lui ne è uscito tutto rotto, no? ❸ Per fortuna se l'è cavata senza un graffio. Ma avrebbe potuto non farcela. ❹ E ha già portato a riparare la moto? Volevo chiedergliela in prestito. ❺ Non credo che l'abbia portata a riparare. È senza soldi. ❻ Se volessi, potremmo andare *(andavamo)* a Campo Grande a fare un giro in barca. Non credo che piova. ❼ Se remi tu, [ci] vengo *(vado)*.

trezentos e sessenta • 360

Exercício 2 – Completar

❶ **Non avevi** *(hai-avuto)* **lezione stamattina? – No, sono stato/a a Campo Grande a fare un giro in barca.**
Não .... aulas esta .....? – Não, ... para o Campo Grande ..... de barco.

❷ **Sei andato/a in moto o hai dovuto prendere l'autobus?**
Foste de .... ou .... de tomar o ....?

❸ **Sono senza** *(Non ho)* **moto. L'ho portata a riparare in officina, ma non è ancora pronta.**
Não tenho mota. ......-a arranjar na .... mas ainda não está ....

❹ **Hai avuto un incidente? –** *(Ho-avuto)* **Sì.**
Tiveste algum ....? – .... sim.

❺ **Non mi è successo niente di grave** *(Sono-scampato/a al peggio)*, **per fortuna.**
.... ao .... por sorte.

❻ **Sei molto malinconico. Hai mai scritto poesie? Uno di questi giorni [ne] scriverai.**
Andas muito .... Nunca .... poemas? Um dia ...... escreves.

❼ **[Ne] ho scritte alcune quando ero giovane.**
Tinha escrito ...... quando era ......

89 Octogésima nona lição

Estrelas

1 – Um dia, a minha irmã e eu havemos de ser [1] grandes estrelas de cinema!

Note

1 **havemos de ser**, *saremo*; **hei de ser** (frase 2), *sarò*: senz'altro ricorderete questa forma di futuro che esprime un dubbio o una vaga aspirazione.

Soluzioni dell'esercizio 2

❶ – tiveste – manhã – fui – andar – ❷ – mota – tiveste – autocarro
❸ – Mandei – garagem – pronta ❹ – desastre – Tive – ❺ Escapei – pior –
❻ – melancólico – escreveste – destes – ❼ – alguns – jovem

*La **Cidade Universitária** è il campus principale dell'**Universidade de Lisboa**, l'ateneo più importante del Portogallo la cui fondazione risale alla fine del XIII secolo. Negli anni '70 del Novecento è invece sorta l'**Universidade Nova**, che ha presto raggiunto posizioni di tutto rispetto nelle classifiche mondiali di qualità dell'insegnamento universitario, a testimonianza della sempre effervescente vita accademica del Paese.*
***Campo Grande**, un quartiere periferico nella parte nord della capitale, è considerato uno dei più gradevoli giardini di Lisbona, nonostante l'intenso traffico. Qui si trova la Biblioteca Nazionale.*

Seconda ondata: 39ª lezione

Ottantanovesima lezione

Stelle

1 – Un giorno, io e mia sorella saremo grandi stelle del cinema!

89 / Octogésima nona lição

2 – E eu hei de ser realizador. Assim poderei filmá-las e ao mesmo tempo, tornar-me famosíssimo.

3 – Mas não te atrevas a tornar-te mais famoso do que nós!

4 – Nunca se sabe. Já me estou a ver em Hollywood a dirigir dezenas de atores e atrizes [2] numa super-produção: "Tudo o que o vento deixou".

5 – O quê? Ou muito me engano [3], ou esse filme já foi feito.

6 – Ah, sim? Se começam a criticar-me [4] já, não vos arranjo um papel no meu filme...

7 – Não aceitaríamos nem que [5] nos pedisses de joelhos. Falta-te imaginação.

8 – Isso é o que julgam. Tomaram vocês [6]! Tenho o cérebro de um génio cinematográfico, sempre a fervilhar de ideias. Por vezes, isso até me preocupa. Se o Orson Welles me tivesse conhecido teria aprendido muito comigo.

9 – Peneirento! Vamos imediatamente falar com o nosso advogado para anular o contrato.

10 – Basta! Deixem-se de fitas [7] e vamos ao cinema! □

Note

2 **ator / atriz**. Diverse parole che terminano in *-or*, al femminile si trasformano in *-riz*: **embaixador**, *ambasciatore* > **embaixatriz**, *ambasciatrice*; **motor**, *motore* > **motriz**, *motrice*.

3 **muito me engano**, lett. mi sbaglio molto, è un'espressione idiomatica: *mi sto sbagliando di grosso*. **Ou... ou** è una congiunzione coordinativa esclusiva, come *o... o* in italiano. Una forma analoga è **quer... quer**, mentre **ora... ora** serve a esprimere un'alternanza di azioni. Esempi: **ou vais tu ou vou eu**, *o [ci] vai tu o [ci] vado io*; **quer vás tu, quer vá eu é igual**, *o che [ci] vada tu o che [ci] vada io è lo stesso*; **ora diz sim, ora diz não**, *ora dice sì, ora dice no*.

Ottantanovesima lezione / 89

2 – E io sarò [un] regista. Così potrò filmarvi e, allo stesso tempo, diventare famosissimo.

3 – Ma non ti azzardare a diventare più famoso di noi!

4 – Non si sa mai. Già mi vedo a *(mi sto a vedere in)* Hollywood mentre dirigo *(a dirigere)* decine di attori e attrici in un kolossal: "Via col vento" *("Tutto quello che il vento ha-lasciato")*.

5 – Che cosa? O mi sto sbagliando di grosso *(molto mi sbaglio)* o questo film è già stato girato.

6 – Ah, sì? Se cominciate già a criticarmi, non vi darò *(non vi procuro)* nessun ruolo nel mio film…

7 – Non accetteremmo neppure se ce [lo] chiedessi in ginocchio. Non hai *(Ti manca)* immaginazione.

8 – È quello che credete voi. Altroché se accettereste *(Avevate-preso voi)*! Ho la mente di un genio cinematografico, sempre fervida di idee. A volte mi preoccupa persino. Se Orson Welles mi avesse conosciuto, avrebbe imparato molto da *(con)* me.

9 – Chi ti credi di essere *(Vanitoso)*! [Ora] andiamo subito dal *(parlare con il)* nostro avvocato per annullare il contratto.

10 – Basta! Smettetela di fare scenate e andiamo al cinema!

---

4 **se começam a criticar-me**, *se cominciate a criticarmi*. Si potrebbe usare anche il verbo **pôr**: **se se põem a criticar-me**.

5 **nem que**, *nemmeno, neppure*, come in italiano è seguito dal congiuntivo. Esempio: **nem que me pagassem**, *neanche se mi pagassero*.

6 **tomaram vocês!, tomara eu!** ecc., *magari! / mi/ti… piacerebbe!*, è un'espressione equivalente a **quem me dera!**

7 **deixem-se de fitas**, espressione idiomatica che abbiamo già incontrato nella lezione 23, significa *smettetela di fare scenate / storie*. È più che mai appropriata nel contesto di questa lezione, dato che **fita** significa *nastro / pellicola*. **Deixar-se de** significa (in qualunque contesto) *smettere di*. Esempi: **deixei-me de festas**, *ho smesso di andare alle feste*; **deixou-se de fumar**, *ha smesso di fumare*.

Exercício 1 – Traduzir

❶ Hei de tornar-me um realizador famoso. ❷ Muita gente tem sonhado com a glória de ir para Hollywood dirigir super-produções. ❸ Ele diz que tem o cérebro de um génio cinematográfico cheio de ideias. ❹ Mas era tudo fita. Na verdade eles queriam era ir ao cinema. ❺ E era uma sorte se houvesse algum filme bom para ver.

Exercício 2 – Completar

❶ Diventeranno *(Loro hanno di essere)* grandi stelle del cinema.
Elas ... de ... grandes .... de cinema.

❷ Ma anche loro diventeranno grandi registi.
Mas eles também ... de ......-se grandes ....

❸ Se cominci a criticarmi, non ti darò un ruolo nel mio film.
Se começas a ....-.. não te .... um ..... no meu filme.

❹ Neanche se mi pagassero participerei al *(entravo nel)* tuo film.
Nem que me .... no teu filme!

❺ Non fare scenate! [Altroché se] ti piacerebbe!
......-.. de .....! Tomaras ..!

90

Nonagésima lição

A estrela cadente

1 – Que sossego no campo. E que linda noite, toda estrelada... Olha, uma estrela cadente! Temos de fazer um desejo.

Soluzioni dell'esercizio 1

❶ Diventerò un celebre regista. ❷ Molta gente ha sognato *(con la gloria)* di andare a Hollywood [per] girare kolossal. ❸ Lui dice che ha la mente *(il cervello)* di un genio cinematografico pieno di idee. ❹ Ma era tutta una messinscena. In realtà volevano andare al cinema. ❺ E speravano che *(era una fortuna se)* ci fosse un bel film da vedere.

Soluzioni dell'esercizio 2

❶ – hão – ser – estrelas – ❷ – hão – tornar – realizadores ❸ – criticar-me – arranjo – papel – ❹ – pagassem eu entrava – ❺ Deixa-te – fitas – tu

Seconda ondata: 40ª lezione

Novantesima lezione

La stella cadente

1 – Che tranquillità in campagna! E che bella nottata, piena di stelle *(tutta stellata)*... Guarda, una stella cadente! Dobbiamo esprimere *(fare)* un desiderio.

90 / Nonagésima lição

2 – Enganas-te. É um disco voador [1]. Não o vês a ziguezaguear no céu e a piscar as luzes? Se calhar [2] está a tentar enviar-nos uma mensagem.

3 – És bem capaz de ter razão. Aproxima-se cada vez mais [3], a uma velocidade espantosa. Agora, está mesmo por cima de nós.

4 – Somos testemunhas de um momento único. Que havemos de fazer?

5 – O melhor é fingir que não o vemos e fugirmos [4] daqui o mais depressa possível. Hoje não me convém nada ser raptada.

6 – Não digas disparates. Adorava dar uma volta no espaço. Parece que o nosso planeta, visto lá de cima, é todo azul.

7 – Quem está a ficar azul sou eu... Não te mexas nem te vires de repente... a coisa... está a seguir-nos [5]!

8 – Calma! Não te excites. Pensa antes como seria formidável se eles nos levassem para conhecer outros mundos [6].

Pronuncia
7 ... **me**sh^ass ... **8** ... ish**ssi**t^esh ...

Note

1 Il **disco voador**, *disco volante*, è occupato da **extraterrestres**, *extraterrestri*, esseri provenienti da altri pianeti, diversi dalla Terra. La **nave espacial**, *astronave*, *navicella spaziale*, trasporta gli abitanti della Terra in altre galassie.

2 **se calhar**, significa *forse / può darsi*. **Ao calhas** (familiare) e **ao acaso**, *a caso*. **Calhar**, *capitare / accadere / toccare in sorte*.

Novantesima lezione / 90

2 – Ti stai sbagliando. È un disco volante. Non vedi che sta andando a zig zag nel cielo e ha le luci che lampeggiano? Forse sta cercando di inviarci un messaggio.

3 – Forse hai *(Sei ben capace di avere)* ragione. Si sta avvicinando sempre di più, a una velocità impressionante. Ora si trova proprio sopra di noi.

4 – Siamo testimoni di un momento unico. Che facciamo?

5 – La cosa migliore è far finta di non vederlo e scappare il più in fretta possibile. Oggi non me la sento assolutamente di *(conviene niente)* essere rapita.

6 – Non dire sciocchezze. Mi piacerebbe fare un giro nello spazio. A quanto si dice *(Sembra che)*, il nostro pianeta, visto dall'alto, è tutto blu.

7 – Chi sta diventando blu sono io... Non muoverti e non *(neanche)* girarti di scatto... la cosa... ci sta seguendo!

8 – Calma! Non innervosirti. Pensa piuttosto come sarebbe stupendo *(formidabile)* se ci portassero a conoscere altri mondi.

---

3 cada vez mais (lett. ogni volta più), *sempre più*.

4 o melhor é fingir... e fugirmos, *la cosa migliore è fare finta... e scappare*. Qui l'infinito compare due volte: il primo è impersonale mentre il secondo è personale; si potrebbero in alternativa usare due infiniti personali: **o melhor é fingirmos... e fugirmos**; oppure si potrebbe anche dire **o melhor é fingir... e fugir**.

5 está a seguir-nos o está-nos a seguir, *ci sta seguendo*.

6 conhecer outros mundos, *conoscere / scoprire altri mondi*, è un'idea che ben si addice al Portogallo, nazione che in passato *ha dato nuovi mondi al mondo* (**deu novos mundos ao mundo**), grazie alle scoperte dei suoi navigatori.

9 – Sinto-me muito bem neste. Além disso, esse género de viagens demora anos-luz e, amanhã, tenho imensas coisas que fazer. □

***

Exercício 1 – Traduzir

❶ Tenho medo de ser raptada por um disco voador! ❷ Tomaras tu! Ias viajar no espaço e ver o nosso planeta lá de cima. ❸ Eu já ficava azul de medo se subisse numa nave espacial. ❹ Elas achavam que o melhor era fugirem o mais depressa possível. ❺ Pensavam que se fingissem que não viam nada os extraterrestres as deixariam.

Exercício 2 – Completar

❶ Ho visto molte stelle cadenti ma nessuna simile a quella.
Eu tenho ..... muitas estrelas .... mas nenhuma como ....

❷ A loro piacerebbe che il disco volante li portasse a fare un giro nello spazio.
.... eles que o disco ...... os .... dar uma ..... no espaço.

❸ Diventerei bianco/a (Diventavo blu) di paura se mi facessero salire su un disco volante.
Eu ficava .... de .... se me fizessem ..... para um ..... voador.

❹ Chi avrebbe detto che (ancora) un giorno avremmo visto un disco volante! Come mi piacerebbe vederlo!
Quem ..... que ainda .... um dia um disco voador! .... me dera ..-lo!

❺ Sarà vero che esistono?
Será .... que eles ....?

❻ Come mi piacerebbe vederne (che mi accadesse vedere) uno!
...... eu que me .... ver um!

Novantesima lezione / 90

9 – Sto *(Mi sento)* benissimo in questo. Per giunta, questo tipo di viaggi richiede *(impiega)* anni luce e domani ho un sacco di cose da fare.

***

Soluzioni dell'esercizio 1

❶ Ho paura di essere rapita da un disco volante! ❷ [Secondo me] ti piacerebbe! Viaggeresti *(Andavi viaggiare)* nello spazio e vedresti *(vedere)* il nostro pianeta dall'alto. ❸ Io diventerei subito bianco/a *(blu)* di paura se salissi su un'astronave *(nave spaziale)*. ❹ Secondo loro *(Loro ritenevano che)* la cosa *(il)* migliore [da fare] era fuggire il più in fretta possibile. ❺ Pensavano che se avessi finto di non vedere *(che non vedevano)* nulla gli extraterrestri le avrebbero lasciate [stare].

Soluzioni dell'esercizio 2

❶ – visto – cadentes – aquela ❷ Tomaram – voador – levasse – volta – ❸ – azul – medo – subir – disco – ❹ – diria – veríamos – Quem – vê – ❺ – verdade – existem ❻ Tomara – acontecesse –

Seconda ondata: 41ª lezione

Nonagésima primeira lição

Revisão – Ripasso

1 Verbi particolari

Alcuni verbi si usano soprattutto alla terza persona, perché impersonali o costruiti con i pronomi indiretti. È il caso di **acontecer**, *succedere*; **faltar**, *mancare*; **bastar**, *bastare*; **apetecer**, *avere voglia*; **convir**, *convenire*; **valer**, *valere*.

Esempi:
Aconteceu-te uma coisa terrível, *Ti è successa una cosa terribile.*
Aconteceu-nos uma coisa terrível, *Ci è successa una cosa terribile.*
Olha o que me aconteceu, *Guarda quello che mi è successo.*

Come in italiano, è il pronome indiretto che cambia. Lo stesso vale per gli altri verbi:

Falta-me coragem para fazer isso, *Mi manca il coraggio per farlo.*
Falta-te imaginação, *Ti manca immaginazione.*
Basta-te escrever uma carta, *Ti basta scrivere una lettera.*
Basta-me um café, *Mi basta un caffè.*
Apetece-me ir ao cinema, *Ho voglia di andare al cinema.*
Apetece-lhes ficar em casa, *Hanno voglia di restare a casa.*
Convém-te vir na quinta-feira? *Ti va bene venire giovedì?*
Não me convém nada ser raptada, *Non ho nessuna voglia di essere rapita.*

Ricordiamo che il verbo **crer** alla forma negativa richiede il congiuntivo, mentre la forma affermativa è accompagnata dall'indicativo:
Creio que ele vem hoje, *Credo che lui venga oggi.*
Não creio que ele venha hoje, *Non credo che lui venga oggi.*

Ciò vale anche per **parecer** (+ **me, te, se**), *sembrare*; **julgar**, *giudicare;* **achar**, *trovare*. **Parece-me que ele tem razão**, *Mi sembra che lui abbia ragione.* **Não me parece que ele tenha razão**, *Non mi* *sembra che lui abbia ragione.* **Acredito que dizes a verdade**, *Credo che tu dica la verità.* **Não acredito que digas a verdade**, *Non credo che tu dica la verità.*

2 La collocazione del pronome

Quando il verbo coniugato è seguito da un infinito e da un pronome, quest'ultimo può trovarsi alla fine della frase oppure tra i due verbi (come accade spesso anche in italiano):

Mandei-os fazer o **mandei fazê-los**, *Li ho fatti fare.*

Não a mandarei arranjar o **não mandarei arranjá-la**, *Non la porterò a riparare.*

Está-nos a seguir o **está a seguir-nos**, *Ci sta seguendo.*

Vamos apanhá-lo o **Vamo-lo apanhar**, *Andiamo a prenderlo / Lo andiamo a prendere.*

Pode chamá-lo? o **Pode-o chamar?**, *Può chiamarlo? / Lo puoi chiamare?*

3 Il femminile

La maggior parte delle parole che finiscono in **-a** sono femminili e il maschile di molte di esse finisce in **-o** (come in italiano): **gato**, *gatto*, **gata**, *gatta*; **belo**, *bello*, **bela**, *bella*.

Esistono diverse eccezioni: **dia**, *giorno*; **planeta**, *pianeta*; **poeta**, *poeta*; **problema**, *problema*; **poema**, *poema* ecc. sono maschili.

Altre hanno una forma invariabile per entrambi i generi: **artista**, *artista*; **pianista**, *pianista*; **anarquista**, *anarchico/a*; **esteta**, *esteta*.

La maggior parte delle parole in **-agem** è femminile: **a viagem**, *il viaggio* ecc.

Le parole che finiscono in **-r** o **-s** al maschile, al femminile finiscono in **a**: senhor → senhora, doutor → doutora, professor → professora, autor → autora, francês → francesa, burguês → burguesa, marquês → marquesa.

Alcune parole in **-or**, invece, al femminile finiscono in **-riz**, come **-ator** → **-atriz**: embaixador → embaixatriz; imperador → imperatriz.

Il femminile delle parole in **-ão** si forma in diversi modi:
– ão → oa: leão → leoa; patrão → patroa;
– ão → ã: irmão → irmã; alemão → alemã; catalão → catalã; cidadão → cidadã.

4 Il plurale

Come norma generale, il plurale si forma aggiungendo una **-s** al singolare.

Le parole in **-r, -s, -z** formano il plurale in **-es**: doutor → doutores; inglês → ingleses; rapaz → rapazes; atriz → atrizes.

Le parole che finiscono con una vocale nasale o un dittongo nasale formano il plurale in **-ns**: viagem → viagens; homem → homens.

Alcuni termini in **-s** restano invariabili: lápis → lápis; pires → pires.

Le parole in **-l** cambiano la **-l** in **-is**, ad eccezione di quelle che finiscono in **-il** che al plurale finiscono in **-eis** se la parola è piana e in **-is** se la parola è tronca: fácil – fáceis, funil – funis.

Le parole che finiscono in **-ão**, invece, formano il plurale in tre modi diversi:
– ão → ões: botão → botões; ladrão → ladrões; milhão → milhões (è il caso più frequente);
– ão → ães: cão → cães; capitão → capitães; pão → pães;
– ão → ãos: mão → mãos; irmão → irmãos; cidadão → cidadãos.

N.B.: alcune parole si usano di norma solo al plurale. Esempi: **os óculos**, *gli occhiali*; **as calças**, *i pantaloni*; **as cuecas**, *le mutande*.

5 Il comparativo e il superlativo degli aggettivi

Generalmente, il **comparativo** di maggioranza si forma con **mais... que**, quello di minoranza con **menos... que** e quello di uguaglianza con **tão... como**.

Spesso si tende ad enfatizzare la frase con **do**: **mais bonita do que ele**, *più bella di lui*; **menos bonita do que ele**, *meno bella di lui*.

Alcuni comparativi sono irregolari:
melhor (= mais bom que), *migliore*;
pior (= mais mau que), *peggiore*;
maior (= mais grande que), *maggiore, più grande*;
menor (= mais pequeno que), *minore, più piccolo*;

Allo stesso modo, il **superlativo** si forma con **o mais...** (superiorità), **o menos...** (inferiorità): **o mais inteligente**, *il più intelligente*; **o menos dotado**, *il meno dotato*.

Gli aggettivi **bom**, **mau**, **grande**, **pequeno** hanno anche dei superlativi irregolari:
o melhor (o mais bom), *il migliore*;
o pior (o mais mau), *il peggiore*;
o maior (o mais grande), *il maggiore / il più grande*;
o menor (o mais pequeno), *il minore / il più piccolo*.

Analogamente possono essere irregolari i loro superlativi assoluti:
ótimo (muito bom), *ottimo (molto buono)*;
péssimo (muito mau), *pessimo (molto cattivo)*;
máximo (muito grande), *massimo (molto grande)*;
mínimo (muito pequeno), *minimo (molto piccolo)*.

Diálogo de revisão

1 – Que te aconteceu? Porque não vieste à reunião?
2 – Faltou-me coragem para vir a pé de tão longe. Não sabias que havia greve dos transportes?
3 – Apeteceu-te ficar em casa, já se vê! A mim convinha-me acabar hoje o trabalho.
4 – Não creio que conseguíssemos acabá-lo hoje. Não me parece que tenhas razão.
5 – Mas é um problema. O poema é muito difícil de traduzir. E a viagem é longa para um esteta!
6 – Todas as viagens são difíceis. Mas nunca imbecis. Que achas?
7 – Se o capitão é capaz, o destino é melhor. O pior seria ficar parado.

Nonagésima segunda lição

O que é feito [1] do nosso amigo?

1 – Lembras-te do nosso amigo de infância... como é que ele se chamava?... Foi nosso colega na escola e morava na rua... ali, perto de um cinema...
2 – Não faço ideia de quem estejas [2] a falar.

Note

1 **que é feito de**, *dov'è finito/a / che fine ha fatto / che ne è stato di*, può riferirsi a tutte le persone rimanendo tuttavia invariabile. Esempi: **que é feito de ti?**, *che fine hai fatto?*, *dov'eri finito/a?*; **que é feito da Inês?**, *dov'è finita Inês?*; **que é feito do meu livro?**, *che fine ha fatto il mio libro?*

Traduzione

1 Che cosa è successo? Perché non sei venuto/a alla riunione? **2** Non ho avuto il coraggio di venire a piedi da così lontano. Non sapevi che c'era sciopero dei mezzi *(trasporti)*? **3** Hai voglia di stare a casa, si nota benissimo *(già si vede)*! A me conveniva finire oggi il lavoro. **4** Non credo che riusciremmo a finirlo oggi. Non mi sembra che tu abbia ragione. **5** Ma è un problema. Il poema è molto difficile da tradurre. E il viaggio è lungo per un esteta! **6** Tutti i viaggi sono difficili. Ma mai insensati *(imbecilli)*. Che cosa pensi? **7** Se il capitano è competente *(capace)*, la destinazione è più sicura *(migliore)*. Sarebbe peggio *(Il peggio sarebbe)* restare fermo.

Seconda ondata: 42ª lezione

Novantaduesima lezione

Che fine ha fatto il nostro amico?

1 – Ti ricordi di [quel] nostro amico d'infanzia... com'è che si chiamava?... È stato nostro compagno di scuola e abitava in via... là, vicino a un cinema...
2 – Non ho [la minima] idea di chi [tu] stia parlando.

2 Osservate la presenza del congiuntivo, che enfatizza l'idea di incomprensione in una frase in cui si potrebbe altrimenti usare l'indicativo: **não faço ideia de quem estás a falar**, *non ho la minima idea di chi tu stia parlando*.

3 – Conhece-lo lindamente! Ele até se casou, mais tarde, com aquela rapariga loura... muito bonita... prima do... um tipo moreno e alto que jogava [3] futebol connosco... Irra! Não consigo lembrar-me do nome dele.

4 – E como é que queres que eu me lembre?

5 – Formou-se [4] em direito e, depois, partiu para Angola como cooperante. Tinha um tio médico... um gajo [5] muito conhecido... O dr...

6 – Não percebo onde queres chegar.

7 – Ainda és pior do que eu! Ele, agora, está metido em [6] política. É muito amigo do pai do... aquele tipo que...

8 – Mas, afinal, o que querias dizer sobre o nosso amigo de infância?

9 – Qual amigo de infância?

Note

[3] jogar (às) cartas, *giocare a carte*; as crianças brincam com uma bola, *i bambini giocano con un pallone*.

[4] Attenzione: **formar-se** significa *laurearsi*.

***

Exercício 1 – Traduzir

❶ Ele não se lembrava como se chamava o amigo de infância. ❷ O amigo devia conhecê-lo lindamente, mas assim não fazia ideia de quem era. ❸ Casara-se com uma rapariga muito bonita que era prima de quem? ❹ Não te consegues lembrar do nome do tipo moreno e alto que jogava connosco? ❺ O tio dele era muito conhecido e mais tarde meteu-se em política. ❻ Ele já nem se lembrava de quem estava a falar. ❼ Será que tinha um problema de memória?

Novantaduesima lezione / 92

3 – Lo conosci perfettamente! Si è pure sposato, poi, con quella ragazza bionda... molto bella... cugina di... un tizio bruno e alto che giocava a calcio insieme a noi... Accidenti! Non riesco a ricordarmi il suo nome.
4 – E come vuoi che faccia a ricordarmene io?
5 – Si è laureato in diritto e, in seguito, è partito per l'Angola come volontario. Aveva uno zio medico... un tizio molto conosciuto... il dottor...
6 – Non capisco dove vuoi arrivare.
7 – Sei ancora peggio di me! Lui, ora, si è messo in politica. È molto amico del padre di... quel tipo che...
8 – Ma alla fine cosa volevi dire sul nostro amico d'infanzia?
9 – Che amico d'infanzia?

5 Il termine **gajo**, nonostante sia usato con una certa frequenza nel linguaggio familiare, è considerato un po' troppo colloquiale. Equivale pressapoco ai nostri *tizio / tipo*.

6 **estar metido em** (lett. essere messo in), *essere coinvolto in* o *dedicarsi a* qualcosa; **meter-se com alguém**, *provocare qualcuno*.

***

Soluzioni dell'esercizio 1

❶ Non si ricordava come si chiamasse l'amico d'infanzia. ❷ Il [suo] amico doveva conoscerlo perfettamente, tuttavia *(ma così)* non aveva la minima idea di chi fosse. ❸ Si era sposato con una ragazza molto bella che era cugina di chi? ❹ Non riesci a ricordare il nome del tipo bruno e alto che giocava con noi? ❺ Suo zio era molto conosciuto e successivamente è entrato in politica. ❻ *(Lui)* Ormai non si ricordava più di chi stava parlando. ❼ Aveva forse problemi di memoria?

trezentos e setenta e oito • 378

Exercício 2 – Completar

❶ Di quale amico d'infanzia stavano parlando? – Non ne ho la minima idea!
De que amigo de .... é que .... a falar?
– Não .... ideia!

❷ Vi ricordate di come si chiamava? Io mi sono dimenticato il suo nome.
........-se de como é que ele .... ? Eu esqueci- .... nome ..... .

❸ Con chi si è sposato? – Con quella ragazza bionda, molto bella!
Com .... é que ele .... ? – Com ...... rapariga ....., muito ...... !

❹ Era [la] cugina di un tipo bruno, molto alto, che giocava [a] calcio con noi.
Ela era ..... de um tipo ...... muito alto que ...... futebol ....

❺ Lui si era laureato in giurisprudenza *(diritto)* prima di partire per l'Angola come volontario.
Ele tinha-se .... antes de partir .... Angola .... cooperante.

❻ Ora suo zio è entrato in politica. È un tipo molto conosciuto.
O ... dele agora está ...... em política. É um .... muito ....

93
Nonagésima terceira lição

Uma vaga ideia

1 – Então, o que é que tens feito?
2 – Não me fales nisso. Tenho trabalhado que nem um cão.

❼ Era un medico famoso, ma non mi ricordo come si chiama. Tu te [lo] ricordi?
Era um ...... famoso mas não .... nome dele. Tu lembras- ..?

❽ Sarebbe potuto essere un avvocato famoso.
Ele ..... ter .... um advogado célebre.

Soluzioni dell'esercizio 2
❶ – infância – estavam – faço – ❷ Lembram – se chamava – me do – dele ❸ – quem – se casou – aquela – loura – bonita ❹ – prima – moreno – jogava – connosco ❺ – formado em direito – para – como – ❻ – tio – metido – gajo – conhecido ❼ – médico – me lembro do – te ❽ – podia – sido –

Seconda ondata: 43ª lezione

Novantatreesima lezione

Una vaga idea

1 – Allora, cos'hai fatto [ultimamente]?
2 – Non me ne parlare. Ho lavorato come *(che neanche)* un cane.

93 / Nonagésima terceira lição

3 – Há muitos cães [1] de luxo que levam uma rica vida…
4 – Não é esse o meu caso. Ando metido num projeto que exige numerosos cálculos e dados científicos. Quase enlouqueço [2].
5 – De facto. Com esses óculos e o cabelo despenteado pareces um cientista louco saído de um filme de terror.
6 – Não tenho tempo nem [3] para me coçar.
7 – Felizmente. Senão as pessoas pensavam que tinhas pulgas [4].
8 – Estás a brincar [5], mas se estivesses no meu lugar…
9 – Falemos a sério: tu não tens um computador?
10 – Irritam-me imenso. Não me entendo com eles.
11 – Mas porquê?
12 – Porque eles possuem uma memória e eu só tenho uma vaga ideia!

Pronuncia
3 … lushu …

Note

[1] **cães**, plurale di **cão**, *cane*. Ricordatevi che diverse parole che finiscono in *-ão* hanno il plurale in *-ães*: **pão** = **pães**; **capitão** = **capitães**; **alemão** = **alemães**.

[2] **enlouquecer**, *impazzire*. Molti verbi portoghesi si formano aggiungendo al sostantivo il suffisso *-ecer* e il prefisso *en-* o *a-*: **louco**, *pazzo* → **enlouquecer**, *impazzire*; **branco**, *bianco* → **embranquecer**, *diventare bianco/a*.

[3] **nem**, *né / neanche*. **Não digas isso nem a brincar**, *Non dirlo neanche per scherzo*.

[4] **ter pulgas**, *avere le pulci*. Conoscete già **a Feira da Ladra**, *il mercatino delle pulci* di Lisbona (v. lezione 55).

[5] **a brincar**, *scherzando / divertendosi*. È il contrario di **a sério**, *sul serio / seriamente*.

Novantatreesima lezione / 93

3 – Ci sono molti cani di razza *(lusso)* che fanno la bella *(una ricca)* vita...
4 – Non è il mio caso. Sono preso da un progetto che richiede tantissimi calcoli e dati scientifici. C'è da impazzire *(Quasi impazzisco)*.
5 – In effetti. Con quegli occhiali e i capelli spettinati sembri uno scienziato pazzo uscito da un film horror.
6 – Non ho neppure il tempo di grattarmi.
7 – Meno male *(Felicemente)*. Altrimenti la gente *(le persone)* penserebbe che hai [le] pulci.
8 – Tu scherzi, ma se fossi al mio posto...
9 – Parliamo seriamente: non hai il computer?
10 – Mi fanno venire il nervoso *(Mi irritano immenso)*. Non li capisco.
11 – Per quale motivo?
12 – Perché loro hanno una memoria e io solo una vaga idea!

93 / Nonagésima terceira lição

▶ Exercício 1 – Traduzir

❶ Dizes que tens trabalhado como um cão mas não percebo porquê. ❷ Pensava que levavas uma rica vida como um cão de luxo! ❸ Porque é que te metes em projetos científicos? ❹ É a memória que te falta. Não estou a brincar. ❺ Será por isso que não te entendes com eles? A sério... ❻ Vê-se logo que não estás no meu lugar!

***

Exercício 2 – Completar

❶ João è totalmente preso da un progetto difficile e ha lavorato molto [ultimamente].
O João anda .... projeto difícil e tem .... muito.

❷ Dicono che sembra uno scienziato pazzo uscito da un film horror!
Dizem que ...... um cientista ..... saído dum filme de ...... !

❸ Perché non ha avuto tempo per pettinarsi né per grattarsi.
Porque não tem .... tempo para se .... nem para se ....

❹ Ma di solito sono i cani ad avere le pulci.
Mas os .... é que costumam ter ....

❺ Perché i computer lo irritano tanto? Sono così utili (*efficaci*)!
Porque é que os .... o .... imenso? São tão .... !

Soluzioni dell'esercizio 1

❶ Dici che hai lavorato come un cane ma non capisco il perché. ❷ Pensavo che facessi la bella vita, come un cane di razza! ❸ Perché ti butti su progetti scientifici? ❹ È la memoria che ti manca. Non sto scherzando. ❺ Sarà per questo che non li capisci? Seriamente… ❻ Si vede subito che non sei al mio posto!

***

❻ Sembra che non si sia mai inteso/a con loro.
Parece que ..... se .... com eles.

❼ Aveva solo una vaga idea delle cose e questo, per uno scienziato, è terribile.
Ele só tinha uma vaga ..... das coisas, . que para um .... é ....

Soluzioni dell'esercizio 2

❶ – metido num – trabalhado – ❷ – parece – louco – terror ❸ – tido – pentear – coçar ❹ – cães – pulgas ❺ – computadores – irritam – eficazes ❻ – nunca – entendeu – ❼ – ideia – o – cientista – terrível

Seconda ondata: 44ª lezione

Nonagésima quarta lição

Aqui há gato

1 – Ainda bem que vieste. Ajuda-me, por favor, a procurar o gato. Fugiu outra vez [1]. E se as crianças chegam sem o ter encontrado, sou eu quem paga as favas...
2 – E onde é que achas que ele se escondeu?
3 – Talvez no sótão. Cuidado com o teto que é muito baixo.
4 – Ai!
5 – Viste o gato?
6 – Não, vi estrelas. Bati [2] com a cabeça numa trave. Magoei-me.
7 – Se no meio desta confusão também conseguisse encontrar o meu chapéu de plumas, mataria dois coelhos de uma só cajadada [3].
8 – Tu não tens macaquinhos no sótão [4]?
9 – E se eu te mandasse pentear macacos [5]...

Note

[1] **outra vez**, *un'altra volta, di nuovo*. **Ela falou outra vez com ele** (o **ela voltou a falar com ele**), *lei ha parlato di nuovo con lui*. Questa espressione si usa anche per dire di rifare o ricominciare da capo qualcosa, come per esempio durante le prove a teatro. Traduce inoltre il prefisso italiano *ri-* o *re-*: **ela telefonou outra vez**, *lei ha richiamato (ritelefonato)*.

[2] In portoghese non si usa il pronome riflessivo quando si fa riferimento a una parte del corpo: **parti o braço**, *mi sono rotto/a il braccio*; **lavei a cabeça**, *mi sono lavato/a la testa*. Al contrario, si mette un pronome in **doer**, *fare male* e **magoar**, *ferire / ferirsi*: **dói-me a cabeça**, *ho mal di testa*; **magoei-me**, *mi sono ferito/a*.

Novantaquattresima lezione

Gatta ci cova

1 – Meno male che sei venuto! Per favore, aiutami a cercare il gatto. È scappato [un']altra volta. E se i bambini tornano *(arrivano)* [a casa] prima che lo abbia *(senza averlo)* trovato, sono io che ci vado di mezzo *(sono io chi paga le fave)*…
2 – E dove pensi che si sia nascosto?
3 – Forse nel solaio. Attenzione che il soffitto è molto basso.
4 – Ahi!
5 – Hai visto il gatto?
6 – No, ho visto [le] stelle. Ho battuto la testa contro una trave. Mi sono fatto male *(ferito)*.
7 – Se in mezzo a questa confusione riuscissi anche a trovare il mio cappello di piume, prenderei due piccioni con una fava *(ammazzerei due conigli di una sola bastonata)*.
8 – Stai per caso dando i numeri *(Tu non hai scimmiette nel solaio)*?
9 – E se ti mandassi a quel paese *(pettinare scimmie)*?

---

3 **cajadada** viene da **cajado**, un bastone dall'estremità allargata solitamente usato dai pastori.

4 Le espressioni per descrivere uno stato di confusione mentale (simbolica o reale) sono parecchie. Eccone alcune: **ter pancada**, *aver preso una botta in testa*; **ter um parafuso a menos**, *mancare di una rotella*; **não ser bom de cabeça**, *non avere la testa a posto*; **não regular bem**, *sragionare / non ragionare bene* ecc.

5 Sono numerose le espressioni per "mandare qualcuno a quel paese": **vai passear**, *va' a farti un giro*; **vai à fava**, *va' a farti friggere*. Si tratta, evidentemente, di espressioni non molto gentili, benché non volgari.

trezentos e oitenta e seis • 386

10 – Calma! Não vás aos arames... De que cor é o teu gato?

11 – Cinzento.

12 – Então, o melhor será procurá-lo ao anoitecer: de noite [6] todos os gatos são pardos [7]!

Note

[6] Notate il valore avverbiale di queste espressioni: **de noite**, *di notte*; **de dia**, *di giorno*; **de manhã**, *al mattino*; **de tarde** o **à tarde**, *di pomeriggio*; **à noite**, *la sera*.

[7] **pardo** è un colore indistinto tra il grigio e il marrone. Altri colori: **azul**, *blu*; **vermelho** oppure **encarnado**, *rosso*; **amarelo**, *giallo*; **verde**, *verde*; **castanho**, *marrone*; **roxo** *[roshu]*, *viola*; **preto** o **negro**, *nero* (**preto** è il colore, mentre **negro** indica una persona di colore: usare **preto** per riferirsi a un essere umano è considerato dispregiativo).

***

Exercício 1 – Traduzir

❶ Ela pediu-lhe que a ajudasse a procurar o gato que tinha fugido. **❷** Ele não fazia a menor ideia onde é que ele se poderia ter escondido. **❸** Mas eu penso que talvez ele se tenha refugiado no sótão. **❹** Ele deve ter batido com a cabeça no teto. Ouviste-o dizer "ai"? **❺** Diz que até viu estrelas! **❻** Ele foi aos arames quando ela lhe disse que não era bom da cabeça.

Exercício 2 – Completar

❶ Sarebbe stato meglio cercare il gatto dopo il tramonto.
Era ...... procurar o gato ao ....

❷ Lei l'ha mandato a quel paese *(pettinare scimmie)*. Non è [per] niente piacevole.
Ela ......-o pentear macacos. Não é ... .

❸ Forse stava dando i numeri *(aveva scimmiette nel solaio)*. Chi [lo] sa?
Talvez ela .... macaquinhos no ...... Quem .....?

❹ Aveva visto [le] stelle battendo la testa contro una trave.
Ele tinha ...... estrelas ao ...... com a cabeça numa ....

Novantaquattresima lezione / 94

10 – Calma! Non perdiamo le staffe *(Non andare ai fili-di-ferro)*... Di che colore è il tuo gatto?
11 – Grigio.
12 – Allora converrà cercarlo dopo il tramonto: di sera tutti i gatti sono bigi!

Soluzioni dell'esercizio 1
❶ Lei gli ha chiesto di aiutarla a cercare il gatto che era scappato. ❷ Non aveva la minima idea di dove si potesse essere cacciato. ❸ Ma *(io penso che)* forse si era rifugiato nel solaio. ❹ Deve aver battuto la testa sul soffitto. L'hai sentito dire "ahi"? ❺ Dice di aver addirittura visto le stelle! ❻ Ha perso le staffe quando lei gli ha detto che non aveva la testa a posto.

❺ Se non l'avesse voluta aiutare, non si sarebbe fatto male.
Se ele não .... ajudá-la não se tinha ....

❻ Se un giorno mi manderai a farmi friggere, io perderò le staffe e non ti parlerò mai più.
Se me .... um dia que .... eu vou aos .... e nunca mais te ..... .

Soluzioni dell'esercizio 2
❶ – melhor – anoitecer ❷ – mandou – nada agradável ❸ – tivesse – sótão – sabe ❹ – visto – bater – trave ❺ – quisesse – magoado ❻ – disseres – vá à fava – arames – falo

Seconda ondata: 45ª lezione

Nonagésima quinta lição

In questa lezione, interamente basata sui modi di dire, vi proporremo due traduzioni. La prima, in corsivo, è letterale, in modo da facilitare la memorizzazione dell'espressione portoghese; la seconda riporta il detto italiano corrispondente o un'espressione equivalente.

Agora é que vão ser elas!

1 – Tinha a faca e o queijo na mão [1] e, sem dar luvas a ninguém, contava com o ovo que a galinha há de pôr, mas fui recebido com sete pedras na mão.
2 – E não deitaste água na fervura [2]?
3 – Não tive tempo. Torci a orelha e caí como um pato.
4 – Devias ter-lhe dado graxa. Eu cá não deixava que me fizessem o ninho atrás da orelha, a mim, ninguém me leva pelo beicinho [3].
5 – De agora em diante vou comer o pão que o diabo amassou e dançar na corda bamba.
6 – Isso não tem pés nem cabeça. Não vás agora arranjar lenha para te queimares… Lembra-te que não nadas em dinheiro.

Note

[1] **ter a faca e o queijo na mão** significa *avere il potere in mano* e, in alcuni contesti, *abusarne*.

[2] **deitar água na fervura** è il contrario di "gettare benzina sul fuoco" e indica un tentativo di riconciliazione.

[3] **lábio** o **beiço**, *labbro*; **beicinho**, *labbruzzo*; **fazer beicinho**, *fare il broncio*. **Estar preso pelo beicinho** è un modo colloquiale per dire *essere innamorato*. Ricordatevi anche **cara** o **rosto**, *viso*; **olhos**, *occhi*; **nariz**, *naso*; **orelhas**, *orecchie*; **língua**, *lingua*; **dentes**, *denti*.

Novantacinquesima lezione

Il bello deve ancora venire!

1 – *Avevo il coltello e il formaggio in mano e, senza dare guanti a nessuno, contavo sull'uovo che la gallina deve ancora deporre, ma sono stato ricevuto con sette pietre in mano.*
Avevo il coltello dalla parte del manico e senza dover niente a nessuno, ho fatto i conti senza l'oste ma sono stato trattato a pesci in faccia.

2 – *E non hai versato acqua sul bollore?*
E non hai gettato acqua sul fuoco?

3 – *Non ho avuto tempo. Ho torto l'orecchio e sono caduto come un'anatra.*
Non ho avuto tempo. Mi sono mangiato le mani e ci sono cascato come un pivello.

4 – *Avresti dovuto ungerlo. Io non mi sarei lasciato fare il nido dietro l'orecchio, a me, nessuno mi porta per il labbruzzo.*
Avresti dovuto arruffianartelo. Io non avrei lasciato che mi facessero le scarpe. A me, nessuno mi prende per il naso.

5 – *D'ora in poi mangerò il pane che il diavolo ha impastato e ballerò sulla corda traballante.*
D'ora in poi, mangerò fiele e camminerò sul filo del rasoio.

6 – *Questo non ha né piedi né testa. Non andare ora a trovare legna per riscaldarti* (bruciarti)... *Ricordati che non nuoti nel denaro.*
[Tutto] questo non ha né capo né coda. Non buttare benzina sul fuoco. Ricordati che non navighi nell'oro.

7 – Se pelo menos lhe pudesse fazer a cama [4] ou apanhá-lo com a boca na botija...

8 – Não comeces a fazer castelos no ar. Voltemos antes à vaca fria: tu não podes puxar a brasa à tua sardinha?

9 – Estou em pulgas [5]... Só me resta fazer tijolo [6]. □

Note

4 **fazer a cama** a qualcuno, significa *fargliela pagare, vendicarsi*.

5 **estar em pulgas** significa *essere in ansia, impaziente* (di conoscere l'esito di una determinata questione).

6 **estar a fazer tijolo**, *tirare le cuoia / passare a miglior vita*. Le espressioni legate alla morte sono numerose e molto varie: **estar na terra da verdade**, lett. essere nel paese della verità; **ir desta para melhor**, *passare a miglior vita, morire*.

***

Exercício 1 – Traduzir

❶ Se tivesses a faca e o queijo na mão podias fazer o que te apetecesse. **❷** Mas como não nadas em dinheiro é melhor não fazeres castelos no ar. **❸** Como aquele que contava com o ovo que a galinha havia de pôr... **❹** E acabou a dançar na corda bamba. **❺** Pois não, mas recebem-te com três pedras na mão[1] e depois tens de deitar água na fervura. **❻** Hei de comer o pão que o diabo amassou, mas não dou graxa a ninguém!

[1] In questo modo di dire le pietre possono essere di numero variabile.

Novantacinquesima lezione / 95

7 – *Se almeno potessi fargli il letto o prenderlo con la bocca nell'anfora...*
Se almeno potessi fargliela pagare o sorprenderlo con le mani nel sacco...

8 – *Non incominciare a fare castelli in aria. Torniamo prima alla mucca fredda: non puoi tirare la brace sulla tua sardina?*
Non metterti a fare castelli in aria. Torniamo a bomba: non puoi tirare l'acqua al tuo mulino?

9 – *Sono in pulci... Mi resta solo da fare mattoni.*
Sono sulle spine... non mi resta che passare a miglior vita.

Soluzioni dell'esercizio 1

❶ Se avessi il coltello dalla parte del manico, potresti fare quello che vuoi. ❷ Ma siccome non navighi nell'oro è meglio non fare castelli in aria. ❸ Come quel tizio che ha venduto la pelle dell'orso prima di averlo ucciso... ❹ E si è trovato a camminare sul filo del rasoio. ❺ Va bene, ma ti prendono a pesci in faccia e dopo devi gettare acqua sul fuoco. ❻ Pazienza, mangerò fiele ma non lecco i piedi a nessuno!

Exercício 2 – Completar

❶ Non abbiamo avuto tempo di gettare acqua sul fuoco. [Ci] siamo cascati come [dei] pivelli *(anatre)*.
Não tivemos tempo de .... Caímos como ......

❷ Tirano sempre l'acqua al loro mulino *(la brace alla loro sardina)* e ci trattano a pesci in faccia *(con sette pietre nella mano)*.
Eles estão sempre a ..... a brasa .... e recebem-nos com sete ...... na mão.

❸ Se non facessi tanti castelli in aria, forse otterresti qualcosa.
Se não fizesses tantos .... talvez .... alguma coisa.

❹ Ero sulle spine *(pulci)* per[ché volevo] sapere cos'era successo ma lei non mi ha detto nulla.
Eu estava .... para saber o que .... mas ela não me ..... nada.

❺ È una storia senza né capo *(piedi)* né coda *(testa)*. Non credo a una *(in-una)* [sola] parola.
É uma história .... Não acredito numa ....

Nonagésima sexta lição

Nas estradas do Alentejo

1 – Gosto da paisagem [1] alentejana: estende-se a perder de vista...

Note

1 **paisagem**, *paesaggio*, come gran parte delle parole che finiscono in *-agem* è femminile: **a paisagem, a viagem, a mensagem, a personagem** ecc. Questi sostantivi, come tutti quelli che terminano per *-m*, al plurale finiscono in *-ns*: **paisagem, paisagens; homem, homens; mandarim, mandarins; um, uns.**

❻ Un giorno sarà colto con le mani nel sacco *(la bocca nell'anfora)*.
Um dia ... ser apanhado com a ....

❼ Ha passato la vita camminando sul filo del rasoio *(a ballare sulla corda traballante)* e ora sta tirando le cuoia *(facendo mattone)*.
Passou a .... a dançar na .... e agora, já está a
....

Soluzioni dell'esercizio 2

❶ – deitar água na fervura – patos ❷ – puxar – à sua sardinha – pedras – ❸ – castelos no ar – conseguisses – ❹ – em pulgas – aconteceu – disse – ❺ – sem pés nem cabeça – palavra ❻ – vai – boca na botija ❼ – vida – corda bamba – fazer tijolo

Seconda ondata: 46ª lezione

Novantaseiesima lezione

Per le strade dell'Alentejo

1 – Mi piace il paesaggio alentejano: si estende a perdita d'occhio *(a perdere di vista)*...

trezentos e noventa e quatro • 394

2 – Desculpa-me interromper a tua veia lírica, mas quem perdeu o nosso rumo de vista fui eu. Tenho a impressão que nos perdemos!

3 – O quê? Mas ainda há pouco estávamos apenas a quarenta quilómetros de Évora. Enganaste-te certamente no caminho ².

4 – Devo ter feito um desvio e, agora, não sei onde estou.

5 – A situação é crítica, mas não desesperada. Em breve havemos de encontrar ³ uma aldeia e alguém para nos indicar a direção certa.

6 – Estás a ser demasiado otimista. Que eu saiba e segundo o mapa das estradas não há nenhuma povoação por aqui.

7 – Olha! Avisto lá ao longe um pastor com o seu rebanho. Vá, acelera!

8 – Primeiro deixa-me ligar o motor e meter as mudanças. A não ser que ⁴ queiras empurrar o carro até lá.

9 – Boa tarde, amigo. Pode-nos dizer para onde é que vai esta estrada?

10 – A estrada não vai para lado nenhum, meus senhores. Nós precisamos dela é aqui ⁵!

Pronuncia
7 ...  *...*

Note

2 Ecco un po' di lessico utile per chi ama viaggiare: **o caminho**, *la strada / il sentiero*; **a estrada**, *la strada*; **a vereda**, *il sentiero / il viottolo*; **o atalho**, *la scorciatoia*; **a encruzilhada**, *l'incrocio*; **a auto-estrada**, *l'autostrada*; **a rua**, *la via*; **a travessa**, *la traversa*; **o beco**, *il vicolo cieco*; **a viela**, *il vicolo / la viuzza*.

3 **havemos de encontrar**, *troveremo / dobbiamo trovare*. Sicuramente vi ricorderete di questa particolare forma futura (una sorta di futuro "ottativo"), che esprime un desiderio o una potenzialità.

Novantaseiesima lezione / 96

2 – Scusami se interrompo la tua vena poetica, ma chi ha perso d'occhio il nostro itinerario sono io. Ho l'impressione che ci siamo persi!
3 – Cosa? Ma se *(ancora)* poco [tempo] fa eravamo ad appena quaranta chilometri da Évora. Hai sicuramente sbagliato strada.
4 – Devo aver fatto una deviazione e ora non so dove sono.
5 – La situazione è critica, ma non disperata. Presto troveremo un villaggio e qualcuno che ci indichi la giusta direzione.
6 – Sei troppo ottimista. Che io sappia, e secondo la mappa, da queste parti non c'è nessun villaggio.
7 – Guarda! Laggiù vedo un pastore con il suo gregge. Corri, accelera!
8 – Innanzitutto fammi accendere il motore e ingranare la marcia. A meno che tu non voglia spingere la macchina fino a lì.
9 – Buongiorno, amico. Ci può dire dov'è che va questa strada?
10 – La strada non va da nessuna parte, signori. A noi serve qui!

4 a não ser que, *a meno che*, è seguito dal congiuntivo presente (in questo caso, quello di **querer**, *volere*).

5 Questa risposta è ispirata a un gioco di parole **alentejano**, uno dei tanti tipici di questa regione dove prevale uno spirito particolare, un misto di ingenuità e sofisticata filosofia: la strada non va da nessuna parte, sono i viaggiatori che si spostano.

Exercício 1 – Traduzir

❶ Onde foram este fim de semana que não vos encontrei em lado nenhum? ❷ Fomos perder-nos nas estradas do Alentejo. Devias ter vindo connosco. ❸ Porquê? Enganaram-se no caminho? Não conheço ninguém que se tenha perdido no Alentejo! ❹ Devemos ter feito algum desvio e quando demos por isso não sabíamos onde estávamos. ❺ Mas com certeza encontraram alguma aldeia onde alguém vos indicasse a direção? ❻ Não havia nenhuma povoação a perder de vista. Mas vimos um pastor e acelerámos. ❼ Sabes o que ele nos disse? Que aquela estrada não ia para lado nenhum!

Exercício 2 – Completar

❶ Da lontano ho avvistato un pastore con il suo gregge e ho accelerato.
Eu .... ao longe um pastor com o seu .... e ....

❷ Ma prima hai acceso il motore e hai ingranato la marcia, no?
Mas primeiro .... e meteste as ...., não?

❸ Certo, ero fermo. A meno che non spingessi la macchina correndo.
Claro, eu estava .... A não ... que .... o carro, a correr.

❹ Mi piacciono i paesaggi che si estendono a perdita d'occhio, come quello dell'Alentejo.
Gosto das .... que se estendem a ...... de ....., como a ....

❺ Dobbiamo aver fatto una deviazione. Che io sappia, qui non c'è nessun villaggio.
Devemos ... . um desvio. Não há aqui .... povoação que eu ....

❻ Se volessimo tornare indietro, come faremmo?
Se .... voltar para .... como ....?

❼ Hanno così tanto bisogno della strada che hanno paura che se ne vada per i fatti suoi *(via)*.
Eles .... tanto da .... que têm .... que ela se ....

Soluzioni dell'esercizio 1

❶ Dove siete stati/e questo fine settimana che non vi ho trovati/e da nessuna parte? ❷ Siamo andati/e a perderci per le strade dell'Alentejo. Saresti dovuto/a venire con noi. ❸ Perché? Avete sbagliato strada? Non conosco nessuno che si sia perso nell'Alentejo! ❹ Dobbiamo aver fatto una deviazione e quando ce ne siamo accorti/e *(abbiamo dato per questo)* non sapevamo dove ci trovavamo. ❺ Ma sicuramente avrete trovato un villaggio dove qualcuno vi avrà indicato la strada, [vero]? ❻ Non riuscivamo a scorgere nessun villaggio *(Non c'era nessun villaggio a perdere di vista)*, ma abbiamo visto un pastore e abbiamo accelerato. ❼ Lo sai che cosa ci ha detto? Che quella strada non andava da nessuna parte!

Soluzioni dell'esercizio 2

❶ – avistei – rebanho – acelerei ❷ – ligaste o motor – mudanças – ❸ – parado – ser – empurrasse – ❹ – paisagens – perder – vista – alentejana ❺ – ter feito – nenhuma – saiba ❻ – quiséssemos – trás – fazíamos ❼ – precisam – estrada – medo – vá embora

*L'**Alentejo**, una vasta provincia a sud del fiume Tago (**Além – Tejo**, oltre il Tago), è caratterizzato da una vasta area pianeggiante e dal **latifúndio**, il latifondo. Fino a non molti decenni fa, le diseguaglianze sociali tra i grandi proprietari e i contadini erano qui più evidenti che altrove e questa condizione si riflette in molte canzoni popolari di questa zona. Nell'**Alentejo**, la riforma agraria seguita alla rivoluzione del 25 aprile 1974 ha trovato terreno fertile. La canzone che ha dato il la agli eventi della rivoluzione è un canto locale, "**Grândola, vila morena**". Queste canzoni vengono solitamente cantate da un coro maschile che, dondolandosi spalla a spalla, sviluppa il tema introdotto da un solista. Contrastano con la musica folkloristica del nord, allegra e ballabile – il **vira** – e quella dell'**Algarve**, nell'estremo sud – il **corridinho** – a causa della profondità delle loro tematiche. Spesso si mette in risalto il contrasto tra la **verticalidade**, la rettitudine, dell'**alentejano** e la "flessibilità" degli altri portoghesi. È importante sapere che l'**alentejano** è considerato l'ultimo a lasciare la sua terra ed emigrare. Infine, nell'**Alentejo** è possibile visitare caratteristici villaggi dal biancore accecante e dall'inconfondibile stile architettonico.*

Seconda ondata: 47ª lezione

Nonagésima sétima lição

Um fado: Alfama

1. Quando Lisboa anoitece
   como um veleiro sem velas
   Alfama toda parece
   uma casa sem janelas
   aonde o povo arrefece
2. É numa água-furtada
   no espaço roubado à mágoa
   Que Alfama fica fechada [1]
   em quatro paredes de água
3. Quatro paredes de pranto
   quatro muros de ansiedade
   Que à noite fazem o canto
   que se acende na cidade
4. Fechada em seu desencanto
   Alfama cheira a saudade [2]
5. Alfama não cheira a fado
   cheira a povo, a solidão
   A silêncio magoado [3]
6. Sabe a tristeza com pão
   Alfama não cheira a fado
7. Mas não tem outra canção.

Note

1. **fechar**, *chiudere*; **fechar-se**, *chiudersi*; **abrir**, *abrire*; **aberto/a**, *aperto/a*.
2. La **saudade** è un insieme di nostalgia, mancanza e desiderio, un sentimento tipicamente portoghese che ne permea la cultura (e di rimando anche quella brasiliana).

Novantasettesima lezione

Un fado: Alfama

1. Quando a Lisbona si fa sera
   come un veliero senza vele
   tutta l'Alfama assomiglia
   a una casa senza finestre
   dove il popolo soffre il freddo
2. È in una soffitta
   nello spazio rubato al dolore
   che l'Alfama rimane chiusa
   tra quattro pareti d'acqua
3. Quattro pareti di pianto
   quattro pareti d'angustia
   Che alla sera offrono il [loro] canto
   che si accende nella città
4. Chiusa nel suo disincanto
   l'Alfama odora di nostalgia
5. l'Alfama non odora di fado
   odora di gente, di solitudine
   Di doloroso silenzio
6. Sa di tristezza e pane
   l'Alfama non odora di fado
7. Ma non ha un'altra canzone.

---

3 **magoar**, *ferire, addolorare*; **mágoa** è sinonimo di **dor**, *dolore*. **Dor** e **saudade** sono le parole chiave di questo canto che proviene dal profondo dell'animo.

97 / Nonagésima sétima lição

▶ Exercício 1 – Traduzir

❶ Se visses Alfama no Santo António achava-la alegre. ❷ Mas se lá fores no inverno, repara como as ruas são tristes e as casas escuras. ❸ Mesmo que se abram janelas, elas não recebem muita luz. ❹ Alfama é o mais antigo bairro de Lisboa, conquistada aos árabes. ❺ À chuva, as suas velas estão demasiado pesadas para poderem mexer-se.

Exercício 2 – Completar

❶ Il popolo soffre il freddo in un quartiere triste come una casa senza finestre.
O povo .... num bairro triste como uma casa sem ....

❷ Se l'Alfama non odorasse di nostalgia e non sapesse di tristezza, forse non canterebbe il fado.
Se Alfama não .... a saudade e não .... a tristeza talvez não .... o fado.

❸ Ad alcuni piace l'Alfama perché odora di popolo, ad altri perché possono sentir cantare il fado.
.... de Alfama por ela .... a povo, ... por poderem ouvir cantar o fado.

❹ Ma non sempre sanno (conoscono) quello che vi capita.
Mas nem sempre .... o que lá se ....

❺ Non vedono al di là delle pareti del dolore dietro le quali (dove) si rinchiude.
Não .... para lá das .... de ..... onde ela se ....

*Il **fado** è direttamente associato ai vecchi quartieri di Lisbona, soprattutto all'**Alfama** e alla **Mouraria** (il quartiere dei Mori), ma anche **Madragoa**, rione popolare vicino al porto, **Castelo**, sorto intorno al castello di São Jorge, **Graça**, alle spalle dell'Alfama, **Bairro Alto**, dalla parte opposta della città. Un tram speciale percorre tutti questi quartieri partendo dal **Terreiro do Paço** (attualmente chiamata **praça do Comércio**), una grande piazza che si affaccia direttamente sul Tago fatta ricostruire dopo il terremoto del 1755 dal marchese di Pombal, primo ministro del re D. José (la cui statua equestre domina la stessa*

Soluzioni dell'esercizio 1

❶ Se vedessi l'Alfama il giorno di Sant'Antonio, la troveresti allegra.
❷ Ma se ci vai in inverno, osserva come sono tristi le [sue] vie e buie le [sue] case. ❸ Anche se si aprono le finestre, non ricevono molta luce. ❹ L'Alfama è il più antico quartiere di Lisbona, conquistato agli arabi. ❺ Sotto la pioggia, le sue vele sono troppo pesanti per potersi muovere.

Soluzioni dell'esercizio 2

❶ – arrefece – janelas ❷ – cheirasse – soubesse – cantasse – ❸ Alguns gostam – cheirar – outros – ❹ – conhecem – passa ❺ – vêem – paredes – mágoa – fecha

piazza). **Alfama,** *con le sue viuzze strette e le sue case vecchie e buie, è l'ambientazione ideale per le storie malinconiche cantate dal* **fado***.*

Esso è la più tipica espressione musicale di Lisbona ed è, nella sua accezione più comune, caratterizzato da un sentimento di struggente nostalgia e da melodie tristi. La stessa Lisbona è il soggetto principale di molti **fados** *celebri; eccone un ritornello di esempio:*

Sempre que Lisboa canta	*Ogni volta che Lisboa canta*
não sei se canta	*non so se canta*
não sei se reza	*non so se prega*
A sua voz com carinho	*La sua voce con tenerezza*
canta baixinho	*canta piano*
sua tristeza	*la sua tristezza.*
Sempre que Lisboa canta	*Ogni volta che Lisboa canta*
a gente encanta	*ci incanta*
sua beleza	*la sua bellezza*
Pois quando Lisboa canta	*Perché quando Lisboa canta*
canta o fado	*canta il fado*
com certeza.	*sicuramente.*

Non bisogna comunque dimenticare che esiste anche il **fado** *di Coimbra, più vicino allo stile della ballata. Dal momento che Coimbra ha una tradizione universitaria molto forte e antica, le sue facoltà e i suoi studenti sono molto spesso descritti nelle sue canzoni. A titolo di esempio, ecco un frammento del celebre* **fado Hilário**, *dal nome di un cantante del passato "dalla voce di cristallo":*

98 Nonagésima oitava lição

Revisão – Ripasso

Ed eccoci ora alla nostra ultima lezione di ripasso, quasi alla fine di questo percorso alla scoperta della lingua portoghese. Dedicheremo questo spazio ad alcune indicazioni sui nomi e sui possessivi.

1 Il nome

Nel corso di ogni lezione abbiamo avuto modo di incontrare numerosi sostantivi sia maschili che femminili. Facciamo un rapido ripasso.

• I nomi dei fiumi, dei mari e di alcune catene montuose sono maschili: **o Tejo**, *il Tago*; **o Sena**, *la Senna*; **o Tamisa**, *il Tamigi* ecc.; **o Mediterrâneo**, *il Mediterraneo*; **o Mar Negro**, *il Mar Nero* ecc.; **os Alpes**, *le Alpi*; **os Perinéus**, *i Pirenei* ecc.

• Anche le parole che finiscono in **-or** sono maschili: **o calor**, *il calore*; **o odor**, *l'odore*; **o pudor**, *il pudore*.

• Le parole che finiscono in **-agem** sono femminili in portoghese: **a viagem**, *il viaggio*; **a folhagem**, *il fogliame*; **a engrenagem**, *l'ingranaggio*.

• Alcuni nomi di professione hanno anche il femminile: **a professora**, *la professoressa*; **a doutora**, **a médica**, *la dottoressa*.

• Alcune parole invariabili sono femminili in portoghese: **a criança**, *il bambino*; **a testemunha**, *il testimone* ecc.

Il femminile delle parole maschili in **-o** è in **-a**: **filho** – **filha**.

O Hilário disse um dia | *Hilário disse un giorno*
Ninguém mais será formado | *nessuno sarà più laureato*
Quando a velha Academia | *quando la vecchia Accademia*
Deixar de cantar o fado | *smetterà di cantare il fado.*

Seconda ondata: 48ª lezione

Novantottesima lezione

Le parole maschili in *-ão* formano il femminile in *-oa* (**patrão – patroa**), in *-ã* (**irmão – irmã**) oppure in *-ona* (**bonachão – bonachona**; questa forma corrisponde agli accrescitivi, che diventano anche aggettivi sostantivati). Esistono alcune eccezioni, come **barão – baronesa, ladrão – ladra, cão – cadela** ecc.

Il maschile e il femminile di alcune parole, infine, possono avere forme differenti: in questo caso è necessario conoscerle a una a una cercando di memorizzarle.

2 I possessivi

In portoghese il possessivo, sia aggettivo sia pronome, è di solito preceduto da un articolo (come di norma anche in italiano). Esempi: **o meu país**, *il mio paese*; **a minha pátria**, *la mia patria*; **são as minhas mãos**, *sono le mie mani*; **estas mãos são as minhas**, *queste mani sono le mie*. In alcuni casi, però, l'articolo viene omesso. Esempi: **estas mãos são minhas**, *queste mani sono mie*; **estes olhos são meus**, *questi occhi sono miei*.

È importante ricordare che le forme **seu, sua, seus** e **suas** si riferiscono indistintamente sia al possessore di terza persona singolare che plurale. Ciò può talvolta dar luogo a delle ambiguità, in questi casi si preferisce usare **dele, dela, deles** e **delas**. Esempio: **é o livro dela**, *è il suo libro* (lett. è il libro di lei).

Diálogo de revisão

1 – O Tejo não atravessa o país dele, mas o meu.
2 – Eu posso lavar as minhas mãos no Tejo, mas as minhas amigas só podem lavar as delas no Sena. São francesas.
3 – Qual é o seu país? Será Portugal?
4 – Não, é Espanha. É lá que nasce o Tejo que, depois de atravessar Portugal, vai desaguar no Atlântico.
5 – Um dia, a minha irmã quis ir a Lisboa ao médico e encontrar-se com uns amigos franceses.
6 – Quem é o médico da sua irmã?
7 – É uma médica. É professora na Faculdade de Medicina mas não sei o nome dela.
8 Mas estava muito calor em Lisboa e os amigos dela não quiseram ir. Foram para o Mediterrâneo.

Nonagésima nona lição

Uma fábula

1 – Olá, formiga. Não te lembras de mim?
2 – Olá, cigarra. Não te reconhecia. Há tanto tempo **[1]** que não nos víamos…

Note

[1] há tanto tempo, *molto tempo fa, è da tanto tempo*. **Tanto/a**, *tanto/a, molto/a*; **tão**, *così / tanto*. **Tanta espera**, *tanta attesa*; **tantos dias**, *tanti giorni*; **tantas noites**, *tante notti*. Quando accompagna un verbo, **tanto**

Traduzione

1 Il Tago non attraversa il suo paese *(paese di-lui)*, ma il mio. **2** Io posso lavarmi le mani *(lavare le mie mani)* nel Tago, ma le mie amiche possono lavare le loro solo nella Senna. Sono francesi! **3** Qual è il suo paese? È *(Sarà)* il Portogallo? **4** No, è la Spagna. È lì che nasce il Tago che, dopo aver attraversato *(di attraversare)* il Portogallo, sfocia nell'Atlantico. **5** Un giorno, mia sorella è voluta andare a Lisbona dal medico e a incontrare alcuni amici francesi. **6** Chi è il medico di sua sorella? **7** È una dottoressa *(una medica)*. È professoressa alla Facoltà di Medicina ma non so il suo nome. **8** Ma faceva molto caldo a Lisbona e i suoi *(di-lei)* amici non sono voluti venire. Sono andati sul Mediterraneo.

Seconda ondata: 49ª lezione

Novantanovesima lezione

Una favola

1 – Ciao, formica. *(Non)* Ti ricordi di me?
2 – Ciao, cicala. Non ti avevo riconosciuta. È da molto tempo che non ci vediamo…

resta invariabile: **ela trabalha tanto!**, *lavora tanto!* Con un aggettivo o un avverbio, si utilizza **tão**: **tão difícil**, *così difficile*; **tão depressa**, *così veloce*.

99 / Nonagésima nona lição

3 – Desde aquela noite de inverno em que me recusaste uma migalha de pão, dizendo: passaste todo o verão a cantar, agora dança!
4 – Pensei até que tinhas morrido de fome. Mas, pelos vistos, a dieta fez-te bem: estás com ótimo aspeto e muito chique.
5 – Pois. Segui o teu conselho e tornei-me artista de variedades. Tenho tido um sucesso louco. Estou riquíssima.
6 – Ah, sim? Enquanto eu passo a vida a trabalhar, tu divertes-te. Não é justo nem está de acordo com os preceitos morais que aprendi.
7 – Pareces contrariada, mas o que é que queres? A tua vocação é trabalhar e a minha divertir-me.
8 – Não tenho nada contra ti pessoalmente, mas gostaria de ter uma conversa a sério com um tal sr. [2] La Fontaine.

Note

2 sr. / sra. sono le abbreviazioni, rispettivamente, di **senhor** e di **senhora**.

***

Exercício 1 – Traduzir

❶ A formiga teria achado natural que a cigarra morresse de fome. ❷ Parece que lhe recusara uma migalha de pão quando ela viera bater-lhe à porta. ❸ Pelos vistos, a cigarra seguiu o conselho da formiga e começou a dançar. ❹ Tendo-se tornado artista de variedades, teve imenso sucesso enquanto a formiga se mantinha trabalhadora. ❺ A cigarra e a formiga nunca poderão entender-se. Representam visões da vida radicalmente opostas. Mas a culpa parece ser de quem escreveu as fábulas.

3 – Da quella notte d'inverno in cui ti sei rifiutata di darmi *(mi hai rifiutato)* una briciola di pane, dicendo: "Hai passato tutta l'estate a cantare, adesso balla!"

4 – Ho persino pensato che fossi morta di fame. Ma, a quanto pare, la dieta ti ha fatto bene: sei in ottima forma e molto elegante *(chic)*.

5 – Infatti. Ho seguito il tuo consiglio e sono diventata un'artista di varietà. Ho avuto un enorme successo *(un successo pazzo)*. Sono ricchissima.

6 – Ah, sì? Mentre io passo la vita a lavorare, tu ti diverti. Non è giusto [e] non corrisponde ai principi morali che ho imparato.

7 – Sembri contrariata, ma che [ci] vuoi [fare]? La tua vocazione è lavorare e la mia divertirmi.

8 – Non ho nulla contro di te personalmente, ma mi piacerebbe fare una [bella] chiacchierata *(sul serio)* con un certo sig. La Fontaine.

Soluzioni dell'esercizio 1

❶ La formica aveva dato per scontato *(avrebbe trovato naturale)* che la cicala fosse morta di fame. ❷ Sembra che si fosse rifiutata *(le aveva rifiutato)* di darle una briciola di pane quando lei aveva bussato alla sua porta. ❸ A quanto pare, la cicala seguì il consiglio della formica e cominciò a ballare. ❹ *(Essendo)* diventata artista di varietà, riscosse [un] enorme successo, mentre la formica continuava a essere *(si manteneva)* lavoratrice. ❺ La cicala e la formica non potranno mai capirsi. Rappresentano visioni della vita totalmente opposte. Ma la colpa sembra essere di chi ha scritto le favole.

Exercício 2 – Completar

① Ciao! Come stai? È da tanto tempo che non ti vedo *(vedevo)*! Che cosa hai fatto?
Olá! …. estás? ……. tempo que não …..! … tens …..?

② Sono diventata un'artista di varietà e ho avuto molto successo.
……-me artista de ………. e tenho …. muito sucesso.

③ *(Lei)* Non aveva mai visto una cicala diventare artista di varietà.
Ela ….. tinha ….. uma cigarra ……-.. artista de variedades.

④ Rimase stupita nel vedere *(poiché vide)* che la cicala non solo non era morta, ma era [addirittura] in ottima forma.
Ficou ……… pois … que a cigarra não só não …… …….. mas estava … ótimo …….

100
Centésima lição

Um adeus português [1]

1 O fim de um manual linguístico não é o adeus a uma língua, a uma cultura.
2 Fomos celtas, iberos, lusitanos, visigodos, navegadores, conquistadores, piratas [2].

Note

1 **Um Adeus Português** è il titolo di un film del 1986 di João Botelho che rievoca la **Guerra Colonial** (combattutasi fra il 1961 e il 1974, vide fronteggiarsi l'esercito del Portogallo e le forze indipendentiste dell'Angola, del Mozambico e della Guinea-Bissau) e le conseguenze psicologiche subite da coloro che la vissero indirettamente.

❺ È da molto tempo che non ti vedo. Quasi *(Forse)* **non ti riconosco più.**

.... que não te vejo. Se calhar já não te ....

❻ Magari avessi fatto teatro e fossi portato/a *(aver avuto vocazione)* per il canto!

Quem me .... ter ..... teatro e ter .... para cantar!

Soluzioni dell'esercizio 2

❶ – Como – Há tanto – te via – Que – feito ❷ Tornei – variedades – tido – ❸ – nunca – visto – tornar-se – ❹ – espantada – viu – tinha morrido – com – aspeto ❺ Há muito tempo – reconheço ❻ – dera – feito – tido vocação –

Seconda ondata: 50ª lezione

Centesima lezione

Un addio portoghese

1 La fine di un manuale linguistico non è l'addio a una lingua, a una cultura.
2 Siamo stati Celti, Iberi, Lusitani, Visigoti, navigatori, conquistatori, pirati.

2 Bisogna inoltre ricordare la presenza dei Fenici, dei Greci e dei Cartaginesi prima delle invasioni romane alle quali i Lusitani, sotto il comando di Viriato, resistettero per molto tempo. Successivamente, lasciarono tracce durevoli gli Alani, i Vandali e soprattutto gli Svevi, predecessori dei Visigoti.

100 / Centésima lição

3 Somos um país que se formou no século XII e cujas fronteiras se mantiveram praticamente inalteradas até hoje. Como um rio, sangue árabe [3] e judeu corre-nos nas veias.

4 Sem querermos parecer chauvinistas, mas talvez o sendo, lembramos o leitor, o estudioso, que o português, além de Portugal, é falado nos arquipélagos dos Açores e da Madeira, regiões autónomas, na América do Sul (Brasil) [4], em África (Angola, Moçambique, Guiné-Bissau, Cabo Verde, e São Tomé e Príncipe), na Ásia (Macau, Timor, Goa) [5],

5 e isto para não falar dos milhões de emigrantes portugueses espalhados por esse mundo fora, o que alguém denominou a diáspora portuguesa.

6 "O olhar, esfíngico e fatal, com que a Europa fita o Ocidente, futuro do passado, é Portugal [6]."

Note

3 A partire dall'VIII secolo gli Arabi succedettero ai Visigoti e conquistarono il futuro territorio portoghese. Fu dall'antico Portucale, alla foce del Douro, che furono poste le basi per l'organizzazione del territorio. Alfonso VI, re di León, Castiglia, Galizia e Portucale, affidò il territorio della Galizia a Raimondo di Borgogna, suo genero; nel corso della progressiva riconquista, i territori del Portucale e di Coimbra passarono a un altro suo genero, Enrico di Borgogna, vassallo del primo. Questo territorio – la contea Portucalense – sempre più autonomo dalla Galizia, divenne indipendente con Afonso Henriques, figlio del conte Enrico, che nel 1128 spodestò sua madre dal trono e, dopo essersi ribellato al re di Castiglia e León – suo cugino, che lo riconobbe come re nel 1143 – ottenne il riconoscimento del suo titolo nobiliare dalla parte della Santa Sede nel 1179. Afonso Henriques, il "Conquistatore", estese le frontiere del Portogallo quasi fino all'Algarve, che fu definitivamente conquistato nel 1249.

Centesima lezione / 100

3 Siamo un Paese che si è formato nel XII secolo e le cui frontiere si sono mantenute praticamente inalterate fino ad oggi. Come un fiume, sangue arabo ed ebraico scorrono nelle nostre vene.

4 Senza voler sembrare sciovinisti, ma forse essendolo, ricordiamo al lettore, allo studioso, che il portoghese si parla non solo in Portogallo ma anche negli arcipelaghi delle Azzorre e di Madeira, regioni autonome, in Sudamerica (Brasile), in Africa (Angola, Mozambico, Guinea-Bissau, Capo Verde, São Tomé e Príncipe) e in Asia (Macao, Timor, Goa),

5 *(e questo)* per non parlare dei milioni di emigranti portoghesi sparsi per il mondo, [un fenomeno] che qualcuno ha definito "diaspora portoghese".

6 "Lo sguardo, enigmatico e fatale, con cui l'Europa fissa l'Occidente, futuro del passato, è [il] Portogallo."

4 Il Brasile ha ottenuto l'indipendenza nel 1822. Goa è stata ripresa da Nehru negli anni '60 e Timor Est è indipendente dal 2002. Le ex colonie africane hanno invece ottenuto l'indipendenza dal Portogallo tra il 1974 e il 1975. Il territorio di Macao, a lungo sotto il controllo amministrativo portoghese, dal 1999 fa nuovamente parte della Cina.

5 Approfittiamone per fare una lista dei sei **continentes**, *continenti*, in portoghese: **Europa**, *Europa*, **Ásia**, *Asia*; **África**, *Africa*; **América**, *America*; **Oceânia**, *Oceania* e **Antártida**, *Antartide*.

6 Tratto dall'opera di Fernando Pessoa "**Mensagem**".

Exercício 1 – Traduzir

❶ Não é possível dizer adeus a uma língua. Ela acompanhar-nos-á sempre. **❷** Era uma vez um poeta que dizia: "A minha pátria é a língua portuguesa". **❸** Lembrem-se que se fala português em todos os continentes. **❹** Temos de reconhecer que o português é uma língua riquíssima. **❺** Esperemos que os milhões de emigrantes espalhados pelo mundo o saibam. **❻** E que os milhões de lusófonos que o sabem não o esqueçam!

Exercício 2 – Completar

❶ Non diremo mai addio alla lingua né alla cultura portoghese. È impossibile!

.... adeus à .... à cultura portuguesa. É ....!

❷ Quanti paesi si sono formati e hanno perso le loro frontiere in tutto il mondo *(per codesto mondo fuori)*!

.... se formaram e .... as suas .... por .... fora!

❸ Dove si trova l'arcipelago delle Azzorre?

.... o .... dos Açores?

❹ Il Portogallo ha aperto nuove strade all'Europa che lo seguiva *(stava dietro di-esso)*.

Portugal ..... novos caminhos à Europa que ...... por .... dele.

❺ Come disse Camões: "Ha dato nuovi mondi al mondo".

.... Camões: " ... novos ...... ao ..... ".

Centesima lezione / 100

Soluzioni dell'esercizio 1

❶ Non è possibile dire addio a una lingua. [Continuerà] sempre ad accompagnarci. ❷ C'era una volta un poeta che diceva: "La mia patria è la lingua portoghese". ❸ Ricordatevi che si parla portoghese in tutti i continenti. ❹ Dobbiamo riconoscere che il portoghese è una lingua ricchissima. ❺ Speriamo che i milioni di emigranti sparsi per il mondo lo sappiano. ❻ E che i milioni di lusofoni che lo sanno non lo dimentichino!

Soluzioni dell'esercizio 2

❶ Nunca diremos – língua nem – impossível ❷ Quantos países – perderam – fronteiras – esse mundo – ❸ Onde fica – arquipélago – ❹ – abriu – estava – trás – ❺ Como disse – Deu – mundos – mundo

Cari lettori, siete ormai alla fine del vostro percorso attraverso questo metodo, ma non ancora alla fine del sentiero che vi porterà a padroneggiare la lingua portoghese...
Non dimenticatevi di continuare la "seconda ondata": dovete ancora tradurre i testi dei dialoghi e dell'esercizio 1 dall'italiano al portoghese, per le lezioni da 52 a 100.
Sappiamo bene che imparare comporta impegno, e la tenacia che avete dimostrato in alcuni momenti sicuramente ricompenserà il vostro lavoro.

Parabéns!, Complimenti!

Seconda ondata: 51ª lezione

Appendice grammaticale

Questa appendice riprende e completa diversi punti fondamentali della grammatica portoghese. Per trovare le rispettive spiegazioni all'interno delle lezioni, fate riferimento all'indice grammaticale e lessicale che troverete subito dopo.

Sommario

1	Gli articoli	417
2	Riepilogo generale dei pronomi personali	417
3	Riepilogo generale dei possessivi	418
4	I dimostrativi	419
5	I pronomi e aggettivi indefiniti	419
6	I pronomi relativi	419
7	I pronomi interrogativi	420
8	Le congiunzioni	420
9	Le coniugazioni verbali	422
	9.1 Verbi regolari	422
	9.2 Verbi ausiliari (**ter**, **ser**, **estar**, **haver**)	426
	9.3 Verbi irregolari	428
10	Contare	435
	10.1 I numerali cardinali	435
	10.2 I numerali ordinali	436
	10.3 Le quattro operazioni	437
	10.4 Le frazioni	437
	10.5 Percentuali, pesi e misure	437
11	Le preposizioni	438
12	Paesi e nazionalità	439

1 Gli articoli

Gli articoli, determinativi e indeterminativi, possono contrarsi con alcune preposizioni formando le seguenti preposizione articolate:
de + o, a, os, as = do, da, dos, das;
de + um, uma, uns, umas = dum, duma, duns, dumas;
em + o, a, os, as = no, na, nos, nas;
em + um, uma, uns, umas = num, numa, nuns, numas;
a + o, a, os, as, = ao, à, aos, às;
por + o, a, os, as = pelo, pela, pelos, pelas.
Né **a** né **por** danno luogo a contrazioni con gli articoli indeterminativi.

2 Riepilogo generale dei pronomi personali

Nel corso del manuale abbiamo preso in esame i diversi pronomi personali portoghesi, con le loro varie forme a seconda della funzione che ricoprono.
Esempio: **eu não te falo a ti, não falo contigo**, *non ti parlo / con te non parlo*. In questa frase ci sono vari pronomi personali: **eu** (soggetto), **te** (pronome indiretto), **ti** (pronome preceduto dalla preposizione a), **contigo** (complemento di compagnia).
Il seguente schema vi aiuterà a memorizzare tutte le forme dei pronomi personali.

Soggetto	Pronome riflessivo	Pronome diretto	Pronome indiretto
eu	me	me	me
tu	te	te	te
ele/ela	se	o/a	lhe
você (o sr./a)	se	o/a	lhe
nós	nos	nos	nos
vocês (vós) (os srs./as)	se (vos)	vos	vos
eles/elas	se	os/as	lhes

Complemento con preposizione	Complemento di compagnia
(a/para ecc.) mim	comigo
(a/para ecc.) ti	contigo
(a/para ecc.) ele/ela	com ele/ela
(a/para ecc.) si	consigo
(a/para ecc.) nós	connosco
(a/para ecc.) vocês (vós)	convosco
(a/para ecc.) eles/elas	com eles/elas

Ricordatevi le contrazioni tra pronomi indiretti e diretti: **mo, to, lho, no-lo, vo-lo, lho**: me + o = mo, me + a = ma, me + os = mos, me + as = mas, e così via.

3 Riepilogo generale dei possessivi

In portoghese il possessivo, aggettivo o pronome, è di solito preceduto da un articolo (come anche in italiano). Esempi: **o meu país**, *il mio paese*; **a minha pátria**, *la mia patria*; **são as minhas mãos**, *sono le mie mani*; **estas mãos são as minhas**, *queste mani sono le mie*. In alcuni casi, però, l'articolo viene omesso. Esempi: **estas mãos são minhas**, *queste mani sono mie*; **estes olhos são meus**, *questi occhi sono miei*.

Singolare		Plurale	
Maschile	Femminile	Maschile	Femminile
(o) meu	(a) minha	(os) meus	(as) minhas
(o) teu	(a) tua	(os) teus	(as) tuas
(o) seu	(a) sua	(os) seus	(as) suas
(o) nosso	(a) nossa	(os) nossos	(as) nossas
(o) vosso	(a) vossa	(os) vossos	(as) vossas
(o) seu	(a) sua	(os) seus	(as) suas

Le forme **dele, dela, deles, delas** sostituiscono i possessivi di terza persona in caso di ambiguità.

4 I dimostrativi

Vediamo lo schema completo degli aggettivi e pronomi dimostrativi:

Singolare		Plurale		
Maschile	Femminile	Maschile	Femminile	Neutro
este	esta	estes	estas	isto
esse	essa	esses	essas	isso
aquele	aquela	aqueles	aquelas	aquilo

Ricordatevi che tutti i dimostrativi si uniscono alle preposizioni **de** (**deste, desse, daquele** ecc.) e **em** (**neste, nesse, naquele** ecc.); solo il dimostrativo di lontananza si contrae anche con **a**: **àquele, àquela, àqueles, àquelas**.

5 I pronomi e aggettivi indefiniti

Invariabili: **algo**, *qualcosa*; **alguém**, *qualcuno*; **ninguém**, *nessuno*; **tudo**, *tutto*; **nada**, *niente*.

Variabili: **certo/a**, *certo/a*, **certos/as**, *certi/e*; **algum, alguma**, *qualche, qualcuno/a*, **alguns, algumas**, *alcuni/e*; **nenhum, nenhuma, nenhuns, nenhumas**, *nessuno/a*; **todo/a**, *tutto/a*, **todos/as**, *tutti/e*; **cada um / uma**, *ciascuno/a*.

6 I pronomi relativi

Il più comune è **que**, *che*. Esempi: **a pessoa que falou**, *la persona che ha parlato*; **a rosa que tu me deste**, *la rosa che mi hai dato*.

Cujo/a, *il / la cui*; **cujos/as**, *i / le cui* è usato soprattutto nella lingua scritta. Esempi: **o rapaz cujo pai é artista**, *il ragazzo il cui padre è artista*; **a rapariga cujos olhos matam**, *la ragazza i cui occhi "uccidono"*.

Sono invariabili: **que**, *che*; **quem**, *chi*; **onde**, *dove*.

Sono variabili: **cujo/a**, *il / la cui*, **cujos/as**, *i / le cui;* **quanto/a**, *quanto/a*, **quantos/as**, *quanti/e*; **o / a qual**, *il / la quale*, **os / as quais**, *i / le quali*.

7 I pronomi interrogativi

Coincidono spesso, come forma, con i pronomi relativi.

que...? / quê?	(che) cosa?
o que...? / o quê?	(che) cosa?
quem?	chi?
onde?	dove?
quanto, quanta, quantos, quantas?	quanto/a / quanti/e?
qual, quais?	quale / quali?
porque...? / porquê?	perché?

8 Le congiunzioni

Esistono diversi tipi di congiunzione in portoghese. Servono per articolare le frasi, coordinandole tra di loro o subordinandole una all'altra. Vediamole nel dettaglio.
Coordinative:

e	e
nem	né
ou	o
ora... ora	ora... ora
quer... quer	o... o
seja... seja	sia... sia (che)
mas	ma
porém	però
todavia	tuttavia
contudo	
logo	quindi
pois	dunque
portando	pertanto
por conseguinte, por consequência	di conseguenza

Subordinative:
- condizionali

se	*se* (richiede il congiuntivo)
se acaso	*se per caso*
se porventura	

- causali

que	*poiché*
porque	*perché*
porquanto	*per quanto*
como	*siccome*
pois	*poiché*
já que	*giacché*
visto que	*visto che*

- finali

que	*che*
para que	*perché*
a fim de que	*affinché*

- temporali

quando	*quando*
enquanto	*mentre, finché*
logo que	*non appena* (richiedono il congiuntivo)
assim que	

- concessive (implicano una concessione o una restrizione; sono seguite dal congiuntivo):

embora	sebbene
ainda que	benché
se bem que	nonostante
a não ser que	a meno che

- consecutive (implicano una conseguenza)

que	
de maneira que	in modo che
de modo que	
de sorte que	

- comparative

como, assim como, bem como	come
segundo	secondo
conforme	in conformità a

9 Le coniugazioni verbali

9.1 Verbi regolari

Vi proponiamo un verbo modello per ognuna delle tre coniugazioni: per i verbi in **-ar**, **amar**, per quelli in **-er**, **viver**, e **partir** per quelli in **-ir**. La forma tra parentesi (2ª persona plurale) è oggi desueta, tranne nel linguaggio poetico o liturgico, o in situazioni estremamente formali.

Nelle tabelle che seguono non troverete le coniugazioni complete dei tempi composti dei modi indicativo, condizionale, infinito e gerundio (facilmente ricavabili coniugando l'ausiliare **ter** all'imperfetto per il trapassato prossimo forma composta, al futuro semplice per il futuro anteriore, e così via), né l'infinito personale, che nei verbi regolari coincide con il congiuntivo futuro.

- **Indicativo**

Presente		
amo	vivo	parto
amas	vives	partes
ama	vive	parte
amamos	vivemos	partimos
(amais)	(viveis)	(partis)
amam	vivem	partem

Passato remoto		
amei	vivi	parti
amaste	viveste	partiste
amou	viveu	partiu
amámos	vivemos	partimos
(amastes)	(vivestes)	(partistes)
amaram	viveram	partiram

Trapassato prossimo (forma semplice)		
amara	vivera	partira
amaras	viveras	partiras
amara	vivera	partira
amáramos	vivêramos	partíramos
(amáreis)	(vivêreis)	(partíreis)
amaram	viveram	partiram

Imperfetto		
amava	vivia	partia
amavas	vivias	partias
amava	vivia	partia
amávamos	vivíamos	partíamos
(amáveis)	(vivíeis)	(partíeis)
amavam	viviam	partiam

Futuro semplice		
amarei	viverei	partirei
amarás	viverás	partirás
amará	viverá	partirá
amaremos	viveremos	partiremos
(amareis)	(vivereis)	(partireis)
amarão	viverão	partirão

• Condizionale

Presente		
amaria	viveria	partiria
amarias	viverias	partirias
amaria	viveria	partiria
amaríamos	viveríamos	partiríamos
(amaríeis)	(viveríeis)	(partiríeis)
amariam	viveriam	partiriam

• Congiuntivo

Presente		
ame	viva	parta
ames	vivas	partas
ame	viva	parta
amemos	vivamos	partamos
(ameis)	(vivais)	(partais)
amem	vivam	partam

Imperfetto		
amasse	vivesse	partisse
amasses	vivesses	partisses
amasse	vivesse	partisse
amássemos	vivêssemos	partíssemos
(amásseis)	(vivêsseis)	(partísseis)
amassem	vivessem	partissem

Futuro		
amar	viver	partir
amares	viveres	partires
amar	viver	partir
amarmos	vivermos	partirmos
(amardes)	(viverdes)	(partirdes)
amarem	viverem	partirem

Passato		
tenha amado	tenha vivido	tenha partido
tenhas amado	tenhas vivido	tenhas partido
tenha amado	tenha vivido	tenha partido
tenhamos amado	tenhamos vivido	tenhamos partido
(tenhais amado)	(tenhais vivido)	(tenhais partido)
tenham amado	tenham vivido	tenham partido

Trapassato		
tivesse amado	tivesse vivido	tivesse partido
tivesses amado	tivesses vivido	tivesses partido
tivesse amado	tivesse vivido	tivesse partido
tivéssemos amado	tivéssemos vivido	tivéssemos partido
(tivésseis amado)	(tivésseis vivido)	(tivésseis partido)
tivessem amado	tivessem vivido	tivessem partido

- Imperativo

Affermativo		
ama	vive	parte
ame	viva	parta
amemos	vivamos	partamos
(amai)	(vivei)	(parti)
amem	vivam	partam

- Gerundio

Presente		
amando	vivendo	partindo

- **Participio**

Passato		
amado	vivido	partido

9.2 Verbi ausiliari (*ter, ser, estar, haver*)

Indicativo presente			
tenho	sou	estou	hei
tens	és	estás	hás
tem	é	está	há
temos	somos	estamos	havemos
(tendes)	(sois)	(estais)	(haveis)
têm	são	estão	hão

Passato remoto			
tive	fui	estive	houve
tiveste	foste	estiveste	houveste
teve	foi	esteve	houve
tivemos	fomos	estivemos	houvemos
(tivestes)	(fostes)	(estivestes)	(houvestes)
tiveram	foram	estiveram	houveram

Trapassato prossimo (forma semplice)			
tivera	fora	estivera	houvera
tiveras	foras	estiveras	houveras
tivera	fora	estivera	houvera
tivéramos	fôramos	estivéramos	houvéramos
(tivéreis)	(fôreis)	(estivéreis)	(houvéreis)
tiveram	foram	estiveram	houveram

Imperfetto			
tinha	era	estava	havia
tinhas	eras	estavas	havias
tinha	era	estava	havia
tínhamos	éramos	estávamos	havíamos

| (tínheis) | (éreis) | (estáveis) | (havíeis) |
| tinham | eram | estavam | haviam |

Futuro semplice			
terei	serei	estarei	haverei
terás	serás	estarás	haverás
terá	será	estará	haverá
teremos	seremos	estaremos	haveremos
(tereis)	(sereis)	(estareis)	(havereis)
terão	serão	estarão	haverão

Condizionale presente			
teria	seria	estaria	haveria
terias	serias	estarias	haverias
teria	seria	estaria	haveria
teríamos	seríamos	estaríamos	haveríamos
(teríeis)	(seríeis)	(estaríeis)	(haveríeis)
teriam	seriam	estariam	haveriam

Congiuntivo presente			
tenha	seja	esteja	haja
tenhas	sejas	estejas	hajas
tenha	seja	esteja	haja
tenhamos	sejamos	estejamos	hajamos
(tenhais)	(sejais)	(estejais)	(hajais)
tenham	sejam	estejam	hajam

Congiuntivo imperfetto			
tivesse	fosse	estivesse	houvesse
tivesses	fosses	estivesses	houvesses
tivesse	fosse	estivesse	houvesse
tivéssemos	fôssemos	estivéssemos	houvéssemos
(tivésseis)	(fôsseis)	(estivésseis)	(houvésseis)
tivessem	fossem	estivessem	houvessem

Congiuntivo futuro			
tiver	for	estiver	houver
tiveres	fores	estiveres	houveres
tiver	for	estiver	houver
tivermos	formos	estivermos	houvermos
(tiverdes)	(fordes)	(estiverdes)	(houverdes)
tiverem	forem	estiverem	houverem

Imperativo affermativo			
tem	sê	está	hajas
tenha	seja	esteja	haja
tenhamos	sejamos	estejamos	hajamos
(tende)	(sede)	(estai)	(havei)
tenham	sejam	estejam	hajam

Infinito personale			
ter	ser	estar	haver
teres	seres	estares	haveres
ter	ser	estar	haver
termos	sermos	estarmos	havermos
(terdes)	(serdes)	(estardes)	(haverdes)
terem	serem	estarem	haverem

Gerundio presente			
tendo	sendo	estando	havendo

Participio passato			
tido	sido	estado	havido

9.3 Verbi irregolari

Ecco i principali verbi irregolari, per coniugazione.
I tempi non indicati si coniugano come nei verbi regolari.

• Prima coniugazione: in -ar

Dar, *dare*

– Indicativo
Presente: **dou, dás, dá, damos, (dais), dão**.
Passato remoto: **dei, deste, deu, demos, (destes), deram**.
Trapassato prossimo: **dera, deras, dera, déramos, (déreis), deram**.
– Congiuntivo
Presente: **dê, dês, dê, dêmos (deis), deem**.
Imperfetto: **desse, desses, desse, déssemos (désseis), dessem**.
Futuro: **der, deres, der, dermos, (derdes), derem**.

• Seconda coniugazione: in -er

Caber, *stare / starci, entrare*
– Indicativo
Presente: **caibo, cabes, cabe, cabemos, (cabeis), cabem**.
Passato remoto: **coube** ecc.
– Congiuntivo
Presente: **caiba** ecc.

Crer, *credere, pensare*
– Indicativo
Presente: **creio, crês, crê, cremos, (credes), creem**.
– Congiuntivo
Presente: **creia, creias, creia, creiamos, (creiais), creiam**.

Dizer, *dire, parlare*
– Indicativo
Presente: **digo, dizes, diz, dizemos, (dizeis), dizem**.
Passato remoto: **disse, disseste, disse, dissemos, (dissestes), disseram**.
Trapassato prossimo: **dissera, disseras, dissera, disséramos, (disséreis), disseram**.
Futuro semplice: **direi, dirás, dirá, diremos, (direis), dirão**.
– Condizionale
Presente: **diria, dirias, diria, diríamos, diríeis, diriam**.
– Congiuntivo
Presente: **diga, digas, diga, digamos, (digais), digam**.

Imperfetto: **dissesse** ecc.
Futuro: **disser, disseres** ecc.
– Participio passato: **dito**.
– Gerundio presente: **dizendo**.

Fazer, *fare*
– Indicativo
Presente: **faço, fazes, faz, fazemos, (fazeis), fazem**.
Imperfetto: **fazia, fazias, fazia, fazíamos, (fazíeis), faziam**.
Passato remoto: **fiz, fizeste, fez, fizemos, (fizestes), fizeram**.
Trapassato prossimo: **fizera, fizeras, fizera, fizéramos, (fizéreis), fizeram**.
Futuro semplice: **farei, farás, fará, faremos, (fareis), farão**.
– Condizionale
Presente: **faria, farias, faria, faríamos, (faríeis), fariam**.
– Congiuntivo
Presente: **faça, faças, faça, façamos, (façais), façam**.
Imperfetto: **fizesse** ecc.
Futuro: **fizer** ecc.
– Participio passato: **feito**.
– Gerundio presente: **fazendo**.
Allo stesso modo: **contrafazer**, *imitare, contraffare*; **desfazer**, *disfare*; **satisfazer**, *soddisfare*.

Perder, *perdere*
– Indicativo
Presente: **perco, perdes, perde, perdemos, (perdeis), perdem**.
– Congiuntivo
Presente: **perca, percas, perca, percamos, (percais), percam**.

Poder, *potere*
– Indicativo
Presente: **posso, podes, pode, podemos, (podeis), podem**.
Passato remoto: **pude, pudeste, pôde, pudemos, (pudestes), puderam**.
Trapassato prossimo: **pudera, puderas, pudera, pudéramos, (pudéreis), puderam**.
– Congiuntivo
Presente: **possa, possas, possa, possamos** ecc.

Imperfetto: **pudesse** ecc.
Futuro: **puder, puderes, puder, pudermos** ecc.

Querer, *volere, desiderare*
– Indicativo
Presente: **quero, queres, quer, queremos, (quereis), querem**.
Passato remoto: **quis, quiseste, quis, quisemos, (quisestes), quiseram**.
Trapassato prossimo: **quisera, quiseras, quisera, quiséramos, (quiséreis), quiseram**.
– Congiuntivo
Presente: **queira, queiras, queira** ecc.
Imperfetto: **quisesse, quisesses** ecc.
Futuro: **quiser, quiseres, quiser** ecc.

Requerer, *richiedere*
– Indicativo
Presente: **requeiro, requeres, requer** ecc.
Passato remoto: **requeri, requereste, requereu** ecc.
– Congiuntivo
Imperfetto: **requeresse** ecc.
Futuro: **requerer, requereres, requerer** ecc.
(Gli altri tempi si coniugano come **querer**)

Saber, *sapere*
– Indicativo
Presente: **sei, sabes, sabe, sabemos, (sabeis), sabem**.
Passato remoto: **soube, soubeste, soube, soubemos, (soubestes), souberam**.
Trapassato prossimo: **soubera, souberas, soubera, soubéramos, (soubéreis), souberam**.
– Congiuntivo
Presente: **saiba, saibas, saiba, saibamos, (saibais), saibam**.
Imperfetto: **soubesse, soubesses** ecc.
Futuro: **souber, souberes** ecc.

Trazer, *portare*
– Indicativo
Presente: **trago, trazes, traz, trazemos (trazeis), trazem**.

Passato remoto: **trouxe, trouxeste, trouxe, trouxemos** ecc.
Trapassato prossimo: **trouxera, trouxeras, trouxera, trouxéramos** ecc.
Futuro: **trarei, trarás, trará, traremos, (trareis), trarão.**
Condizionale: **traria, trarias, traria, traríamos, (traríeis), trariam.**
– Congiuntivo
Presente: **traga, tragas, traga, tragamos** ecc.
Imperfetto: **trouxesse** ecc.
Futuro: **trouxer** ecc.

Valer, *valere*
– Indicativo
Presente: **valho, vales, vale, valemos, (valeis), valem.**
– Congiuntivo
Presente: **valha, valhas, valha, valhamos, (valhais), valham.**

Ver, *vedere*
– Indicativo
Presente: **vejo, vês, vê, vemos, (vedes), veem.**
Passato remoto: **vi, viste, viu, vimos, (vistes), viram.**
Trapassato prossimo: **vira, viras, vira, víramos, (víreis), viram.**
– Congiuntivo
Presente: **veja, vejas, veja, vejamos, (vejais), vejam.**
Imperfetto: **visse, visses, visse** ecc.
Futuro: **vir, vires, vir, virmos, (virdes), virem.**
Allo stesso modo: **antever**, *prevedere*; **entrever**, *intravedere*; **prever**, *prevedere*; **rever**, *rivedere*.

• Terza coniugazione: in *-ir*

Agredir, *attaccare*
– Indicativo
Presente: **agrido, agrides, agride, agredimos, (agredis), agridem.**
– Congiuntivo
Presente: **agrida, agridas, agrida** ecc.
Allo stesso modo: **prevenir**, *prevenire*; **progredir**, *progredire* e **transgredir**, *trasgredire*.

Dormir, *dormire*
– Indicativo
Presente: **durmo, dormes, dorme, dormimos, (dormis), dormem**.
– Congiuntivo
Presente: **durma, durmas, durma, durmamos, (durmais), durmam**.
Allo stesso modo: **cobrir**, *coprire*; **encobrir**, *nascondere*; **descobrir**, *scoprire*; **abolir**, *abolire*; **demolir**, *demolire*.

Ferir, *ferire*
– Indicativo
Presente: **firo, feres, fere, ferimos, (feris), ferem**.
– Congiuntivo
Presente: **fira, firas, fira, firamos, (firais), firam**.
Allo stesso modo: **conferir**, *conferire*; **preferir**, *preferire*; **transferir**, *trasferire*; **gerir**, *gestire*; **digerir**, *digerire*; **preterir**, *omettere*; **servir**, *servire*; **divertir**, *divertire*; **advertir**, *avvisare*; **refletir**, *riflettere*; **repetir**, *ripetere*; **seguir**, *seguire*; **perseguir**, *perseguire*; **prosseguir**, *proseguire*; **compelir**, *forzare*; **vestir**, *vestire*; **revestir**, *rivestire*.

Fugir, *fuggire*
– Indicativo
Presente: **fujo, foges, foge, fugimos, (fugis), fogem**.
– Congiuntivo
Presente: **fuja, fujas, fuja, fujamos** ecc.

Ir, *andare*
– Indicativo
Presente: **vou, vais, vai, vamos, (ides), vão**.
Imperfetto: **ia, ias, ia, íamos, (íeis), iam**.
Passato remoto: **fui, foste, foi, fomos, (fostes), foram**.
Futuro semplice: **irei, irás, irá, iremos, (ireis), irão**.
– Condizionale
Presente: **iria, irias, iria, iríamos, (iríeis), iriam**.
– Congiuntivo
Presente: **vá, vás, vá, vamos, (vades), vão**.
Imperfetto: **fosse, fosses, fosse** ecc.
Futuro: **for, fores, for** ecc.
– Imperativo aff.: **vai (tu), vamos (nós), ide (vós), vão (vocês)**.

– Gerundio presente: **indo**.
– Participio passato: **ido**.

Ouvir, *sentire / ascoltare*
– Indicativo
Presente: **ouço** (o **oiço**), **ouves, ouve, ouvimos, (ouvis), ouvem**.
– Congiuntivo
Presente: **ouça, ouças** (o **oiça, oiças**) ecc.

Pedir, *chiedere*
– Indicativo
Presente: **peço, pedes, pede, pedimos, (pedis), pedem**.
– Congiuntivo
Presente: **peça, peças, peça** ecc.
Allo stesso modo: **medir**, *misurare*; **despedir**, *congedarsi*; **expedir**, *spedire*; **impedir**, *impedire*.

Rir, *ridere*
– Indicativo
Presente: **rio, ris, ri, rimos, (rides), riem**.
– Congiuntivo
Presente: **ria, rias, ria, ríamos** ecc.
Allo stesso modo: **sorrir**, *sorridere*.

Sentir, *sentire*
– Indicativo
Presente: **sinto, sentes, sente, sentimos, (sentis), sentem**.
– Congiuntivo
Presente: **sinta, sintas, sinta, sintamos, (sintais), sintam**.
Allo stesso modo: **ressentir**, *risentire*; **assentir**, *assentire*; **consentir**, *consentire*; **mentir**, *mentire*; **desmentir**, *smentire*.

Vir, *venire*
– Indicativo
Presente: **venho, vens, vem, vimos, (vindes), vêm**.
Imperfetto: **vinha, vinhas, vinha, vínhamos, (vínhais), vinham**.
Passato remoto: **vim, vieste, veio, viemos, (viestes), vieram**.
Trapassato prossimo: **viera, vieras, viera, viéramos, (viéreis), vieram**.

– Congiuntivo
Presente: **venha, venhas, venha, venhamos, (venhais), venham**.
Imperfetto: **viesse, viesses, viesse, viéssemos, (viésseis), viessem**.
Futuro: **vier, vieres, vier, viermos, (vierdes), vierem**.
– Gerundio presente e participio passato: **vindo**.
Allo stesso modo: **advir**, *sopraggiungere*; **convir**, *convenire*; **intervir**, *intervenire*.

Pôr, *mettere*
– Indicativo
Presente: **ponho, pões, põe, pomos, (pondes), põem**.
Imperfetto: **punha, punhas, punha, púnhamos, (púnheis), punham**.
Passato remoto: **pus, puseste, pôs, pusemos, (pusestes), puseram**.
Trapassato prossimo: **pusera, puseras, pusera, puséramos, (puséreis), puseram**.
– Congiuntivo
Presente: **ponha, ponhas, ponha, ponhamos, (ponhais), ponham**.
Imperfetto: **pusesse, pusesses** ecc.
Futuro: **puser** ecc.
– Gerundio presente: **pondo**.
– Participio passato: **posto**.
Allo stesso modo si coniugano i seguenti verbi composti: **antepor**, *anteporre*; **compor**, *comporre*; **contrapor**, *opporre*; **depor**, *deporre*; **dispor**, *disporre*; **expor**, *esporre*; **impor**, *imporre*; **indispor**, *indisporre*; **interpor**, *interporre*; **opor**, *opporre*; **propor**, *proporre;* **supor**, *supporre*; **transpor**, *trasporre*.

10 Contare

10.1 I numerali cardinali

Promemoria: in fondo a ogni pagina del libro potete trovare i numeri cardinali scritti per esteso.
Attenzione, alcuni sono variabili in genere:
– **1 um / uma**;
– **2 dois / duas**;
– le centinaia, a partire da **200** (**duzentos / duzentas** ecc.).

Per i numeri composti, si usa la preposizione **e**: **38 trinta e oito**, **228 duzentos e vinte e oito** ecc.

100, da solo o quando precede un sostantivo, si dice **cem**. Da **100** a **199**: **cento** (invariabile) **e** + numero desiderato: **101 cento e um** ecc.

200	duzentos/as	600	seiscentos/as
300	trezentos/as	700	setecentos/as
400	quatrocentos/as	800	oitocentos/as
500	quinhentos/as	900	novecentos/as

1000 mil è invariabile (**dois mil**, **dez mil** ecc.); sugli assegni bancari spesso si aggiunge **um**: **um mil**. Per formare i suoi composti, se le centinaia terminano con 00 si usa **e** (**1500 mil e quinhentos**), altrimenti non si usa la congiunzione (**1932 mil novecentos e trinta e dois**).

migliaio/a   **milhar / milhares**
milione/i   **milhão / milhões**
miliardo/i   **bilião (o bilhão) / biliões (o bilhões)**
1.000.000, 2.000.000… **um milhão**, **dois milhões**… ecc.
1.000.000.000, 2.000.000.000… **um bilião**, **dois biliões**… ecc.

10.2 I numerali ordinali

Come sapete, abbiamo indicato i numeri ordinali a fianco del titolo di ogni lezione (quindi dalla 1ª alla 100ª). Qui sotto ne troverete altri, al maschile singolare. Non dimenticatevi che tutti gli ordinali sono variabili in genere (maschile/femminile) e in numero (singolare/plurale): **primeiro(s) exercício(s)**, *primo/i esercizio/i* / **primeira(s) aula(s)**, *prima/e lezione/i*.

100°	**centésimo**
101°	**centésimo primeiro**
102°	**centésimo segundo** ecc.
200°	**duocentésimo**
300°	**tricentésimo**
400°	**quatrocentésimo**
500°	**cincocentésimo**

600°	seiscentésimo
700°	setecentésimo
800°	oitocentésimo
900°	novecentésimo
1000°	milésimo
2000°	dois milésimo
milionesimo	milionésimo
miliardesimo	bilionésimo

10.3 Le quattro operazioni

+	mais
−	menos
×	vezes
÷	a dividir por
=	igual a

10.4 Le frazioni

1/2	meio (metade)
1/3	um terço

Le altre si formano con i numerali ordinali:

1/4	um quarto
1/5	um quinto
1/8	um oitavo
1/10	um décimo ecc.

10.5 Percentuali, pesi e misure

Le **percentagens**, *percentuali*, si formano con **por cento**:
10% dez por cento; 100% cem por cento.

1 l	um litro
1 cl	um centilitro
1 ml	um mililitro
1 km	um quilómetro

1 m	um metro
1 cm	um centímetro
1 mm	um milímetro
1 k	um quilo
1 t	uma tonelada
uma arroba (= 15 quilos)	

11 Le preposizioni

Ecco un riepilogo delle preposizioni introdotte nel metodo:

a	*a*
à frente de	*davanti a*
à volta de	*intorno a*
abaixo de	*sotto*
acima de	*sopra*
além de	*oltre a*
antes de	*prima di*
ao pé de	*vicino a*
apesar de	*nonostante*
até	*fino a*
atrás de	*dietro a*
através de	*attraverso*
cerca de	*circa, vicino a, nelle vicinanze di*
com	*con*
como	*come*
consoante	*a seconda di*
contra	*contro*
de	*di*
debaixo de	*sotto*
depois de	*dopo*
desde	*da*
em	*a, in*
em vez de	*al posto di*
en cima de	*su*
para	*per, a*
perto de	*vicino a*

por	attraverso, da, per
por baixo de	sotto
por causa de	a causa di
por cima de	su
por volta de	intorno a, circa (temporale)
sobre	su, circa

12 Paesi e nazionalità

Ecco un piccolo elenco di nazioni con i rispettivi abitanti:

Argélia, *Algeria*
argelino / argelina, *algerino/a*

China, *Cina*
chinês / chinesa, *cinese*

Dinamarca, *Danimarca*
dinamarquês / dinamarquesa, *danese*

Estados Unidos da América, *Stati Uniti d'America*
americano / americana, norte-americano / norte-americana, estadunidense
americano/a, nordamericano/a, statunitense

Hungria, *Ungheria*
húngaro / húngara, *ungherese*

Índia, *India*
indiano / indiana, *indiano/a*

Inglaterra, *Inghilterra*
inglês / inglesa, *inglese*

Japão, *Giappone*
japonês / japonesa, *giapponese*

Polónia, *Polonia*
polaco / polaca, *polacco/a*

Roménia, *Romania*
romeno / romena, *romeno/a*

Rússia, *Russia*
russo / russa, *russo/a*

Suécia, *Svezia*
sueco / sueca, *svedese*

Indice grammaticale e lessicale

Il primo numero si riferisce alla lezione, il secondo al numero della nota o, per le lezioni di ripasso, al relativo paragrafo. La sigla AG sta per Appendice grammaticale. Le lezioni di ripasso sono segnalate in grassetto.

Accento grafico **7,1**; 9,7; 40,6

~ tonico **7,1**; 9,7

Aggettivi qualificativi **7,3**; 8,9; **14,3**; 62,6

Andar a o **estar a**? 18,7

Articoli 6,2; **7,2**; 16,7; 16,9; 36,1; 65,1; AG,§1

Augurio (esprimere un ~) 55,4; 80,3; 89,1

Avverbi di frequenza 85,2

~ di modo 33,2; 46,3

~ di luogo 11,3; **35,5**; 36,3; 69,2

~ di quantità 10,3; 11,2; 99,1

Colori 94,7

Comparativo **14,3**; 43,1; **91,5**

Concordanza dei tempi 54,5; 54,7; **56,1**; **56,2**; **63,6**; 66,2; 67,1; 67,2; 83,2

Congiunzioni **35,6**; AG,§8

Coniugazioni:

Acabar de 25,3; 55,3

- Condizionale (tradurre le proposizioni condizionali) 50,6; 54,5; 54,7; 76,5; **84,3**

- Condizionale portoghese, uso 60,4; 62,3; coniugazioni 60,1; **63,3**; AG,§9

- Indicativo:

Futuro semplice, uso 44,2; 46,8; **49,1**; 58,2; 83,1; 87,7; coniugazioni **49,1**; **63,2**; **63,7**; AG,§9

Futuro anteriore **63,4**

Imperfetto, uso 29,1; 50,6; coniugazioni **35,1**; AG,§9

Participio passato 31,2; 34,1; **63,5**; AG,§9

Passato prossimo (**Pretérito perfeito composto**), uso 38,6; 40,1; **42,3**; 82,1; coniugazioni 40,3; **42,3**; **77,5**

Passato remoto (**Pretérito perfeito simples**), uso 59,1; 60,2; coniugazioni **28,2**; **63,1**; **70,1**; AG,§9

Presente, coniugazione dei verbi regolari **14,9.2**; 16,3; AG,§9

Presente, coniugazione dei verbi irregolari **14,9.3**; **21,2**; **21,3**; **28,1**; **42,1**; **77,1**; AG,§9

Trapassato prossimo forma composta, uso **35,4**; **56,3**; coniugazioni 31,2; **56,3**

Trapassato prossimo forma semplice, uso 79,4; coniugazioni **84,2**; AG,§9

- Imperativo 38,1; **42,2**; 44,6; 77,2; AG,§9

- Congiuntivo:

Futuro, uso e coniugazioni 43,2; 45,1; **49,2**; **70,3**; AG,§9

Imperfetto, uso e coniugazioni 50,6; **56,1**; **63,6**; **70,2**; AG,§9

Passato, uso e coniugazioni **70,1**

Presente, uso **84,1**; 92,2; coniugazioni 44,1; **49,3**; **63,6**; **84,1**; AG,§9

Trapassato, uso e coniugazioni **56,2**

- Congiuntivo (uso obbligatorio) 61,2; **70,2**; 87,2; **91,1**; 96,4

Coniugazioni pronominali **21,4**; **70,4** (v. anche *Pronomi riflessivi*)

Dare del Lei 1,1; 1,3; 16,8

Data (esprimere la ~) 17,2; 17,3; 73,2

Dimostrativi 6,2; 12,1; 12,2; 12,5; **14,6**; 50,2; AG,§4

Domanda 2,2; 54,1

Dovere e obbligo 11,4; 22,8

Forme contratte 2,1; 2,5; 6,1; 23,2; 29,8; 72,7; 80,5; AG,§1

Formule di cortesia 3,3; 5,2; 5,3; **14,1**; 64,3; 72,1

Genere delle parole **7,3**; 91,3; **98,1**

Gerundio 25,5; 29,7; **35,3**; 61,1; **77,3**

Giorni della settimana **21,6**

Haver de 58,2; **63,7**; 68,3

Indefiniti 19,2; 26,8; **28,4**; 72,7; 81,1; AG,§5

Infinito 41,2; 57,5; **77,4**

Infinito personale 30,2; **35,2**; 69,3; 69,4; **70,4**; 72,1; 90,4

Mesi dell'anno **21,6**

Negazione **7,7**; 18,6; 46,5; 48,3; 87,6; 93,3

Numeri AG,§10

Ora (esprimere l'~) 3,2; 29,3

Ottativo (Futuro ~) **63,7**

Participio passato, v. *Coniugazioni*

Participio presente 5,10

Plurale **7,4**; **14,4**; 27,7; 60,3; **91,4**

Possessivi 10,4; **14,5**; 72,5; 86,6; **98,2**; AG,§3

Possibilità (esprimere una ~) 52,2; 64,2; 66,7; 89,4

Preposizioni 4,7; 17,5; 20,6; 38,4; 50,3; 52,6; AG,§11

Presente progressivo (*stare* + verbo al gerundio) 15,1

Pronomi interrogativi **14,7**; 31,4; AG,§7

~ personali complemento (lista dei ~) **14,2**; **21,5**; AG,§2

~ personali complemento (collocazione dei ~) 15,6; 18,9; **42,4**; 57,2; 58,3; **70,4**; **91,2**

~ personali complemento (modifiche subite dai ~) **42,4** ; **84,5**

~ personali soggetto 1,5; 2,6; 8,2; **14,2**; 15,8; AG,§2

~ personali di compagnia **42,5**; AG,§2

~ riflessivi (lista dei ~) **14,2**; 94,2; AG,§2

quatrocentos e quarenta e dois

~ (posizione dei ~) 5,7; 45,3; **77,5**

~ relativi AG,§6

Risposta a una domanda 5,5; 16,2; 66,2

Saluti 5,1; 9,1

Ser e **estar** 4,4; **7,6**; **7,7**

Stagioni 17,4

Superlativo **91,5**

Tempo (condizioni meteorologiche) **14,8**; 25,7; 41,3
~ (espressioni di ~) 20,6; 24,5; 24,7; 32,2; 94,6

Verbi impersonali 15,2; 16,10; **84,1**; 86,3; **91,1**

~ pronominali, v. *Coniugazioni pronominali* e *Pronomi riflessivi*

Voce passiva 60,1; 69,4; 73,5; 76,4; 78,1

Bibliografia

Ecco una selezione di strumenti per completare il vostro apprendimento del portoghese.

Dizionari e grammatiche

- *O dicionário português - Dizionario portoghese-italiano/italiano-portoghese,* Porto Editora/Zanichelli, Bologna, 2010.
- *O Dicionário da Língua Portuguesa,* Porto Editora, Porto, 2018 (edizione aggiornata con tutte le parole pre- e post Accordo ortografico).
- Cuesta (P. V.) & da Luz (M. A. M.), *Gramática da Lingua Portuguesa*, Edições 70, Lisbona, 1971.

Storia della lingua

- Castro (I.), *Storia della lingua portoghese*, Bulzoni Editore, Roma, 2006.

Storia della letteratura

- Saraiva (A. J.) & Lopes (O.), *História da Literatura Portuguesa*, Porto Editora, Porto, 1955.

Letteratura

- Camões (L. de), *Os Lusíadas*, A. J. Saraiva (ed.), Figueirinhas, Porto, 1979.
- Camões (L. de), *Obras completas*, Hernâni Cidade (ed.), Livraria Sá Da Costa, Lisbona, coll. Clássicos Sá da Costa, 1946-1947.
- *Dicionário de Fernando Pessoa e do modernismo português*, F. Cabral Martins e al. (ed.), Caminho, Lisbona, 2008.
- Pessoa (F.), *O Livro do Desassossego de Bernardo Soares*, T. Sobral Cunha (ed.), Presença, Queluz de Baixo, 1990.
- Pessoa (F.), *Mensagem*, Porto Editora, Porto, 2015.
- Pessoa (F.), *Poemas Completos de Alberto Caeiro*, T. Sobral Cunha (ed.), Presença, Queluz de Baixo, 1994.

- SARAMAGO (J.), *O ano da morte de Ricardo Reis*, Porto Editora, Porto, 2018.
- VICENTE (G.) (c.1465-1536), *Teatro de Gil Vicente*, A. J. Saraiva (ed.), coll. Antologias Universais, 2, Portugália Editora, Lisboa, 1968 (4ª edizione).
- VICENTE (G.), *Trilogia delle Barche*, Giulio Einaudi Editore, Torino, 1992.

A proposito di Gil Vicente, citiamo anche *Do essencial e do supérfluo, estudo lexical do traje e dos adornos em Gil Vicente*, di Maria José Palla, Estampa, Lisboa, 1992 (2ª ed. 1997).

- LOPES (T. R.), *Fernando Pessoa e o drama simbolista: herança e criação*, Fundação Calouste Gulbenkian-Centro Cultural Português, Lisboa, 1977.
- SÁ-CARNEIRO (M. de), *Poemas Completos*, Assírio & Alvim, Porto, 2001.

Tra i nomi di spicco del XIX secolo, vogliamo ricordare Camilo Castelo Branco, rappresentante del movimento romantico, e José Maria Eça de Queiroz, autore realista.

La vicenda del celebre *Amor de Perdição* (definito da Miguel de Unamuno come "la storia d'amore più intensa e profonda che sia stata scritta nella penisola iberica"), di Castelo Branco, è stata trasposta in quattro lungometraggi, il più famoso dei quali è di Manoel de Oliveira (Porto, 1978). Un altro classico dello stesso autore, *Os Mistérios de Lisboa* (*Misteri di Lisbona*) (Porto, 1854), è stato adattato per il cinema con successo, sia da De Oliveira che più recentemente da Raúl Ruiz.

Del secondo, ambasciatore in Francia per un lungo periodo, *O primo Basílio* (Porto, Livraria Chardron, 1878), è stato paragonato a *Madame Bovary*.

- *A cidade e as serras* ("La città e le montagne"), (Porto, Livraria Chardron, 1901), è un bell'omaggio al Portogallo.

Tra i numerosi poeti del Novecento, bisogna citare Mário Cesariny de Vasconcelos, rappresentante del surrealismo, e Herberto Helder, (*Poesia Toda*, Plátano Editora, Lisboa, 1973, 2 voll.).

Di Cesariny, le opere più rappresentative forse sono *Louvor e simplificação de Álvaro de Campos* (1953), il *Manual de Prestigiditação* (1956) o ancora *Pena Capital* (1957). È disponibile un'antologia di questo autore, a cura della casa editrice portoghese Assírio & Alvim.

Articoli

- LOPES (T. R.), *"Fernando Pessoa e Mário de Sá-Carneiro: itinerário de um percurso estético iniciado em comum"*, in *Colóquio*, 48, Lisbona, aprile 1968.

- LOPES (T. R.), *"Pessoa, Sá-Carneiro e as três dimensões do sensacionismo"*, in *Coloquio/Letras*, 4, Lisbona, dicembre 1971.

Film

- *Conversa Acabada* (*Conversazione conclusa*) di João Botelho, Lisbona, 1982 (sull'amicizia fra i due scrittori Fernando Pessoa e Mário de Sá-Carneiro).

Locuzioni ed espressioni portoghesi

I numeri che seguono la traduzione italiana rimandano al numero della lezione in cui si trova l'espressione.

Portoghese	Italiano	Lezione
Agora é que vão ser elas!	Il bello deve ancora venire!	95
Ali vem o António.	Ecco António.	60
Aqui há gato.	Gatta ci cova.	94
Assim é que é!	Bravo!	82
Basta!	Basta!	89
Calcula que…	Figurati che…	32
Claro!	Certo!	10
Como assim?	Come sarebbe?	32
Como estás?	Come stai?	22
Conta lá!	Raccontami, dai!	86
Credo!	Mio Dio!	44
Dá-me licença?	Posso?	38
Deixa-te de fitas!	Smettila di fare scenate!	23, 89
Desculpe	Mi scusi	2
É verdade.	È vero.	4
Ena, pá!	Capperi!	54
Era uma vez…	C'era una volta…	29
Está?	Pronto? (al telefono)	24
Está bom / mau tempo.	Fa bello / brutto.	13
Está calor / frio.	Fa caldo / freddo.	13, 14
Está sol.	C'è il sole.	13, 14
Está escuro.	È buio.	26
Estás a brincar!	Stai scherzando!	11
Esteja calado!	Stia zitto!	47
Estou cheio de fome.	Ho una fame da morire.	20
Estou farto!	Sono stufo!	38
Faz favor de…	Prego…	5
Isso é conversa!	Tutte chiacchiere!	18
Isso é o que tu julgas.	È quello che pensi tu.	54
Já vou na / no…	Ormai sono a…	23
Lagarto, lagarto!	Che Dio me ne scampi!	52
Não és nada exagerado!	Non essere esagerato!	50
Não faz mal.	Non fa niente.	15

Português	Italiano	Página
Não me fales nisso! / Nem me fales!	Non me ne parlare!	93, 86
Nem pensar.	Neanche per sogno.	47
Ó homem!	Vecchio mio!	50
O que é que se passa com ele?	Cosa gli succede?	60
Ora aqui está / estão…	Ecco qua…	51
Pronto!	Ecco!	36
Que maçada! / Que chatice!	Che seccatura! / Che barba!	37, 87
Que deseja? / Faz favor de dizer?	Cosa desidera? (attività commerciali)	1, 8
Que é feito de…?	Che fine ha fatto…?	92
Que raio de mania!	Che razza di mania!	16
Que dia é hoje? / Em que dia estamos?	Che giorno è oggi?	17
Quem diria…	Chi l'avrebbe detto…	62
Quem fala?	Chi parla?	24
Quem me dera…	Quanto mi piacerebbe…! / Magari…!	80
Sai-se com boas.	Se ne esce con delle belle trovate.	68
Santinho / Santinha!	Salute!	22
Tanto faz.	Fa lo stesso.	39
Toma cuidado!	Fai attenzione!	18
Tomara eu!	Certo che mi piacerebbe! / Magari!	89
Vai à fava!	Va' a farti friggere!	94
Vai passear!	Va' a farti un giro!	94
Vamos embora?	Ce ne andiamo? / Andiamo via?	37

Lessico portoghese-italiano

Elenco delle abbreviazioni utilizzate		
(agg.) aggettivo	(inf.) infinito	(pron.) pronome
(avv.) avverbio	(inv.) invariabile	(sing.) singolare
(cong.) congiunzione	(m.) maschile	(v.) verbo
(f.) femminile	(plur.) plurale	(AG) appendice grammaticale
(fam.) familiare	(prep.) preposizione	

A

à (= a + a) — alla 3
a (art.) — la 2, 7
a (dimostrativo) — quella 50
a (pron. personale) — la 15
a (prep.) — a 4
a não ser que — a meno che 96
abaixo — sotto 33; al di sotto 35
abandonar — abbandonare 59
abastado/a — agiato/a 78
abater-se — abbattersi 58
aberto/a — aperto/a 97
abrigar-se — ripararsi 43
abril — aprile 17
absolutamente — assolutamente 46
acabar de — avere/essere appena 25; finire 72
academia — accademia 97
acalmar — calmare 59
ação — azione 79
acaso (ao ~) — per caso 90
aceitar — accettare 78
acelerar — accelerare 96
acender-se — accendersi 97
acessível — accessibile 9
achar — trovare 13; credere 64
acima — sopra 35, 41
acompanhar — accompagnare 79
aconselhável — raccomandabile 30
acontecer — succedere 20, 22, 54, 86
acontecimento — avvenimento 51
acordar — svegliarsi 19

acordo (de ~ com)	d'accordo con 99
acordo (de ~)	d'accordo 83
acreditar	credere 61
acrescentar	aggiungere 69
açúcar	zucchero 41
açucareiro (m.)	zuccheriera 55
acudir	soccorrere 77
adeus	addio 100
adiante	davanti 65
adolescente	adolescente 88
adorar	piacere (amare, adorare) 90
adormecer	addormentarsi 19, 20
advogado/a	avvocato/a 76
aeroporto	aeroporto 72
afabilidade	affabilità 78
afável	affabile 85
afinal	finalmente 41
aflição	afflizione 58
afogado/a	affogato/a 59
afogar-se	affogare 18
África	Africa 100
agora	adesso 3
agora (até ~)	adesso, fino ad ora 38
agora (de ~ em diante)	d'ora in poi 95
agora mesmo	proprio adesso 55
agosto	agosto 17
agouro	malaugurio 44
agradável	gradevole 80
agradecer	ringraziare 16
água	acqua 6, 18
água-furtada	soffitta 97
aguentar	farcela, sopportare 61
aí	lì 12
ai!	ahi! 94
ainda	ancora 22, 31, 32
ainda bem	meno male 67
ainda não	ancora no 51
ainda por cima	per giunta 19
ajudar	aiutare 10
aldeia (f.)	paesino 58; villaggio 96
alegre	allegro/a 33
alegremente	allegramente 33
além	oltre 11
além de	non solo 100; oltre a (AG)
além disso	oltre a ciò 90
alemão/alemã	tedesco/a 34

alguém	qualcuno 24
algum/a	qualche 26, 27, 28
alguma coisa	qualcosa 55
alguns	alcuni 85
ali	là 11
alívio	sollievo 16
almoçar	pranzare 20
almoço	pranzo 20
alto/a	alto/a 54
altura (f.)	momento 81
aluno/a	allievo/a 46, 47
amanhã	domani 45
amar	amare 6, 59
amarelo/a	giallo/a 26
amassar	impastare 95
amável	amabile 9
ambos (agg.)	entrambi 80
ambulância	ambulanza 75
amêijoa	vongola 69
América	America 100
americano/a	americano/a 25
amigo/a (agg.)	amico/a 60
amigo/a (sost.)	amico/a 16, 25
amor	amore 36
ananás	ananas 8
anarquista	anarchico/a 91
andar (a pé) (v.)	camminare 4, 11
andar (sost.)	piano 26
andar de (+ mezzo di trasporto)	andare in 4, 62
andar de bicicleta	andare in bicicletta 18
andorinha	rondine 83
anedota	barzelletta 85
anel	anello 34
anfitrião	ospite (anfitrione) 79
animal	animale 52
ano	anno 9, 17, 72
ano letivo	anno scolastico 46
anoitecer	farsi sera 97
anoitecer (sost.)	dopo il tramonto 94
ansiedade	angoscia 97
anteontem	altro ieri (l'~) 31
antes	prima 69; piuttosto 76
antigo/a	antico/a 2
antiguidade	oggetto antico, antichità 55
anular	annullare 89
anunciar	annunciare 78

anúncio	annuncio 57
ao (+ inf.)	quando + imperfetto o gerundio 29
apanhar	prendere (+ mezzo di trasporto) 43, 44
apartamento	appartamento 78
apelido	cognome 5
apenas	solo 54
apesar de	nonostante 30
apetecer	avere voglia di 20
apetite	appetito 20
apontar	puntare (arma) 72
após	dopo 72, 74
aposta	scommessa 68
aposta (fazer uma ~)	scommettere 68
apostar	scommettere 68
apreciar	apprezzare 13
aprender	imparare 18
apresentar	presentare 80
apressado/a	affrettato/a 32
aproximar-se	avvicinarsi 86
aquário	acquario 52
aquecer	riscaldare 69
aquele/a	quel o quello/a 12, 14
aqui	qui 7, 11, 12
aqui está/estão...	ecco... 41
aqui tem...	ecco... 26
aquilo	quello 56
ar (m.)	aria 19, 51
árabe (agg.)	arabo/a 100
arame	filo di ferro 94
arames (ir aos ~)	perdere le staffe 94
areia	sabbia 69
armazém	magazzino 26
arquipélago	arcipelago 100
arranhadura (f.)	graffio 88
arranjar	trovare 4, 57; riparare 87
arrastar	trascinare 61
arrefecer	raffreddare 97; raffreddarsi 97
arriscar	rischiare 72
arriscar-se	rischiare di 72
arroz	riso 41, 69
arrumar	risolvere, sistemare 26
artista	artista 53
árvore (f.)	albero 19
às	alle 3
as (art.)	le 2
Ásia	Asia 100

asneira	stupidaggine 45
aspeto	aspetto 51
aspeto (estar com mau ~)	essere mal ridotto/a (avere una brutta cera) 86
assado	arrosto 39
assim	così 13, 15,18
assim que	non appena 30
assim tão + agg.	così, così tanto 13, 23
assinatura	firma 16
assistir	assistere 18
assombrado/a	stregato/a 60
assunto	argomento 61
atalho (m.)	scorciatoia 82, 96
ataque	attacco 69
até	fino 11; persino 18
até que	finché 68
atenção	attenzione 47
aterrar	atterrare 72
ator	attore 89
atrás	dietro 29
atrasado/a	in ritardo 11; tardi 20
atrasado/a (estar ~)	essere in ritardo 11
atraso	ritardo 11, 20
atraso (ter um ~)	essere in ritardo 11
através	attraverso 82
atravessar	attraversare 54
atrever-se	azzardarsi 89
atriz	attrice 89
aula	lezione 9
autêntico/a	vero/a e proprio/a, autentico/a 44, 55
autocarro	autobus, bus 4
autoestrada	autostrada 96
automóvel (m.)	macchina 54
autónomo/a	autonomo/a 100
autor	autore 91
autora	autrice 91
avançar	avanzare 23
avariado/a	in panne 87
ave (f.)	uccello 29
aventura	avventura 27
aviador/a	aviatore/trice 83
avião	aereo 4
avistar	vedere (avvistare) 96
avô	nonno 67
avó	nonna 67
avós	nonni, avi 68

azar (m.)	sfortuna 32
azar (dar ~)	portare sfortuna 32
azeite	olio d'oliva 39
azul	blu 90

B

bacalhau	baccalà 39
baía	baia 65
baile	ballo 80
bairro	quartiere 76
baixar	chinare, abbassare 79
baixo	basso 35
baixo (de ~)	di sotto 33; sotto, al di sotto 35
baixo (em ~)	in basso, sotto 33, 35
baixo (para ~)	giù 35
baixo (por ~)	sotto 33
balcão	balcone 36; banco (bar) 41
baleeira	scialuppa di salvataggio 80
bamba (agg., f.)	traballante 95
banda	riva 60
banho	bagno 26
bar	bar 23
barão	barone 98
barato/a	economico/a 55
barba	barba 20
barca	barca 80
barcaça	chiatta 80
barco (m.)	barca 54, 58, 80; nave 80
barco à vela	barca a vela 80
barco costeiro	nave da cabotaggio 80
barco de cruzeiro	nave da crociera 80
baronesa	baronessa 98
barulho	chiasso 19; rumore 61
bastar	bastare 16
batata	patata 19
batatas fritas	patate fritte 19
bater	bussare 74; battere 94
bateria	batteria 81
bêbedo/a	ubriaco/a 33
beber	bere 6, 8, 14, 28, 35, 42, 49, 56
bebida	bevanda 23
beco	vicolo cieco 96
beicinho (estar preso/a pelo ~)	essere innamorato/a 95
beicinho (fazer ~)	fare il broncio 95
beiço	labbro 95
beleza	bellezza 82

belo/a	bello/a 32, 78
bem	bene 1
besta (sost., f.)	idiota 72
bica (f.)	espresso 41
bica cheia (f.)	caffè lungo 41
bicho (m.)	animale, bestia 29
bicicleta	bicicletta 18
bife (m.)	bistecca 19
bigode (sing.)	baffi 53
bilhete	biglietto 12, 31, 36
blusa	camicetta 34
boa noite!	buonanotte!, buona sera! 5
boa tarde!	buongiorno! (di pomeriggio) 5
boca	bocca 95
bocado	pezzo 51
bocado (um ~)	un po' 34
bóia (f.)	salvagente 18
boiar	galleggiare 75
bola	palla 92
bola (f.) de berlim	bombolone 41
bolo (m.)	torta 8
bom/boa	buono/a 1
bom dia!	buongiorno! 1
bombeiro	pompiere 58
bonança	bonaccia 48
bonança	calma (sost.) 48
bonito/a	bello/a 2, 15
borboleta	farfalla 48
bordado	ricamo 55
bordo (a ~)	a bordo 72
bosque	bosco 29
botão	bottone 57
bote	battello (a remi o a vela) 80
botija	bottiglia 95
braço	braccio 10
branco/a	bianco/a 26
brando/a	lento/a 69
brasa	brace 95
Brasil	Brasile 15
bravo	agitato (mare) 18
breve (em ~)	presto 96
brilhar	brillare 48
brincar	scherzare 11; giocare 11, 47, 92
brincar (estar a ~)	scherzare 45, 88
brinco	orecchino 34
brindar	brindare 46

quatrocentos e cinquenta e seis

brinde	regalo 46
brinde (fazer um ~)	fare un brindisi 46
brinquedo	giocattolo 87
broca (f.)	trapano 61
bruxa	strega 29
bulir	smuovere 77
burguês/esa	borghese 91
busca	cerca 73
bússola	bussola 82

C

cá	qui 47, 53
cabana	capanna 29
cabeça	testa 5
cabelos	capelli 29
cabelos (pôr os ~ em pé)	far rizzare i capelli 29
cabine	cabina 26
cabine de pilotagem	cabina di pilotaggio 72
Cabo Verde	Capo Verde 100
cábula (agg., fam.)	scansafatiche, fannullone/a 81
cacau	cacao 7
cacilheiro	traghetto che collega le due rive del Tago alla foce (Lisbona-Cacilhas) 54
cada	ogni, certo/a/i/e 68, 81
cadeia	prigione 72
cadela	cagna 98
caderneta (f.)	blocchetto 64
café	caffè 8
cair	cadere 41, 59
cais (m.)	banchina 80
cajado	bastone da pastore 94
calado/a	zitto/a 47
calar-se	stare zitto/a 43
calçado/a	calzato/a 23
calcanhar	calcagno 68
calças (f.)	pantaloni 55
calcular	calcolare 32
cálculo	calcolo 93
caldo (m.)	minestra 39
caldo (m.) verde	minestra di cavolo 39
calhar	capitare, succedere 66
calhas (ao ~, fam.)	a caso 90
calma	calma 90
calmamente	con calma 13
calor	caldo (sost.) 13, 18, 75, 98
cama (estar de ~)	essere a letto 22

cama (f.)	letto 22
camarão	gamberetto 55
cambio	cambio 36
caminho	cammino 73, strada 96
camisa	camicia 23
camisola	maglietta 55
campo	campo 88
canção	canzone 97
cansado/a	stanco/a 24
cantar	cantare 48
cantarolar	canticchiare 74
canto	canto 97
cão	cane 91, 93
capaz	capace 90
capital	capitale 2
capitão	capitano 91
cara (f.)	viso 62
caracol (m.)	girella all'uvetta 41
carapau	sugarello 69
caravela	caravella 80
careta	smorfia 15
cargueiro (m.)	nave mercantile 80
carinho (m.)	tenerezza 97
carne	carne 6
carne de vaca	carne di manzo 69, 71
caro/a	caro/a (prezzo) 62
carpinteiro	falegname 76
carregar	caricare 11
carro (m.)	macchina 4, 13
carta	lettera 15
carteiro	postino/a 16
casa	casa 2
casaco (m.)	giacca 34
casal (m.)	coppia 60
casar-se	sposarsi 53
caso	caso 13, 26, 30
castanho	marrone 94
castelo	castello 73
castiçal	candelabro 78
catalão/catalã	catalano/a 91
causa	causa 9
causa (por ~ de)	a causa di 9
cautela (f.)	biglietto della lotteria 32
cavaleiro	cavaliere 70
cavalo	cavallo 11, 86
cebola	cipolla 69

cedo	presto 20, 87
célebre	famoso/a 53
celta	celta 100
cemitério	cimitero 65
cenoura	carota 6
cerca de	verso le (ora) 82; circa (AG)
cérebro	cervello 89
cerimónia	cerimoniosità 79
certamente	certo 83; sicuramente 96
certeza	certezza 16
certeza (com ~)	sicuramente 85, 97
certeza (de ~ que)	di sicuro 43
certeza (ter a ~)	essere sicuro/a 16
certo/a	certo/a 67, 78; giusto/a 96
cerveja	birra 8
céu	cielo 41
chá	tè 8, 43
chamar-se	chiamarsi 5
chapéu	cappello 5
chapinhar	sguazzare 88
chauvinista	sciovinista 100
chegado/a	prossimo/a (parentela) 68
chegar	arrivare 20
cheio/a	pieno/a 20
cheirar	annusare 88
chinês/a	cinese 55
chique	elegante, chic 99
chouriço (m.)	salsiccia 69, 71
chover	piovere 13, 41
chover a potes	piovere a catinelle 54
chumbar	essere bocciato/a 46; non passare un esame 81
chuva	pioggia 13
cidadão/dã	cittadino/a 91
cidade	città 73
cidade universitária	città universitaria 88
científico/a	scientifico/a 93
cientista	scienziato/a 93
cigarra	cicala 99
cigarro (m.)	sigaretta 23
cima	su, sopra 35
cima (de ~)	di sopra 35
cima (em ~)	sopra (con contatto) 29, 35, 41
cima (para ~)	su, in su 35
cima (por ~)	sopra, su (senza contatto) 29
cinema	cinema 17, 25

cinematográfico/a	cinematografico/a 89
cintura	vita 18
cinturão (m.)	cintura 67
cinzento	grigio 94
cisne	cigno 88
claras (às ~)	alla luce del giorno 19
claro/a	chiaro/a 10
cliente	cliente 50
clima	clima 79
cobra (f.)	serpente 52
cobrir	coprire 59, 69, 78
coçar-se	grattarsi 93
coelho	coniglio 5
cofiar	accarezzare 59
coisa	cosa 10
colar (m.)	collana 34
colega	collega 16; compagno/a (di scuola) 92
colher (f.)	cucchiaio 51
colher (v.)	raccogliere 83
colina	collina 73
com	con 6
comboio	treno 11
começar	cominciare 33, 89
comemorar	festeggiare 51
comer	mangiare 6, 63, 70, 84
comida (f.)	cibo 10, 19
comigo	con me 37, 89
como	come 1, 12, 13, 18, 33
comovente	emozionante 73
completamente	completamente 59
complexado/a	complessato/a 85
compra (f.)	acquisto 27
comprar	comprare 8, 16
compreender	capire 15
compreensão	comprensione 85
comprido/a	lungo/a 6
computador	computer 15, 81
concentrado/a	concentrato/a 69
concentrar-se	concentrarsi 15
concerto	concerto 81
confessar	ammettere 65
confortável	confortevole 80
confundir	scambiare, confondere 53
confusão	confusione 86
congelador	congelatore, freezer 50
conhecer	conoscere 65

quatrocentos e sessenta • 460

conjunto	gruppo 81
connosco	con noi 37, 92
conquista	conquista 74
conquistador	conquistatore 100
conquistar	conquistare 73
conseguir	riuscire 16
conselho	consiglio 99
consertar	riparare 85
consigo	con Lei 37, 68
consoante	a seconda di 65, (AG)
constipação (f.)	raffreddore 22
construir	costruire 73
consulta	visita (medica) 3, 40
consultar	consultare 85
consumir	consumare 77
contagioso/a	contagioso/a 22
contar	contare 48, 95; raccontare 70, 75
contigo	con te 25
continuação	continuazione 6
continuar	continuare 58
contra	contro 99
contrariar	contrariare 99
contrário	contrario 19
contrastar	contrastare 73
contrato	contratto 89
contudo	comunque 83
convencer	convincere 30
conversa (meter ~)	mettersi a conversare 65
conversa (sing.)	chiacchiere 18; conversazione 33; chiacchierata 99
convidado/a	invitato/a 33
convidar	invitare 25
convir	convenire 90
convite	invito 78
convosco	con voi 37
cooperante	volontario/a 92
copo	bicchiere 7, 33
cor	colore 74
coração	cuore 70
coragem (f.)	coraggio 18
corda	corda 58
corpo	corpo 7
corredor	corridoio 61
correio (m.)	posta 16
Correios (ir aos ~)	andare alla Posta 16
corrente (f.)	catena 61

correr	correre 11, 25; scorrere (sangue) 100
correspondência (por ~)	per corrispondenza 18
corresponder	corrispondere 81
corretamente	correttamente 46
corrida	corsa 86
cortar	tagliare 69
costa (f.)	litorale, costa 82
costas	spalle 86
costela	costola 86
costumar	essere solito/a 17
costume (como de ~)	come sempre 20
costureiro/a	sarto/a 34
couve (f.)	cavolo 39, 71
couve-flor (f.)	cavolfiore 39
cozedura	cottura 69
cozer	cuocere 69
cozido (ovo ~)	uovo sodo 83
cozido (sost.)	bollito 71
cozido/a	cotto/a, bollito/a 50
cozinha	cucina 50, 69
cozinhar	cucinare 57
cozinheira	cuoca 79
cozinheiro	cuoco 51
crer	credere 58
crescer	crescere 53
criada (sost.)	cameriera 78
criado (sost.)	barista 23; cameriere 51, 78
criança (f., inv.)	bambino/a 8
cristão/tã	cristiano/a 59
criticar	criticare 89
crítico/a	critico/a 96
cuecas	mutande 91
cuidado	attenzione 18
cuidadosamente	accuratamente 69
cujo/a	di cui 100
culpa	colpa 66
cultura	cultura 100
cunhada	cognata 68
curar-se	curarsi 85
curioso/a	curioso/a 8
curto/a	corto/a 23
custar	costare 40
custar os olhos da cara	costare un occhio della testa 62

D

dado (sost.)	dato 93

daltónico/a	daltonico/a 39
dançar	ballare 74
daqui	da qui 38
dar	dare 13, 18, 41, 70, 87
dar um mergulho	fare un tuffo 18
dar-se a	permettersi 13
de	di 2, 16, 30, 34; in (+ mezzo di trasporto) 4
debaixo	sotto, al di sotto 33, 35
debaixo de	sotto (AG)
débil	fiacco/a 27
decorrer	procedere 78
defeito	difetto 66
deitar	gettare 95
deitar-se	coricarsi 20, 21
deixar	lasciare 19, 22, 26, 32
deixar-se de	smettere di 23
delicadamente	delicatamente 79
demais	troppo 11
demasiado	troppo 11, 19
demora (f.)	ritardo, attesa, indugio 9
demorar	durare, metterci 9, 82
denominar	definire 100
denotar	dimostrare, denotare 83
dente	dente 48
dentro de	in, dentro a 18
depois (avv.)	dopo 16; poi 39
depois de (prep.)	dopo 48
depressa	veloce (avv.) 11
deprimido/a	depresso/a 85
derreter	sciogliere 75
desagradar	dispiacere 85
desagradável	sgradevole 53
desaguar	sfociare 73
desarmar	disarmare 72
desastre	disastro 88
descansar	riposare 17
descendente	discendente 54
descer	scendere 82
descoberta	scoperta 73
descobrimento (m.)	scoperta 66
descobrir	scoprire 66
descolar	decollare 72
desconfiado/a	diffidente 51
desconhecido (sost.)	ignoto 73
desculpa	scusa 29

desculpar	scusare 2, 14, 20
desde (prep.)	da (tempo) 99
desejar	desiderare 1; sperare 84
desejo	desiderio 90
desencanto	disincanto 97
desesperado/a	disperato/a 96
desfazer	disfare 73
desgraçado	poveraccio 50
desleixado/a	sciatto/a 57
desmaiar	svenire 44
despachar-se	sbrigarsi 25
despedir	licenziare 57
despenteado/a	spettinato/a 93
destino (m.)	destinazione 72; meta 73
destruir	distruggere 65
desvantagem (f.)	svantaggio 30
desvio	dirottamento 72; deviazione 96
Deus	Dio 48
devagar	piano (avv.) 11; piano piano 48
dever	dovere 16
devorar	divorare 19
dezembro	dicembre 17
dezena	decina 89
dia	giorno 1, 13, 17; giornata 22
dia (o ~ seguinte)	il giorno dopo 34
diabo	diavolo 86
diáspora	diaspora 100
dicionário	dizionario 46
dieta	dieta 19
diferente	diverso/a 51
difícil	difficile 4
dificuldade	difficoltà 78
digno/a	degno/a 18
dilema	dilemma 91
dinheiro (sing.)	soldi 4, 13
direção	direzione 23, 82
direito (avv.)	direttamente 59
direito (sost.)	diritto 92
dirigir	dirigere 89
dirigir-se	dirigersi 72
disco	disco 90
disco voador	disco volante 90
disparar	sparare 72
disparate (m.)	fesseria 16; stupidaggine 66
disposto/a	disposto/a 81
disso	di ciò, di questo 6

distração	distrazione 40
distraído/a	distratto/a 40
distrair	distrarre 50
ditado	dettato 47; proverbio 48
diversão (f.)	intrattenimento 80
divertido/a	divertente 68
divertir-se	divertirsi 53
dizer	dire 8, 35, 42, 49, 63, 70, 71, 77, 84
doce	dolce (agg.) 80
documento	documento 10
doença	malattia 22
doente	malato/a 5
doer	fare male 94
dois (os ~)	tutti e due 45
domingo (m.)	domenica 17
dono/a	padrone/a 78
dor (f.)	male 5; dolore 74
dormir	dormire 20, 77
dotado/a	dotato/a 91
dourar	dorare 69
doutor	dottore 5
doutora	dottoressa 91, 98
durante (prep.)	durante 17
durar	durare 74
dúvida (f.)	dubbio 34
dúzia	dozzina 27

E

e	e 3, 4, 6
é	è 2
e-mail	e-mail 15
economia	economia 62
efeito	effetto 26
eficaz	efficace 7
ela	lei 1, 14, 15
elas	loro (f.), esse 8, 14
ele	il 1, 14
elefante	elefante 52
elegância	eleganza 19
elegante	elegante 34
elegantemente	elegantemente 23
eles	loro (m.), essi 8, 14
elétrico	tram 4
eletrónico/a	elettronico 15
em	a 1; in 1, 2, 17
emagrecer	dimagrire 19

embaixador/triz	ambasciatore/trice 89
embarcar	imbarcare 54; imbarcarsi 54
embarque	imbarco 72
embirrar com	avercela con 87
embriagado/a	ubriaco/a 33
embrulhar	impacchettare 80
embrulho	pacco 64, 80
emigrante	emigrante 100
empoleirado/a	appollaiato/a 73
empregada/o	domestica/o 57
empregar	impiegare 20
emprego	impiego 72, 74
empresa	azienda 80
emprestar	prestare 67
empurrar	spingere 96
encantado/a	incantato/a 65
encantar	incantare 97
encarnado/a	rosso/a 94
encharcado/a	inzuppato/a 43
encomenda (de ~)	su ordinazione 88
encontrar	trovare 27
encontro	incontro 9
encruzilhada (f.)	incrocio 96
energia	energia 19
enfim	insomma, infine 29
enganado/a (estar ~)	sbagliarsi 32
enganar-se	sbagliarsi 51
engano	sbaglio 50
engenheiro	ingegnere 76
engolir	ingoiare 52
engrenagem (f.)	ingranaggio 98
enjoar	avere la nausea 54
enlouquecer	impazzire 93
enorme	enorme 30, 54
enquanto	mentre 30, 35
ensinar	insegnare 73
então	allora 3
entender	capire 16
entender-se	capirsi 93
entrar	entrare 10
entrechocar-se	scontrarsi 33
entreolhar-se	guardarsi 72
entupir	ostruire, intasare 77
enviar	inviare 90
época	epoca 55
erigir	erigere 73

quatrocentos e sessenta e seis • 466

escada	scala 58
escalar	scalare 82
escândalo (m.)	scenata 59
escapar	scappare 58, 76, 88
escola	scuola 9
esconder-se	nascondersi 29
escondidas (às ~)	di nascosto 19
escravo/a	schiavo/a 73
escrever	scrivere 15, 16
escritório	ufficio 24
escuro/a	scuro/a 26
esfarrapado/a	sbrindellato/a 86
esfíngico/a	enigmatico/a 100
espaço	spazio 90, 97
espaçoso/a	spazioso/a 78
espalhado/a	sparso/a 100
espanhol/a	spagnolo/a 34
espantado/a	spaventato/a 18; imbizzarrito/a (cavallo) 48
espantado/a (ficar ~)	stupirsi 18
espantar	spaventare, far fuggire 48
espantoso/a	spaventoso/a 90
especial	speciale 51
especiaria	spezia 73
espécie	specie 61
espetáculo	spettacolo 87
espera	attesa 4
espera (estar à ~ de)	stare aspettando 50
esperar	aspettare 23
esperar por	aspettare (qualcuno o qualcosa) 23
espirrar	starnutire 22
esplanada	terrazza (di caffé) 41
esquadra (f.)	commissariato 72
esquecer	dimenticare 19
esquecer-se	dimenticarsi 37
esquerda	sinistra 26
esquina (f.)	angolo 71
esquisito/a	strano/a 20
esse/a	codesto/a, quello/a, questo/a 12, 13, 14
estabelecer	stabilire 33
estação	stazione 11; stagione 17
estadia (f.)	soggiorno 65
estar	essere 3, 4, 7, 28, 35, 42, 49, 56, 63, 84
estar a + infinito	stare + gerundio 9, 18
estar em pulgas	essere in ansia 95
este/a	questo/a 12, 14

estender-se	estendersi 96
esteta	esteta 91
estrada	strada 88
estragado/a	guasto/a, avariato/a 87
estrangeiro	straniero (agg.) 1; estero (sost.) 81
estrela	stella 64; star 89
estrela cadente	stella cadente 90
estrelado (ovo ~)	uovo fritto 83
estrelado/a	stellato/a 90
estudar	studiare 1, 70
estudioso/a	studioso/a 100
estúpido/a	stupido (agg.) 72
eu	io 2, 14
euro	euro 36
Europa	Europa 3
europeu/europeia	europeo/a 34
evacuar	evacuare 58
exagerar	esagerare 50
exagero (m.)	esagerazione 65
exame	esame 46, 81
exatamente	esattamente 22
excitar-se	innervosirsi, eccitarsi 90
exclamar	esclamare 59
exemplo	esempio 13
exercer	esercitare 76
exigir	esigere 93
existir	esistere 61
exótico/a	esotico/a 82
experimentar	provare 26
explicar	spiegare 85

F

fábula	favola 99
faca (f.)	coltello 51, 95
façanha	impresa (realizzazione) 73
fácil	facile 4, 10
facto (de ~)	in effetti 13
faculdade	università 78
fado	fado 74
falar	parlare 1, 14, 24, 35, 42, 49, 56, 63, 70, 84
falhar	fallire, mancare, sbagliare 80
falta	assenza 46
faltar	mancare 3, 38; marinare la scuola 46
família	famiglia 22
famoso/a	famoso/a 89

quatrocentos e sessenta e oito · 468

fantasma	fantasma 60
fardado/a	in livrea 78
farinheira	salame affumicato contenente farina 69, 71
farto/a	stufo/a 38; sazio/a 75
fartura	abbondanza 38
fatal	fatale 100
fato	abito 34
fato de banho	costume da bagno 26
fava	fava 94
favas (pagar as ~)	andarci di mezzo 94
favor	favore 3
faz favor	per favore 3, 5, 14; scusi, mi scusi 8, 12; certo 26; prego 64
fazer	fare 4, 9, 14, 28, 36, 49, 63, 77, 84
fazer exames	dare, fare degli esami 81
fé	fede 58, 83
febre	febbre 43
fechado/a	chiuso/a 31
fechar	chiudere, rinchiudere 45
feijão (sing.)	fagioli 69
feio/a	brutto/a 15, 65
feira	fiera 55
feito/a	fatto/a 63; pronto/a 71
felizmente	meno male 93
fera (f.)	animale feroce, belva 45
feriado (sost.)	giorno festivo 88
férias	vacanze 9
ferir	ferire 14
feroz	feroce 52
ferro	ferro 57
ferry	traghetto 54
fértil	fertile 27
fervilhar	essere fervido/a 89
fervura (f.)	bollore 95
festa	festa 33
fevereiro	febbraio 17
fiado/a	comprato/a a credito 48
fiar	vendere a/fare credito 48
fiar-se	fidarsi 48
ficar	essere (trovarsi) 3, 28, 60; stare 3; restare 3, 28; rimanere 18, 22, 28, 48; diventare 22, 28, 33, 34
ficar bem/mal	stare bene/male 26
ficar com	prendere (impossessarsi di qualcosa) 55

ficar doente	ammalarsi 22
ficar enjoado/a	avere il mal di (+ mezzo di trasporto), avere la nausea 54
ficar igual a	essere uguale a 53
fila	fila 36
filete	pesce impanato 69
filho/a	figlio/a 66
filmagens (plur.)	riprese (film) 9
filmar	filmare 89
filme	film 9
filme de terror	film horror 93
fim (a ~ de)	in modo che 83
fim (no ~)	alla fine 83
fim (m.)	fine (sost.) 17
fim da linha	capolinea (bus) 64
fim de semana	fine settimana 17
final (no ~ de contas)	alla fine 80
finalmente	finalmente 32
fingir	fingere 90
fino/a	fine 69
fita (f.)	film 23; nastro 89
fitar	fissare 100
flor (f.)	fiore 29
fogão	fornello 57
fogo	fuoco 65
folclórico/a	folcloristico/a 34
fôlego	fiato 86
fôlego (tomar ~)	prendere fiato 86
folga	giornata libera (dal lavoro) 25
folha	foglia 19
folhagem (f.)	fogliame 98
fome	fame 8
fora	fuori 61
forçar	forzare 87
formal	formale 78
formar-se	diplomarsi 92; formarsi 100
formidável	stupendo/a (formidabile) 90
formiga	formica 99
forno	forno 39, 57
forreta	tirchio/a 62
fortuna	fortuna 32
fotocópia	fotocopia 16
fraco/a	debole 86
fragata	fregata 80
frágil	fragile 27
França	Francia 3

francamente	sinceramente 40
francês/esa	francese 1, 30, 34
franqueza	franchezza 85
frente (à ~)	avanti 36
frente (em ~)	davanti 36
fresco/a	fresco/a 8, 50
frigideira	padella 50
frigir	friggere 50
frigorífico	frigorifero 50
frio (sost.)	freddo 13, 19
fritar	friggere 50
fronteira	frontiera 82
fruta	frutta 8
fruto	frutto 8
fugir	fuggire 29, 77; scappare 94
fumar	fumare 23
fundo	fondo 26
funil	imbuto 27
furioso/a	furioso/a 50
futebol	calcio 92
futuro (sost.)	futuro 100
futuro/a (agg.)	futuro/a 19
fuzil	fucile 27

G

gabardina (f.)	impermeabile 10, 54
gajo	tizio, tipo 86
galão	latte macchiato 41
galinha	gallina 95
Galiza	Galizia 82
ganhar	guadagnare 32, 46
garfo (m.)	forchetta 51
garoto	caffè macchiato 41
garra (f.)	artiglio 29
garrafa	bottiglia 50
garrido/a	sgargiante 74
gasolina	benzina 62
gato	gatto 30
gelado	gelato 8
gelado/a	gelato/a, ghiacciato/a 18; gelido/a 43
gelo	ghiaccio 18; gelo 18
gemido	gemito 61
género	tipo 74
generosidade	generosità 85
génio	genio 73
gente (sing.)	gente 4; tutti (plur.) 29

gente (toda a ~)	tutti 29
girafa	giraffa 52
glória	gloria 73
golfinho	delfino 52
gordo/a	grasso/a 19
gostar de	piacere 4
gosto	gusto 6, 27, 51, 78
GPS	GPS 82
graça (f.)	scherzo 23; grazia 79; divertente (agg.) 85
graça (achar ~)	trovare divertente 85
grama (f.)	grammo 69
grande	grande 1, 34
gravata	cravatta 18
grave	grave 88
graxa (f.)	grasso (lubrificante) 95
grego/a	greco/a 34
grelhado/a	alla griglia 69
gritar	gridare 72
gritaria (f.)	baccano 86
grito	grido 70
grunhir	grugnire 48
guarda-chuva	ombrello 54
guarda-noturno	guardiano notturno 20
guerra	guerra 36, 87
guiar	guidare 37
Guiné-Bissau	Guinea-Bissau 100
guitarra	chitarra 81
guloso/a	goloso/a 8

H

há	c'è/ci sono 4; da (temporale) 50
habilidade	capacità, abilità 30
habitante	abitante 58
hábito (m.)	abitudine 84
habitualmente	abitualmente 17
haver	avere 4, 63, 70
haver de	dovere 68; traduce il futuro ottativo 58, 63
helicóptero	elicottero 58
herdar	ereditare 32
hipódromo	ippodromo 86
história	storia 70
hoje	oggi 17
homem	uomo 23, 58
hora	ora 3

hora de ponta	ora di punta 4
horário	orario 20
horrivelmente	estremamente (terribilmente) 85
horror	orrore 52
horta (f.)	orto 71
hortaliças (f.)	ortaggi 71
hospedeira	hostess 72
hospital	ospedale 3

I

ibero/a	ibero/a 100
ida	andata 71
ideia	idea 15
ideias (mudar de ~)	cambiare idea 41
igual a (ficar ~)	assomigliare a 53
iluminar	illuminare 78
imaginação	immaginazione 89
imbecil	imbecille 72
imediatamente	subito 89
imensas vezes	tantissime volte 85
imenso (avv.)	un mare 24; un sacco 70
imenso/a	tantissimo/a 24
imóvel	immobile 9
imperador	imperatore 91
imperatriz	imperatrice 91
importância	importanza 31
impossível	impossibile 9
impressão	impressione 18, 34, 41
inabalável	irremovibile 58
inalterado/a	inalterato/a 100
incêndio	incendio 65
inchado/a	gonfio/a 75
incomodar	disturbare 85
incrível	incredibile 9
Índia	India 54
indicar	indicare 96
indisciplinado/a	indisciplinato/a 66
indomável	indomabile 54
inevitável	inevitabile 79
infância	infanzia 92
infelizmente	purtroppo 17
inglês	inglese 1
inquietar-se	essere preoccupato/a 33
insistir	insistere 10
insónia	insonnia 20
instante	istante 51

instruído/a	istruito/a 47
insulto	insulto 85, 87
inteligência	intelligenza 87
intenção	intenzione 82
interessado/a	interessato/a 55
interesse	interesse 87
interior	entroterra 82
interromper	interrompere 96
inundação	inondazione 58
inveja	invidia 19, 34
inventar	inventare 29
inverno	inverno 17
ir	andare 4, 7, 9, 21, 31, 38, 42, 49, 56
ir a pé	andare a piedi 4
ir embora	andare via 37
ir para casa	andare a casa 47
irmã	sorella 89
irmão	fratello 22
irra!	accidenti! 92
irritar	irritare 87, 93
isolar-se	isolarsi 85
isso	questo 18
isso tudo	tutto ciò 71
isto	questo 6
italiano/a	italiano/a 34

J

já	già 1; subito 38; ormai 43
já que	visto che 10
janeiro	gennaio 17
janela	finestra 39
jantar (sost., m.)	cena 78
jantar (v.)	cenare 20
jardim	giardino 45
jardim zoológico	zoo 45
jaula	gabbia 45
jeans	jeans 23
joelho	ginocchio 58
jogar	giocare 32, 92
jogo	gioco 55
jóia (sost., f.)	gioiello 34
jornal	giornale 7
jovem (agg.)	giovane 23
jovem (sost., inv.)	giovane 23, 79
judeu/judia (agg.)	ebreo/a 100
julgar	giudicare 47; pensare 54; reputare 87

julho	luglio 17
junho	giugno 17
juntar	unire 80
junto/a	insieme 62
justamente	appunto 67

L

lá	lì 11; là 22
lábio	labbro 95
lado (em qualquer ~)	ovunque 81
lado (m.)	parte 60; fianco 74
lados (para os ~ de)	dalle parti di 60
ladra	ladra 55
ladrão	ladro 83
lagarto (m.)	lucertola 52
lago	lago 88
lágrima	lacrima 73
lançar	gettare, lanciare 58
lanche (m.)	merenda 63
lápis (m.)	matita 91
laranja	arancia 8
largo/a	largo/a 7
lata	faccia tosta 57; latta 57
lava-louça (f.)	lavello 50
lavar	lavare 50, 57
leão	leone 52
legendas (f.)	sottotitoli 37
legume (m.)	verdura 50
leitor/a	lettore/trice 100
lembrar-se	ricordarsi 18, 32
lençol	lenzuolo 60
lenha	legna 95
leoa	leonessa 91
leopardo	leopardo 52
ler	leggere 10, 37, 42
letra	calligrafia 15
levantar-se	alzarsi 20, 78
levar	portare 10, 44, 67, 70
lhe	gli/le 13, 21
lhes	loro (pron. indir.) 21
lição	lezione 1
ligar	telefonare 67, 96; collegare 67; accendere 96; fare caso 88
limpa-chaminés	spazzacamini 76
lindamente	perfettamente 92
lindo/a	bello/a 13, 90

língua	lingua 66, 100
linguado (m.)	sogliola 69
linguístico/a	linguistico/a 100
linha (f.)	binario (trasporti) 12; linea 80
linho	lino 23, 78
lírica	lirica 96
lista	menù 39
livraria	libreria 1
livre	libero/a 24; disponibile 81
livro	libro 1
locomotiva	locomotiva 61
logo	subito 15
logo que	appena, non appena 29, 30, 35, (AG)
loja (f.)	negozio 27
lojas (correr as ~)	girare i negozi 27
lombo	controfiletto 51
longe	lontano 3
longo/a	lungo/a 1
lotaria	lotteria 31
louco/a	pazzo/a 10
louro/a	biondo/a 92
lugar	posto 4, 12, 31, 36, 41, 63; luogo 29, 30
lume	fuoco 69
lusitano/a	lusitano/a 100
lustre	lampadario 78
luva (f.)	guanto 95
luxo	lusso 13
luz	luce 26

M

maçã	mela 8
macaco (m.)	scimmia 52, 94
macacos (mandar pentear ~)	mandare a quel paese 94
maçada	seccatura 37
macaquinhos (ter ~ no sótão)	dare i numeri 94
maciço/a	massiccio/a 78
maço	pacchetto 23
Madeira	Madeira 100
madrugada	alba 20, 61
mãe	madre 22
magnificência	magnificenza 73
mágoa (f.)	dolore 97
magoar	ferire, addolorare 97
magoar-se	farsi male 94
magro/a	magro/a 19
maio	maggio 17

maioria	maggioranza 87
mais	più 11, 14, 26, 27; altri/e 38; un altro/a 51
mal (avv.)	a malapena 11, 38; male 26, 43
mal (sost.)	male 48, 83
mala	valigia 10
maltês	maltese 30
maluco/a	matto/a 38
mandar	mandare 59; ordinare 59; comandare 73
maneira	maniera 30
manga	manica 23
manhã	mattina 20
mania	mania 16, 31
manso/a	mite 48
manteiga (f.)	burro 50
manter-se	rimanere, mantenersi 58
manual	manuale 100
mão	mano 10
mapa (m.)	mappa 82
máquina de lavar	lavatrice 50
máquina de lavar a louça	lavastoviglie 50
mar	mare 18
mar alto	alto mare 54
maratona	maratona 82
marcado/a	numerato/a, segnato/a 36
março	marzo 17
marinha	marina 80
Marinha Mercante	Marina Mercantile 80
marinheiro	marinaio 76
marítimo/a	marittimo/a 73
marquês/esa	marchese/a 91
marrão/marrona (fam.)	secchione/a 81
mas	ma 1
mastigar	masticare 19
matar	ammazzare 94
mau/má	cattivo/a 30
máximo/a	massimo/a 91
me	mi 5, 14, 21
mecânico	meccanico 88
médica	medico (donna), dottoressa 98
médico	medico 3
médio	al punto giusto (cottura) 50
médio/a	medio/a 50
medo (m.)	paura 13
medo (meter ~)	spaventare 19

meia (fazer ~)	fare la calza 74
meia-hora	mezz'ora 65
meia-noite	mezzanotte 3, 33
meio (sost.)	mezzo 29; centro 78
meio/a (agg.)	mezzo/a 11
meio-dia	mezzogiorno 3, 20
melancólico/a	malinconico/a 88
melhor (agg. e avv.)	migliore 8, 43; meglio 8, 15, 26
melhor que	migliore/più buono/a di 14
memória	memoria 74
menina	bambina 8, 74
menino	bambino 8
meninos	bambini 47
menos	meno 3, 9, 14, 17
menos (pelo ~)	almeno 44, 87, 95
menos... que	meno... di 14
mensagem (f.)	messaggio 90
mentir	mentire 13, 21
mentira	bugia 18
mentiroso/a	bugiardo/a 66
mercearia	drogheria 71
merecer	meritare 13, 76
mergulho	tuffo 18
mês	mese 9
mesa (f.)	tavolo 39
mesmo/a	stesso/a 20
meter	mettere 19, 60, 69
meter-se com alguém	provocare qualcuno 92
metido/a (andar ~ em)	essere preso/a da 93
metido/a (estar ~ em)	essere entrato/a in 92
metro	metro 4
mexer	muovere 19, 90
mexerico	pettegolezzo 87
miar	miagolare 30
migalha	briciola 99
milhão	milione 91, 100
militar (agg.)	militare 38
mim	me 8, 14
mínimo/a	minimo/a 91
minuto	minuto 3
mobilado/a	arredato/a 78
mobílias (f.)	mobili 78
Moçambique	Mozambico 100
moda	maniera, moda 51
modelo	modello 26
moderno/a	moderno/a 2

modesto/a	modesto/a 68
modo	modo 34
modo (de qualquer ~)	ad ogni modo 83
módulo	biglietto (di un blocchetto) 64
moeda	moneta 55
mole	tenero/a 83
molho (m.)	salsa 51
momento	momento 90
monge	monaco 84
montanha	montagna 82
monumento	monumento 73
moral	morale 99
morar	vivere, abitare 1
mordomo	maggiordomo 79
moreno/a	bruno/a 92
morgue	camera mortuaria 74
morrer	morire 32
morte (sost.)	morte 70
mosca	mosca 52
mosteiro	monastero 73
mostrar	mostrare 26
mota	moto 88
motor	motore 80, 96
motor/motriz (agg.)	motore/motrice 89
mouro/a	moresco/a 73
movimento	movimento 4
mudança	marcia 96
mudanças (meter as ~)	ingranare la marcia 96
mudar	cambiare 41
muito (avv.)	molto 3, 6, 11
muito/a	molto/a 3, 4
mulher	donna 20, 76
mulher a dias	domestica 20
multa	multa 64
mundo	mondo 90, 100
murchar	appassire 29
murmurar	mormorare 72
música	musica 33
músico	musicista 77, 81

N

nababo	nababbo 73
nabo (m.)	rapa 71
nacional	nazionale 34
nada	niente 6
nada disso!	macché 18

nadar	nuotare 18
nado (a ~)	a nuoto 54
namorada	ragazza (fidanzata) 23
namorar	uscire (amoreggiare) 76
não	no 1; non 1
nariz	naso 95
nascer	nascere 29
Natal	Natale 17
natural	naturale 8
naturalmente	naturalmente 35
naufrágio	naufragio 74
navegação	navigazione 80
navegador	navigatore 54
navio (m.)	nave 80
negócio	impegno 13
negro	nero 67
neles (= em + eles)	in essi 61
nem	neppure, neanche 29, 89, 91, 93
nem que	neanche se 89
nem sequer	neppure, neanche 16, 31, 46, 54, 64
nem tudo	non... tutto 48
nenhum/a	nessun/a 19, 24, 26, 28, 31, 46, 85, 87
nervosamente	nervosamente 23
nevar	nevicare 53
ninguém (pron. indefinido)	nessuno 16
ninho	nido 95
noite	notte 2, 20, 24, 61; sera 29; serata 87
noite (a ~ passada)	ieri sera 24
noite (à ~)	la sera 25
nome	nome 5
norte	nord 58
nos (pron. complemento)	ci 21
nós (pron. soggetto)	noi 8, 14
nos (pron. riflessivo)	ci 14
nota (f.)	biglietto (banconota) 36; voto 36, 46
notar	notare 79
noticiário	telegiornale 87
notícias	notizie 15, 58
novembro	novembre 17
noz	noce 48
nudismo	nudismo 26
num/a (= em + um/a)	in un/a 9
número	numero 12
número premiado	biglietto vincente 31
nunca	mai 13
nuvem	nuvola 19

O

o (art.)	il, lo 1, 7, 65
o (dimostrativo)	quello 50
o que é que...?	che cosa...? 2
obra prima	capolavoro 71
obrigado/a	grazie 5, 9, 10, 12, 14; obbligato/a 5, 57
obter	ottenere 57
ocasião	occasione 83
Ocidente	Occidente 100
óculos	occhiali 37
ocupado/a	occupato/a 25
odor	odore 98
ofender	offendere 85
oferecer	regalare 55; opporre 72; offrire 72
oferta	offerta 81
oficial	ufficiale 80
oficina	officina 88
olá!	ciao! 9
óleo	olio 69
olhar	guardare 43
olhar (sost.)	sguardo 100
olho	occhio 62
olímpico/a	olimpico/a 82
omelete	omelette 83
onda	onda 18
onde	dove 2, 17, 31, 67, 86
ontem	ieri 18
opulento/a	opulento/a 73
ora aqui	ecco qua 51
ora... ora	ora... ora 89
orelha (f.)	orecchio 6
oriental	orientale 55
os (art.)	i, gli 2
otimista	ottimista 96
ótimo/a	ottimo/a 16, 40, 51; fantastico/a 83, 91, 99
ou	o 1, 89
ouro	oro 48, 73
ousadia	audacia 66
ousar	osare 29
outono	autunno 17
outro/a	altro/a 32, 90
outubro	ottobre 17
ouvir	sentire 22, 63

ovo	uovo 83

P

pá	vecchio mio 20
padaria	panetteria 71
pagar	pagare 36, 40
página	pagina 57
pai	padre 22
pais	genitori 78
país	paese 82
paisagem (f.)	paesaggio 13
palavra	parola 48
pálido/a	pallido/a 60
pancada (ter ~)	batosta 94
panela	pentola 50
pantera	pantera 52
pão	pane 1, 48
papagaio	pappagallo 52
papel (m.)	carta 9, 54; ruolo 89
paquete (m.)	nave passeggeri 80
para	per (obiettivo, attribuzione) 1, 8, 16, 20; per (direzione) 9, 17; a (direzione) 12; verso (direzione) 72
para que	perché 58
para-quedas	paracadute 62
paragem	fermata 11
paraíso	paradiso 59
parar	fermarsi 11, 25
pardo/a	bigio/a 94
parecer	sembrare 26, 29, 34, 51, 61
parecer-se com	assomigliare a 53
parecido/a (ser ~ com)	assomigliare a 53
parede	parete 97
parente	parente 68
parte	parte 2, 19
partida	partenza 10
partido/a	rotto/a 88
partir	partire 9, 14, 35, 42, 49, 56, 63, 84; rompere 9, 88
parvo/a (agg.)	stupido/a 72
Páscoa	Pasqua 46
passado/a (mal ~)	al sangue (carne) 50
passado (sost.)	passato 100
passado/a	scorso/a 24, 80, 82
passado/a (bem ~)	ben cotto/a (carne) 50
passageiro/a	passeggero/a 65

quatrocentos e oitenta e dois • 482

passar	passare 19, 22, 28, 32, 35, 64; dare (trasmissione) 87; superare (esame) 81
passar a ferro	stirare 57
pássaro	uccello 19
passe	abbonamento 64
passear	passeggiare 25
passeio (m.)	passeggiata 45
passeio (dar um ~)	fare una passeggiata 18, 45
pasta	cartella 10
pastel (m.)	pasta (dolce) 41; pastella 69
pastor	pastore 96
pato (m.)	anatra 88
patrão	padrone 24
patroa	padrona 91
paz	pace 36, 61
pé	piede 4, 75
pé (ao ~ de)	vicino a 39, 65
pé (de ~)	in piedi 20
pé (em ~)	in piedi 29
peça (f.)	oggetto 55
pedaço	pezzo 69
pedir	chiedere 23, 81, 85
pedra	pietra 95
pegar	attaccare 22
peixe	pesce 6
peles (casaco de ~) (m.)	pelliccia 34
pelos vistos	a quanto pare 22, 65
pendurar	pendere 78
peneirento/a	vanitoso/a 89
pensar	pensare 16
pentear-se	pettinarsi 53
pequeno/a	piccolo/a 1
pequeno almoço (m.)	colazione 20
perceber	capire 15
percurso	percorso 64
perder	perdere 19, 20, 62, 63, 80
perder de vista	perdere di vista 96
perder-se	perdersi 96
perfeitamente	assolutamente 83
pergunta	domanda 46
pergunta (fazer uma ~)	fare una domanda 85
perguntar	chiedere 66
perigo	pericolo 22
permitir	permettere 76
perna	gamba 86
personagem (f.)	personaggio 96

pertencer	appartenere 55
perto (ficar ~)	essere vicino, trovarsi 60
perto de	vicino a 2
pesado/a	pesante 11
pesca	pesca 51
pescada (f.)	nasello 69
peso	peso 19
pêssego (m.)	pesca 8
péssimo/a	pessimo/a 91
pessoa	persona 29, 85
pessoalmente	personalmente 81
pessoas (f., plur.)	gente 29; persone 47
petiscar	mangiucchiare 83
piada	barzelletta 85
piada (achar ~)	trovare divertente 85
pianista	pianista 81
piano	piano 30
piar	pigolare 9
picar	obliterare, convalidare 64
pilotagem (f.)	pilotaggio 72
piloto/a	pilota 72
pimenta (f.)	pepe 69
ping-pong	ping pong 55
pingo (m.)	goccia 41
pior (agg. e avv.)	peggiore 43; peggio 75
pirata	pirata 72
piscar	lampeggiare 90
piscina	piscina 80
pista	pista 86
pistola	pistola 72
planeta	pianeta 90
plateia	platea 36
pluma	piuma 94
pode ser que	forse 52; può darsi che 61
poder	potere 10, 14, 28, 63, 67, 70
podre	marcio/a 87
poema (m.)	poesia 88
poesia	poesia 88
poeta	poeta 73
pois	visto che 83
pois é/são	in effetti 10; è vero 16
pois não!	infatti 10; appunto! 52
pois não?	vero? 23
poleiro	pollaio 73
polícia	poliziotto/a 72
política	politica 87

politizado/a	politicizzato/a 87
ponta	punta 4
ponte (f.)	ponte 54
ponto (em ~)	in punto 78
ponto (m.)	verifica 46; punto 73
pontualmente	puntualmente 72
população	popolazione 58
popular	popolare 74
por	per 13, 18, 59; da parte di 73
pôr	mettere 5, 28, 35, 42, 63, 70, 77, 84
por aqui	di qui 35
por baixo	sotto 35
por causa	a causa 9
por favor	per favore 3, 26; per cortesia 5
por isso	per questo 24, 57
pôr na rua	mandare via 57
pôr ovos	deporre uova 95
por si	al posto Suo 47
pôr-se	mettersi 23, 30, 38
pôr-se em pé	drizzarsi 61
porcelana	porcellana 55
porco	maiale 48, 69
pormenor	dettaglio 60
porque	perché 13, 31
porquê?	perché? 4, 10
porque (é que)?	perché...? 4, 22
porta	porta 61, 72
portar-se bem/mal	comportarsi bene/male 45
porto	porto 65
Portugal	Portogallo 1
português	portoghese 1
possível	possibile 4
possuir	possedere, avere 13, 14
posta (mesa ~)	cena pronta 78
postal (m.)	cartolina 55
pote (m.)	brocca 54
pouco (há ~)	poco fa 50
pouco (um ~)	un po' 18
pouco a pouco	a poco a poco 85
poupar	risparmiare 58
pousar	posare 78
povo (m.)	gente 97
povoação (f.)	villaggio 96
praça	piazza 71
praia	spiaggia 17
pranto	pianto 97

prata (f.)	argento 48
praticamente	praticamente 100
prático/a	pratico/a 71
prato	piatto 51, 79
prazer	piacere 30
prece	preghiera 79
preceito	principio (morale) 99
precipitar-se	precipitarsi 72
precisamente	proprio 72
precisar de	avere bisogno di 6
preciso (ser ~)	volerci, servire 71
preferir	preferire 13, 14
preguiçoso/a	pigro/a 66
premiado/a	vincente, premiato/a 31
prémio	premio 46
prenda (dar uma ~)	fare un regalo 55
prenda (f.)	regalo 55
preocupar-se	preoccuparsi 62, 89
preparar	preparare 82
presença	presenza 59
pressa	fretta 13, 31
pressa (ter ~)	avere fretta, andare di fretta 13
prestar	prestare 81
prestar provas	sottoporsi a dei test 81
preto	nero 26
prevenir	avvisare 81
prima	cugina 68
primavera	primavera 17
primeiro	per prima cosa 39
primeiro/a	primo/a 6, 26, 46
primo	cugino 16
principalmente	soprattutto 6
príncipe	principe 74
problema	problema 91
procura	ricerca 3
procurar	cercare 1, 55
produção	produzione 89
proeza	prodezza 18
professor	professore 2
professora	professoressa 47
profissão	professione 76
programa	programma 81, 87
projeto	progetto 93
pronto/a	pronto/a 51
propor	proporre 81
propósito (a ~)	a proposito 15

propósito (de ~)	apposta 46
próprio/a	stesso/a 18
prosseguir	proseguire 72, 77
proteger	proteggere 71
protótipo	prototipo 34
prova	test 81; prova 83
provar	provare 51
provérbio	proverbio 83
próximo/a	prossimo/a 9; vicino/a 44
psicanalista	psicoanalista 85
publicar	pubblicare 81
publicidade	pubblicità 87
público (sost.)	pubblico 85
público/a (agg.)	pubblico/a 22
pudor	pudore 98
pulga	pulce 93
pulo	scatto, salto 23
pulseira (f.)	braccialetto 34
pulso	polso 34
puro/a	puro/a 19
puxar	tirare 95

Q

quais	quali 12
qual	quale 2, 12
qualquer	qualsiasi 55; qualunque 81
qualquer altura (em ~)	in qualunque momento 81
qualquer coisa	qualsiasi cosa 76
qualquer lado (em ~)	dovunque 81
quando	quando 13, 58, 94
quantia	somma 32; gruzzolo 32
quantidade	quantità 69
quanto	quanto 36
quanto/a	quanto/a 9, 17
quarta-feira	mercoledì 17
quarteirão	isolato 65
quarto (m.)	stanza 10
quase	quasi 20
quê	cosa 9, 18, 38
que (agg.)	che 3, 13
que (cong.)	che 5, 16
que (pron. interrogativo)	che 1
que (pron. relativo)	che 16, 18
quebrar	rompere 83
queda (dar uma ~)	cadere 18
queijinho	formaggino 50

queijo	formaggio 69
queimar	bruciare 95
queixar-se	lamentarsi 5, 66, 70
quem	chi 16, 46, 83
quente	caldo/a 43
quente (ovo ~)	uovo alla coque 83
quer... quer	o... o 89
querer	volere 8, 35, 36, 42, 49, 70, 84
quieto/a	tranquillo/a 19
quilo	chilo 16
quinta-feira	giovedì 17

R

raio	raggio 19
ranger	cigolare 61
rapariga	ragazza 23, 57
rapaz	ragazzo 50
rapidamente	rapidamente 72
raptar	rapire 90
razão	ragione 32
realizador/a	regista 89
rebanho	gregge 96
rebentar	scoppiare 75
recear	temere 73
receber	ricevere 16, 78
receita	ricetta 69
receitar	prescrivere 40
recente	recente 26
reconhecer	riconoscere 99
recurso	rimedio 59
recurso (em último ~)	come ultimo rimedio 59
recusar	rifiutarsi 58
refeição (f.)	pasto 79
refogado	soffritto 39
reformado/a (estar ~)	essere in pensione 76
refugiar-se	rifugiarsi 58
regar	innaffiare 41
região	regione 100
regular	regolare 69
regularmente	regolarmente 40
rei	re 74
reitoria (f.)	rettorato 88
relógio	orologio 34
remar	remare 88
remédio (m.)	medicina 40; rimedio 83
remo	remo 80

renda (f.)	pizzo 55
reparar	fare caso 34
repente (de ~)	all'improvviso 23
repetir	ripetere 46
repousar	riposare 74
residencial	residenziale 78
resistência	resistenza 72
respeito	rispetto 79
respirar	respirare 19
responder	rispondere 46
resposta	risposta 66
ressonar	russare 61
restaurante	ristorante 39
resultado	risultato 57
resumo (em ~)	in pratica 87
revelar	rivelare 78
revisor	controllore 64
rezar	pregare 79
rico/a	ricco/a 13
rio	fiume 2
riquíssimo/a	ricchissimo/a 99
rir	ridere 83
rock	rock 81
roda	ruota 53
rodear	circondare 58
rodela	rondella 69
ronronar	fare le fusa 30
rosa	rosa 7
rosto	viso 95
roubar	rubare 97
rouco/a	rauco/a 43
roupa (f., sing.)	vestiti 26; panni 57
roupas	vestiti 55
roxo	viola 26
rua	via 2
ruído	rumore 61
rumo	direzione 72, 96

S

sábado	sabato 17
saber	sapere 3, 16, 21, 32, 49, 56, 57, 63, 70, 84
saber a	sapere di 51, 97
saber bem/mal	avere un buon/cattivo sapore 51
sacrifício	sacrificio 19
sacudir	scuotere 77

saia	gonna 34
sair	uscire 24, 28, 38, 42
sal	sale 69
sala de jantar	sala da pranzo 78
salgado/a	salato/a 69
salmonete (m.)	triglia 69
saltar	saltare 86
salto (dar um ~)	fare un salto 18
salvar	salvare 58
sangue	sangue 100
santo/a	santo/a 74
são	santo 59
sapatos (m.)	scarpe 34
sapatos de ténis	scarpe da ginnastica 23
sardinha	sardina 18
sardinha assada	sardina grigliata 74
sargento	sergente 38
saudade	nostalgia 97
saúde	salute 50
se (cong.)	se 13
se (pron. riflessivo)	si 14
se calhar	probabilmente, forse 66
secar	asciugare, seccare 57
secção (f.)	reparto 26
secretária	segretaria 81
secretário	segretario 47
século	secolo 73
seda	seta 34
sede	sete 8
seguinte	seguente, dopo 34
seguir	seguire 14, 27
seguir (a ~)	poi 69
segunda-feira	lunedì 17
segundo	secondo 96
selo	francobollo 15
sem	senza 34, 37
semana	settimana 9
semear	seminare 83
sempre	sempre 19, 27
sempre que	ogni volta 5
senão	altrimenti 15, 93
senhor	signore 1, 5, 72
senhor (o ~)	Lei (m., forma di cortesia) 1
senhora	signora 1, 26, 47, 71
senhora (a ~)	Lei (f., forma di cortesia) 1
sentar-se	sedersi 5, 39

sentido (em ~)	sull'attenti 38
sentir	sentire 21, 61
sentir-se	sentirsi 5
ser	essere 1, 7, 28, 35, 49, 56, 63, 84
seriamente	seriamente 33
sério (a ~)	sul serio 75, 93
serpente	serpe 53
serviço	servizio 38, 61
serviço de chá	servizio da tè 55
servir	servire 14, 50, 57, 77
setembro	settembre 17
sexta-feira	venerdì 17
si	sé/Lei (forma di cortesia) 14, 16
silêncio	silenzio 48
sim	sì 1
simples	semplice 22
sinal	cenno 23
sinistro/a	sinistro/a 30
sítio	posto, parte 67
situação	situazione 53
situar	situare 78
ski	sci 53
só	unico/a 16; solamente 20, 66; solo 24, 45, 82
sobre	su 9, 58, 78
sobrenome	cognome 5
sobrevoar	sorvolare 58
sóbrio/a	sobrio/a 78
sociedade	società 87
sofisticado/a	sofisticato/a 34
sofrer	soffrire, subire 85
sol	sole 13
sola	suola 51
solenemente	solennemente 79
solidão	solitudine 97
solta (à ~)	in libertà 52, 73
solução	soluzione 16
sombra	ombra 19
sonhar	sognare 30
sono	sonno 20
sopa	minestra 39
sorrir	sorridere 59
sorriso	sorriso 72
sorte	fortuna 20
sorte (a ~ grande)	il primo premio 31
sorte (dar ~)	portare sfortuna 32

sossego (m.)	tranquillità 90
sótão	solaio 94
sr. = senhor	signore 99
sra. = senhora	signora 99
suar	sudare 19
subir	salire 58, 77
submarino/a	subacqueo/a 51
subtil	sottile 27
sucesso	successo 99
suficiente	abbastanza 13
sujo/a	sporco/a 86
sul	sud 82, 100
sumo	succo 8
super	super 89
supermercado	supermercato 71
supersticioso/a	superstizioso/a 12
surdo/a	sordo/a 33
susto	spavento 61

T

tacho (m.)	padella 69
tal	tale 16, 19
tal (um ~ senhor)	un certo signore 99
talher (m., sing.)	posate 51
talho (m.)	macelleria 71
talvez	forse 5, 61
também	anche 4, 20
também não	neanche 4, 6, 66
tanto (avv.)	molto, tanto 99
tanto/a	tanto/a 71, 75
tão	così 11, 14, 24, 64
tão... como	tanto... quanto 14, 30
tarde (avv.)	tardi 11, 20
tarde (sost., f.)	pomeriggio 5, 20, 43
tasca	taverna 55
táxi	taxi 4
te	te 10, 14, 21
teatro	teatro 24
teto	soffitto 78, 94
Tejo	Tago 73
telefonar	telefonare 24
telefonema (m.)	telefonata 68
telenovela	telenovela 87
televisão	televisione 87
telhado	tetto 58
tempestade	tempesta 48

quatrocentos e noventa e dois • 492

tempo	tempo 3
temporal	temporale 54
tenção	intenzione 82
tenção (fazer ~)	avere intenzione, intendere 82
tencionar	avere intenzione 82
tentar	provare 15
teorema	teorema 91
ter	avere 3, 14, 28, 35, 49, 56, 63
ter de	dovere 11, 22, 90
ter lata	avere la faccia tosta 57
terça-feira	martedì 17
terminar	terminare 47, 79
terra	terra 82
terrível	terribile 4
terror (filme de ~)	film horror 93
terrorismo	terrorismo 72
tertúlias	riunioni letterarie 41
testemunha (f.)	testimone 90
ti	te 14, 20
tia	zia 22
tigre (m.)	tigre 52
tijolo	mattone 95
tijolo (estar a fazer ~)	passare a miglior vita 95
timidamente	con discrezione 74
tímido/a	timido/a 85
tinto	rosso (vino) 39
tio	zio 15
tipo	tipo 52, 85
tirar	togliere 5
toalha	tovaglia 78
tocar	suonare (musica) 30
todo/a	tutto/a 16, 22, 54
tomar	prendere 4, 8, 20, 40
tomate	pomodoro 69
torcer	torcere 95
tornar-se	diventare 53, 85
torrada	fetta di pane tostato 41
torre	torre 73
torrencial	torrenziale 58
totobola	totocalcio 62
toucinho	lardo 69, 71
trabalhar	lavorare 17
trabalho	lavoro 4, 24
trabalhos de casa	compiti (a casa) 47
tradicional	tradizionale 78
tráfego	traffico 44, 65

traineira (f.)	peschereccio 80
trânsito	traffico 4
transportar	trasportare 80
transporte	trasporto 80
trás	dietro 35
trás (para ~)	indietro 35
tratar-se	trattarsi 87
trave	trave 94
travessa (f.)	piatto 55; traversa 96
travessia	traversata 54
trazer	portare 34, 35, 37, 42, 63, 70, 77; condurre, riportare 67
treinar	allenarsi 82
tremer	tremare 19
triste	triste 85
tristeza	tristezza 97
trocado (sing.)	spiccioli 64
trocar	cambiare 36
troco	resto (denaro) 36, 64
tronco	tronco 86
tropa	truppa, esercito 38
tu	tu 9, 14
tudo	tutto 48
túmulo (m.)	tomba, luogo di sepoltura 73

U

ufa!	uff! 82
ultimamente	ultimamente 20, 40, 82
último/a	ultimo/a 36
um/a	un, uno/a 1, 2, 7
união	unione 34
único/a	unico/a 40, 90
universitário/a	universitario/a 88
uns/umas	dei/degli/delle 7; alcuni/e 7, 25, 55, 75, 81, 82; qualche 75, 82
unto (sost.)	grasso 75
urgente	urgente 13
urgentemente	urgentemente 57
urso	orso 19
útil	utile 68
utilizar	utilizzare 81

V

vaca	vacca 51
vacinar	vaccinare 88
vagabundo	barbone 34

vagamente	vagamente 32
vago/a	vago/a 93
vaidoso/a	vanitoso/a 8
vale (m.)	valle 82
valer	valere 48, 83
valer: mais vale...	valere: vale più... 48
variedade	varietà 99
veia	vena 96, 100
vela	vela 73
veleiro	veliero 80
velho/a	vecchio/a 29
velocidade	velocità 90
vender	vendere 26
venenoso/a	velenoso/a 52
vento	vento 43
ver	vedere 26, 28, 57, 63
verão (m.)	estate 17
verdade	verità 4, 13
verde	verde 26
vereda (f.)	sentiero, viottolo 96
vergonha	vergogna 66
vermelho/a	rosso/a 26
vestido/a	vestito/a 19, 23, 34
vestido/a (estar ~ de)	indossare, vestire di 23
vestir	indossare, vestire 27, 28
vestir-se	vestirsi 74
veterinário	veterinario 6
vez	volta 5, 29, 72
vez (em ~ de)	invece di 13
vez (outra ~)	di nuovo 77, 94; un'altra volta 94
vezes (às ~)	a volte 37
vezes (por ~)	certe volte 68
via (f.)	binario 12
viagem (f.)	viaggio 13
viajar	viaggiare 13
vida	vita 13
vida (uma rica ~)	una bella vita 13, 93
viela (f.)	vicolo, viuzza 96
vingar-se	vendicarsi 58
vinho	vino 8, 39
violência	violenza 87
vir	venire 5, 24, 26, 35, 38, 70, 84
virar-se	girarsi 90
visigodo	Visigoto 100
visitar	visitare 15, 52
vista	vista 75

viver	vivere 13, 15, 21
vivo/a	vivo/a 52
vizinho/a	vicino/a 33
voador/a	volante 90
voar	volare 48
vocação	vocazione 99
você	Lei (forma di cortesia) 1, 14, 16
vocês	voi, Loro 9, 14, (AG)
volta (à ~ de)	intorno a 18
volta (à ~)	intorno, tutt'attorno 29
volta (dar uma ~)	intorno, tutt'attorno 25
volta (em ~)	intorno, tutt'attorno 29
volta (f.)	giro 25
volta (por ~ de)	intorno a (ora) 20
voltar	tornare 38; ritornare 73
voltar-se	girarsi 79
vontade	volontà 13; voglia 88
vontade (à ~)	comodamente 13
vontade (ter ~)	avere voglia 88
voo	volo 72
vós	voi 14

Z

zangar-se	arrabbiarsi 50
zebra	zebra 52
ziguezaguear	andare a zig-zag 100
zoológico (jardim ~)	zoo 45

Lessico italiano-portoghese

A

a	em 1; a 4
a (direzione)	para 12
a causa	por causa 9
a malapena	mal (avv.) 11, 38
a meno che	a não ser que 96
a quanto pare	pelos vistos 22, 65
a seconda di	consoante 65, (AG)
abbandonare	abandonar 59
abbassare	baixar 79
abbastanza	suficiente 13
abbattersi	abater-se 58
abbondanza	fartura 38
abilità	habilidade 30
abitante	habitante 58
abitare	morar 1
abito	fato 34
abitualmente	habitualmente 17
abitudine	hábito (m.) 84
accademia	academia 97
accarezzare	cofiar 59
accelerare	acelerar 96
accendere	ligar 96
accendersi	acender-se 97
accessibile	acessível 9
accettare	aceitar 78
accidenti!	irra! 92
accompagnare	acompanhar 79
accordo (d'~ con)	de acordo com 99
accordo (d'~)	de acordo 83
accuratamente	cuidadosamente 69
acqua	água 6, 18
acquario	aquário 52
acquisto	compra (f.) 27
ad ogni modo	de qualquer modo 83
addio	adeus 100
addolorare	magoar 97
addormentarsi	adormecer 19, 20
adesso	agora 3
adesso/ora (fino ad ~)	até agora 38
adolescente	adolescente 88
aereo	avião 4
aeroporto	aeroporto 72

affabile	afável 85
affabilità	afabilidade 78
afflizione	aflição 58
affogare	afogar-se 18
affogato/a	afogado/a 59
affrettato/a	apressado/a 32
Africa	África 100
aggiungere	acrescentar 69
agiato/a	abastado/a 78
agitato (mare)	bravo 18
agosto	agosto 17
ahi!	ai! 94
aiutare	ajudar 10
al di sotto	de baixo 33, 35; abaixo 35; debaixo 33, 35
al posto Suo	por si 47
alba	madrugada 20, 61
albero	árvore (f.) 19
alcuni/e	alguns/algumas 85
alcuni/e	uns/umas 7, 25, 55, 75, 81, 82
alla	à (= a + a) 3
alla fine	no final de contas 80
alla griglia	grelhado/a 69
alle	às 3
allegramente	alegremente 33
allegro/a	alegre 33
allenarsi	treinar 82
allievo/a	aluno/a 46, 47
allora	então 3
almeno	pelo menos 44, 87, 95
alto/a	alto/a 54
alto mare	mar alto 54
altrimenti	senão 15, 93
altro/a	outro/a 32, 90
altro ieri (l'~)	anteontem 31
alzarsi	levantar-se 20, 78
amabile	amável 9
amare	amar 6, 59
ambasciatore/trice	embaixador/triz 89
ambulanza	ambulância 75
America	América 100
americano/a	americano/a 25
amico/a (agg.)	amigo/a (agg.) 60
amico/a (sost.)	amigo/a (sost.) 16, 25
ammalarsi	ficar doente 22
ammazzare	matar 94

ammettere	confessar 65
amore	amor 36
ananas	ananás 8
anarchico/a	anarquista 91
anatra	pato (m.) 88
anche	também 4, 20
ancora	ainda 22, 31, 32
ancora no	ainda não 51
andarci di mezzo	pagar as favas 94
andare	ir 4, 7, 9, 21, 31, 38, 42, 49, 56
andare a casa	ir para casa 47
andare a piedi	ir a pé 4
andare in	andar de + mezzo di trasporto 4, 62
andare in bicicletta	andar de bicicleta 18
andare via	ir embora 37
andata	ida 71
anello	anel 34
angolo	esquina (f.) 71
angoscia	ansiedade 97
animale	bicho 29; animal 52
animale feroce	fera (f.) 45
anno	ano 9, 17, 72
anno scolastico	ano letivo 46
annullare	anular 89
annunciare	anunciar 78
annuncio	anúncio 57
annusare	cheirar 88
antichità	antiguidade 55
antico/a	antigo/a 2
aperto/a	aberto/a 97
appartamento	apartamento 78
appartenere	pertencer 55
appassire	murchar 29
appena	logo que 29, 30, 35, (AG)
appetito	apetite 20
appollaiato/a	empoleirado/a 73
apposta	de propósito 46
apprezzare	apreciar 13
appunto	justamente 67
appunto!	pois não! 52
aprile	abril 17
arabo/a	árabe (agg.) 100
arancia	laranja 8
arcipelago	arquipélago 100
argento	prata (f.) 48
argomento	assunto 61

aria	ar (m.) 19, 51
arrabbiarsi	zangar-se 50
arredato/a	mobilado/a 78
arrivare	chegar 20
arrosto	assado 39
artiglio	garra (f.) 29
artista	artista 53
asciugare	secar 57
Asia	Ásia 100
aspettare	esperar 23
aspettare (qualcuno o qualcosa)	esperar por 23
aspetto	aspeto 51
assenza	falta 46
assistere	assistir 18
assolutamente	absolutamente 46; perfeitamente 83
assomigliare a	ficar igual a, parecer-se com, ser parecido/a com 53
attaccare	pegar 22
attacco	ataque 69
attenti (sull'~)	em sentido 38
attenzione	cuidado 18; atenção 47
atterrare	aterrar 72
attesa	espera 4; demora 9
attore	ator 89
attraversare	atravessar 54
attraverso	através 82
attrice	atriz 89
audacia	ousadia 66
autentico/a	autêntico/a 44, 55
autobus	autocarro 4
autonomo	autónomo 100
autore	autor 91
autostrada	autoestrada 96
autrice	autora 91
autunno	outono 17
avanti	à frente 36
avanzare	avançar 23
avariato/a	estragado/a 87
avercela con	embirrar com 87
avere	possuir 13, 14
avere	ter 3, 14, 28, 35, 49, 56, 63; haver 4, 63, 70
avere/essere appena	acabar de 25
avere bisogno di	precisar de 6
avere il mal di (+ mezzo di trasporto)	ficar enjoado/a 54

avere intenzione	tencionar 82
avere intenzione, intendere	fazer tenção 82
avere la faccia tosta	ter lata 57
avere la nausea	enjoar 54; ficar enjoado/a 54
avere un buon/cattivo sapore	saber bem/mal 51
avere voglia di	apetecer 20
avi	avós 68
aviatore	aviador 83
avvenimento	acontecimento 51
avventura	aventura 27
avvicinarsi	aproximar-se 86
avvisare	prevenir 81
avvocato/a	advogado/a 76
azienda	empresa 80
azione	ação 79
azzardarsi	atrever-se 89

B

baccalà	bacalhau 39
baccano	gritaria (f.) 86
baffi	bigode (sing.) 53
bagno	banho 26
baia	baía 65
balcone	balcão 36
ballare	dançar 74
ballo	baile 80
bambina	menina 8, 74
bambini	meninos 47
bambino	menino 8
bambino/a	criança (f., inv.) 8
banchina	cais (m.) 80
banco (bar)	balcão 41
bar	bar 23
barba	barba 20
barbone	vagabundo 34
barca	barco (m.) 54, 58; barca 80
barca a vela	barco (m.) à vela 80
barista	criado 23
barone	barão 98
baronessa	baronesa 98
barzelletta	anedota, piada 85
basso	baixo 35
bastare	bastar 16
bastone da pastore	cajado 94
batosta	ter pancada 94
battello (a remi o a vela)	bote 80

battere	bater 94
batteria	bateria 81
bellezza	beleza 82
bello/a	lindo/a 13, 90; bonito/a 2, 15; belo/a 32, 78
belva	fera 45
ben cotto/a (carne)	bem passado/a 50
bene	bem 1
benzina	gasolina 62
bere	beber 6, 8, 14, 28, 35, 42, 49, 56
bestia	bicho (m.) 29
bevanda	bebida 23
bianco/a	branco/a 26
bicchiere	copo 7, 33
bicicletta	bicicleta 18
bigio/a	pardo/a 94
biglietto	bilhete 12, 31, 36
biglietto (banconota)	nota 36
biglietto (di un blocchetto)	módulo 64
biglietto (lotteria)	cautela (f.) 32
biglietto vincente	número premiado 31
binario	via (f.) 12
binario (trasporti)	linha (f.) 12
biondo/a	louro/a 92
birra	cerveja 8
bistecca	bife (m.) 19
blocchetto	caderneta (f.) 64
blu	azul 90
bocca	boca 95
bollito	cozido (sost.) 71
bollito/a	cozido/a 50
bollore	fervura (f.) 95
bombolone	bola (f.) de berlim 41
bonaccia	bonança 48
bordo (a ~)	a bordo 72
borghese	burguês/esa 91
bosco	bosque 29
bottiglia	garrafa 50
bottone	botão 57
braccialetto	pulseira (f.) 34
braccio	braço 10
brace	brasa 95
Brasile	Brasil 15
briciola	migalha 99
brillare	brilhar 48
brindare	brindar 46

brocca	pote (m.) 54
bruciare	queimar 95
bruno/a	moreno/a 92
brutto/a	feio/a 15, 65
bugia	mentira 18
bugiardo/a	mentiroso/a 66
buona sera!	boa noite! 5
buonanotte!	boa noite! 5
buongiorno!	bom dia! 1
buongiorno! (di pomeriggio)	boa tarde! 5
buono/a	bom/boa 1
burro	manteiga (f.) 50
bus	autocarro 4
bussare	bater 74
bussola	bússola 82

C

c'è/ci sono	há 4
cabina	cabine 26
cabina di pilotaggio	cabine de pilotagem 72
cacao	cacau 7
cadere	dar uma queda 18; cair 41, 59
caffè	café 8
caffè lungo	bica cheia (f.) 41
caffè macchiato	garoto 41
cagna	cadela 98
calcagno	calcanhar 68
calcio	futebol 92
calcolare	calcular 32
calcolo	cálculo 93
caldo (sost.)	calor 13, 18, 75, 98
caldo/a	quente 43
calligrafia	letra 15
calma (sost.)	bonança 48; calma 90
calma (con ~)	calmamente 13
calmare	acalmar 59
calza (fare la ~)	fazer meia 74
calzato/a	calçado/a 23
cambiare	trocar 36; mudar 41
cambiare idea	mudar de ideias 41
cambio	cambio 36
camera mortuaria	morgue 74
cameriere/a	criado 51, 78; criada 78
camicetta	blusa 34
camicia	camisa 23
camminare	andar (a pé) 4, 11

quinhentos e quatro • 504

cammino	caminho 73
campo	campo 88
candelabro	castiçal 78
cane	cão 91, 93
cantare	cantar 48
canticchiare	cantarolar 74
canto	canto 97
canzone	canção 97
capace	capaz 90
capacità	habilidade 30
capanna	cabana 29
capelli	cabelos 29
capelli (far rizzare i ~)	pôr os cabelos em pé 29
capire	compreender 15; entender 16; perceber 15
capirsi	entender-se 93
capitale	capital 2
capitano	capitão 91
capitare	calhar 66
Capo Verde	Cabo Verde 100
capolavoro	obra prima 71
capolinea (bus)	fim da linha 64
cappello	chapéu 5
caravella	caravela 80
caricare	carregar 11
carne	carne 6
carne di manzo	carne de vaca 69, 71
caro/a (prezzo)	caro/a 62
carota	cenoura 6
carta	papel (m.) 9, 54
cartella	pasta 10
cartolina	postal (m.) 55
casa	casa 2
caso	caso 13, 26, 30
caso (a ~)	ao calhas (fam.) 90
caso (per ~)	ao acaso 90
castello	castelo 73
catalano/a	catalão/catalã 91
catena	corrente (f.) 61
cattivo/a	mau/má 30
causa	causa 9
causa (a ~ di)	por causa de 9
cavaliere	cavaleiro 70
cavallo	cavalo 11, 86
cavolfiore	couve-flor (f.) 39
cavolo	couve (f.) 39, 71

celta	celta 100
cena	jantar (sost., m.) 78
cenare	jantar (v.) 20
cenno	sinal 23
centro	meio (sost.) 78
cerca	busca 73
cercare	procurar 1, 55
cerimoniosità	cerimónia 79
certezza	certeza 16
certo	certamente 83; faz favor 26
certo (un ~ signore)	um tal senhor 99
certo/a	certo/a 67, 78; cada (inv.) 68, 81
cervello	cérebro 89
che (agg.)	que 3, 13
che (cong.)	que 5, 16
che (pron. interrogativo)	que 1
che (pron. relativo)	que 16, 18
che cosa...?	o que é que...? 2
chi	quem 16, 46, 83
chiacchierata	conversa 99
chiacchiere	conversa (sing.) 18
chiamarsi	chamar-se 5
chiaro/a	claro/a 10
chiasso	barulho 19
chiatta	barcaça 80
chic	chique 99
chiedere	pedir 23, 81, 85; perguntar 66
chilo	quilo 16
chinare	baixar 79
chitarra	guitarra 81
chiudere/rinchiudere	fechar 45
chiuso/a	fechado/a 31
ci (pron. complemento)	nos 21
ci (pron. riflessivo)	nos 14
ciao!	olá! 9
cibo	comida (f.) 10, 19
cicala	cigarra 99
cielo	céu 41
cigno	cisne 88
cigolare	ranger 61
cimitero	cemitério 65
cinema	cinema 17, 25
cinematografico/a	cinematográfico/a 89
cinese	chinês/a 55
cintura	cinturão (m.) 67
cipolla	cebola 69

circa	cerca de (AG)
circondare	rodear 58
città	cidade 73
città universitaria	cidade universitária 88
cittadino/a	cidadão/dã 91
cliente	cliente 50
clima	clima 79
cognata/o	cunhada/o 68
cognome	apelido 5; sobrenome 5
colazione	pequeno almoço (m.) 20
collana	colar (m.) 34
collega	colega 16
collegare	ligar 67
collina	colina 73
colore	cor 74
colpa	culpa 66
coltello	faca (f.) 51, 95
comandare	mandar 73
come	como 1, 12, 13, 18, 33
come sempre	como de costume 20
cominciare	começar 33, 89
commissariato	esquadra (f.) 72
comodamente	à vontade 13
compagno/a (di scuola)	colega 92
compiti (a casa)	trabalhos de casa 47
complessato/a	complexado/a 85
completamente	completamente 59
comportarsi bene/male	portar-se bem/mal 45
comprare	comprar 8, 16
comprato/a a credito	fiado/a 48
comprensione	compreensão 85
computer	computador 15, 81
comunque	contudo 83
con	com 6
con Lei	consigo 37, 68
con me	comigo 37, 89
con noi	connosco 37, 92
con te	contigo 25
con voi	convosco 37
concentrarsi	concentrar-se 15
concentrato/a	concentrado/a 69
concerto	concerto 81
condurre	trazer 67
confondere	confundir 53
confortevole	confortável 80
confusione	confusão 86

congelatore	congelador 50
coniglio	coelho 5
conoscere	conhecer 65
conquista	conquista 74
conquistare	conquistar 73
conquistatore	conquistador 100
consiglio	conselho 99
consultare	consultar 85
consumare	consumir 77
contagioso/a	contagioso/a 22
contare	contar 48, 95
continuare	continuar 58
continuazione	continuação 6
contrariare	contrariar 99
contrario	contrário 19
contrastare	contrastar 73
contratto	contrato 89
contro	contra 99
controfiletto	lombo 51
controllore	revisor 64
convalidare	picar 64
convenire	convir 90
conversare (mettersi a ~)	meter conversa 65
conversazione	conversa 33
convincere	convencer 30
coppia	casal (m.) 60
coprire	cobrir 59, 69, 78
coraggio	coragem (f.) 18
corda	corda 58
coricarsi	deitar-se 20, 21
corpo	corpo 7
correre	correr 11, 25
correttamente	corretamente 46
corridoio	corredor 61
corrispondenza (per ~)	por correspondência 18
corrispondere	corresponder 81
corsa	corrida 86
corto/a	curto/a 23
cosa	coisa (sost.) 10; quê 9, 18, 38
così	tão 11, 14, 24, 64; assim 13, 15,18
così tanto	assim tão + agg. 13, 23
costa	costa (f.) 82
costare	custar 40
costare un occhio della testa	custar os olhos da cara 62
costola	costela 86
costruire	construir 73

costume da bagno	fato de banho 26
cotto/a	cozido/a 50
cottura	cozedura 69
cravatta	gravata 18
credere	achar 64
credere	crer 58; acreditar 61
crescere	crescer 53
cristiano/a	cristão/tã 59
criticare	criticar 89
critico/a	crítico/a 96
cucchiaio	colher (f.) 51
cucina	cozinha 50, 69
cucinare	cozinhar 57
cugina	prima 68
cugino	primo 16
cultura	cultura 100
cuoca	cozinheira 79
cuocere	cozer 69
cuoco	cozinheiro 51
cuore	coração 70
curarsi	curar-se 85
curioso/a	curioso/a 8

D

d'ora in poi	de agora em diante 95
da (tempo)	desde (prep.) 99
da (valore temporale)	há 50
da parte di	por 73
da qui	daqui 38
daltonico/a	daltónico/a 39
dare	dar 13, 18, 41, 70, 87
dare (trasmissione)	passar 87
dare/fare degli esami	fazer exames 81
dare i numeri	ter macaquinhos no sótão 94
dato	dado (sost.) 93
davanti	em frente 36; adiante 65
debole	fraco/a 86
decina	dezena 89
decollare	descolar 72
definire	denominar 100
degno/a	digno/a 18
dei/degli/delle	uns/umas 7
delfino	golfinho 52
delicatamente	delicadamente 79
denotare	denotar 83
dente	dente 48

deporre uova	pôr ovos 95
depresso/a	deprimido/a 85
desiderare	desejar 1
desiderio	desejo 90
destinazione	destino 72
dettaglio	pormenor 60
dettato	ditado 47
deviazione	desvio 96
di	de 2, 16, 30, 34
di ciò	disso 6
di cui	cujo/a 100
di nuovo	outra vez 77, 94
di questo	disso 6
di qui	por aqui 35
di sicuro	de certeza que 43
di sotto	de baixo 33, 35
diaspora	diáspora 100
diavolo	diabo 86
dicembre	dezembro 17
dieta	dieta 19
dietro	atrás 29; trás 35
difetto	defeito 66
difficile	difícil 4
difficoltà	dificuldade 78
diffidente	desconfiado/a 51
dilemma	dilema 91
dimagrire	emagrecer 19
dimenticare	esquecer 19
dimenticarsi	esquecer-se 37
dimostrare	denotar 83
Dio	Deus 48
diplomarsi	formar-se 92
dire	dizer 8, 35, 42, 49, 63, 70, 71, 77, 84
direttamente	direito (avv.) 59
direzione	direção 23, 82
direzione	rumo 72, 96
dirigere	dirigir 89
dirigersi	dirigir-se 72
diritto	direito (sost.) 92
dirottamento	desvio 72
disarmare	desarmar 72
disastro	desastre 88
discendente	descendente 54
disco	disco 90
disco volante	disco voador 90
discrezione (con ~)	timidamente 74

quinhentos e dez · 510

disfare	desfazer 73
disincanto	desencanto 97
disperato/a	desesperado/a 96
dispiacere	desagradar 85
disponibile	livre 81
disposto/a	disposto/a 81
distrarre	distrair 50
distratto/a	distraído/a 40
distrazione	distração 40
distruggere	destruir 65
disturbare	incomodar 85
diventare	tornar-se 53, 85
diventare	ficar 22, 28, 33, 34
diverso/a	diferente 51
divertente	divertido/a 68
divertente (trovare ~)	achar piada 85
divertirsi	divertir-se 53
divorare	devorar 19
dizionario	dicionário 46
documento	documento 10
dolce (agg.)	doce 80
dolore	dor (f.) 74; mágoa (f.) 97
domanda	pergunta 46
domanda (fare una ~)	fazer uma pergunta 85
domani	amanhã 45
domenica	domingo (m.) 17
domestica	mulher a dias 20; empregada 57
donna	mulher 20, 76
dopo	depois (avv.) 16; depois de (prep.); após 72, 74; seguinte 34
dopo il tramonto	anoitecer (sost.) 94
dorare	dourar 69
dormire	dormir 20, 77
dotato/a	dotado/a 91
dottore	doutor 5
dottoressa	doutora 91, 98
dove	onde 2, 17, 31, 67, 86
dovere	ter de 11, 22, 90; dever 16; haver de 68
dovunque	em qualquer lado 81
dozzina	dúzia 27
drizzarsi	pôr-se em pé 61
drogheria	mercearia 71
dubbio	dúvida (f.) 34
due (tutti e ~)	os dois 45
durante	durante (prep.) 17

durare	durar 74
durare	demorar 9, 82

E

è	é 2
e	e 3, 4, 6
è vero	pois é/são 16
e-mail	e-mail 15
ebreo/a	judeu/judia (agg.) 100
eccitarsi	excitar-se 90
ecco qua	ora aqui 51
ecco...	aqui tem... 26
ecco...	aqui está/estão... 41
economia	economia 62
economico/a	barato/a 55
effetti (in ~)	de facto 13
effetto	efeito 26
efficace	eficaz 7
elefante	elefante 52
elegante	elegante 34; chique 99
elegantemente	elegantemente 23
eleganza	elegância 19
elettronico	eletrónico/a 15
elicottero	helicóptero 58
emigrante	emigrante 100
emozionante	comovente 73
energia	energia 19
enigmatico/a	esfíngico/a 100
enorme	enorme 30, 54
entrambi/e	ambos/as (agg.) 80
entrare	entrar 10
entrato/a (essere ~ in)	estar metido/a em 92
entroterra	interior 82
epoca	época 55
ereditare	herdar 32
erigere	erigir 73
esagerare	exagerar 50
esagerazione	exagero (m.) 65
esame	exame 46, 81
esattamente	exatamente 22
esclamare	exclamar 59
esempio	exemplo 13
esercitare	exercer 76
esercito	tropa (f.) 38
esigere	exigir 93
esistere	existir 61

esotico/a	exótico/a 82
espresso	bica (f.) 41
esse	elas 8, 14
essere	ser 1, 7, 28, 35, 49, 56, 63, 84; estar 3, 4, 7, 28, 35, 42, 49, 56, 63, 84
essere (trovarsi)	ficar 3, 28, 60;
essere bocciato/a	chumbar 46
essere in ansia	estar em pulgas 95
essere innamorato/a	estar preso pelo beicinho 9
essere mal ridotto/a (avere una brutta cera)	estar com mau aspeto 86
essere preoccupato/a	inquietar-se 33
essere sicuro/a	ter a certeza 16
essere solito/a	costumar 17
essere uguale a	ficar igual a 53
essere vicino	ficar perto 60
estate	verão (m.) 17
estendersi	estender-se 96
estero (sost.)	estrangeiro 81
esteta	esteta 91
estremamente (terribilmente)	horrivelmente 85
euro	euro 36
Europa	Europa 3
europeo/a	europeu/europeia 34
evacuare	evacuar 58

F

faccia tosta	lata 57
facile	fácil 4, 10
fado	fado 74
fagioli	feijão (sing.) 69
falegname	carpinteiro 76
fallire	falhar 80
fame	fome 8
famiglia	família 22
famoso/a	célebre 53; famoso/a 89
fannullone/a	cábula (agg., fam.) 81
fantasma	fantasma 60
fantastico/a	ótimo/a 83, 91, 99
far fuggire	espantar 48
farcela, sopportare	aguentar 61
fare	fazer 4, 9, 14, 28, 36, 49, 63, 77, 84
fare caso	reparar 34; ligar 88
fare il broncio	fazer beicinho 95
fare le fusa	ronronar 30
fare male	doer 94

fare un brindisi	fazer um brinde 46
fare un tuffo	dar um mergulho 18
farfalla	borboleta 48
farsi male	magoar-se 94
farsi sera	anoitecer 97
fatale	fatal 100
fatto/a	feito/a 63
fava	fava 94
favola	fábula 99
favore	favor 3
febbraio	fevereiro 17
febbre	febre 43
fede	fé 58, 83
ferire	ferir 14; magoar 97
fermarsi	parar 11, 25
fermata	paragem 11
feroce	feroz 52
ferro	ferro 57
fertile	fértil 27
fervido/a (essere ~)	fervilhar 89
fesseria	disparate (m.) 16
festa	festa 33
festeggiare	comemorar 51
fetta di pane tostato	torrada 41
fiacco/a	débil 27
fianco	lado 74
fiato	fôlego 86
fidarsi	fiar-se 48
fiera	feira 55
figlio/a	filho/a 66
fila	fila 36
film	filme 9; fita (f.) 23
film horror	filme de terror 93
filmare	filmar 89
filo di ferro	arame 94
finalmente	finalmente 32; afinal 41
finché	até que 68
fine (sost.)	fim (m.) 17
fine (agg.)	fino/a 69
fine (alla ~)	no fim 83
fine settimana	fim de semana 17
finestra	janela 39
fingere	fingir 90
finire	acabar de 72
fino	até 11
fiore	flor (f.) 29

firma	assinatura 16
fissare	fitar 100
fiume	rio 2
foglia	folha 19
fogliame	folhagem (f.) 98
folcloristico/a	folclórico/a 34
fondo	fundo 26
forchetta	garfo (m.) 51
formaggino	queijinho 50
formaggio	queijo 69
formale	formal 78
formarsi	formar-se 100
formica	formiga 99
fornello	fogão 57
forno	forno 39, 57
forse	talvez 5, 61; pode ser que 52; se calhar 66
fortuna	sorte 20; fortuna 32
forzare	forçar 87
fotocopia	fotocópia 16
fragile	frágil 27
francese	francês/esa 1, 30, 34
franchezza	franqueza 85
Francia	França 3
francobollo	selo 15
fratello	irmão 22
freddo	frio (sost.) 13, 19
freezer	congelador 50
fregata	fragata 80
fresco/a	fresco/a 8, 50
fretta	pressa 13, 31
fretta (avere ~; andare di ~)	ter pressa 13
friggere	frigir, fritar 50
frigorifero	frigorífico 50
frontiera	fronteira 82
frutta	fruta 8
frutto	fruto 8
fucile	fuzil 27
fuggire	fugir 29, 77
fumare	fumar 23
fuoco	fogo 65; lume 69
fuori	fora 61
furioso/a	furioso/a 50
futuro	futuro (sost.) 100
futuro/a	futuro/a (agg.) 19

G

gabbia	jaula 45
Galizia	Galiza 82
galleggiare	boiar 75
gallina	galinha 95
gamba	perna 86
gamberetto	camarão 55
gatto	gato 30
gelato	gelado 8
gelato/a	gelado/a 18
gelido/a	gelado/a 43
gelo	gelo 18
gemito	gemido 61
generosità	generosidade 85
genio	génio 73
genitori	pais 78
gennaio	janeiro 17
gente	gente 4; povo (m.) 27; pessoas (f., plur.) 29
gettare	lançar 58; deitar 95
ghiacciato/a	gelado/a 18
ghiaccio	gelo 18
già	já 1
giacca	casaco (m.) 34
giallo/a	amarelo/a 26
giardino	jardim 45
ginocchio	joelho 58
giocare	jogar 32, 92; brincar 11, 47, 92
giocattolo	brinquedo 87
gioco	jogo 55
gioiello	jóia (sost., f.) 34
giornale	jornal 7
giornata	dia (m.) 22
giornata libera (dal lavoro)	folga 25
giorno	dia 1, 13, 17
giorno (il ~ dopo)	o dia seguinte 34
giorno festivo	feriado (sost.) 88
giovane (agg.)	jovem (agg.) 23
giovane (sost.)	jovem (sost., inv.) 23, 79
giovedì	quinta-feira (f.) 17
giraffa	girafa 52
girare i negozi	correr as lojas 27
girarsi	voltar-se 79; virar-se 90
girella all'uvetta	caracol (m.) 41
giro	volta (f.) 25

giù	para baixo 35
giudicare	julgar 47
giugno	junho 17
giusto/a	certo/a 96
gli/le	lhe 13, 21
gloria	glória 73
goccia	pingo (m.) 41
goloso/a	guloso/a 8
gonfio/a	inchado/a 75
gonna	saia 34
GPS	GPS 82
gradevole	agradável 80
graffio	arranhadura (f.) 88
grammo	grama (f.) 69
grande	grande 1, 34
grasso/a	gordo/a 19
grasso	unto (sost.) 75
grasso (lubrificante)	graxa (f.) 95
grattarsi	coçar-se 93
grave	grave 88
grazia	graça 79
grazie	obrigado/a 5, 9, 10, 12, 14
greco/a	grego/a 34
gregge	rebanho 96
gridare	gritar 72
grido	grito 70
grigio	cinzento 94
grugnire	grunhir 48
gruppo	conjunto 81
guadagnare	ganhar 32, 46
guanto	luva (f.) 95
guardare	olhar 43
guardarsi	entreolhar-se 72
guardiano notturno	guarda-noturno 20
guasto/a	estragado/a 87
guerra	guerra 36, 87
guidare	guiar 37
Guinea-Bissau	Guiné-Bissau 100
gusto	gosto 6, 27, 51, 78

H

horror (film ~)	filme de terror 93
hostess	hospedeira 72

I

i/gli	os (art.) 2

ibero	ibero 100
idea	ideia 15
idiota	besta (sost., f.) 72
ieri	ontem 18
ieri sera	a noite passada 24
ignoto	desconhecido (sost.) 73
il	ele 1, 14
il/lo	o (art.) 1, 7, 65
illuminare	iluminar 78
imbarcare/imbarcarsi	embarcar 54
imbarco	embarque 72
imbecille	imbecil 72
imbizzarrito/a (cavallo)	espantado/a 48
imbuto	funil 27
immaginazione	imaginação 89
immobile	imóvel 9
impacchettare	embrulhar 80
imparare	aprender 18
impastare	amassar 95
impazzire	enlouquecer 93
impegno	negócio 13
imperatore	imperador 91
imperatrice	imperatriz 91
impermeabile	gabardina (f.) 10, 54
impiegare	empregar 20
impiego	emprego 72, 74
importanza	importância 31
impossibile	impossível 9
impresa (realizzazione)	façanha 73
impressione	impressão 18, 34, 41
improvviso (all'~)	de repente 23
in	de (mezzi di trasporto) 4; em 1, 2, 17; dentro de 18
in basso	em baixo 33, 35
in effetti	pois é/são 10
in essi	neles (= em + eles) 61
in panne	avariado/a 87
in ritardo	atrasado/a 11
in su	para cima 35
in un/a	num/a (= em + um/a) 9
inalterato/a	inalterado/a 100
incantare	encantar 97
incantato/a	encantado/a 65
incendio	incêndio 65
incontro	encontro 9
incredibile	incrível 9

incrocio	encruzilhada (f.) 96
India	Índia 54
indicare	indicar 96
indietro	para trás 35
indisciplinato/a	indisciplinado/a 66
indomabile	indomável 54
indossare	vestir 27, 28; estar vestido/a de 23
indugio	demora 9
inevitabile	inevitável 79
infanzia	infância 92
infatti	pois não! 10
infine	enfim 29
ingegnere	engenheiro 76
inglese	inglês 1
ingoiare	engolir 52
ingranaggio	engrenagem (f.) 98
innaffiare	regar 41
innervosirsi	excitar-se 90
inondazione	inundação 58
insegnare	ensinar 73
insieme	junto/a 62
insistere	insistir 10
insomma	enfim 29
insonnia	insónia 20
insulto	insulto 85, 87
intasare	entupir 77
intelligenza	inteligência 87
intenzione	intenção 82; tenção 82
interessato/a	interessado/a 55
interesse	interesse 87
interrompere	interromper 96
intorno	à volta 29; em volta 29
intorno a	à volta de 18
intorno a (ora)	por volta de 20
intrattenimento	diversão (f.) 80
invece di	em vez de 13
inventare	inventar 29
inverno	inverno 17
inviare	enviar 90
invidia	inveja 19, 34
invitare	convidar 25
invitato/a	convidado/a 33
invito	convite 78
inzuppato/a	encharcado/a 43
io	eu 2, 14
ippodromo	hipódromo 86

irremovibile	inabalável 58
irritare	irritar 87, 93
isolarsi	isolar-se 85
isolato	quarteirão 65
istante	instante 51
istruito/a	instruído/a 47
italiano/a	italiano/a 34

L

la (pron. personale)	a (pron. personale) 15
la (art.)	a (art.) 2, 7
là	ali 11
là	lá 22
labbro	beiço 95; lábio 95
lacrima	lágrima 73
ladra	ladra 55
ladro	ladrão 83
lago	lago 88
lamentarsi	queixar-se 5, 66, 70
lampadario	lustre 78
lampeggiare	piscar 90
lanciare	lançar 58
lardo	toucinho 69, 71
largo/a	largo/a 7
lasciare	deixar 19, 22, 26, 32
latta	lata 57
latte macchiato	galão 41
lavare	lavar 50, 57
lavastoviglie	máquina de lavar a louça 50
lavatrice	máquina de lavar 50
lavello	lava-louça (f.) 50
lavorare	trabalhar 17
lavoro	trabalho 4, 24
le (f.)	as (art.) 2
leggere	ler 10, 37, 42
legna	lenha 95
lei	ela 1, 14, 15
Lei (m., forma di cortesia)	o senhor 1
Lei (f., forma di cortesia)	a senhora 1
Lei (forma di cortesia)	você 1, 14, 16
lento/a	brando/a 69
lenzuolo	lençol 60
leone	leão 52
leonessa	leoa 91
leopardo	leopardo 52
lettera	carta 15

letto	cama (f.) 22
letto (essere a ~)	estar de cama 22
lettore/trice	leitor/a 100
lezione	lição 1; aula 9
lì	lá 11; aí 12
libero/a	livre 24
libertà (in ~)	à solta 52, 73
libreria	livraria 1
libro	livro 1
licenziare	despedir 57
linea	linha 80
lingua	língua 66, 100
linguistico/a	linguístico/a 100
lino	linho 23, 78
lirica	lírica 96
litorale	costa (f.) 82
livrea (in ~)	fardado/a 78
locomotiva	locomotiva 61
lontano	longe 3
loro (pron. indir.)	lhes 21
Loro	vocês 9, 14, (AG)
loro (m., plur.)	eles 8, 14
loro (f., plur.)	elas 8, 14
lotteria	lotaria 31
luce	luz 26
luce del giorno (alla ~)	às claras 19
lucertola	lagarto (m.) 52
luglio	julho 17
lunedì	segunda-feira (f.) 17
lungo/a	longo/a 1; comprido/a 6
luogo	lugar 29, 30
lusitano/a	lusitano/a 100
lusso	luxo 13

M

ma	mas 1
macché	nada disso! 18
macchina	carro (m.) 4, 13; automóvel (m.) 54
macelleria	talho (m.) 71
Madeira	Madeira 100
madre	mãe 22
magazzino	armazém 26
maggio	maio 17
maggioranza	maioria 87
maggiordomo	mordomo 79
maglietta	camisola 55

magnificenza	magnificência 73
magro/a	magro/a 19
mai	nunca 13
maiale	porco 48, 69
malato/a	doente 5
malattia	doença 22
malaugurio	agouro 44
male	mal (sost.) 48, 83
male	dor (f.) 5
male	mal (avv.) 26, 43
malinconico/a	melancólico/a 88
maltese	maltês 30
mancare	faltar 3, 38; falhar 80
mandare	mandar 59
mandare a quel paese	mandar pentear macacos 94
mandare via	pôr na rua 57
mangiare	comer 6, 63, 70, 84
mangiucchiare	petiscar 83
mania	mania 16, 31
manica	manga 23
maniera	maneira 30; moda 51
mano	mão 10
mantenersi	manter-se 58
manuale	manual 100
mappa	mapa (m.) 82
maratona	maratona 82
marchese/a	marquês/esa 91
marcia	mudança 96
marcia (ingranare la ~)	meter as mudanças 96
marcio/a	podre 87
mare	mar 18
mare (un ~)	imenso (avv.) 24
marina	marinha 80
Marina Mercantile	Marinha Mercante 80
marinaio	marinheiro 76
marittimo/a	marítimo/a 73
marrone	castanho 94
martedì	terça-feira 17
marzo	março 17
massiccio/a	maciço/a 78
massimo/a	máximo/a 91
masticare	mastigar 19
matita	lápis (m.) 91
mattina	manhã 20
matto/a	maluco/a 38
mattone	tijolo 95

me	mim 8, 14
meccanico	mecânico 88
medicina	remédio (m.) 40
medico	médico 3
medico (donna)	médica 98
medio/a	médio/a 50
meglio	melhor (avv.) 8, 15, 26
mela	maçã 8
memoria	memória 74
meno	menos 3, 9, 14, 17
meno male	ainda bem 67; felizmente 93
meno... di	menos... que 14
mentire	mentir 13, 21
mentre	enquanto 30, 35
menù	lista 39
mercoledì	quarta-feira 17
merenda	lanche (m.) 63
meritare	merecer 13, 76
mese	mês 9
messaggio	mensagem (f.) 90
meta	destino (m.) 73
metro	metro 4
metterci	demorar 9, 82
mettere	meter 19, 60, 69; pôr 5, 28, 35, 42, 63, 70, 77, 84
mettersi	pôr-se 23, 30, 38
mezz'ora	meia-hora 65
mezzanotte	meia-noite 3, 33
mezzo	meio (sost.) 29
mezzo/a	meio/a (agg.) 11
mezzogiorno	meio-dia 3, 20
mi	me 5, 14, 21
miagolare	miar 30
miglior vita (passare a ~)	estar a fazer tijolo 95
migliore	melhor (agg.) 8, 43
migliore/più buono/a di	melhor que 14
milione	milhão 91, 100
militare	militar (agg.) 38
minestra	caldo (m.) 39; sopa 39
minestra di cavolo	caldo (m.) verde 39
minimo/a	mínimo/a 91
minuto	minuto 3
mite	manso/a 48
mobili	mobílias (f.) 78
moda	moda 51
modello	modelo 26

moderno/a	moderno/a 2
modesto/a	modesto/a 68
modo	modo 34
modo (in ~ che)	a fim de 83
molto (avv.)	muito 3, 6, 11; tanto 99
molto/a	muito/a 3, 4
momento	altura (f.) 81; instante 86; momento 90
monaco	monge 84
monastero	mosteiro 90, 100
mondo	mundo 55
moneta	moeda 82
montagna	montanha 82
monumento	monumento 73
morale	moral 99
moresco/a	mouro/a 73
morire	morrer 32
mormorare	murmurar 72
morte	morte 70
mosca	mosca 52
mostrare	mostrar 26
moto	mota 88
motore	motor 80, 96
motore/motrice	motor/motriz (agg.) 89
movimento	movimento
Mozambico	Moçambique 100
multa	multa 64
muovere	mexer 19, 90
musica	música 33
musicista	músico 77, 81
mutande	cuecas 91

N

nababbo	nababo 73
nascere	nascer 29
nascondersi	esconder-se 29
nascosto (di ~)	às escondidas 19
nasello	pescada (f.) 69
naso	nariz 95
nastro	fita (f.) 89
Natale	Natal 17
naturale	natural 8
naturalmente	naturalmente 35
naufragio	naufrágio 74
nave	barco (m.) 80; navio (m.) 80
nave da cabotaggio	barco (m.) costeiro 80
nave da crociera	barco (m.) de cruzeiro 80

nave mercantile	cargueiro (m.) 80
nave passeggeri	paquete (m.) 80
navigatore	navegador 54
navigazione	navegação 80
nazionale	nacional 34
neanche se	nem que 89
negozio	loja (f.) 27
neppure/neanche	nem sequer 16, 31, 46, 54, 64; também não 4, 6, 66; nem 29, 89, 91, 93
nero	preto 26; negro 67
nervosamente	nervosamente 23
nessun/nessuno/a	nenhum/a 19, 24, 26, 28, 31, 46, 85, 87
nessuno	ninguém (pron. indefinito) 16
nevicare	nevar 53
nido	ninho 95
niente	nada 6
no	não 1
noce	noz 48
noi	nós (pron. soggetto) 8, 14
nome	nome 5
non	não 1
non appena	logo que 29, 30, 35, (AG); assim que 30
non passare (un esame)	chumbar 81
non solo	além de 100
non… tutto	nem tudo 48
nonna	avó 67
nonni	avós 68
nonno	avô 67
nonostante	apesar de 30
nord	norte 58
nostalgia	saudade 97
notare	notar 79
notizie	notícias 15, 58
notte	noite 2, 20, 24, 61
novembre	novembro 17
nudismo	nudismo 26
numerato/a, segnato/a	marcado/a 36
numero	número 12
nuotare	nadar 18
nuoto (a ~)	a nado 54
nuvola	nuvem 19

O

o	ou 1, 89
o… o	quer… quer 89

obbligato/a	obrigado/a 5, 57
obliterare	picar 64
occasione	ocasião 83
occhiali	óculos 37
occhio	olho 62
Occidente	Ocidente 100
occupato/a	ocupado/a 25
odore	odor 98
offendere	ofender 85
offerta	oferta 81
officina	oficina 88
offrire	oferecer 72
oggetto	peça (f.) 55
oggetto antico	antiguidade 55
oggi	hoje 17
ogni	cada 68, 81
ogni volta	sempre que 5
olimpico/a	olímpico/a 82
olio	óleo 69
olio d'oliva	azeite 39
oltre	além 11
oltre a	além de (AG)
oltre a ciò	além disso 90
ombra	sombra 19
ombrello	guarda-chuva 54
omelette	omelete 83
onda	onda 18
opulento/a	opulento/a 73
ora	hora 3
ora… ora	ora… ora 89
ora di punta	hora de ponta 4
orario	horário 20
ordinare	mandar 59
ordinazione (su ~)	de encomenda 88
orecchino	brinco 34
orecchio	orelha (f.) 6
orientale	oriental 55
ormai	já 43
oro	ouro 48, 73
orologio	relógio 34
orrore	horror 52
orso	urso 19
ortaggi	hortaliças (f.) 71
orto	horta (f.) 71
osare	ousar 29
ospedale	hospital 3

ospite (anfitrione)	anfitrião 79
ostruire	entupir 77
ottenere	obter 57
ottimista	otimista 96
ottimo/a	ótimo/a 16, 40, 51
ottobre	outubro 17
ovunque	em qualquer lado 81

P

pacchetto	maço 23
pacco	embrulho 64, 80
pace	paz 36, 61
padella	frigideira 50; tacho (m.) 69
padre	pai 22
padrona	patroa 91
padrone	patrão 24; dono 78
paesaggio	paisagem (f.) 13
paese	país 82
paesino	aldeia (f.) 58
pagare	pagar 36, 40
pagina	página 57
palla	bola 92
pallido/a	pálido/a 60
pane	pão 1, 48
panetteria	padaria 71
panni	roupa (f., sing.) 26
pantaloni	calças (f.) 55
pantera	pantera 52
pappagallo	papagaio 52
paracadute	para-quedas 62
paradiso	paraíso 59
parente	parente 68
parete	parede 97
parlare	falar 1, 14, 24, 35, 42, 49, 56, 63, 70, 84
parola	palavra 48
parte	parte 2, 19; lado (m.) 60; sítio (m.) 67
partenza	partida 10
parti (dalle ~ di)	para os lados de 60
partire	partir 9, 14, 35, 42, 49, 56, 63, 84
Pasqua	Páscoa 46
passare	passar 19, 22, 28, 32, 35, 64
passato	passado (sost.) 100
passeggero/a	passageiro/a 65
passeggiare	passear 25
passeggiata	passeio (m.) 45
passeggiata (fare una ~)	dar um passeio 18, 45

pasta (dolce)	pastel (m.) 41
pastella	pastel (m.) 69
pasto	refeição (f.) 79
pastore	pastor 96
patata	batata 19
patate fritte	batatas fritas 19
paura	medo (m.) 13
pazzo/a	louco/a 10
peggio	pior (avv.) 75
peggiore	pior (agg.) 43
pelliccia	casaco (m.) de peles 34
pendere	pendurar 78
pensare	pensar 16; julgar 54
pensione (essere in ~)	estar reformado/a 76
pentola	panela 50
pepe	pimenta (f.) 69
per	por 13, 18, 59; para (obiettivo, attribuzione) 1, 8, 16, 20; para (direzione) 9, 17
per favore/per cortesia	por favor 3, 5, 26; faz favor 3, 5, 14
per giunta	ainda por cima 19
per prima cosa	primeiro 39
per questo	por isso 24, 57
perché	porque 13, 31; para que 58
perché?	porquê? 4, 10; porque (é que)? 4, 22
percorso	percurso 64
perdere	perder 19, 20, 62, 63, 80
perdere di vista	perder de vista 96
perdere le staffe	ir aos arames 94
perdersi	perder-se 96
perfettamente	lindamente 92
pericolo	perigo 22
permettere	permitir 76
permettersi	dar-se a 13
persino	até 18
persona	pessoa 29, 85
personaggio	personagem (f.) 96
personalmente	pessoalmente 81
persone	gente (sing., m.) 4, 29; pessoas 47
pesante	pesado/a 11
pesca	pesca 51
pesca (frutto)	pêssego (m.) 8
pesce	peixe 6
pesce impanato	filete 69
peschereccio	traineira (f.) 80
peso	peso 19

pessimo/a	péssimo/a 91
pettegolezzo	mexerico 87
pettinarsi	pentear-se 53
pezzo	bocado 51; pedaço 69
piacere (v.)	gostar de 4; prazer 30; adorar 90
pianeta	planeta 90
pianista	pianista 81
piano (avv.)	devagar 11
piano	andar (sost.) 26
piano (strumento)	piano 30
piano piano	devagar 48
pianto	pranto 97
piatto	prato 51, 79; travessa (f.) 55
piazza	praça 71
piccolo/a	pequeno/a 1
piede	pé 4, 75
piedi (in ~)	de pé 20; em pé 29
pieno/a	cheio/a 20
pietra	pedra 95
pigolare	piar 9
pigro/a	preguiçoso/a 72
pilota	piloto/a 72
pilotaggio	pilotagem (f.) 72
ping pong	ping-pong 55
pioggia	chuva 13
piovere	chover 13, 41
piovere a catinelle	chover a potes 54
pirata	pirata 72
piscina	piscina 80
pista	pista 86
pistola	pistola 72
più	mais 11, 14, 26, 27
più altri/e	mais 38
piuma	pluma 94
piuttosto	antes 76
pizzo	renda (f.) 55
platea	plateia 36
po' (un ~)	um pouco 18; um bocado 34
poco a poco (a ~)	pouco a pouco 85
poco fa	há pouco 50
poesia	poema (m.) 88; poesia 88
poeta	poeta 73
poi	depois (avv.) 39; a seguir 69
politica	política 87
politicizzato/a	politizado/a 87
poliziotto/a	polícia 72

pollaio	poleiro 73
polso	pulso 34
pomeriggio	tarde (sost., f.) 5, 20, 43
pomodoro	tomate 69
pompiere	bombeiro 58
ponte	ponte (f.) 54
popolare	popular 74
popolazione	população 58
porcellana	porcelana 55
porta	porta 61, 72
portare	levar 10, 44, 67, 70; trazer 34, 35, 37, 42, 63, 70, 77
portare sfortuna	dar azar 32
porto	porto 65
Portogallo	Portugal 1
portoghese	português 1
posare	pousar 78
posate	talher (m., sing.) 51
possedere	possuir 13, 14
possibile	possível 4
posta	correio (m.) 16
Posta (andare alla ~)	ir aos Correios 16
postino/a	carteiro 16
posto	lugar 4, 12, 31, 36, 41, 63; sítio 67
potere	poder 10, 14, 28, 63, 67, 70
poveraccio	desgraçado 50
pranzare	almoçar 20
pranzo	almoço 20
pratica (in ~)	em resumo 87
praticamente	praticamente 100
pratico/a	prático/a 71
precipitarsi	precipitar-se 72
preferire	preferir 13, 14
pregare	rezar 79
preghiera	prece 79
prego	faz favor 64
premiato/a	premiado/a 31
premio	prémio 46
prendere	tomar 4, 8, 20, 40
prendere (impossessarsi di qualcosa)	ficar com 55
prendere (+ mezzo di trasporto)	apanhar 43, 44
prendere fiato	tomar fôlego 86
preoccuparsi	preocupar-se 62, 89
preparare	preparar 82
prescrivere	receitar 40

quinhentos e trinta • 530

presentare	apresentar 80
presenza	presença 59
preso/a (essere ~ da)	andar metido/a em 93
prestare	emprestar 67; prestar 81
presto	cedo 20, 87
presto	em breve 96
prigione	cadeia 72
prima	antes 69
primavera	primavera 17
primo/a	primeiro/a 6, 26, 46
primo premio (il ~)	a sorte grande 31
principe	príncipe 74
principio (morale)	preceito 99
probabilmente	se calhar 66
problema	problema 91
procedere	decorrer 78
prodezza	proeza 18
produzione	produção 89
professione	profissão 76
professore	professor 2
professoressa	professora 4
progetto	projeto 93
programma	programa 81, 87
pronta (cena ~)	mesa posta 78
pronto/a	pronto/a 51; feito/a 71
proporre	propor 81
proposito (a ~)	a propósito 15
proprio	precisamente 72
proprio adesso	agora mesmo 55
proseguire	prosseguir 72, 77
prossimo/a	próximo/a 9
prossimo/a (parentela)	chegado/a 68
proteggere	proteger 71
prototipo	protótipo 34
prova	prova 83
provare	tentar 15; experimentar 26; provar 51
proverbio	ditado 48; provérbio 83
provocare qualcuno	meter-se com alguém 92
psicoanalista	psicanalista 85
pubblicare	publicar 81
pubblicità	publicidade 87
pubblico	público (sost.) 85
pubblico/a	público/a (agg.) 22
pudore	pudor 98
pulce	pulga 93
punta	ponta 4

puntare (arma)	apontar 72
punto	ponto 73
punto (in ~)	em ponto 78
punto giusto (al ~) (cottura)	médio 50
puntualmente	pontualmente 72
può darsi che	pode ser que 61
puro/a	puro/a 19
purtroppo	infelizmente 17

Q

qualche	uns/umas 75, 82; algum/a 26, 27, 28
qualcosa	alguma coisa 55
qualcuno	alguém 24
quale	qual 2, 12
quali	quais 12
qualsiasi	qualquer 55
qualsiasi cosa	qualquer coisa 76
qualunque	qualquer 81
qualunque momento (in ~)	em qualquer altura 81
quando	quando 13, 58, 94
quando + imperfetto o gerundio	ao + infinito 29
quantità	quantidade 69
quanto	quanto 36
quanto/a	quanto/a 9, 17
quartiere	bairro 76
quasi	quase 20
quel/quello/a	esse/a, aquele/a 12, 14
quella	a (dimostrativo) 50
quello	o (dimostrativo) 50; aquilo 56
questo	isso 18; isto 6
questo/a	este/a 12, 14
questo/a (codesto/a)	esse/a 12, 13, 14
qui	cá 47, 53; aqui 7, 11, 12

R

raccogliere	colher (v.) 83
raccomandabile	aconselhável 30
raccontare	contar 70, 75
raffreddare/raffreddarsi	arrefecer 97
raffreddore	constipação (f.) 22
ragazza	rapariga 23, 57
ragazza (fidanzata)	namorada 23
ragazzo	rapaz 50
raggio	raio 19
ragione	razão 32
rapa	nabo (m.) 71

quinhentos e trinta e dois • 532

rapidamente	rapidamente 72
rapire	raptar 90
rauco/a	rouco/a 43
re	rei 74
recente	recente 26
regalare	oferecer 55
regalo	brinde 46; prenda (f.) 55
regalo (fare un ~)	dar uma prenda 55
regione	região 100
regista	realizador/a 89
regolare	regular 69
regolarmente	regularmente 40
remare	remar 88
remo	remo 80
reparto	secção (f.) 26
reputare	julgar 87
residenziale	residencial 78
resistenza	resistência 72
respirare	respirar 19
resto (denaro)	troco 36, 64
ricamo	bordado 55
ricchissimo/a	riquíssimo/a 99
ricco/a	rico/a 13
ricerca	procura 3
ricetta	receita 69
ricevere	receber 16, 78
riconoscere	reconhecer 99
ricordarsi	lembrar-se 18, 32
ridere	rir 83
rifiutarsi	recusar 58
rifugiarsi	refugiar-se 58
rimanere	ficar 3, 18, 22, 28, 48; manter-se 58
rimedio	remédio (m.) 83; recurso 59
rimedio (come ultimo ~)	em último recurso 59
ringraziare	agradecer 16
riparare	consertar 85; arranjar 87
ripararsi	abrigar-se 43
ripetere	repetir 46
riportare	trazer 67
riposare	descansar 17; repousar 74
riprese (film)	filmagens (plur.) 9
riscaldare	aquecer 69
rischiare	arriscar 72
rischiare di	arriscar-se 72
riso	arroz 41, 69
risolvere	arrumar 26

risparmiare	poupar 58
rispetto	respeito 79
rispondere	responder 46
risposta	resposta 66
ristorante	restaurante 39
risultato	resultado 57
ritardo	atraso 11, 20; demora (f.) 9
ritardo (essere in ~)	ter um atraso, estar atrasado/a 11
ritornare	voltar 73
riunioni letterarie	tertúlias 41
riuscire	conseguir 16
riva	banda 60
rivelare	revelar 78
rock	rock 81
rompere	partir 9, 88; quebrar 83
rondella	rodela 69
rondine	andorinha 83
rosa	rosa 7
rosso/a	vermelho/a 26; encarnado/a 94
rosso (vino)	tinto 39
rotto/a	partido/a 88
rubare	roubar 97
rumore	ruído 61; barulho 61
ruolo	papel 89
ruota	roda 53
russare	ressonar 61

S

sabato	sábado 17
sabbia	areia 69
sacco (un ~)	imenso (avv.) 70
sacrificio	sacrifício 19
sala da pranzo	sala de jantar 78
salato/a	salgado/a 69
sale	sal 69
salire	subir 58, 77
salsa	molho (m.) 51
salsiccia	chouriço (m.) 69, 71
saltare	saltar 86
salto	pulo 23
salto (fare un ~)	dar um salto 18
salute	saúde 50
salvagente	bóia (f.) 18
salvare	salvar 58
sangue	sangue 100
sangue (al ~) (carne)	mal passado 50

quinhentos e trinta e quatro • 534

santo/a	são 59; santo/a 74
sapere	saber 3, 16, 21, 32, 49, 56, 57, 63, 70, 84
sapere di	saber a 51, 97
sardina	sardinha 18
sardina grigliata	sardinha assada 74
sarto/a	costureiro/a 34
sazio/a	farto/a 75
sbagliare	falhar 80
sbagliarsi	estar enganado/a 32; enganar-se 51
sbaglio	engano 50
sbrigarsi	despachar-se 25
sbrindellato/a	esfarrapado/a 86
scala	escada 58
scalare	escalar 82
scambiare	confundir 53
scansafatiche	cábula (agg., fam.) 81
scappare	fugir 94; escapar 58, 76, 88
scarpe	sapatos (m.) 34
scarpe da ginnastica	sapatos de ténis 23
scatto	pulo 23
scenata	escândalo (m.) 59
scendere	descer 82
scherzare	brincar 11; estar a brincar 45, 88
scherzo	graça (f.) 23
schiavo/a	escravo/a 73
sci	ski 53
scialuppa di salvataggio	baleeira 80
sciatto/a	desleixado/a 57
scientifico/a	científico/a 93
scienziato/a	cientista 93
scimmia	macaco (m.) 52, 94
sciogliere	derreter 75
sciovinista	chauvinista 100
scommessa	aposta 68
scommettere	fazer uma aposta, apostar 68
scontrarsi	entrechocar-se 33
scoperta	descobrimento (m.) 66; descoberta 73
scoppiare	rebentar 75
scoprire	descobrir 66
scorciatoia	atalho (m.) 82, 96
scorrere (sangue)	correr 100
scorso/a	passado/a 24, 80, 82
scrivere	escrever 15, 16
scuola	escola 9
scuotere	sacudir 77

scuro/a	escuro/a 26
scusa	desculpa 29
scusare	desculpar 2, 14, 20
scusi/mi scusi	faz favor 8, 12
se	se (cong.) 13
sé/Lei (forma di cortesia)	si 14, 16
seccare	secar 57
seccatura	maçada 37
secchione/a	marrão/marrona (fam.) 81
secolo	século 73
secondo	segundo 96
sedersi	sentar-se 5, 39
segretaria	secretária 81
segretario	secretário 47
seguente	seguinte 34
seguire	seguir 14, 27
sembrare	parecer 26, 29, 34, 51, 61
seminare	semear 83
semplice	simples 22
sempre	sempre 19, 27
sentiero	vereda (f.) 96
sentire	sentir 21, 61; ouvir (ascoltare) 22, 63
sentirsi	sentir-se 5
senza	sem 34, 37
sepoltura (luogo di ~)	túmulo (m.) 73
sera	noite 29
sera (la ~)	à noite 25
serata	noite 87
sergente	sargento 38
seriamente	seriamente 33
serio (sul ~)	a sério 75, 93
serpe	serpente 53
serpente	cobra (f.) 52
servire	ser preciso 71; servir 14, 50, 57, 77
servizio	serviço 38, 61
servizio da tè	serviço de chá 55
seta	seda 34
sete	sede 8
settembre	setembro 17
settimana	semana 9
sfociare	desaguar 73
sfortuna	azar (m.) 32
sfortuna (portare ~)	dar sorte 32
sgargiante	garrido/a 74
sgradevole	desagradável 53
sguardo	olhar (sost.) 100

sguazzare	chapinhar 88
si	se (pron. riflessivo) 14
sì	sim 1
sicuramente	certamente 96; com certeza 85, 97
sigaretta	cigarro (m.) 23
signora	senhora 1, 26, 47, 71; sra. = senhora 99
signore	senhor 1, 5, 72; sr. = senhor 99
silenzio	silêncio 48
sinceramente	francamente 40
sinistra	esquerda 26
sinistro/a	sinistro/a 30
sistemare	arrumar 26
situare	situar 78
situazione	situação 53
smettere di	deixar-se de 23
smorfia	careta 15
smuovere	bulir 77
sobrio/a	sóbrio/a 78
soccorrere	acudir 77
società	sociedade 87
sodo (uovo ~)	ovo cozido 83
soffitta	água-furtada 97
soffitto	teto 78, 94
soffrire	sofrer 85
soffritto	refogado 39
sofisticato/a	sofisticado/a 34
soggiorno	estadia (f.) 65
sogliola	linguado (m.) 69
sognare	sonhar 30
solaio	sótão 94
solamente	só 20, 66
soldi	dinheiro (sing.) 4, 13
sole	sol 13
solennemente	solenemente 79
solitudine	solidão 97
sollievo	alívio 16
solo	apenas 54; só 24, 45, 82
soluzione	solução 16
somma	quantia 32
sonno	sono 20
sopra	acima 35, 41; por cima 29; cima 35; sobre 9, 58, 78; em cima (con contatto) 29, 35, 41
sopra (di ~)	de cima 35
soprattutto	principalmente 6

sordo/a	surdo/a 33
sorella	irmã 89
sorridere	sorrir 59
sorriso	sorriso 72
sorvolare	sobrevoar 58
sottile	subtil 27
sotto	de baixo, em baixo, debaixo, por baixo 33, 35; debaixo de (AG)
sottoporsi a dei test	prestar provas 81
sottotitoli	legendas (f.) 37
spagnolo/a	espanhol/a 34
spalle	costas 86
sparare	disparar 72
sparso/a	espalhado/a 100
spaventare	meter medo 19; espantar 48
spaventato/a	espantado/a 18
spavento	susto 61
spaventoso/a	espantoso/a 90
spazio	espaço 90, 97
spazioso/a	espaçoso/a 78
spazzacamini	limpa-chaminés 76
speciale	especial 51
specie	espécie 61
sperare	desejar 84
spettacolo	espetáculo 87
spettinato/a	despenteado/a 93
spezia	especiaria 73
spiaggia	praia 17
spiccioli	trocado (sing.) 64
spiegare	explicar 85
spingere	empurrar 96
sporco/a	sujo/a 86
sposarsi	casar-se 53
stabilire	estabelecer 33
stagione	estação 17
stanco/a	cansado/a 24
stanza	quarto (m.) 10
star	estrela 89
stare + gerundio	estar a + infinito 9, 18
stare aspettando	estar à espera de 50
stare bene/male	ficar bem/mal 26
stare zitto/a	calar-se 43
starnutire	espirrar 22
stazione	estação 11
stella	estrela 64
stella cadente	estrela cadente 90

quinhentos e trinta e oito • 538

stellato/a	estrelado/a 90
stesso/a	próprio/a 18; mesmo/a 20
stirare	passar a ferro 57
storia	história 70
strada	estrada 88; caminho (m.) 96
straniero/a	estrangeiro/a 1
strano/a	esquisito/a 20
strega	bruxa 29
stregato/a	assombrado/a 60
studiare	estudar 1, 70
studioso/a	estudioso/a 100
stufo/a	farto/a 38
stupefatto/a	espantado/a 48
stupendo/a (formidabile)	formidável 90
stupidaggine	asneira 45; disparate (m.) 66
stupido/a	estúpido/a 72; parvo/a 72
stupirsi	ficar espantado/a 18
su	cima, para cima 35; por cima (senza contatto) 29
subacqueo/a	submarino/a 51
subire	sofrer 85
subito	logo 15; já 38; imediatamente 89
succedere	calhar 66; acontecer 20, 22, 54, 86
successo	sucesso 99
succo	sumo 8
sud	sul 82, 100
sudare	suar 19
sugarello	carapau 69
suola	sola 51
suonare (musica)	tocar 30
super	super 89
superare (esame)	passar 81
supermercato	supermercado 71
superstizioso/a	supersticioso/a 12
svantaggio	desvantagem (f.) 30
svegliarsi	acordar 19
svenire	desmaiar 44

T

tagliare	cortar 69
Tago	Tejo 73
tale	tal 16, 19
tantissime volte	imensas vezes 85
tantissimo/a	imenso/a 24
tanto (avv.)	tanto 99
tanto/a	tanto/a 71, 75

tanto... quanto	tão... como 14, 30
tardi	tarde (avv.) 11, 20; atrasado/a 20
taverna	tasca 55
tavolo	mesa (f.) 39
taxi	táxi 4
te	ti 14, 20; te 10, 14, 21
tè	chá 8, 43
teatro	teatro 24
tedesco/a	alemão/alemã 34
telefonare	telefonar 24; ligar 67, 96
telefonata	telefonema (m.) 68
telegiornale	noticiário 87
telenovela	telenovela 87
televisione	televisão 87
temere	recear 73
tempesta	tempestade 48
tempo	tempo 3
temporale	temporal 54
tenerezza	carinho (m.) 97
tenero/a	mole 83
teorema	teorema 91
terminare	terminar 47, 79
terra	terra 82
terrazza (di caffè)	esplanada 41
terribile	terrível 4
terrorismo	terrorismo 72
test	prova 81
testa	cabeça 5
testimone	testemunha (f.) 90
tetto	telhado 58
tigre	tigre (m.) 52
timido/a	tímido/a 85
tipo	tipo 52, 85; género 74; gajo 86
tirare	puxar 95
tirchio/a	forreta 62
tizio	gajo 86
togliere	tirar 5
tomba	túmulo (m.) 73
torcere	torcer 95
tornare	voltar 38
torre	torre 73
torrenziale	torrencial 58
torta	bolo (m.) 8
totocalcio	totobola 62
tovaglia	toalha 78
traballante	bamba (agg., f.) 95

quinhentos e quarenta • 540

tradizionale	tradicional 78
traffico	trânsito 4; tráfego 44, 65
traghetto	ferry 54
tram	elétrico (sost.) 4
tranquillità	sossego (m.) 90
tranquillo/a	quieto/a 19
trapano	broca (f.) 61
trascinare	arrastar 61
trasportare	transportar 80
trasporto	transporte 80
trattarsi	tratar-se 87
trave	trave 94
traversa	travessa 96
traversata	travessia 54
tremare	tremer 19
treno	comboio 11
triglia	salmonete (m.) 69
triste	triste 85
tristezza	tristeza 97
tronco	tronco 86
troppo	demais 11; demasiado 11, 19
trovare	achar 13; encontrar 27, 67; arranjar 4, 57
trovare divertente	achar graça 85
trovarsi	ficar perto 60
truppa	tropa 38
tu	tu 9, 14
tuffo	mergulho 18
tutt'attorno	à volta 29; em volta 29
tutti	toda a gente (sing.) 29
tutto	tudo 48
tutto/a	todo/a 16, 22, 54
tutto ciò	isso tudo 71

U

ubriaco/a	bêbedo/a; embriagado/a 33
uccello	pássaro 19; ave (f.) 29
uff!	ufa! 82
ufficiale	oficial 80
ufficio	escritório 24
ultimamente	ultimamente 20, 40, 82
ultimo/a	último/a 36
un altro/a	mais 51
un/uno/a	um/a 1, 2, 7
un'altra volta	outra vez 94
unico/a	só 16; único/a 40, 90

unione	união 34
unire	juntar 80
università	faculdade 78
universitario/a	universitário/a 88
uomo	homem 23, 58
uovo	ovo 83
uovo alla coque	ovo quente 83
uovo fritto	ovo estrelado 83
urgente	urgente 13
urgentemente	urgentemente 57
uscire	sair 24, 28, 38, 42
uscire (amoreggiare)	namorar 76
utile	útil 68
utilizzare	utilizar 81

V

vacanze	férias 9
vacca	vaca 51
vaccinare	vacinar 88
vagamente	vagamente 32
vago/a	vago/a 93
valere	valer 48, 83
valere: vale più…	valer: mais vale… 48
valigia	mala 10
valle	vale (m.) 82
vanitoso/a	peneirento/a 89; vaidoso/a 8
varietà	variedade 99
vecchio/a	velho/a 29
vecchio mio	pá 20
vedere	ver 26, 28, 57, 63
vedere (avvistare)	avistar 96
vela	vela 73
velenoso/a	venenoso/a 52
veliero	veleiro 80
veloce (avv.)	depressa 11
velocità	velocidade 90
vena	veia 96, 100
vendere	vender 26
vendere a/fare credito	fiar 48
vendicarsi	vingar-se 58
venerdì	sexta-feira 17
venire	vir 5, 24, 26, 35, 38, 70, 84
vento	vento 43
verde	verde 26
verdura	legume (m.) 50
vergogna	vergonha 66

verifica	ponto (m.) 46
verità	verdade 4, 13
vero?	pois não? 23
verso (direzione)	para 72
verso le (ora)	cerca de 82
vestire	vestir 27, 28
vestire di	estar vestido/a de 23
vestirsi	vestir-se 74
vestiti	roupa (f., sing.) 26; roupas 55
vestito/a	vestido/a 19, 23, 34
veterinario	veterinário 6
via	rua 2
viaggiare	viajar 13
viaggio	viagem (f.) 13
vicino/a	próximo/a 44; vizinho/a 33
vicino a	perto de 2; ao pé de 39, 65
vicolo	viela (f.) 96
vicolo cieco	beco 96
villaggio	aldeia (f.) 96; povoação (f.) 96
vincente	premiado/a 31
vino	vinho 8, 39
viola	roxo 26
violenza	violência 87
viottolo	vereda (f.) 96
Visigoti	Visigodos 100
visita (medica)	consulta 3, 40
visitare	visitar 15, 52
viso	cara (f.) 62; rosto 95
vista	vista 75
visto che	já que 10; pois 83
vita	vida 13
vita (anatomia)	cintura 18
vita (una bella ~)	uma rica vida 13, 93
viuzza	viela 96
vivere	viver 13, 15, 21; morar 1
vivo/a	vivo/a 52
vocazione	vocação 99
voglia	vontade 88
voglia (avere ~)	ter vontade 88
voi	vocês 9, 14, (AG); vós (desueto) 14
volante (agg.)	voador/a 90
volare	voar 48
volerci	ser preciso 71
volere	querer 8, 35, 36, 42, 49, 70, 84
volo	voo 72
volontà	vontade 13

volontario/a	cooperante 92
volta	vez 5, 29, 72
volte (a ~)	às vezes 37
volte (certe ~)	por vezes 68
vongola	amêijoa 69
voto (scolastico)	nota (f.) 36, 46

Z

zebra	zebra 52
zig-zag (andare a ~)	ziguezaguear 100
zia	tia 22
zio	tio 15
zitto/a	calado/a 47
zoo	jardim zoológico 45
zuccheriera	açucareiro (m.) 55
zucchero	açúcar 41

▶▶▶ Il portoghese
con Assimil è anche:

Quaderno di esercizi Portoghese - primi passi

Il portoghese in tasca

MISTO
Carta da fonti gestite
in maniera responsabile
FSC® C006037

Questo libro rispetta le foreste!

Il portoghese - Collana Senza Sforzo
Stampato in Italia - ottobre 2019
Stampa: Vincenzo Bona s.p.a. - Torino